国家自然科学基金重大项目
互联网背景下金融创新与风险管理若干基础理论与方法系列专著

折现：决策逻辑

陈 收 邹自然 罗兰兰 著

本书出版受国家自然科学基金重大项目（71790593）、
面上项目（72171078）和青年项目（72001073）资助

科学出版社

北 京

内 容 简 介

本书共分上、中、下三篇。上篇介绍折现概念和理论发展轨迹，通过分析时间偏好、风险偏好与不确定结果对折现期限结构的影响，统一短期、中期和长期跨期决策依据，建立以一般折现模型为核心的跨期决策框架，并梳理与新古典时间偏好理论的技术代表——指数折现——相悖的各类异象及争议。中篇阐述和讨论各类非指数折现模型，包括个人领域被广泛采用的双曲折现模型，通过讨论折现可加与双曲折现关系，从理论上回答经济管理领域对双曲折现的质疑。将不可分散非系统风险引入长期限多阶段资产配置价值评估，提出包含非系统风险定价的广义折现率模型。下篇探究非指数折现时间一致决策问题与决策方法、有限期限和不确定性期限下经典投资消费决策问题的时间一致策略。

本书致力于对折现问题与跨期决策依据感兴趣的研究者和公众提供一个基本概况和理论脉络，适合经济管理学科不确定性决策相关领域学生、研究者、业界管理者与政府决策层人员参考与阅读。

图书在版编目（CIP）数据

折现：决策逻辑 / 陈收，邹自然，罗兰兰著. —北京：科学出版社，2023.12
（互联网背景下金融创新与风险管理若干基础理论与方法系列专著）
国家自然科学基金重大项目
ISBN 978-7-03-073970-4

Ⅰ. ①折… Ⅱ. ①陈… ②邹… ③罗… Ⅲ. ①投资管理－投资决策－决策模型－研究 Ⅳ. ①F830.59

中国版本图书馆 CIP 数据核字（2023）第 226968 号

责任编辑：王丹妮 / 责任校对：贾娜娜
责任印制：张　伟 / 封面设计：无极书装

科 学 出 版 社 出版

北京东黄城根北街 16 号
邮政编码：100717
http://www.sciencep.com

北京中科印刷有限公司 印刷

科学出版社发行　各地新华书店经销

*

2023 年 12 月第 一 版　开本：720 × 1000　1/16
2023 年 12 月第一次印刷　印张：19 1/2
字数：394 000

定价：218.00 元
（如有印装质量问题，我社负责调换）

作者简介

陈收：男，管理学博士，湖南大学工商管理学院教授，《系统工程》主编，《工程管理科技前沿》等编委。曾任湖南大学副校长、湖南大学教学委员会主任委员、国务院学位委员会学科评议组成员、教育部社会科学委员会委员、国家自然科学基金委员会学科评审组评审专家，2001年经国务院批准成为政府特殊津贴专家。湖南大学金融工程、产业金融、企业战略管理学科带头人。国家自然科学基金创新研究群体项目负责人和重大项目课题主持人；在国内外重要刊物上发表研究论文一百多篇，出版专著、教材十余部；获教育部高等学校科学研究优秀成果奖科学技术进步奖一等奖、湖南省高等教育省级教学成果奖一等奖。被评为第五届湖南十大杰出经济人物、首届湖南省优秀青年社会科学专家、湖南省优秀教师；获湖南省徐特立教育奖。

邹自然：女，管理学博士，湖南大学工商管理学院副教授，南佛罗里达大学博士后。主要从事数字金融、行为金融、跨期资产配置规律和风险防控、时间不一致投资决策行为、风险调整折现等领域研究。目前在 *Environmental and Resource Economics*、*Journal of Mathematical Economics*、*Mathematics and Financial Economics*、*Theory and Decision*、*Journal of Management Science and Engineering*、*Economic Modelling* 等 SSCI/SCI 收录期刊以及《管理科学学报》、《中国管理科学》及《系统工程理论与实践》等中文期刊上发表论文十余篇，主持和参与国家自然科学基金项目和省部级项目十余项。

罗兰兰：女，管理学博士，湖南工商大学财政金融学院副教授，湖南大学工商管理学院博士后。主要从事折现与跨期价值判断、投资决策与风险管理等领域研究。目前在 *Environmental and Resource Economics*、*Economic Modelling* 等 SSCI 收录期刊以及《管理科学学报》《应用数学学报》等中文权威期刊上发表论文多篇，主持和参与国家自然科学基金项目和省部级项目多项。

丛书编委会

总　　序

互联网背景下，数字技术与经济社会各个领域的联系日益密切，以前所未有的速度、广度和深度影响着经济活动，以此为基础的数字经济正在成为全球资源要素配置、经济结构转变、竞争格局重塑的关键力量，成为经济复苏和发展的重要引擎。作为经济活动的关键组成部分，金融活动乘着互联网、大数据、人工智能等新一代数字信息技术的"东风"，在积累海量数据、形成丰富应用场景的同时，也推动金融体系的功能和结构发生了深刻变化。以互联网为依托的金融创新以及由此而产生的金融风险得到了学界和业界的广泛关注。

近年来，我国金融行业的改革和发展成绩斐然，产品服务日益丰富，普惠金融深入推进，各项设施不断完善。作为利用前沿数字技术的行业，金融业积极利用互联网等新一代数字信息技术为自身赋能，进行数字化转型，通过改变金融服务触达用户的方式、增加投融资双方的信息透明度、扩展风险分析的大数据资源和分析能力、揭示新的风险定价因素、强化风险管理的及时性和细节、创造新的金融产品市场等基本途径，提升了金融的社会资金配置效率和提供金融服务的效率，为克服金融服务过去的一些薄弱环节提供了新的解决方案。比如，金融机构借助数字金融技术进行转型升级，利用作为"信用背书"的网上交易流水为小微企业经营者发放完全无抵押的贷款，合理地确定贷款利率；利用网店销售数据、资金关系等非标信息进行风控，为小微企业解决"融资难、融资贵"问题。又比如，移动支付、在线理财、非接触银行等金融服务的兴起，推动数字经济迅猛增长，也在抗击新冠肺炎疫情、促进生产生活恢复和发展方面发挥了重要作用。再比如，中国人民银行数字货币的推出提高了支付的安全性，也使得跨境结算变得更加便利，有助于推动中国企业的海外投资和"一带一路"倡议的顺利推行。还比如，监管机构利用互联网技术为上市公司信息披露、小投资者权益保护提供了新的途径，有助于建立规范、透明、开放、有活力、有韧性的资本市场。

然而，我们也应该看到，在互联网背景下的金融创新快速发展的实践中，也存在着不平衡、不充分的问题；从学术意义上来看，由于理论赖以成立的一些基础性假设（如信息的完备性、不同的金融活动参与者的信息获取和处理能力的均等性等）并非总是成立，这些都为金融体系的风险管理带来了新的挑战。依托互联网等新一代数字信息技术所进行的金融创新，在一定程度上模糊了金融业和非金融业之间的传统边界，以创新为企业基因的大科技公司（Big Tech）与以风险交易为核心的金融机构，在风险文化上存在着天然的差异，在这类金融创新和实操的过程中常常会看到"风险意识"被有意或者无意地弱化。可以看到，某些不当的所谓"金融创新"在某种程度上助长了违法违规的"金融"行为，加重而非减少了投融资者之间的信息不对称性，提高而非降低了金融交易成本，加剧而非缓解了"脱实向虚"的倾向，集聚而非分散了系统风险，进而背离了金融创新的初衷。因此，互联网背景下的金融创新和风险管理实践，为金融经济学的研究提出了全新的科学问题。如何理解这些创新所产生的新价值、新影响、新规律，如何应对这些创新所带来的新风险、新机遇、新问题，进而如何基于对上述科学规律的认知，在实践中对这些金融创新进行评价和监管，值得深入思考和探究。

为了系统地分析互联网背景下金融创新的内在机理和外在表现，提炼互联网背景下风险管理的思路与方法，我们有幸承担了国家自然科学基金重大项目"互联网背景下金融创新与风险管理若干基础理论与方法"（71790590）的研究任务，这个项目成为国内首个探讨互联网、大数据如何对金融活动和潜在风险产生影响的国家自然科学基金重大项目。

本重大项目以我国互联网信息技术与金融交易活动深度融合为现实研究对象，以现有的相关理论与实践现实之间存在的差异为线索，从参与主体、重要功能、市场影响和管理技术四个角度出发，深入研究了互联网背景下金融市场微观参与者行为规律及其风险效应、金融产品/服务创新与风险及其定价、金融机构创新规律与业绩表现、金融市场效率与监管等四个大方面的相关问题，覆盖了金融创新与风险管理的微观、中观和宏观层次，试图以此建立互联网背景下金融创新与风险管理的新的理论认知体系，以期理解我国金融体制机制变革与新一代数字信息技术进步的关系。图 0-1 揭示了整个项目的研究框架和思路。

为此，我们组织了一支来自天津大学、上海交通大学、清华大学和湖南大学等多个机构，聚集了海内外优秀金融学者的研究团队，结合中国实际情况和国际前沿理论，在深入调研、把握规律的基础上，围绕前述研究框架开展了一系列科学探索。经过四年多的不懈努力，取得了一批创新的研究成果。

1. 形成了互联网背景下的金融市场参与者行为及其宏观影响规律的认识

本重大项目研究了在互联网背景下金融市场微观参与者的信息行为、决策行为与价值判断，构建了一个基于复杂性科学视角的"信息行为-交易行为-市场涌现"金融市场规律认知新框架，建设了一个基于微观行为指标的金融数据库，获

得了对互联网背景下金融市场参与者行为规律的深刻理解，揭示了由这些信息行
为和交易行为所涌现出来的金融市场动力学形态及其风险效应，为互联网背景下
的金融创新监管提供了理论支持和政策建议。

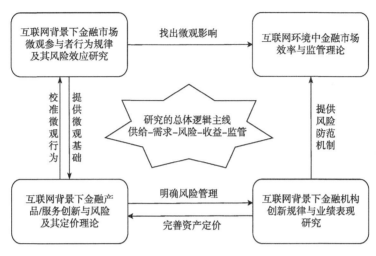

图 0-1　项目研究框架图

2. 建立了互联网背景下金融产品/服务创新及其定价的新理论与新方法

本重大项目研究了互联网带来的外部交易环境变化和金融创新如何导致金融
产品/服务供需特性的变化与损益特性的变化，总结了互联网背景下金融产品/服
务创新的定价机制以及其对金融市场的影响规律，为加强金融风险管理与促进金
融市场健康发展提供了理论依据。

3. 探究了互联网背景下金融机构的创新激励机制、演化规律与绩效影响

本重大项目研究了具有开放性、便利性及普及性的互联网背景下金融机构创
新规律与业绩表现，归纳了互联网背景下激励因素发挥作用的机制以及金融机构
创新的演化规律，从服务实体经济的角度建立了金融机构创新绩效的评价体系，
并在此基础上，总结了创新给金融监管带来的挑战和机遇，提供了相关政策建议。

4. 揭示了互联网背景下金融风险的特殊性质及其管理规律

本重大项目研究了互联网环境中的金融效率和金融监管，探讨了个体信用因
素的动态特征及对市场交易效率的影响、管制约束条件下交易成本及信息对称性
对市场效率的作用机理、互联网背景下信用评价与违约风险控制、网络借贷平台
定价机制与风险评价、市场监管规范效应等问题，提出了互联网背景下个体与平
台信用评价和风险管理的理论与方法，开发了信用评估的关键技术。

以上述四部分研究内容及其成果为基础，本重大项目研究团队撰写的一大批

论文相继发表在相关领域的国际国内顶级期刊上［如 UT Dallas（The University of Texas at Dallas，得克萨斯大学达拉斯分校）界定的 24 种期刊之中的 *The Review of Financial Studies*、*Journal of Financial Economics*、*Journal of Accounting Research*、*Management Science*、*Information Systems Research*、*INFORMS Journal on Computing*，以及《管理科学学报》、《经济研究》、《管理世界》等］，并在相关领域国内外知名的系列学术会议［如 AFA Annual Meeting（American Finance Association Annual Meeting，美国金融学年会）、CICF（China International Conference in Finance，中国金融国际年会）、EFA Annual Meeting（European Finance Association Annual Meeting，欧洲金融学年会）、WFA Annual Meeting（Western Finance Association Annual Meeting，美国西部金融学年会）、中国金融学年会等］上做报告，这些都体现了国内外同行对我们学术工作的认可。同时，我们重视将研究成果服务于管理部门和金融机构决策实践，形成重要的社会影响。我们的研究工作成果支持了地方（如上海市）金融监管方面的立法工作；从互联网背景下新业态及监管、新冠肺炎疫情应对、我国经济发展及金融改革等多方面为中央和地方政府提供了近 40 项政策建议，部分报告得到了中央或地方领导的批示。我们也重视把创新成果应用于金融实践并获得多项奖励：项目成员作为中国证券监督管理委员会上市公司并购重组审核委员会委员和深圳证券交易所创业板上市委员会委员，多次参会并针对上市公司重大事项提供专业意见；与深圳证券交易所、上海期货交易所、招商银行等进行合作，帮助它们制定监管政策、优化产品服务。此外，本重大项目的学术研究活动也在人才培养方面取得了显著的效果，例如，项目团队的卓越青年学者获得了国家杰出青年科学基金资助，一些团队成员还获得了若干其他类型的国家级杰出人才称号；有些获得了中国青年经济学家奖、重要的系列学术会议优秀论文奖等学术奖励；培养的一批优秀毕业博士生获聘国内外一流高校与金融机构的任职。

为了更好地向大众展示我们所取得的研究成果，特编撰了这一系列的专著。希望能够有助于相关领域辛勤耕耘的学者进一步深入研究，并吸引更多青年学者投身这一前景广阔的前沿研究领域，由此激发出更多有深度思想、有价值意义的高水平研究，为这一领域的发展壮大做出我们这个研究团队的一点贡献。

而今，本重大项目已近尾声，但是关于互联网背景下金融创新与风险管理的规律和方法的研究正欣欣向荣、蒸蒸日上。随着技术的不断突破、监管的持续跟进、观念的迭代升级，这一领域也将不断涌现出新的现象、新的问题、新的规律，值得更进一步地探讨和分析。比如，数字人民币的推出、加密货币交易的禁止、零售金融业务的全程数字化改造、线上场景对线下场景的加速替代等，都已经开始引起社会各界的关注。在未来，我们认为至少如下几个方向值得继续探索：首先，随着互联网技术在金融产业应用场景的不断增加，涉及的因素越来越多，除了每一因素独立发挥作用，不同因素之间的交互作用也会越来越复杂，如何更清晰地识别某一特定互联网因素对金融创新与风险管理的影响以及建立它们之间的因果关系，都将依旧是一项富有挑战的工作；其次，随着数据存储水平和网络链路优化技术的提高，短视频、直播等网络新业态崛起，这些图像、音频、视频也会影响金融交易活动的进行，如何对异构的非结构化数据进行处理、融合、从中提取有效信息也是一个值得重视的课题；最后，随着国家大数据立法的步伐加快、个人隐私保护持续加码，在这样的强监管背景下，高度依赖于数据收集的金融科技也面临着新的挑战，如何保护好数据被收集对象的权益并设定好技术标准、提高技术安全也是亟待解决的问题。总之，如何在新一代数字信息技术发展的时代背景下，进一步释放数字经济的效能，如何使金融体系通过数字化变革实现自身的健康发展，让互联网背景下的金融创新真正服务于我国的社会经济可持续发展，如何通过新一代数字信息技术的手段，守住不发生系统性金融风险的底线，这些问题的解决，都需要更多不同领域的学者和实践者共同贡献智慧。

本重大项目之所以能够在过去的几年中顺利展开，离不开众多组织机构、学界同仁的鼎力支持和关怀，离不开项目团队集体以及每个成员的辛勤努力和无私付出。为此，我们首先要感谢国家自然科学基金委员会各级领导的高瞻远瞩、深谋远虑，对项目的立项、推进给予了极大的推动和殷切的关怀；感谢本重大项目的指导专家组和各位学界同仁对我们工作的悉心指导、坚定支持和巨大帮助；感谢项目各团队所依托的单位（天津大学、上海交通大学、清华大学和湖南大学）为项目实施提供了良好的学术环境和支撑条件；感谢项目推进过程中为我们提供了热情帮助的相关实践部门和金融机构（如深圳证券交易所、上海期货交易所、招商银行等），它们为本重大项目的执行提供了强有力的支持。其次要感谢所有参与本重大项目研究的老师和同学，是大家持续多年的倾情投入，才催生了这样的累累学术硕果，完美地体现了团队的精神和力量。最后也感谢促使本系列专著得以出版的科学出版社领导和编辑，特别是我们热情的老朋友马跃先生，正是他们的鼓励和支持，使得本系列专著得以顺利面世。

生逢盛世，吾辈之幸；学无止境，漫路求索。

编委会

前　　言

    万事万物都处于时间长河之中，并随着时间轴演变、发展，这使得当今世界中的微观主体、企业及国家都面临各种跨期选择。例如，完成阶段学习任务的微观主体选择马上工作还是继续深造，企业选择转型升级还是维持现有定位，国家选择经济发展优先还是环境保护优先，等等。跨期选择无处不在、影响深远，关乎微观主体健康与幸福、企业兴衰成败与国家经济持续繁荣。

    时间和风险作为各类跨期决策选择的两个维度，是经济分析与管理决策的基本要素。经济学家将反映价值变化的折现作为处理时间与风险属性的标准工具。其本质是将出现在不同时点、具有不同风险的经济选项转化为具有可比性价值，以进行权衡分析。据此，在决策问题中，选择合适的折现方式以量化时间和风险对决策选项的价值影响成为经济管理理论的基础核心问题之一。

    折现研究可追溯到心理学领域关于跨期决策心理动机的研究。这些心理动机包括遗产动机、自我控制倾向、对未来生活不确定性的看法与即时满足倾向等。心理学家认为微观主体的不同心理动机是跨期决策差异的主要原因。20 世纪初，随着经济学理论从定性向定量发展，经济学家将跨期决策心理动机纳入经济学研究范畴，研究微观主体和组织如何进行跨期资源配置。学者将所有跨期决策心理动机的共同作用表现称为时间偏好，并形成新古典时间偏好理论。

    新古典时间偏好理论将复杂的心理动机转化为折现，通过折现率恒定的指数折现模型量化心理动机对跨期决策的影响。指数折现模型满足现实性、普适性，且可操作，一经提出便作为微观主体和社会跨期决策分析的基本依据，成为新古典经济理论的基石。

    指数折现模型作为规范模型被广泛应用的同时，也出现了许多指数折现模型未能覆盖的现象，如时间不一致（time inconsistency）异象、短期与长期决策折现率取值不同等。例如，低价促销的健身房年卡隐含不实惠经济现象，多数购买年卡者实际健身次数远小于计划健身次数，年卡实际使用单次成本远大于次卡单价；家庭理财中人们对满足短期生活需求与长期发展规划需求的投资机会采用不同折现率，如用于子女未来教育的资产年化回报率要求低于应对未来消费的投资年化回报率。这些行为异象使得经济学家认识到指数折现的局限性并深入开展折现研究。

    指数折现隐含发生在足够远期的损益可以忽略不计这一前提，使得经济学家质疑采用指数折现进行成本收益评价会低估长期限投资的远期收益，影响跨期资源配置的合理性。例如，致力节能减排的投资项目在当前投入减排成本，收益是未来数十年甚至上百年社会总消费量的增加值，按照折现率恒定的指数折现核算，其现值几乎为零，使得遥远未来的收益在跨期决策中被忽略，这是一种低估后代福利的远期评估标准。

与此同时，随着经济理论的发展与完善，经济学家意识到风险在跨期决策中的重要性。一方面，时间衍生不确定性，任何选项跨越时间意味着存在风险，风险的可能影响使人们赋予当前时点的确定性选项更大的权重。另一方面，风险与时间相关但不完全由时间决定，时间带来风险但不涵盖全部风险。因此，人们对折现的最新研究将时间与风险一并纳入折现模型，扩展并修正相关折现表达方式，进一步推动折现理论发展。

本书作者长期关注并研究经济与管理活动中折现这一核心问题以及有关争议。作者以时间偏好、风险偏好与不确定结果作为折现选择的三个基本维度，获得不同问题背景下一系列微观主体以及社会决策折现依据。其中，考虑心理动机的个人效用折现模型可为微观主体跨期决策行为差异提供有效解释，社会消费折现模型可为社会决策者制定代内和代际跨期决策提供评估标准。作者的相关研究成果形成本书主体部分。本书结合近年该领域研究成果，融合折现与决策领域研究进展，拓宽折现研究视角，尝试从不同角度解释各类行为异象与市场异象，给出相应决策逻辑。

处于数字经济特别是数字金融快速发展的关键时期，在各类新信息技术和大数据的推动下，影响人们制定各类跨期决策的心理动机和外部约束（如时间偏好、风险偏好及外部环境，包括所面临的金融选择机会及金融活动快循环短周期带来的风险积聚等）都正在发生深刻变化。这些变化也吸引我们关注数字金融背景下折现规则与跨期决策内在逻辑的一致性与表现形式的变化，本书第1、3、5、7、9章分别针对这些问题提出思考与研究展望。

本书分为三篇，逻辑路径为探源—剖析—谋策。上篇探究决定和影响折现的根源，中篇深入剖析各类跨期决策情形折现差异，下篇就不同折现结构提出微观主体各类跨期决策依据。上篇为中篇的理论基石与研究出发点，中篇为下篇的理论依据与分析前提。

上篇（探源）主要厘清折现与决策基本问题，建立折现问题一般研究框架，具体内容包括第1~4章。第1章介绍折现问题与演变，第2章阐述折现基础理论，第3章建立以一般折现模型为核心的跨期决策框架，第4章梳理指数折现异象与争议。

中篇（剖析）主要阐述和研究各类非指数折现模型，具体内容包括第5~8章。

第 5 章阐述双曲折现模型，第 6 章讨论折现可加性问题，第 7 章探究风险调整折现模型，第 8 章研究广义折现率模型。

　　下篇（谋策）主要探究非指数折现下时间一致决策问题，具体内容包括第 9～11 章。第 9 章探究非指数折现投资消费决策框架，第 10 章给出有限期限投资消费策略，第 11 章研究不确定性期限下的投资消费策略。

目　　录

上篇　探　　源

中篇　剖　　析

下篇　谋　　策

上篇　探　　源

第1章 折现问题与演变

1.1 折现问题概述

跨期决策是对当前和未来不同时点损益权衡的选择，是人们日常经济社会活动的基础。每个家庭需要制订消费储蓄计划，决定如何分配家庭财富并用于生活消费、购置房产以及投资理财。企业管理者需要制定公司财务决策与发展战略，决定如何分配公司资产并用于生产经营、技术研发以及企业发展的投融资选择。国家需要制定各类公共基础设施与公共服务项目的发展规划和实施方案，如轨道交通建设、核电站除役、乡村振兴以及碳达峰碳中和战略等。个人家庭面临的消费–储蓄与投资（简称投资消费）问题、企业面临的更新设备与加速折旧权衡问题、国家面临的经济发展与环境保护权衡问题，都是跨期决策问题。

合理有效地制定并执行跨期决策关乎国计民生。合理分配投资消费是个人与家庭追求美好生活的前提。对于给定薪资收入的个体，需要理性评估资产的未来收益风险与个体的相对财富水平，才能在满足当前消费需求的同时，通过跨期资产配置满足未来消费所需。恰当的战略规划是企业赖以生存和发展的基础。对于既定财务基础和资产水平的企业，需要合理研判企业基础条件、机遇与风险，才能合理把握每一个机会窗口，实现企业稳定持续发展。强调高质量可持续发展的国家层面亦是如此，唯有合理评估各项跨期政策落地方案，兼顾当前经济发展目标与后代子孙福祉，践行绿色和可持续发展理念，才能实现公共设施与公共服务的高效持续供给，人与自然和谐共生。

由于资源紧缺、市场竞争、社会发展不平衡等一系列问题存在，制定合理有效的跨期决策复杂且困难。在面对当前与未来损益的权衡中，时间与风险交织。1997年诺贝尔经济学奖得主罗伯特·默顿（Robert Merton）指出，金融理论的核心是研究在不确定环境下，经济行为人在配置和利用其资源方面的行为。这里既包括跨越空间的情况又包括跨越时间的情况，因此，时间和不确定性成为影响金融行为的核心因素。一方面，时间蕴含风险。相比当前时点确定性经济选项，未来时点的经济选项可能高于预期，也可能低于预期，甚至不可获得，跨越时间就意味着风险。另一方面，风险呈现出更多时间范畴之外的多样性和复杂性。在同样的时间属性环境中，影响不同类型跨期决策的风险来源呈现多样性，对未来结果的影响呈现差异化。

　　经济学家采用折现及其技术代表——折现率——囊括错综复杂的时间与风险对跨期价值判断的影响，建立决策逻辑，推动形成科学的跨期决策依据。标准折现理论起源于人们关于时间偏好的研究。时间偏好是指相比将来获得，行为主体更偏好现在获得的行为表现，其萌芽是心理学领域关于跨期决策心理动机的研究。心理学研究认为，促进有效积累欲望和抑制有效积累欲望两方面心理动机共同作用形成跨期选择行为表现。促进有效积累欲望的心理动机倾向于降低偏好现在获得的程度，主要因素包括遗产动机和理性自我控制倾向。决策主体越看重后代福利和效用，对未来收益赋予的权重越大。例如，侯蕾等（2021）发现超过90%的中国城镇家庭具有遗产动机，年龄大、收入高、子女数量多以及有儿子的家庭更易带有这种动机。这也为中国长期存在的高储蓄率和高住房自有率提供了解释。抑制有效积累欲望动机倾向于增加偏好现在获得的程度，主要因素包括人们对未来生活不确定性的反应和对即时满足实现的要求。例如，Rae（1905）指出，比起从事不利于健康的、带危险性的职业和居住在对人体有害地域的人们，从事安全的职业、居住在有益于健康的地域的人们更倾向于节俭。同样的人群，当他们移居到有益于健康的某些地区时，他们就会摆脱挥霍无度的生活方式，过着节俭的生活。经济学家将上述跨期决策心理动机以及与之相关的欲望、能力等因素共同作用的表现统称为时间偏好，将所有心理动机对跨期决策的影响看作微观主体的时间偏好的作用。

　　进入20世纪，伴随经济学理论的发展演变，经济学研究从定性走向定量，时间偏好技术表达进入新古典框架，并表现出对心理动机的弱化和对定量分析的推崇。Ramsey（1928）提出时间可分假设及拉姆齐模型，假设总效用分解为各时期瞬时效用和折现函数的乘积和，决策者跨期偏好可以通过跨期效用函数表示。以拉姆齐模型为依据，Samuelson（1937）在其论文"关于效用度量的一个笔记"（A note on measurement of utility）中提出折现效用（discount utility，DU）模型。该模型将古典学者关心的复杂心理影响浓缩为一个参数——效用折现率。效用折现率体现时间偏好作用，用于衡量不同主体随着时间推移经济福利的单位时间实际权重变化，也常称为纯时间偏好率。纯时间偏好率对应的是对未来福利的折现，而不是对未来商品或者货币的折现。使用取值为零的效用折现率意味着决策者等同看待后代与当代的价值实现，使用正的效用折现率意味着决策者对未来后代福利赋予的权重小于自我福利赋予的权重，同时，对遥远后代福利赋予的权重小于更近后代福利赋予的权重。

　　折现理论中关于风险的研究起源于最大化期望效用值思想。Bernoulli（1738）在"有关衡量风险的新理论说明"（Specimen theoria novae de mensura sortis）中首次阐述关于风险、不确定性及风险偏好等因素对决策的影响。基于伯努利提出的最大化期望效用值思想与概率分布排序（ordering of probability distribution）公理化方法（Ramsey，1931），von Neumann 和 Morgenstern（1944）在《博弈论与经济行为》（*Theory of Games and Economic Behavior*）中创立期望效用模型。令人满意的风险条件下决策理论需要同时考虑风险条件下的不确定结果以及决策者对待风险的态度，期望效用理论提供了一种非常简单的方法，将选择结果、可能概率与决策者风险偏好联合成一个具有可比性的价值度量。

随着经济理论的进一步深化完善，经济学家越来越意识到跨期决策中时间与风险相互作用的复杂性，跨期决策的实质是跨期风险决策。在此背景下，面向跨期风险决策需求，折现效用理论与期望效用理论融合，形成期望折现效用理论。期望折现效用理论既是在折现效用理论的基础上，将未来时点选项面临风险的影响纳入分析；又是在期望效用理论的基础上，将经济选项跨越时间对决策的影响纳入分析。时间偏好、风险偏好与不确定结果在确定折现结构与跨期决策中的重要作用日趋清晰。

在期望折现效用理论的推动下，经济学家将拉姆齐模型应用于资产折现率分析并将其拓展，获得体现风险、风险偏好等因素影响的折现表达形式。在这里，资产折现率是用来衡量不同时点商品相对价格的明确概念，常被描述为资本实际回报率、实际利率等，刻画的是扣除通货膨胀率的投资回报率。

标准期望折现效用理论的折现技术范式——折现率恒定的指数折现——成为传统意义下处理跨期决策的标准工具。指数折现在具体跨期决策运用过程中不断完善，推动个人效用折现（又称时间折现）和社会消费折现（又称未来商品折现）两大领域的发展。伴随各类实证方法与实验方法在金融决策领域的深化应用，在个人效用折现领域，学者发现大量系统性偏离指数折现的行为异象。与此同时，伴随人们对未来经济社会可持续发展的深入思考，在社会消费折现领域，指数折现难以合理评估远期损失的弊端也引起学者的关注。指数折现受到行为决策异象和代际价值低估等方面的质疑。

一方面，指数折现隐含最优决策具有时间一致性这一前提，即在没有新信息进入的情况下，最优决策不会随决策点的变化而发生调整。现实生活中存在众多与指数折现相悖的时间不一致决策现象。时间不一致决策是指人们的最优计划决策与实际执行决策不一致。例如，O'Donoghue 和 Rabin（1999）指出，若决策点为 2 月 1 日，当个体在面对 4 月 1 日持续做 7 小时劳动和 4 月 15 日持续做 8 小时劳动两个选项时，大部分人会选择 4 月 1 日做 7 小时劳动；随着决策点离 4 月 1 日越来越近，大部分人会选择 4 月 15 日做 8 小时劳动。在上述时间不一致例子中，由于决策点 2 月 1 日和 4 月 1 日的外部条件一样，时间不一致决策行为并不是由于新信息更新影响决策，而是由于个体的时间偏好随决策点的平移而发生改变，决策行为表现为"朝三暮四"。

另一方面，指数折现隐含远期损益可以忽略不计这一前提。当时间足够长时，折现率恒定的指数折现值将快速趋于零，这表明使用指数折现评估未来数十年或上百年后的损益的现值几乎为零。众多大型公共基础设施建设项目或节能减排项目的投资成本发生在当前，但项目预期收益主要来自未来数十年或上百年甚至更长时间生活的改善。若使用指数折现，势必使得项目总期望收益现值被低估，导致不合理的成本收益结果，损害后代福利，影响社会可持续发展。

　　20 世纪末开始，大量的理论和行为实验研究质疑了指数折现的合理性，并给出解决方案。在个人效用折现研究领域，Laibson（1997）指出，表现"朝三暮四"的时间不一致决策行为源于微观主体的递减不耐心程度，这种时变的时间偏好可以通过双曲折现这一技术范式来量化。双曲折现函数是短期折现率高、长期折现率低的折现形式。双曲折现能很好地解释时间不一致决策现象并吻合行为实验数据，在微观领域受到越来越多的认可。Azfar（1999）首次从理论上严格证明双曲折现的合理性。同时，经济学家提出各种各样具体的、符合实验数据的双曲折现函数表达式，解释各类市场异象，进行经济理论分析，完善经济理论。

　　受个人效用折现领域双曲折现研究的启发，Weitzman（1998）率先将折现率本身的不确定性对跨期资源配置的影响引入社会消费折现领域，并开创递减折现率（declining discount rate，DDR）研究。通过未来资本回报率确定社会折现率，但是没有深层次的原因或原则可以推断出遥远未来的资本回报率，同时未知的未来技术进步速度对资本回报率的影响具有高度不确定性。Weitzman（1998）将这种不确定折现率通过一种确定性等价方式转变为确定性等价社会折现率，其结果表现出随时间单调递减的特征。相比折现率恒定的指数折现，采用递减折现率作为长期限项目评估准则，对发生在将来足够远的收益应赋予更大的权重，可确保长期损益被合理评估，使经济满足可持续发展要求。递减折现理论在最近 20 余年获得学界、业界和政府的密切关注，大量文献聚焦于递减折现理论模型的完善和实证检验。

　　折现理论在形成与发展过程中也受益于客观测度技术如行为实验与医学手段的推动。实验经济学通过采用高度控制的实验来测试决策主体的实际决策行为，获得微观主体实际折现行为的客观数据。例如，Thaler 和 Shefrin（1981）通过实验研究法，测得被试者 1 个月、1 年、10 年的年均折现率分别为 345%、120% 和 19%，微观主体的折现行为表现为短期限折现率大于长期限折现率。针对上述非指数折现行为，神经经济学学者借助核磁共振等先进医学手段探索非指数折现决策行为的生理基础。McClure 等（2004）发现，大脑有两个决策系统，分别负责长期决策与短期决策，人们的决策和行为是两个系统共同作用的结果。短期决策系统位于中脑多巴胺区域（midbrain dopamine system），属于情感模块并主导短期决策，关注短期利益，追求即时满足实现，对短期跨期选择做出判断。长期决策系统位于外侧前额叶皮层（lateral prefrontal cortex）和后顶叶皮层（posterior parietal cortex），属于认知模块并主导长期决策，关注长期利益。相比长期决策系统，短期决策系统表现出更不耐心即折现率更高。这一发现从生理机制角度为双曲折现提供了较科学的、令人信服的解释。

本章为对折现问题与跨期决策依据感兴趣的研究者和公众提供一个基本概况，以相对直观的案例和解释方案描述本书的主要研究视角、研究方法和主要结论。本章为自成体系的折现问题导读，适合希望扩大视野的非专业人士阅读，也适合希望快速了解相关现象背后研究前沿的专业人士参考。

1.2　效　用　折　现

本节通过分析效用折现引起的跨期决策差异，介绍效用折现与研究视角。

1.2.1　微观个体跨期决策差异问题

【案例 1.1】　关于是否愿意为提前观看电视剧剧集而付费的问题。假设现有一部热播剧在某网络视频平台独家播放，该视频平台提供两种更新方式。对于非会员，每周定期更新 6 集；对于会员，每周定期更新 12 集。非会员可以通过支付一笔额外的费用成为会员，获得提前收看下一周免费更新的 6 集以及观看时无广告的权利。同时在该热播剧将要播出大结局时，会员和非会员都可以通过点播付费提前观看大结局。例如，某视频平台普通会员为 20 元/月，每集点播费用为 3 元。在热播剧的观看消费问题上，处于同样财富水平和收入水平人群的消费方式不一样。顾客 A 为了避免广告影响观看体验，以及提前观看电视剧剧情以实现即时满足需求，愿意支付费用成为会员。顾客 B 的即时满足需求低，认为提前观看和按时观看无差异，没有必要为了提前观看而支付费用和支付点播费用。值得指出的是，近年来各大视频平台的会员数量快速上升。某视频平台 2023 年第一季度财报显示，日均会员数由上年同期的 1.01 亿人增至 1.29 亿人。

【案例 1.2】　关于是否愿意在没有非流动性补偿的情况下定期储蓄。假设银行针对顾客提供年化收益率相同但流动性约束不相同的两款储蓄产品。第一款储蓄产品能够随存随取，按实际储蓄时间计息。第二款储蓄产品必须要存满一定时间才能提取资金，且第二款储蓄产品的利率与第一款储蓄产品相同。对于这两款储蓄产品，不同的人有不同的选择。顾客 A 认为，相比第二款储蓄产品，第一款储蓄产品具有灵活性优势，能够给储蓄者更多的自由进行投资消费决策，因此愿意选择该产品。随时能够提取资金这一灵活性特点是一把双刃剑，在有些情况下对储蓄者来说反而不是一件好的事情。顾客 B 储蓄的目的是防止自己过度消费，随时可以支取就会影响实现强制储蓄，第二款储蓄产品的储蓄时间约束就是一种承诺手段，能够帮助他实现储蓄目的，其最优选择就是该产品。

【案例 1.3】 关于是否愿意配置生命人寿保险的问题。假设保险公司提供一款生命人寿保险产品，被保险人按期支付保费，并约定保险责任如下：若被保险人在保险到期时仍存活，则可以一次性提取保费本息；若被保险人在保险期内身故，则约定的保险受益人（后代）可收取高于保费本息的保险公司赔付。

具有相同财富约束的个体对该生命人寿保险的选择也可能不一致。顾客 A 认为后代子孙属于自己生命的延续，考虑自己生命的不确定性对后代生活产生的不利影响，核算保险支付成本和未来收益情况，会将后代可能获得的保险赔付核算到收益。特别是个体同等看待自己和后代的消费效用时，当保险公司提供的投资收益率不低于资金在市场上的投资机会成本时，顾客 A 将该产品作为一项资产配置选择。顾客 B 并不看重后代，从而后代可能获得的保险赔付并不计入成本收益核算。同时由于生命具有不确定性，在保险到期时的收益率不显著高于市场投资回报率时，顾客 B 并不乐意购买该产品。

案例 1.1～案例 1.3 涉及的都是人们在日常生活中随时面临的投资消费选择，那么具有同样初始禀赋的决策个体为什么会有不同选择？1.2.2 节进一步从效用折现研究的视角来解释这些决策依据与行为差异。

1.2.2 效用折现差异对跨期决策的影响

案例 1.1～案例 1.3 中个体的跨期选择差异可以通过效用折现差异加以说明，本节从经济学角度来解释效用折现对跨期决策的影响。

1. 现期偏好作用

行为经济理论使用现期偏好（present bias）来解释案例 1.1 中不同微观个体的热播剧观看消费差异。现期偏好是刻画决策个体过分追求即时满足行为特征的折现方式，描述的是对能够实现即时满足的体验支付溢价。案例 1.1 中个体的现期偏好表现为付费提前观看行为。下面以简要消费效用数值对比分析解释这一行为倾向对观看选择差异的影响。

假设案例 1.1 中视频平台给出的会费规则是 20 元/月，折算为 5 元/周；对于无现期偏好个体而言，按时观看与提前观看 6 集电视剧的消费效用等价值都为 4 元；对于现期偏好个体而言，按时观看 6 集电视剧的消费效用等价值为 4 元，提前观看 6 集电视剧的消费效用等价值为 6 元。

按此简单假设，对于无现期偏好的顾客 A 而言，支付 5 元会费只能实现 4 元的等值效用，选择付费观看决策具有 1 元的消费效用损失，他的理性选择是不开通会员。对于现期偏好的顾客 B 而言，支付 5 元会费可实现 6 元的等值效用，选择付费观看决策具有 1 元的消费效用收益，且无须观看广告，付费观看改善了福利，所以他的理性选择是开通会员。从顾客 A 和顾客 B 的观看消费选择差异分析可以看出，现期偏好个体对能够实现即时满足的选项赋予更大的效用。相对于无现期偏好个体（顾客 A），这种效用差异导致现期偏好个体（顾客 B）愿意付出一定的溢价来实现即时满足。关于现期偏好对跨期决策的影响，本书的后续章节将有详细分析与讨论。

2. 未来偏好变化预判

案例 1.1 中提到的现期偏好是微观个体的普遍特征。现期偏好个体具有即时消费、推迟支付的倾向。现期偏好个体很难抑制即时消费冲动，可能导致用于未来消费的储蓄不足。对现期偏好引起的储蓄不足问题，不同个体的认知存在差异。有的个体能够意识到未来储蓄不足问题，并通过一些自我控制措施将这种信念转化到当前决策中。这种对现期偏好衍生出的精明老练信念能很好地解释案例 1.2 中顾客 A 和顾客 B 的储蓄产品选择差异。

在消费-储蓄问题中，精明老练信念是指精准地预测到现期偏好引起的储蓄不足问题和程度，主动使用一些外部承诺工具来帮助自己约束当前消费，进而达到强制储蓄目的从而满足未来消费的资金需求。下面给出案例 1.2 背景下最简化的强制储蓄承诺工具，解释具有精明老练信念对消费储蓄的影响。

假设市场中只有两款到期收益率均为 7% 的两年期储蓄产品，产品 I 可随时提取本息，未满两年提取的年化收益率为 3%，产品 II 不能提前支取。顾客具有 3 单位的初始财富用以提供未来三年的消费。同时，假设其具有现期偏好，即对即时满足的消费赋予 1 的权重，而对不能即时满足的未来消费赋予小于 1 的权重，不妨对在其他年份实现的消费赋予 0.9 的权重。下面分析具有现期偏好的顾客计划消费路径与实际消费差异，以说明精明老练信念对消费-储蓄的影响。

（1）计划消费路径如下：顾客根据近三年消费需求以及储蓄产品制订消费储蓄计划。根据储蓄产品收益以及提取规则，将当前的 3 单位初始财富分成三份，一份用来提供第一年消费，一份用来提供第二年消费，一份用来提供第三年消费。不妨设分配给第一年消费的财富为 x_1 单位，分配 x_2 单位投资于产品 I，并获得 $1.03 \times x_2$ 单位用于第二年消费，分配 x_3 单位投资于产品 I，并获得 $1.07 \times x_3$ 单位用于第三年消费。记 $u(\bullet)$ 为消费效用函数，站在第一年来计划这三年的消费路径时，x_1、x_2 和 x_3 满足如下均衡关系：

$$u'(x_1) = 0.9 \times 1.03 \times u'(1.03 \times x_2) = 0.9 \times 1.07 \times u'(1.07 \times x_3)$$

其中，$u'(x_1)$ 为消费 x_1 获得的边际效用。上式表明在均衡状态下，个体不能通过改变财富配置来获得更多的效用。以第一年的偏好来看，x_2 和 x_3 满足：

$$1.03 \times u'(1.03 \times x_2) = 1.07 \times u'(1.07 \times x_3)$$

由于顾客最优消费路径为 $(x_1, 1.03 \times x_2, 1.07 \times x_3)$。顾客计划总消费效用为

$$u(x_1) + 0.9 \times u(1.03 \times x_2) + 0.9 \times u(1.07 \times x_3)$$

（2）实际消费路径如下：当第二年到达的时候，在现期偏好的作用下，计划消费路径 $(1.03 \times x_2, 1.07 \times x_3)$ 并不是最优的，这是因为

$$1.03 \times u'(1.03 \times x_2) > 0.9 \times 1.07 \times u'(1.07 \times x_3)$$

所以增加第二年的消费、减少第三年的消费能够增加个体的总消费效用。

银行赋予持有产品 I 的顾客提前支取存款且损失一点利息为代价的灵活性权利，由于现期偏好的作用，顾客会行使这个权利。以第二年的偏好来看，最优消费路径由 $(1.03 \times x_2, 1.07 \times x_3)$ 调整为 $(1.03 \times \bar{x}_2, 1.07 \times \bar{x}_3)$，其中，$\bar{x}_2$ 和 $\bar{x}_3$ 满足

$$\bar{x}_2 > x_2, \bar{x}_3 < x_3$$

从上述讨论可以看出，当顾客选择具有能灵活提取存款的储蓄产品时，现期偏好将使得他不断修改消费路径，表现出时间不一致性，引起未来消费的储蓄不足。换句话来说，在以上投资消费问题中，当给予顾客灵活性权利时，这种灵活性会引起过度消费。现实中，有些顾客能意识到由现期偏好可能引发的储蓄不足问题，其对未来偏好变化的预判将使得他主动寻找可约束计划改变的承诺机制，在案例 1.2 中，即使没有非流动性补偿，这类顾客也愿意选择投资产品 II，放弃灵活性权利，选择不能提前支取的储蓄产品，以避免过度消费问题。这种能对未来偏好进行预判并纳入当前决策的信念称为精明老练信念。本书的后续章节会进一步考虑决策者的损失厌恶等行为偏好因素，定量对比分析实际消费路径和计划消费路径，并对比分析相对应的福利，获得更多有趣的解释。关于精明老练信念等因素的影响在本书的后续章节也将有详细分析与讨论。

3. 不确定性生命与遗产

经济理论充分考虑微观个体的遗产动机，将不确定性生命及后代继承的遗产对个体产生的价值纳入折现效用模型，解释案例 1.3 中顾客 A 和顾客 B 在人寿保险产品上的选择差异。假设在案例 1.3 中按期支付保费的成本现值为 1，若被保险人保险到期仍存活，则可提取保费本息现值为 1.05；若被保险人在保险期限内身故，则保险受益人可获取的保险公司赔付现值为 1.1。

假设未到期被保险人身故的概率为 0.1，同时，顾客 A 同等看待自己的消费和后代的消费，即对自己提取保费本息赋予的权重和保险受益人获得的保险赔付赋予的权重均为 1，则对于该产品，顾客 A 可获取总消费效用为 $-1 + 1.05 \times 0.9 \times 1 + 1.1 \times 0.1 = 0.055$。根据净现值（net present value，NPV）法则，顾客 A 购买生命人寿保险产品可提高总消费效用，其理性选择是购买该产品。

对于顾客 B，由于保险受益人继承的保险赔付不计入收益核算，对保险受益人获得的保险赔付赋予的权重为 0，则对于该产品，其可获取总消费效用为：$-1+1.05\times0.9=-0.055$，即购买生命人寿保险产品会损害他的福利，其理性选择是不购买该产品。由此可以看出顾客 A 与顾客 B 在该生命人寿保险产品是否购买上的决策差异来自遗产动机差异。

案例 1.1～案例 1.3 中，两类个体的财富和面临的投资消费机会都是相同的，其表现出的行为差异是难以使用传统经济理论解释的。传统经济理论在解释个体跨期行为方面丧失优势的重要原因在于，它所基于的理性选择假定暗示着决策个体或群体具有行为的同质性（homogeneity）。这种假定忽略了真实世界普遍存在的事物之间的差异特征和不同条件下认识的差异性，导致传统经济理论适用性大打折扣，这也是它不能将上述异象纳入解释范围的根本原因。为了解决这个根本性的问题，行为经济学在历经数十年的发展后，逐渐将个体行为异质性（heterogeneity）纳入经济学的分析框架，并将理性假定下个体行为的同质性作为异质性行为的一种特例，从而在不失主流经济学基本分析范式的前提下，增强其对新问题和新现象的解释与预测能力。因此，本书后续章节将兼顾经济理论发展过程关于异质性的影响，将时间偏好不一致、精明老练程度以及关于不确定性生命的判断等纳入折现结构分析，为差异化决策依据提供解释。

1.3　社会消费折现

社会消费折现是从社会福利角度对公共资金时间价值的经济评价。针对当前和未来社会福利权衡，社会消费折现的应用场景主要是公共部门投资或公共项目评估，以及参照公共投资核算方法进行的成本收益分析等，如高铁建设、生态环境保护治理、核电站除役，以及水利基础设施建设等。

社会折现率作为社会消费折现的技术指标，需要能合理地将这些公共投资当前成本和未来收益折算为体现社会福利变化的现值，既要反映全社会或者一个国家、一个地区人们的普遍意愿，也要匹配该国家、地区的经济生产水平。为了尽可能地满足社会折现率取值的合理性要求，经济学家将影响折现选择的相关变量纳入折现模型。折现模型包含的变量越多，模型越复杂，虽越接近真实的经济生活，但导致模型估计对象出现误差的因素越多。因此，如何建立社会折现率的确定标准，即哪些变量是确定社会折现率的关键因素，成为一个复杂且极具争议的科学问题。

此外，作为价值判断标准，社会折现率的取值需要体现公共资源跨期配置效率，既要体现政策对投资规模和资金流动的实施效力，又要体现资金投资的经济效益。过高的社会折现率将导致公共项目投资难以通过成本收益分析，使得总的投资规模缩小，经济发展迟缓；过低的社会折现率可能使投资需求过度，引发通货膨胀等。据此，如何确定社会折现率取值，以引导形成有效的公共资源跨期配置，正成为政府、业界和学术界共同关注的管理实践问题。

根据社会公共投资未来收益的不同形式，现有研究主要从确定性的未来收益现值评估和未来的不确定性收益现值评估两大角度分析社会折现率取值问题。本节以两个具体案例阐述社会消费折现领域关注的两大研究视角。

1.3.1　社会跨期资源配置决策问题

与个体跨期决策问题以总期望折现消费效用最大为目标类似，社会跨期资源配置决策问题基于社会总的福利最大，即全社会个体总跨期消费效用最大。社会跨期资源配置决策是指社会决策者从整个社会福利变化角度对公共部门或公共项目投资进行经济评价后做出的最优选择。

【案例 1.4】　长期限公共项目确定性的未来收益现值评估。假设当前需要修建一条穿越众多山脉的高速公路。相比普通投资项目，该高速公路的修建前期成本巨大，但在未来可以产生持续稳定的收益，如高速过路费、高速周边经济发展等。当评估该高速公路 5 年、10 年乃至 30 年后产生的收益现值时，金融市场存在的无风险收益率（如国债收益率）可作为社会折现率的良好参考。然而，当评估该项投资更长期限（如 50 年后甚至 100 年后）的收益现值时，金融市场已不存在到期收益率。同时，对于该项投资，更多的、稳定的、持续性的收益是长期限收益，评估这些长期限收益的最核心要素需要关注的变量变得尤为关键。有学术观点沿袭消费增长路径确定折现的分析框架，认为未来整个社会宏观消费增长的趋势与波动性是确定社会折现率的关键。另有学术观点认为未来资本产出率是确定社会折现率的关键。资本产出率的不确定性使社会折现率表现出随时间递减的特征。

【案例 1.5】　长期限公共项目未来的不确定性收益现值评估问题。假设当前考虑一项应对气候变化的投资项目（简称气候项目）。与一般投资项目不同，气候项目面临气候系统与社会经济层面的双重不确定性，也使得气候项目未来收益具有高度不确定性。为了评估投资项目未来风险收益的现值，经典的资产定价模型提供了科学的范式，并通过不同的风险溢价区分不同的风险资产价格。然而，气候项目风险的外部性、长期性和不确定性等特点加大了风险溢价测算的难度，而且目前市场中难以找到可以代表气候项目风险的合适资产，加上历史数据难以获取等方面限制，使用经典的资产定价模型难以测度气候项目风险溢价。同时，与案例 1.4 中评估确定性的未来收益不同的是，案例 1.5 所涉及的未来收益评估不仅仅涉及确定哪些关键变量作为折现的参考标准，更重要的是，未来收益本身具有不确定性。因此，研究者通过综合考虑未来宏观消费增长和未来收益的双重不确定性，分析长期限不确定收益现值评估问题。这些研究一方面根植于经典的资产定价模型，在分析框架与方法上与经典的资产定价模型保持一致；另一方面从经典的资产定价模型中跳离，关注气候项目风险自身的更多特点，例如，气候变化不确定性与经济增长并无必然关系，从而属于独立于宏观经济系统风险的非系统风险。在这种情况下，项目非系统风险对未来不确定收益及其现值评估的影响也需纳入分析框架。同时，如果该气候项目涉及政府和社会资本合作，那么它将面临更为复杂的政府层面风险。在分析项目风险特征并确定风险溢价时，需进一步区分未来收益所受的市场风险与政府风险的不同影响。

1.3.2　投资决策依据与评价

在上述两大类问题中，投资决策制定的依据与评价如下。

1. 宏观经济增长不确定性

针对案例 1.4 中的确定性的未来收益折现问题，在经典的拉姆齐模型（Ramsey，1928）基础上进行扩展并建立分析框架。传统以拉姆齐模型为取值依据的指数折现方式应用于长期限项目评估丧失优势的原因在于，它的基础假定暗示着两方面信息：一方面是未来消费增长是确定性增长或者各增长阶段序列不相关；另一方面是未来收益是确定性收益或者仅受到经济增长的不确定性影响。近10 多年来，正是这两方面的基础假定暗含项目未来收益现值评估具有同质性，忽略了真实投资项目之间的差异特征和不同决策者偏好的差异性，导致经典拉姆齐模型的适用性大打折扣，这也是其被折现理论界抨击会低估远期收益或偏离项目收益真实价值的根本原因。为了解决这个根本性的问题，近 20 余年来，折现理论研究从两方面的基础假定入手，对经典折现理论进行分解和重构，将未来经济增长不确定性以及评估对象风险的异质性纳入折现模型分析框架，并将经典的拉姆齐模型作为异质性假设下的一种特例，从而在不失主流经济学基本分析范式的前提下，增强其对新问题和新现象的解释与预测能力。

在对于未来经济增长不确定性的分析方面，与传统的确定性增长及各增长阶段序列不相关假设不同，部分经济学家另辟蹊径，考虑折现率本身的不确定性，并以资本产出方式刻画未来宏观经济状态的不确定性（Weitzman，2001）；在保留消费确定折现的框架下，考虑消费各增长阶段序列相关条件下折现率的表现研究（Gollier，2016b）；考虑未来经济增长的参数不确定性问题，在未来增长不完全可预测的情形下，分析折现期限结构（Weitzman，2009；Gollier，2008），等等。

2. 未来收益的不确定性

针对案例 1.5 中未来具有不确定收益折现问题，在考虑未来收益的不确定分析方面，除了分析无风险收益的折现问题，近年来研究者开始聚焦于未来收益具有风险的条件下对于收益的折现规则研究。例如，Traeger（2013）区分未来宏观消费增长不确定性与项目未来支付不确定性；Weitzman（2013）通过区分项目未来不确定收益的两类风险属性，建立尾部对冲项目适用的风险调整折现模型；Gollier（2016b）通过分析项目未来收益受宏观经济增长的敏感性作用，建立风险调整折现模型。

总之，社会消费折现研究经过长期的探索，已经逐渐把评估对象的异质性浓缩为两方面基本假定：第一，未来决定折现率的消费增长过程具有不确定性，这种不确定性具有序列相关性；第二，未来收益本身具有不确定性，不确定性的来源是多方面的，一部分由宏观经济增长决定，另一部分独立于宏观经济增长。

本 章 小 结

本章概述了关于折现的基本问题与演变过程。折现是确定各类跨期决策的核心。根据决策对象，本书重点关注折现研究的两大分支：个人效用折现与社会消费折现。个人效用折现与社会消费折现属于两个研究领域。尽管在发展过程中，个人效用折现领域更多地与心理学以及实验经济学发展密切相关，而社会消费折现领域更多地与经济增长理论密切相关，但作者认为两大领域的本质是一致的。这种一致性体现在两大领域的聚焦点都在时间偏好、风险偏好及不确定结果的刻画，区别在于对于不同因素影响的权重差异。

本书旨在对折现理论进行解构与重构，探寻跨期决策基本逻辑。通过呈现个人效用折现领域与社会消费折现领域众多理论发展及交融的结果，尝试搭建两大研究领域的桥梁，建立折现方法的一般框架，在研究方法和研究路径上求同存异，致力说明所有跨期决策相关的科学问题的底层逻辑一致。所有的阐述尝试以兼具普适性和现实性的视角，提出面向各类跨期决策环境的折现规则及相应决策，致力为微观主体制定投资消费决策提供理论参考，为宏观政策制定提供科学依据。

必须指出的是，在经济社会快速发展的今天，人们表现得越来越不耐心，人们对于"当前"的界定，即现期区间，正在逐步缩短；风险来源和外延在不断扩展，与不确定性生命类似的风险因素影响日益显著；人们的认知与个性差异的影响日趋复杂化，对决策者成熟性的价值认可逐步发生变化，等等。这些现象与发展趋势既是本书试图去解决的问题，也将成为持续更新的重要研究领域。

本章附录　数字金融背景的思考——折现理论未来之路

迄今为止，折现理论研究主要经历了两大阶段。

第一阶段是对折现行为一般理论模型的分析。该阶段属于纯粹抽象理论分析。受限于信息获取困难与认知约束，以折现效用模型和期望折现效用理论为代表的新古典时间偏好理论采用常数折现率。这种折现形式计算方便，迎合经济学一般均衡理论的结论，折现率反映不同应用场景下现在与未来的权衡差异。

第二阶段是对新古典指数折现理论偏离微观主体实际跨期决策行为的质疑和修正，研究范式从纯粹抽象理论发展到理论、实验、实证综合分析。该阶段通过有限样本获取部分信息，在认知测度技术支撑下，基于不完全信息假设，推动折现理论演变，表现为时变的折现率结构。这种折现形式更好地拟合微观主体实际跨期决策行为，体现代际福利权衡需求。这一走向充分体现了科技进步对经济理论研究中信息约束和认知约束的释放作用。

当前，在科技进步与创新（特别是新信息技术推动数字经济快速发展），以及社会全面可持续发展理念的引领下，折现研究即将进入动态演变和深层次变革的第三阶段。这主要是因为折现研究的社会经济形态发生巨大变化，以及这种巨大变化深刻影响微观主体的跨期选择行为。下面分别加以详细阐述。

一方面，伴随科学技术的推动，人类进入了全新的数字时代，获取信息的方式已从"人与人对话"时代步入以数字化为特征的"人与数据对话"时代。例如，在传统金融机构信贷活动中，信用评级依赖于贷款人资信水平和金融机构工作人员实地调研或贷款人银行面签等客观载体与交流方式。这种人与人对话方式导致信息收集成本高、时效性差，难以精准地刻画贷款人信用。既影响金融机构的跨期资本配置效率，又使得贷款利率与贷款人的折现行为和风险状态不匹配。在数字金融背景下，互联网大数据既直接提供反映贷款人金融交易行为互动的金融数据，又实时呈现贷款人的社交网络、消费习惯、通信情况等各类非金融数据。这些丰富多源的数据降低信息收集成本、提高信用评价效率，部分有效解决金融机构对贷款人的信息获取约束问题，能够更好地体现贷款人的风险状态、时间偏好和风险偏好，使信用评价更准确、贷款利率更精准合理有效。数字化的信息约束缓释作用为折现理论的完善与更新提供了基础条件。

同时，数字化不仅改变微观主体的跨期选择手段和过程，更重要的是，它将改变人们的时间偏好。与时间属性相关的产品和服务创新不断涌现，决策主体的时间折现行为和效用期望内生于这些具有时效性的创新服务。例如，以京东、顺丰为代表的以时效快为特征的平台因能实现即时满足，在行业内快速崛起。数字经济背景下，传统产业抢抓数字化转型机遇，利用各类数字化创新满足人们需求以获得新的增长点。新兴数字化产业不断涌现，补充和扩展了人们对时效性与便利性的消费选择集。在此背景下，一方面，在相同的产品和服务前提下，人们愿意为更快捷及时的服务支付相应溢价；另一方面，各种即时满足的实现进一步使得人更倾向追求即时满足，不耐心程度越来越高，相比未来更偏好现在。

在数字时代，个人效用折现领域正在产生几个挑战性问题：①人类正在从信息不完全、不对称时代走向信息更充分、更对称时代，人们对信息的认知获取能力在提高，跨期选择会发生怎样改变；②折现理论如何适应与解释人类偏好和信息约束的变化。

另一方面，经济繁荣、社会进步的同时，可持续发展正面临气候变暖带来的严峻考验。诺贝尔经济学家 Nordhaus（2008）指出，如果一切照旧，海平面将持续上升，人类生存环境面临严重威胁。应对气候变化，除了通过技术进步降排减碳，政策引导与合理经济核算的作用更为重要。其中，选取合适的社会折现率，以平衡应对气候变化的当前成本与未来收益，成为社会科学领域的一个急需解决的重要课题。特别地，现有理论研究集中于从全球范围寻找有效适用于缓解气候变化评估的折现选择。应对气候变化需要多层面、多角度的力量，需要更多国家与区域制定和实施更具可操作性的折现评估理论与实践指导。

因此，社会消费折现领域至少有几个重要问题需要研究：①如何在经济学、地球物理学、政治学等多学科交叉融合情况下，深度分析气候变化自然科学对经济学的各类不确定性影响；②如何结合各国国情，建立切实有效的应对气候项目折现选取理论依据与实践方法。

第 2 章　折现基础理论

本书研究跨期风险决策依据，并根据决策类型分为两类折现问题：个人效用折现与社会消费折现。这是两个彼此密切相关而又具有显著区别的概念。一般而言，个人折现率研究通过分析行为特征，建立体现真实偏好的理论体系以描述微观个体投资消费实际行为，致力获得风险条件下个人实际跨期决策行为的"满意"解释。与之有所不同的是，社会折现率研究基于标准理论框架，建立有效公共政策制定标准，致力形成风险条件下公共政策评估问题的规范标准。两类折现问题的研究范式具有一定差异，但研究核心都是如何权衡不同时点具有不同风险的成本和收益。

风险与时间是构成跨期风险决策的基本要素。以福利变化为分析基准，如何处理风险的研究始于 Bernoulli（1738）提出的最大化期望效用值思想。基于 Ramsey（1931）提出的概率分布排序公理化方法，von Neumann 和 Morgenstern（1944）创立期望效用模型。如何处理时间因素的研究始于拉姆齐模型的时间可分离假设。Samuelson（1937）基于这一假设，建立标准折现效用模型。这几位学者的研究贡献奠定了新古典经济学折现理论基础。

跨期风险决策的权衡既依赖于以期望效用理论为基础的风险决策理论，也依赖于以折现效用理论为基础的跨期决策理论。在建立实际决策依据时，个人跨期决策与社会跨期决策具有共同的目标，即实现福利最大化。站在个人或社会不同角度讨论跨期决策问题，影响跨期决策的因素是多维度、多层次的，这些因素主要包括个体对有效积累的主观欲望与远见、风险容忍程度、谨慎性、未来结果实现的不确定性、不确定性生命，以及对未来宏观经济发展的预期等，各类因素对特定决策的影响权重也各有不同。当某一因素对相应决策有显著影响时，在模型假设中需要将其特殊影响单列并细分。例如，在研究个人效用折现中的时间偏好时需区分决策者是否意识到自我控制问题，在研究社会消费折现时假定所有人时间偏好率都可表示为代表性参与者的时间偏好率。反之，在个人决策中假定未来宏观消费增长相对确定，在讨论社会跨期决策时则需考虑未来消费增长过程的序列相关性等。

本章尝试在保留研究范式差异性的前提下建立两类折现问题的统一框架，聚焦于如何决定风险和时间的价格，以产生有效率的跨期配置。从心理学视角与经济增长理论视角挖掘影响跨期风险决策的可能因素，将这些因素依据来源与处理方法划分为时间偏好、风险偏好及不确定结果等折现基本要素；通过梳理风险与时间决策基础理论形成、发展过程，建立统一折现框架。

2.1　影响跨期风险决策因素

未来充满不确定性，在不确定性条件下面临的跨期决策无处不在。将今天的资金用于投资，并期望在未来获得不确定收益，就要承担风险。承担风险的方式既与未来不确定收益可能的结果有关，也与决策者对待风险的态度及对待时间的态度有关。决策者在面对当前经济选项与未来经济选项之间的权衡时，会对时间赋予一定折扣；在面对确定性选项与不确定性选项之间的权衡时，会对风险赋予一定折扣，将不确定性问题转化为确定性问题。折现问题研究的实质是将所有出现在不同时间、具有不同风险的经济选项转化为具有相同单位的价值，以进行权衡分析。影响这些权衡分析的因素既包含主观的风险偏好与时间偏好，也包含客观的未来不确定结果等。

本节尽可能地罗列在刻画跨期风险决策时被清楚描述过的影响因素，某些因素只对部分决策有影响，对其他决策的影响相对较小。

2.1.1　时间偏好

早期学者从心理学角度研究决定跨期选择的心理动机。这些心理动机包括遗产动机、自我控制倾向，以及决策者对未来财富的不确定性与对即时消费的满足等。

最初关于影响和决定跨期选择的心理动机的刻画来自 Rae（1834）的《资本的社会理论》（*The Sociological Theory of Capital*）。他认为，人们的跨期选择行为是促进有效积累欲望和抑制有效积累欲望两方面心理动机共同作用的结果，并进一步细分影响这两方面心理动机的主要因素。

一方面，促进有效积累欲望的主要因素是遗产动机和自我控制倾向。其中，遗产动机是社会普遍存在的一种体现人类传承的慈善情感。从已有的研究文献来看，突出的遗产动机理论主要有三个：利他遗产动机、策略遗产动机和偶然遗产动机。利他遗产动机是指年长一代将自己的一部分收入和财富留给下一代的经济行为，反映的是年长一代对下一代福利的关心和奉献。策略遗产动机是指遗产是代际达成或明或暗的契约的结果。偶然遗产动机是指决策者没有遗产动机，但由于在生命的最后阶段存在固有的不确定性，为了减少这种不确定性，留下遗产作为必要的预防措施。自我控制倾向是一种理性的力量，由社会成员心理普遍存在的反思和节约的习惯所形成。决策主体会利用各种手段（如养老金计划）来约束自己当前的消费行为，延缓部分消费以应对退休时可能面临的困难。

　　另一方面，抑制有效积累欲望的主要因素是人们对未来生活不确定性的反应和对即时消费满足的兴奋、对推迟这种满足的不适。对未来生活不确定性的担忧增加个体享受当下的动机，同时对即时消费的满足表现为享受当下愉悦，缺乏积累欲望。

　　继 Rae（1834）提出上述四种决定跨期选择的因素之后，基于当前的感受、即时效用的两种测度方式，心理学领域形成两类观点。Jevons（1888）和 Jevons（1905）以即时消费的正效用为测度对象，假设人们只关心自己的即时效用，即当前消费的正效用，有远见的行为出于人们对未来消费的预期效用，并以此提出预期效用观。与之相反，Senior（1836）假设现在与未来是等价的，以此作为行为的自然基准，以节欲观解释跨期选择的心理动机，认为人们之所以更重视即时效用是因为推迟消费会产生自我节制的痛苦。

　　在上述心理动机研究基础上，von Böhm-Bawerk（1889）率先利用经济学的权衡方法研究跨期选择。类比在任意竞争性利益如购房和购车中分配资源，von Böhm-Bawerk（1889）把决策者的跨期选择行为看作决策者在不同时点如何配置资源的分配问题。他认为影响跨期选择的一个重要因素是决策者会倾向于低估未来的需要。Fisher（1930）进一步将其思想在跨期选择问题中模型化，将跨期消费选择问题通过两商品无差异曲线图刻画，如图 2.1 所示。其中，商品 1 是当前消费并表示为横轴，商品 2 是未来消费并表示为纵轴。在这样一条无差异曲线上，消费束的边际替代率表现为时间偏好率与递减的边际效用的综合作用结果，即无差异曲线上的切线斜率 $-(1+r)$，其中，r 为主观的时间偏好率。

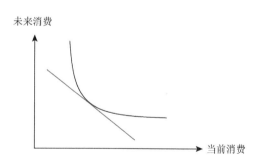

未来消费

当前消费

图 2.1　边际替代率与时间偏好率

　　具体地，Fisher（1930）将时间偏好中的心理因素进行拓展，将未来的财富和危险这类客观因素从个人因素中区分出来。Fisher（1930）论述的个人因素包括想象未来需要的能力（又称远见）与及时行动的流行性（又称风尚）。这种流行性一方面激励人们多储蓄以成为百万富翁，另一方面刺激百万富翁高消费、过奢华生活。

进入 20 世纪，Loewenstein 等（2001）将时间偏好进一步分解为三部分动机，分别为：①冲动性，表现为个人不经思考、无计划地行动的倾向；②强制性，表现为制订计划并遵守计划的倾向；③抑制性，表现为欲望和情绪会触发冲动的行为，抑制这些自动的或"条件反射"反应的能力。

综合上述影响因素定义及作用分析，本书的时间偏好泛指决策者主观层面所有影响跨期决策的欲望、能力和动机。该广义范畴的时间偏好既包括促进有效积累和抑制有效积累的主观欲望，也包括决策者的远见、风尚等主观能力，以及各类冲动性、强制性和抑制性的主观动机。

2.1.2　风险偏好

风险的概念常涉及不确定性、损失、波动性和危险等相关术语。刻画各类风险对福利的影响取决于三个因素：风险本身、当事人的财富水平及当事人效用函数。前两个因素属于客观层面，第三个因素属于主观层面，可通过效用函数的各阶凹凸性从各角度刻画个体风险偏好。

1. 风险厌恶

如果当事人在所有财富水平上都不喜欢所有的零均值风险，则当事人是风险厌恶的，即对于同等期望收益，当事人认为确定性收益优于不确定收益。具体而言，风险厌恶体现为一个人在承受风险情况下其偏好的特征，可以用它来测量人们为降低所面临的风险而投保的意愿。当对具有相同预期回报率的投资项目进行选择时，风险厌恶者一般选择风险最低的项目。人类在基因和偏好方面是有差异的。有些人认为安全的价值高，有些人则不那么认为。前者不愿意购买股票，但愿意为其承担的风险投保，即使保费高昂。简言之，他们是高度风险厌恶的。经典金融经济学常用阿罗-普拉特（Arrow-Pratt）度量[①]测度个体风险厌恶程度，并具体细分为绝对风险厌恶（absolute risk aversion）和相对风险厌恶（relative risk aversion），后者除了依赖于效用函数，还依赖于财富水平。

2. 谨慎性动机

谨慎性动机也称为预防性储蓄动机。如果在未来财富中增加一个不可保险的零均值风险使其增加储蓄，那么当事人是谨慎的。有两个理由支持谨慎假设。第一，许多经验研究试图证明更多地暴露于未来的收入风险的人储蓄更多，研究结

---

① 阿罗-普拉特度量中，绝对风险厌恶记作 $A(w)$，定义为 $A(w) = -u''(w)/u'(w)$，其中，w 为财富水平；相对风险厌恶记作 $R(w)$，定义为 $R(w) = -wu''(w)/u'(w)$。

论压倒性地支持这一假设（Guiso et al.，1996；Browning and Lusardi，1996）。第二，对于绝对风险厌恶是递减的这一广为接受的观点，谨慎是必要的。同时，在风险厌恶和谨慎之间还存在另一个重要关系：如果绝对谨慎是一致递减的，那么绝对风险厌恶必定是一致递减的。

3. 替代弹性变化

替代弹性包括跨期替代弹性（intertemporal elasticity of substitution）和物品替代弹性（elasticity of substitution between goods）。跨期替代弹性是指在时间维度上未来时点消费对当前消费的替代程度；从风险选择角度看，跨期替代弹性也可理解为风险回避态度的另一种表达。前者针对的是不同时间，后者针对的是不同状态。风险回避越强烈，跨期替代弹性越小。类似地，物品替代弹性可理解为某类商品或非商品对另一类商品的替代程度，受决策者满足程度与商品稀缺性的双重影响。以环境资产与普通消费品之间的替代弹性为例，较低的物品替代弹性会增大折现率，从而降低未来对环境保护的重视程度（Traeger，2011）。

4. 不平等厌恶

不平等厌恶（inequity aversion）源于对损失厌恶性的拓展（赵文哲等，2010）。Kahneman 和 Tversky（1979）的前景理论认为损失厌恶意味着在风险决策时，决策者对损失的敏感度要高于对同等幅度收益的敏感度，因此损失所导致决策者效用的下降幅度高于同等单位收益所导致决策者效用的增加幅度。Loewenstein 等（1989）、Fehr 和 Schmidt（1999）、Bolton 和 Ockenfels（2000）进一步将前景理论的结论推广到不平等厌恶理论。不平等厌恶理论认为有利的不平等具有两种效应，既可能增加个人效用，也可能降低个人效用。不利的不平等一定会降低个人效用，而且由不利的不平等导致的个人效用的下降幅度高于有利的不平等导致的个人效用的增加或下降幅度。本书聚焦于分析不平等厌恶对跨期决策的影响，因此后续章节不过多赘述前景理论视角的相关研究，而是侧重于根据比较对象的差异，从不同个体财富之间不平等厌恶和跨期不平等厌恶（Gollier，2015）等视角展开论述。

5. 模糊性厌恶

模糊性厌恶是指人们厌恶主观的或模糊的不确定性，甚至讨厌客观的不确定性。模糊可以被定义为信息能得知却不被得知的状态，当这种模糊性是一种未来巨大损失的可能性的时候，人们对于这种模糊性的厌恶和回避心理就会更加强烈。对模糊性厌恶现象的讨论较早见于 20 世纪 20 年代，Savage（1954）的主观期待效用理论曾提供一些关于模糊性厌恶的直观反例，形成此后对于主观效用理论的改进契机。

综上所述，本书使用广义范畴的风险偏好概念，泛指决策者以效用变化测度对各类风险的主观偏好和态度，并在不同问题背景下呈现为风险厌恶、谨慎性动机、替代弹性变化、不平等厌恶及模糊性厌恶等。

2.1.3　不确定结果

不确定结果泛指各种客观因素带来的可能性结果。有研究观点认为风险等于结果的不确定性。不确定性是指人们不能确切知道或掌握事物的未来状态，即人们总是对事物未来的发展与变化缺乏掌控力。本书界定的不确定结果既包含结果的不确定性也包括不确定结果本身，如不确定性生命、结果获得的不确定性、个人未来财富水平的不确定性、未来宏观经济增长的不确定性、项目未来收益的不确定性等。

（1）不确定性生命是指因个人健康因素、突发事故或灾难等各类危险因素导致的生存不确定性。

（2）结果获得的不确定性是指因外在环境变化或契约一方改变策略等引发的结果获得的可能性。不确定性生命与结果获得的不确定性是一组密切相关的概念。决策个体自身生存的不确定性也是导致结果不可获得的一种原因，同时结果的不确定性包含契约对方生存不确定性。

（3）个人未来财富水平的不确定性包含两个维度：一是决策个体人力资源价值，如学历、能力、体力等带来的收入不确定性；二是决策个体资产配置除人力资源以外的资产价值的不确定性。

（4）未来宏观经济增长的不确定性既包括宏观消费的正常增长，也包含增长过程的衰减性、持续性、扰动性等不确定因素，以及经济周期和经济状态转换等客观因素带来的宏观经济状况变化。

（5）项目未来收益的不确定性除了受到宏观消费增长不确定性的影响，还包含收益随着宏观经济增长变动敏感度的不确定性。例如，在经典资产定价模型中，对应的敏感系数常称为资产（项目）贝塔，当项目未来收益具有不确定性时，项目贝塔表现为不确定性贝塔。

对于结果的不确定性，行为实验研究表明，人们会根据自己的经验对可能发生的结果做出判断。这种经验判断常常会使人们高估自身对世界的理解。一方面，人们会忽略经验以外或者不太知道的力量；另一方面，人们会低估可能发生结果的影响程度。

对于不确定结果的测度问题，因为具有不同程度风险的选项之间不能直接比较，经济学家通常采用某种等价的方式，将不确定性的经济选项折现为一定单位确定性的价值。这种方法也称为确定性等价方法。为了尽可能地减少误判的程度，在对不确定性进行分析时，经济学家通常针对拟评估系统设定大量参数并进行估计，其遵从如下步骤：①定义一套便于控制的参数；②对每个参数的潜在分布进行估计；③估计重要问题的不确定性对参数的影响。分析中，描述不确定性环境需要两类信息：一是所有可能的结果，即事件集合；二是所有可能结果的概率向量，即概率空间。具体分析中，使用的概率可能是客观概率（又称频数概率），如长时间序列中观察到的股票收益率、死亡率等，也可能是主观概率（又称判断概率）。Ramsey（1931）最先引入概率分布排序公理化方法。Savage（1954）进一步创立了主观概率。主观概率是个人根据对现象的规范性和非规范性的解释，而不是仅仅根据所观察到的事件而持有的概率。2.2 节将引入基于主观概率测度不确定结果兼顾决策者风险偏好的期望效用模型。

2.2　期望效用模型

基于最大化期望效用值思想（Bernoulli，1738）与概率分布排序公理化方法（Ramsey，1931），von Neumann 和 Morgenstern（1944）创立期望效用模型。下面介绍期望效用模型形成的路径及发展。

2.2.1　理论形成

1. 最大化期望效用值思想

效用的起源是圣彼得堡悖论——一个看似明显而又充满疑惑的问题：一个理性人为进入看似期望收益为无穷大的异常赌局而愿意支付何种价格。针对这一问题，Bernoulli（1738）提出一种理论：参与赌局的人会对货币结果附加一个主观价值——效用，赌局的价值就是对这种效用的预期。效用可以理解为一种主观的满足程度，表示数量为 x 的货币、商品或劳务等能给人带来的满足程度，其函数值表示决策者对某种选择的偏好程度，若有

$$u(x_1) > u(x_2), \quad x_1, x_2 \in G \tag{2.1}$$

则决策者认为经济选项 x_1 优于 x_2。

效用函数定义支持两个基本原理：边际效用递减原理和最大期望效用原理。这两个相关原理至今仍是经济学中最基本的原理。

经济学家小故事：

丹尼尔·伯努利

丹尼尔·伯努利（Daniel Bernoulli，1700～1782 年），1700 年出生于荷兰的格罗宁根，但一生大部分时间居住在瑞士巴塞尔。1721 年获巴塞尔大学医学博士学位，1724 年在威尼

斯旅途中发表《数学习题》（*Exercitationes*），引起学术界的关注。丹尼尔·伯努利一家在欧洲享有盛誉。有一个传说，丹尼尔·伯努利有一次正在进行穿过欧洲的旅行，他与一个陌生人聊天，他很谦虚地自我介绍："我是丹尼尔·伯努利。"那个人当时就怒了，说："我还是牛顿呢！"丹尼尔从此之后在很多的场合深情地回忆起这一次经历，把它当作自己曾经听过的最衷心的赞扬。

　　丹尼尔·伯努利是约翰·伯努利的儿子、雅各布·伯努利的侄子。约翰·伯努利希望他经商，但是他仍然从事数学研究工作。据说他和父亲关系不好。在他们同时参加并均试图获得巴黎大学科学竞赛的第一名时，约翰·伯努利因为不能承受和他的后代做比较的"羞耻"，把丹尼尔·伯努利逐出了他的家族。约翰·伯努利还曾试图盗窃丹尼尔·伯努利的著作《流体力学》（*Hydrodynamica*）并把它重新命名为 *Hydraulica*。虽然丹尼尔·伯努利后来试图妥协，但是他父亲至死不愿和解。

　　丹尼尔·伯努利是欧拉的同时代人，也是密友。他和欧拉在欧拉-伯努利栋梁方程上有过合作。他于 1724 年前往圣彼得堡出任数学教授，但不喜欢那里。1733 年一场短暂的病给了他离开那里的理由。他回到巴塞尔大学，在那里陆续担任医学、形而上学和自然哲学的教授直至去世。

　　丹尼尔·伯努利最早的数学著作是《数学习题》，发表于 1724 年，包含了对里卡蒂方程的一个解法。两年后，他第一次指出求解复合运动经常需要把运动分解为平移和转动。丹尼尔·伯努利的主要著作是《流体力学》（*Hydrodynamica*），发表于 1738 年，类似于拉格朗日的《分析力学》（*Mecanigue Analytigue*），书中所有的结果都是能量守恒定律的推论。随后，丹尼尔·伯努利写了一部关于潮汐理论的论文集，并和欧拉以及麦克劳林的论文集一起获得了法国科学院的奖励：这三部论文集包含了该主题从牛顿的《自然哲学的数学原理》（*Mathematical Principles and Natural Philosophy*）的发表到拉普拉斯的研究之间的所有成果。丹尼尔·伯努利也发表了大量关于不同机械问题的论文，特别是关于振动弦问题的，以及布鲁克·泰勒和达朗贝尔问题的解法。

　　丹尼尔·伯努利是最早试图采用数学方式表述分子运动论的人，而且他试图用这一方式解释玻意耳-马里奥特定律。

　　丹尼尔·伯努利于 1738 年发表了"风险度量的新理论的讨论"（Specimen theoriae novae de mensura sortis），其中提及的圣彼得堡悖论是风险趋避、风险贴水和效用的经济理论的基础。

　　"风险度量的新理论的讨论"并非自然科学领域，而是经济领域的开拓性贡献。考虑一个游戏，不断地掷同一枚硬币，直到得到正面为止，如果你掷了 X 次才最终得到正面，你将获得 2^{X-1} 元。游戏的报名费是 100 元，我们平常觉得这个游戏赚不了什么钱，也就不会去参加。不过，如果我们考虑这个游戏的期望收益是无穷大，就应该参加。这就是圣彼得堡悖论。丹尼尔·伯努利解决了圣彼得堡悖论，他得出一条原理，"财富越多，人越满足，然而随着财富的增加，满足程度的增加速度不断下降"，即边际效用递减。财富从无到有和从很多到有更多，效用是完全不一样的。

　　1766 年，丹尼尔·伯努利第一次尝试用统计数据分析问题。当时的数据目前仍被保存着，这些数据被用来分析天花的传播和死亡率，并以此证明疫苗的效力。现在一些经济学家认为"风险度量的新理论的讨论"可作为经济学的基础理论。边际效用在 100 年后的杰文斯的眼里是不合时宜的，所以他建立了独立的预期效用理论。200 年后，数学家冯·诺依曼和经济学家摩根斯恩发表了巨著——《博弈论与经济行为》。

2. 偏好关系公理化体系

　　偏好关系体现决策者在选择备选方案时的顺序，是对决策者的一些主观特性所施加的限制，是偏好的最原始、最基本的特性。效用函数代表并概括了由偏好关系所传递的信息。

　　假设决策者偏好满足下列三个公理。

　　【公理 2.1】（有序性）　决策者对备选方案的排序满足完备性（complete）与传递性（transitive）。完备性是指对于所有备选方案中的一对方案 X 与 Y，决策者或者 X 偏好于 Y，即 $X \succeq Y$；或者 Y 偏好于 X，即 $Y \succeq X$；或者兼而有之，即 $X \sim Y$。传递性是指如果 $X \succeq Y$，且 $Y \succeq Z$，则 $X \succeq Z$。

　　【公理 2.2】（连续性）　在备选方案样本空间中，对于所有的 $X, Y, Z \in \mathcal{L}$，如果 $X \succeq Y \succeq Z$，则存在 $\alpha \in [0,1]$，使得

$$Y \sim \alpha X + (1-\alpha)Z$$

连续性公理意味着概率的细小变化并不会改变两个选项之间排序的本质。

　　【公理 2.3】（独立性）　在备选方案样本空间中，对于所有的 $X, Y, Z \in \mathcal{L}$ 和所有的 $\alpha \in [0,1]$，有

$$X \succeq Y \Leftrightarrow \alpha X + (1-\alpha)Z \succeq \alpha Y + (1-\alpha)Z$$

独立性公理意味着如果将两个选项与第三个选项混合，所得到新的两个混合选项的偏好序与新增的第三个选项独立。独立性公理是经典的不确定性理论的核心。

3. 期望效用理论

　　风险决策在经济学中非常普遍，令人满意的风险条件下的决策理论需要同时考虑选择结果及其相关概率。但在期望效用理论提出之前，缺乏一个同时包含这两方面内容的分析框架。期望效用理论将选择结果与概率的共同作用映射为一维价值度量，成为风险决策的分析基准。

　　【定理 2.1】（期望效用准则）　如果决策者进行风险决策时偏好关系满足有序性、连续性和独立性公理，那么他一定会选择期望效用值最大的备选方案，其中

期望效用值为备选方案 x 效用值 $u(x)$ 和其发生概率 p 的函数。

$$E[u(X)] = \sum_{i=1}^{n} p_i u(x_i) \qquad (2.2)$$

其中，事件 X 有 n 种可能结果：$x_i (i = 1, 2, \cdots, n)$，对应概率为 p_i。

　　期望效用是序数的，而效用函数是基数的。比较效用函数间的差别是有意义的，期望效用间的差别则是毫无意义的。

经济学家小故事：

约翰·冯·诺依曼

　　约翰·冯·诺依曼（John von Neumann，1903~1957 年）从小就对数学表现出强烈的兴趣和惊人的天赋。他 6 岁能心算做 8 位数除法，8 岁掌握微积分，12 岁就读懂领会了波莱尔《函数论》的要义。少年冯·诺依曼曾获得"匈牙利数学家的精神之父"——L. 法杰尔的提点，有望成为布达佩斯的数学家新星。但冯·诺依曼的父亲考虑经济上的原因，请人劝阻年方 17 岁的冯·诺依曼不要成为数学家，冯·诺依曼转而攻读化学。1921~1925 年，他先后在柏林和苏黎世学习化学。1926 年，主攻化学的冯·诺依曼轻松获得苏黎世联邦工业大学的化学学士学位和布达佩斯大学的数学博士学位，并相继在柏林大学和汉堡大学担任数学讲师。1930 年，冯·诺依曼获得普林斯顿大学客座教授的职位。次年，他就成为普林斯顿大学终身教授。1933 年，冯·诺依曼转入普林斯顿高等研究院，与爱因斯坦等成为该院最初的四位教授之一，无须上课。这一年，他部分解决了希尔伯特第五问题，证明了局部欧几里得紧群是李群。冯·诺依曼在普林斯顿高等研究院留下了最辉煌的学术成就、证明及一堆趣闻轶事。

　　冯·诺依曼记忆力超常。儿时在家中招待客人时他经常表演背电话簿的绝活儿。客人随意地从电话簿中选一页上的一栏，年幼的冯·诺依曼看上几遍然后就把电话簿还给客人。他可以回答客人提出的任何问题，或者直接按顺序背出名字、地址、电话。后来，他赴美讲学，也曾给纽约居民表演这项绝活儿。冯·诺依曼演讲时，内容丰富，边讲边写，一会儿就写满黑板，只好擦去旧的再写新的内容，当要引述前面的结果时，他就会不断地指出黑板的某个位置，说："根据擦过的三次之前写在这里的结果，再加上擦掉六次之前写在这里用过的定律，就得到结论……"因此，他获得了"用黑板擦证明定理的人"称号。

　　冯·诺依曼的计算速度同样超乎常人，有两个关于其计算速度超快的故事。有一次，诺贝尔物理学奖得主塞格雷和另一位诺贝尔奖得主为求解一个积分问题僵持了一下午，毫无进展。这时他们从开着的门缝中看到冯·诺依曼正沿着走廊朝他们的办公室走来，于是他们问冯·诺依曼："您能帮我们解决这个积分问题吗？"困扰他们的积分问题就写在移动黑板上，冯·诺依曼走到门口，看了一眼黑板，立即给出了答案，大概花了 3 秒，此时，塞格雷和他同事完全被吓住了，他们根本不知道冯·诺依曼是怎么这么快就解决了这个难题的。另有一次，冯·诺依曼被问到这样一个问题：两位自行车手从相距 20 英里（1 英里≈1.61 千米）的两地开始相向而行，时速 10 英里，同时一只苍蝇以 15 英里的时速在两人之间往返飞行，在和其中任何一个人相遇后就转头向另一个人飞去。问当两位自行车手相遇时苍蝇飞了多远的距离？几乎在主持人刚解释完，冯·诺依曼就给出了答案："1 英里。""太让人惊讶了！"主持人道，"大多数数学家都没看出这里面的技巧，用无穷级数求和去算，你知道有这个小技巧啊？""什么小技巧？"冯·诺依曼反问道，"我用的是无穷级数求和"。

20 世纪 40 年代以前，冯·诺依曼主要研究纯粹数学，在集合论、测度论、群论及算子理论等方面做出贡献。1940 年以后，冯·诺依曼转向应用数学，研究成果集中在力学、经济学、数值分析和电子计算器方面。他建立的算子环理论为量子力学奠定了数学基础。他在这一时期的代表作是《量子力学的数学基础》（*Mathematical Foundations of Quantum Mechanics*）。诺贝尔物理学奖获得者维格纳在一次描述冯·诺依曼对量子力学所做贡献的讲演中说："量子力学方面的贡献就足以确保冯·诺依曼在当代理论物理领域的特异地位。"1944 年，冯·诺依曼和摩根斯特恩合著的《博弈论与经济行为》成为数理经济学的奠基性著作。他们将二人博弈推广到 n 人博弈结构并将博弈论系统应用于经济领域，从而奠定这一学科的基础和理论体系。

冯·诺依曼一生沉迷思考，这使他学术成就丰厚，但因为思考和计算速度实在太快，他并不能成为一个好的讲师。给学生授课时，他飞速的思考过程让平常人难以跟上，学生对他总是只在一大块黑板的一小部分上写一大串方程，然后不等学生抄下来就擦掉的做法意见很大。

经济学家小故事:

奥斯卡·摩根斯特恩

奥斯卡·摩根斯特恩（Oskar Morgenstern，1902～1977 年）生于西里西亚的戈尔利策。摩根斯特恩在维也纳大学讲授经济学，1935 年获得教授学衔。1938 年纳粹德国吞并奥地利后，摩根斯特恩被迫离开维也纳来到美国。1944 年，摩根斯特恩加入美国国籍，在普林斯顿大学教经济学，并在那里度过他的后半生。摩根斯特恩热衷于将数学应用于经济学，更广义地说，应用于解决人类的各种战略问题（商业、战争、科学研究），以便获得最大利益和尽可能地减少损失。他认为这些原理同样适用于哪怕简单得像抛掷硬币这样的游戏。1944 年，他同另一名流亡学者冯·诺依曼合著《博弈论与经济行为》。

冯·诺依曼遇到经济学家摩根斯特恩，并与其合作才使博弈论进入经济学的广阔领域。1944 年，摩根斯特恩与冯·诺依曼合著的巨作《博弈论与经济行为》的出版标志着现代系统博弈论的初步形成。《博弈论与经济行为》包含了博弈论的纯粹数学形式的阐述及其实际应用的详细说明。这部巨著及所做的与某些经济理论的基本问题的讨论引起学者对经济行为和某些社会学问题的各种研究，时至今日，这已是应用广泛、羽翼日丰的一门数学学科。有些科学家热情颂扬它可能是"20 世纪前半期最伟大的科学贡献之一"。

2.2.2　质疑、修正与扩展

对期望效用理论的质疑和挑战主要集中在两类主题：一类是能够观察到的违背期望效用理论独立性公理的现象，这些现象通常能够用传统的偏好理论解释；另一类是挑战期望效用理论的假设，并选择以定义完备的偏好为基础。

期望效用理论公理体系有四个基础性假设：抵消性（cancellation）、传递性（transitivity）、占优性（dominance）和无差异性（invariance）。抵消性是指在面对不同选择时，有相同结果的事件可以相互抵消，人们只关注具有不同结果的选项；传递性是指如果选项 A 优于选项 B，同时选项 B 优于选项 C，则一定有选项 A 优于选项 C；占优性是指如果选项 A 在至少一种状态下的结果优于选项 B，而在其他状态下的结果至少与选项 B 一样好，则选项 A 占优于选项 B，决策者会选择选项 A；无差异性是指对同一选择的描述方式对决策者的偏好不会产生影响，即人们对具有相同结果和不同表现形式的选择的判断是一致的。

期望效用理论的公理体系提出后，大量的经济学家和心理学家对该公理体系所隐含的上述四个基础性假设进行检验，检验的结果如同这四个基础性假设的顺序：抵消性和传递性受到广泛质疑，特别是抵消性，检验发现其与现实中人的选择行为严重不符；占优性和无差异性相对受到较少质疑，但是 Tversky 和 Kahneman（1986）也在实证检验中发现了与这两个基础性假设相悖的情形。

独立性公理是期望效用理论的精髓，同时是备受争议的假设。典型的质疑是由 Allais（1953）提出的阿莱悖论：基于实验发现，在成对的博彩中所做出的一些选择与独立性公理不一致。阿莱悖论诞生了数以千计的文献。

现有研究针对期望效用理论的质疑，提出主观权重效用（subjectively weighted utility，SWU）、非线性概率度量、前景理论、后悔模型、非可加性效用模型等诸多使期望效用理论一般化的方式。

（1）主观权重效用。Karmarkar（1978）提出主观权重效用的概念，用决策权重替代线性概率，这可以解释阿莱悖论和共同比率效应[①]，但不能解释优势违背问题。

（2）非线性概率度量。Machina（1982）提出扩展性效用模型（generalized utility model）。该类模型的特点是针对相同结果效应和共同比率效应等，放松期望效用函数的线性特征，对公理化假设进行重新表述，将用概率三角形表示的期望效用

---

① 共同比率效应是指如果两种方案发生的概率同比例减少，会得出相反的结论。例如，如果方案 A 是 100% 拿到 100 元，方案 B 是 50% 拿到 200 元，50% 拿到 0 元，人们会选择方案 A；但是，如果方案 A 是 10% 拿到 100 元，5% 拿到 200 元，尽管方案 A 与方案 B 的概率比还是 2∶1，但是人们会改变选择，更倾向于选择方案 B。

函数线性特征的无差异曲线扩展成体现局部线性近似的扇形展开。该类模型没有给出度量效用的原则，但给出了效用函数的许多限定条件。

（3）前景理论。Kahneman 和 Tversky（1979）引入系统的非传递性和不连续性的概念以解决优势违背问题，并提出前景理论。与期望效用理论的公理性形式不同，前景理论是描述式的。Kahneman 和 Tversky（1979）在一系列心理实验结果的基础上提出主要观点：人们更加看重财富的变化量而不是最终量；人们面临条件相当的损失时倾向于冒险赌博，而面临条件相当的盈利时倾向于接受确定性盈利等。

（4）后悔模型。Loomes 和 Sugden（1982）提出的后悔模型引入了一种后悔函数，将效用奠定在个体对过去不选择结果的心理体验上（放弃选择后出现不佳结果感到庆幸，放弃选择后出现更佳结果感到后悔），对期望效用函数进行改写（仍然保持线性特征）。

（5）非可加性效用模型。Friedman 和 Savage（1952）提出非可加性效用模型，主要针对埃尔斯伯格悖论。该模型认为概率在其测量上是不可加的。同时，Savage（1954）进一步将期望折现模型扩展到不存在客观概率的情形。

2.3　折现效用模型

早期的学者从心理学角度研究跨期选择，时间偏好被看作各种跨期心理因素共同左右的结果。20 世纪上半叶开始，时间偏好进入新古典框架，其主要特点表现为对心理动机的剔除和对定量分析的推崇。固定利率下的折现效用概率首先在 Ramsey（1928）的一篇关于代际储蓄的论文中被提出。Samuelson（1937）进一步建立标准折现效用模型。下面介绍折现效用模型形成路径与模型特征。

2.3.1　模型演变

不同时点的选项不能直接进行比较，经济学家将未来的选项折现成当前价值，使用的工具即时间折现。时间可分离（time-separable）效用函数的假设使得对时间的处理十分类似于传统经济学中对不确定性的处理。

Ramsey（1928）提出时间可分离假设及拉姆齐模型，假设总效用可以分解为各时期瞬时效用和折现函数的乘积和，决策者的跨期偏好可以通过跨期效用函数来表示，即假设消费组合 $(c_t, c_{t+1}, \cdots, c_T)$ 的跨期效用函数 $U^t(c_t, c_{t+1}, \cdots, c_T)$ 可表示为如下特殊形式：

$$U^t(c_t, c_{t+1}, \cdots, c_T) = \sum_{k=0}^{T-t} d(k) u(c_{t+k}) \qquad (2.3)$$

其中，$u(\cdot)$ 为瞬时效用函数；$u(c_{t+k})$ 为 $t+k$ 期消费 c_{t+k} 获得的瞬时效用；$d(k)$ 为决策者的折现函数，即 $t+k$ 期的 1 单位效用在 t 期的现值。如果 $(c_t, c_{t+1}, \cdots, c_T)$ 带来的跨期效用 $U^t(c_t, c_{t+1}, \cdots, c_T)$ 大于 $(c_t', c_{t+1}', \cdots, c_T')$ 带来的跨期效用 $U^t(c_t', c_{t+1}', \cdots, c_T')$，则决策者更偏好 $(c_t, c_{t+1}, \cdots, c_T)$。

以折现模型为依据，Samuelson（1937）在其论文"关于效用度量的一个笔记"（A note on measurement of utility）中提出折现效用模型。该模型将古典学者关心的复杂心理影响浓缩为一个参数，假设偏好满足完备性、传递性和连续性，消费组合 $(c_t, c_{t+1}, \cdots, c_T)$ 的跨期效用函数 $U^t(c_t, c_{t+1}, \cdots, c_T)$ 可表示为如下特殊形式：

$$U^t(c_t, c_{t+1}, \cdots, c_T) = \sum_{k=0}^{T-t} d(k)u(c_{t+k}), \quad d(k) = (1/(1+\rho))^k = \delta^k \qquad (2.4)$$

其中，折现率 ρ 和折现因子 δ 为常数，满足 $1/(1+\rho)=\delta$。ρ 和 δ 反映了古典学者认为的所有影响跨期选择的心理动机。$\rho > 0$ 或者 $0 < \delta < 1$ 称为正的时间偏好，说明影响决策者提前消费的心理因素对时间偏好作用的影响大于影响决策者延迟消费的心理因素对时间偏好的影响，决策者低估未来效用。反之，$\rho < 0$ 或者 $\delta > 1$ 称为负的时间偏好，说明影响决策者提前消费的心理因素对时间偏好作用的影响小于影响决策者延迟消费的心理因素对时间偏好的影响。虽然参数 ρ 和 δ 并没有严格的范围，但是所有的跨期选择理论包括折现效用模型都假设正的时间偏好，即 $\rho > 0$ 或者 $0 < \delta < 1$，即决策者会低估未来的效用，ρ 越大或者 δ 越小，则决策者越没有耐心，越低估未来效用。对参数 ρ 或者 δ 表示跨期选择中决策者低估未来效用的程度这一现象，不同领域学者给出不同的称谓，心理学家称为延迟折现（delay discounting），经济学家称为时间偏好（time preference）或者时间折现（time discounting）（Doyle，2013）。

Samuelson（1937）并没有把折现效用模型看作跨期选择理论的规范模型，他认为这里讨论的效用与福利无关；也没有认为模型具有描述性效度，他强调个体会按折现效用模型中设定的形式最大化效用总和，这一假设完全是随意的。尽管 Samuelson 清楚地说明折现效用模型的局限，但是该模型有着不可抗拒的简约和优美，迅速被用作分析跨期选择问题的理论框架。

Koopmans（1960）进一步给出折现效用模型的公理化推导。Koopmans 像 Samuelson 一样，并没有认为折现效用模型在心理学上或在规范意义上是可靠的。他的目标只是指出在某些严格假定下（虽然这些假定不现实），可以合乎逻辑地证明个体有正的时间偏好率。然而，正如一种商品的生产商不能规定商品被如何使用，Koopmans 对折现效用模型的公理化证明增进了模型的合理性，有助于该模型的流行。

经济学家小故事:

保罗 · 萨缪尔森

保罗 · 萨缪尔森（Paul Samuelson，1915～2009 年），1935 年毕业于芝加哥大学，随后获得哈佛大学硕士学位和博士学位。25 岁成为麻省理工学院经济学助理教授，32 岁成为麻省理工学院经济学教授。1947 年成为克拉克奖的首位获得者，1970 年获得诺贝尔经济学奖，其建立了静态和动态经济理论，将经济科学提高到新的水平。萨缪尔森是新古典综合学派的创始人之一，他是凯恩斯学派在美国推广的重要学界领导者。萨缪尔森在美国政界拥有巨大影响力。

1948 年，萨缪尔森出版《经济学》，它是美国第二本凯恩斯主义的经济学教科书，也是第一本成功推广凯恩斯主义的教科书。《经济学》出版后风靡全球，成为史上最畅销的经济学教科书，目前已更新到第 19 版，译成 40 种语言。萨缪尔森使麻省理工学院的经济学系成为全美经济学重镇，培育出多位杰出经济学者，包括保罗·克鲁格曼、罗伯特·默顿、约瑟夫·斯蒂格利茨等，其中多人在日后获得了诺贝尔经济学奖。

萨缪尔森的研究涉及经济理论的诸多领域。他根据所考察的各种问题，采用多种数学工具，使用既包括静态均衡分析也包括动态过程分析的方法，这对当代微观经济学和宏观经济学许多理论的发展都有一定的影响。

萨缪尔森的研究成果涵盖经济理论的诸多领域。其一，他擅于用数学工具对经济问题进行静态和动态过程的分析。在一般均衡论方面，他补充和发展了希克斯关于静态一般均衡的稳定条件；在福利经济学领域，他建立了新福利经济学。其二，他发展了凯恩斯主义的乘数论，以数量分析进一步研究凯恩斯在《通论》中提出的投资乘数论与就业乘数论，首创经济波动模型，对经济周期理论研究起到重要的推动作用。其三，他提出斯托尔珀-萨缪尔森定理，指出某种商品相对价格的上升将导致该商品密集使用的生产要素的实际价格或报酬提高，另一种生产要素的实际价格或报酬则下降。这与国际贸易中的要素价格均等化是相互联系的，国际贸易促使本国产品的充裕要素报酬上升、进口产品的生产要素价格下降，从而实现不同国家生产要素的价格均等化趋势。

2.3.2　模型特征

1. 新选项与现有计划整合

大多数跨期选择模型（包括折现效用模型）的核心假设是个体将新的经济选择项与现有消费计划整合后再对新的经济选择项进行评价。例如，某人现有消费计划 $(c_t, c_{t+1}, \cdots, c_T)$，并收到一个跨期选择的期望 X，X 可能是期权等，例如，期望 X 为今天放弃 5000 美元，5 年以后获得 10000 美元。整合意味着不是对期望 X

进行单独评价，而要看 X 在未来时期如何改变总消费量。因此，为了评价 X，此人必须确定接受期望 X 时新的消费路径 $(c'_t, c'_{t+1}, \cdots, c'_T)$；如果 $U^t(c'_t, c'_{t+1}, \cdots, c'_T) > U^t(c_t, c_{t+1}, \cdots, c_T)$，则此人应该接受期望 X。

此外，可以用另一种方式来理解消费计划整合。需要认识到，跨期期望改变一个人的预算集。如果此人的初始禀赋是 E_0，那么接受期望 X 可以使他的禀赋变为 $E_0 \bigcup X$。令 $B(E)$ 代表禀赋为 E 时此人的预算集，即禀赋为 E 时可行的消费流。折现效用模型认为，如果

$$\max_{(c_t, c_{t+1}, \cdots, c_T) \in B(E_0 \bigcup X)} \sum_{\tau=t}^{T} (1/(1+\rho))^{\tau-t} u(c_\tau) > \max_{(c_t, c_{t+1}, \cdots, c_T) \in B(E_0)} \sum_{\tau=t}^{T} (1/(1+\rho))^{\tau-t} u(c_\tau)$$

那么此人应该接受期望 X。虽然消费计划整合的评价方法从规范方面看很有说服力，但是这种方法在实际应用中难以实现。这是因为一个人对未来的消费流可能没有完全成形的计划，或者他不能（或不愿意）在每次做跨期选择时重新计算最优计划。

2. 效用的独立性

折现效用模型明确假设一系列结果的总价值或者总效用等于每期效用的折现和。假设时间偏好率为正值，折现会使未来效用折算到当期时变小，效用的各阶段独立性假设使得经过折现的各期效用的分布之间相互没有影响。效用的独立性假设很少得到讨论或受到挑战，但是该假设绝非无关紧要。它排除了人们对效用模式的偏好，例如，在折现效用相同时，相对于先升后降的效用组合，平滑的效用组合更受到偏好。

3. 消费的独立性

折现效用模型明确假设一个人在 $t+k$ 期的消费独立于其他各期的消费，也就是说，对于任意三个时期 τ, τ', τ''，τ 期和 τ' 期的消费的边际替代率独立于 τ'' 期的消费。

消费的独立性类似于期望效用理论的独立性公理，但是两者有根本区别。在期望效用理论中，独立性公理是指对不确定预期的偏好不受预期结果的影响，即已有结果的效用不受本来可能获得（但实际没能获得）的其他结果的影响。在跨期决策理论中，消费的独立性是指对消费集的偏好不受消费集中各期消费的影响。也就是说，本期消费效用不会受到过去或未来消费的影响。例如，消费的独立性意味着一个人今晚对意大利餐馆和泰国餐馆的偏好既不会取决于昨天晚上曾经去过意大利餐馆，也不会取决于此人预期明天去哪家餐馆。消费的独立性难以令人信服。Samuelson（1952）注意到："可以预期，我昨天的饮酒量和我明天的饮酒量会影响我今天对酒和牛奶的无差异曲线的斜率。"类似地，Koopmans（1960）

承认人们不会对独立性假设的真实性表示高度的赞同，这是因为没有明确的理由解释物品的互补性不能拓展到 1 期以上。

4. 即时效用函数的稳定性

在用折现效用模型分析问题时，经常假设即时效用函数 $u(c_\tau)$ 不随时间变化，所以不同时期的相同行为的福利是一样的。但是大多数经济学家承认，假设即时效用函数具有稳定性在很多情形下是不合理的，实际上人们的偏好会随时间以可预知或不可预知的方式变化。虽然为了分析的方便，这个不现实的假设经常被保留下来，但是随着经济学家认识到日常生活中人们的口味随时间变化的事实，该假设越来越不可信了。

5. 折现对消费的独立性

折现效用模型假设折现函数在各种消费形式下都是不变的。这一强烈假设对时间偏好这一概念非常关键。如果人们以不同的折现率来折现效用，就不会存在单一的时间偏好率。这时，必须根据推迟消费的物品来确定其时间偏好，如香蕉的时间偏好、假期的时间偏好等。

一些研究者通过决策者在生活中的实际决策得出在不同消费形式下的折现率。这些研究表明，折现率 ρ 和折现因子 δ 随消费形式的不同而不同。根据消费者购买电器时对购买价格和长期营运成本之间实际决策的研究，Ruderman 等（1987）指出，燃气热水器的隐性折现率为 102%，制冷器的隐性折现率为 138%，电热水器的隐性折现率为 243%。Hausman（1979）指出，空调的隐性折现率为17%～20%。根据行为个体在工资与跟工资正相关的风险之间的实际权衡的研究，Viscusi 和 Moore（1989）指出，工人关于未来生命的折现率大约为 11%。以上的研究结论表明折现效用模型中假设单一的折现率和折现因子不合理，决策者的折现率和折现因子随消费形式的不同而不同。

6. 固定折现率和时间一致性

从折现效用模型中可以看出，当时间离散时，折现效用模型中的折现函数 $d(k)$ 可表述为

$$d(k) = (1+\rho)^k \text{ 或 } d(k) = \delta^k$$

当时间连续时，折现效用模型中的折现函数 $d(k)$ 可表述为

$$d(k) = e^{-\rho k} \text{ 或 } d(k) = \delta^k$$

固定折现需要决策者对时间的评价不偏不倚。这意味着对某两期的两个经济结果都推迟或提前同样长时间，不会改变对这两个经济结果的偏好。如果在 t 期时，对于某些时点 τ，一个人较之 $\tau+t$ 期的期望 Y 更偏好于 τ 期的期望 X，则在 t

期时，必定对所有的 x 值，此人较之 $\tau+t$ 期的期望 Y 更偏好于 τ 期的期望 X 。折现函数 $d(k)$ 的表达式暗含对任意两点的折现只与折现区间长度 k 有关，与决策起点无关。对于股票投资，这说明第 1 年的股利推迟到第 2 年发放与第 10 年的股利推迟到第 11 年发放的折现一致。

如果令 $\mathrm{MRS}_t(t_s,t_l)$ 代表站在 t 点，t_s 点和 t_l 点的跨期替代率，即放弃 t_s 点时的 1 单位效用而愿意得到 t_l 点时对应的最小效用值，$t_l > t_s > t$ 。当折现率 ρ 或者折现因子 δ 恒定时，有

$$\mathrm{MRS}_t(t_s,t_l) = d(t_s-t)/d(t_l-t) = \mathrm{e}^{\rho(t_l-t_s)}$$

或者

$$\mathrm{MRS}_t(t_s,t_l) = \delta^{-(t_l-t_s)}$$

因此，如果发生经济结果的两个时点 t_l 和 t_s 固定，替代率 $\mathrm{MRS}_t(t_s,t_l)$ 为常数，与决策点 t 无关，只与折现区间长度 t_l-t_s 有关。这说明若没有决策信息更新（0 点和 t 点的条件相同），则 0 点和 t 点的偏好相同，偏好表现时间一致性（time-consistency）。这种时间一致性说明如果决策者的决策区间为 $[0,t_s]$，则决策区间的任意两个决策点 s 和 t 的偏好一致，$s,t \in [0,t_s]$，$s > t$，即决策者面对选择 (t_s,x_s) 和 (t_l,x_l) 时，如果在 t 时偏好 (t_s,x_s)，在 s 时最优选择仍然为 (t_s,x_s)。特别地，$t \in [0,t_s)$ 所做的决策是计划执行的决策，$s = t_s$ 所做的决策为实际执行的决策，因此决策的时间一致性意味着决策者的计划执行决策与实际执行决策一致，即人们想的和做的一致。

7. 边际效用递减和正时间偏好率

边际效用递减虽然不是折现效用模型的核心特征，但是实际上所有的跨期选择理论都假设边际效用递减，以及正的时间偏好率。这两个假设在跨期选择中的作用是相反的：递减的边际效用促使决策者随着时间分散消费，而正的时间偏好促使决策者在当前集中消费。

实际上，人们是分散消费的。边际效用递减（或者有相同效应的其他性质）的假设看起来是合理的，正时间偏好率假设则备受争议。多位研究者曾经从逻辑层面论证了时间偏好率为正（Hirshleifer，1970；Koopmans，1960；Koopmans et al.，1964；Olson and Bailey，1981）。他们证明的逻辑是，因为储蓄的真实回报率是正值，所以零值或负值的时间折现率会导致所有的消费被无限地推延，但是这个结论的前提是不现实地假设人长生不老，效用函数是线性的（或者是拟凹的）。在储蓄和跨期替代的计量分析中，正时间偏好率有时作为一个识别条件，违反这一条件则被视为模型设定错误。

支持正时间偏好率的最有说服力的论证来自 Parfit（1971，1976，1982）的研究。他认为，没有不朽的自我或"我"，人们没有无限期的效用，精神上连贯性

（psychological connection）的减弱降低了人们对未来自我的认同，倾向于把未来的自我比作他人，使未来效用小于完全自我认同的当前效用，这为认定未来效用值较小提供了一个理由。"我们对较远的未来关注较少……因为我们对未来知道得较少。例如，对于未来的希望、计划、爱情和理想，知道得比现在更少，这些将延续到更远的未来……即使对未来的不确定性程度较小，对未来的关注较少也是理性的。"

Parfit（1971，1976，1982）的上述论证没有试图解释或预测人们的跨期选择行为。但是他认为，时间偏好合理与否的结论必须以一种正确的人格同一观为基础。然而，如果这是对时间偏好唯一令人信服的规范解释，那么检验可观测的时间偏好率和人格非同一性间的正相关关系是有益的。Frederick（1999）对此进行了独有的研究并发现，货币折现率（从诸如"我对明天的 100 美元和 5 年后的多少美元是无差异的"一类的问卷中估计得出）和自我认知的稳定性（如"你 5 年前或者 5 年以后和现在的相似程度为多高"）之间没有联系。他还发现，货币折现率和自我认知的稳定性的相关指标（如人们在多大程度上同意"我仍然为很久以前做的蠢事感到难堪"）之间也没有联系。

本 章 小 结

本章概述影响跨期风险决策的基本因素以及确定折现及其结构的基础理论。其中，时间偏好、风险偏好与不确定结果是影响各类跨期决策的主要因素。跨期风险决策包含决策者对时间和对风险的处理。现有理论针对风险的处理，形成并发展期望效用模型；针对时间的处理，建立并扩展折现效用模型。将期望效用理论与折现效用理论融合，形成了期望折现效用理论。

新古典经济理论将 Samuelson（1937）提出的折现效用模型作为跨期选择的基本依据。其跨期决策过程分为如下两步：首先将不同时点的收益或者损失效用化，然后通过折现函数将不同时点的效用折现到同一时点，折现效用最大值对应的选项就是最优选择。这种决策依据既通过折现函数体现个体对延迟获得的不耐心特征，又通过效用函数体现个体由新增 1 单位商品或服务获得的边际满足感递减特征，因此在理论上被广泛作为跨期决策的依据。然而，不论是通过行为实验来测定个体的折现形式，还是实际中个体、企业和国家进行跨期决策，都没有办法直接对不同时点损益进行效用化。在跨期决策过程中，可跳过上述决策过程中效用化这一步，通过一个糅合了时间偏好和效用特征的折现函数将不同时点的损益进行折现，根据折现值来决定最优选择。因此，第 3 章将通过理论建模来构造一个适用于各类跨期决策的普适性折现函数。

第3章 跨期决策框架

第2章阐述了影响跨期风险决策的主要因素，以及现有处理风险与时间的理论模型。在此基础上，本章尝试建立分析跨期决策的一般折现框架。下述两方面的内容有助于理解一般折现模型如何成为确定不同类型跨期决策的逻辑起点。

一方面，经济生活中存在三大类型、不同表现形式的跨期决策。所有跨越时间的决策都称为跨期决策。根据跨越时间长短，跨期决策可划分为短期决策、中期决策和长期决策。短期决策主要是指个体以日、周为决策时间单位的行为决策。例如，通过支付高票价观看电影首映式的即时满足决策行为，支付常规票价并等待常规观影的延迟满足决策行为，其决策受微观个体关于时间的心理因素影响，具有主观性和个体异质性。这些因素对决策的影响统称为时间偏好。中期决策主要是指个人与企业以年为决策时间单位，跨越时期为1年以上且不超过30年的金融决策①，例如，个人选择投资股票还是债券，企业选择将现金流再投资还是分配给股东，其决策依据涉及金融市场供需关系决定的资金时间价值，以及资产收益的不确定性。长期决策主要是指国家或社会组织以30～100年甚至更长期限为决策时间单位的资源分配决策，例如，选择保障经济增长速度还是控制高排放产业发展速度以减缓气候变化，其决策依据涉及代际福利权衡以及长期经济增长的不确定性。

另一方面，不同类型跨期决策的依据确定各有侧重，但其本质一脉相承。具体体现在：第一，时间偏好对三类决策的影响贯穿始终，其对短期行为决策的影响是直接的，对中期金融决策的影响体现在资金供需关系中，对长期资源分配决策的影响体现在决策者权衡代际福利中。第二，不确定结果对三类决策具有不同程度的影响。短期决策中不确定性影响主要表现为未来结果的不可获得、生命的不确定性等；中期决策中不确定性影响在前者基础上，增加了金融市场中资本未来收益的不确定性及宏观经济环境的冲击；长期决策在中期决策基础上，因长期限而进一步放大不确定性的长期累积效应。第三，风险偏好作为决策者对待不确定性的态度的科学测度，其对中期决策与长期决策的影响直接体现在当前成本和未来损益的等价权衡中；对于短期决策，尽管影响决策者效用等价权衡的核心测度变量是边际效用替代弹性，但边际效用替代弹性与风险偏好具有孪生性，这使

---

① 参照英国政府与法国政府划分短期项目以30年为界，本书以30年为中期金融决策最长期限。

得在技术处理上，风险偏好同样可作为刻画短期决策中不同效用之间对比的一个关键要素。

涉及各类具体跨期决策的客观依据与主观判断错综复杂，从问题现象层面给出价值判断极其困难。因此，本章通过将时间偏好、风险偏好和不确定结果纳入跨期决策逻辑层面分析，建立一般折现模型。其重要意义在于，所有涉及跨期决策依据的分析都可以在这样一个基本折现要素建构的三维空间框架中得到解决。从总体上看，一般折现模型涵盖这三方面本质驱动因素对跨期决策的影响。从各类别来看，短期决策侧重从个体异质性角度分析时间偏好和风险偏好的重要作用，以及识别因其而引发的时变效用折现；中期决策侧重从资产风险特征的差异性角度分析风险偏好与不确定结果的重要影响，获得体现资产特征的差异折现；长期决策侧重从长期可持续性角度分析不确定性累积的影响，获得体现风险持续性累积的时变社会消费折现。

本章侧重分析随时间变化的折现率对跨期决策的影响。短期决策因个体差异较大，时变折现对个体福利影响极为明显；长期决策响应长期限带来的持续性不确定性累积作用，时变折现对决策福利分析结果影响极其显著；相对而言，中期决策对于折现随时间变化的敏感性较低。因此，本章侧重分析短期决策与长期决策的时变折现。

3.1　一般折现模型

从理论脉络看，一般折现模型致力解决一个抽象并涵盖应用的理论问题：期望效用折现模型提供跨期决策分析的基准理论框架，但其应用受到局限。

期望效用折现理论基于完备的公理体系，为分析跨期决策提供了规范基准。然而，因为效用难以度量和比较，其严谨而简约的形式在实际跨期决策场景应用中表现了一定的局限性。生活中，人们在进行当前某消费单位与未来另一消费单位权衡时（如提前高价观影或延迟低价观影、购买国库券以获得未来债券本息），理论上认同权衡对比的是两个选项的消费效用，但是应用中仍不失实际地通过两笔货币资金进行核算。同时，在折现行为实验中，经济学家仍使用货币单位测度人们在真实决策行为中表现出的不耐心程度，即实验结果真正测算的仍是人们对货币的折现，而非效用折现（Thaler，1981）。这种测算处理方式既是可测性与可比性的需要，也是对货币的折现和对效用的折现难以分离的本质原因。诺贝尔经济学奖获得者赫伯特·西蒙（Herbert A. Simon）在《现代决策理论的基石：有限理性说》中指出："从观念上讲，期望效用模型是理应在柏拉图精神乐园中占有显要地位的精美作品，要原原本本地用它去制定实际决策却面临着许多无法克服的困难，因而是不可能的。"直接采纳期望效用折现理论作为解释跨期决策的基础，面临着无法描述现实中选择行为的局限。

为了克服这种效用测度表达困难的局限，需要在严谨理论和真实应用中搭建桥梁。本章针对这一问题，在挖掘驱动跨期决策的本质因素基础上，识别各项因素在跨期决策中的作用，通过构建从消费单位到福利变化的映射，提出包含时间偏好、风险偏好和不确定结果作用的一般折现模型，力图在理论上与期望效用折现保持一致，在技术表达上突破应用局限。

根据经典期望效用折现模型，决策者面对跨期风险决策时，基于福利最大化目标，其总福利表示为

$$U^t(c_t, c_{t+1}, \cdots, c_T) = \sum_{k=0}^{T-t} e^{-\rho k} E[u(c_{t+k})] \tag{3.1}$$

其中，U 为总福利；u 为效用函数；c_t 为 t 期消费量或现金流；ρ 为决策者纯时间偏好；E 为期望算子。基于折现效用的大小对经济选项排序在理论层面是合理的，但是在实际操作中有着难以操作的弊端。现实背景中，无论是个人消费储蓄决策，还是国家公共政策制定，在操作层面，需要解决的都是对货币与商品的折现问题，采用这种方式直截了当、更具操作性。

因此，假设式（3.1）中决策者每一时点期望效用折现可表示为货币折现的映射，即

$$e^{-Rk} \otimes c_{t+k} \to e^{-\rho k} E[u(c_{t+k})] \tag{3.2}$$

其中，$\otimes$ 为关于消费量与折现因子的广义乘积算子；R 为对未来 1 单位商品的一般折现率，并表示为

$$R(a_1, a_2, \cdots, b_1, b_2, \cdots, c_1, c_2, \cdots) \tag{3.3}$$

其中，一般折现率 R 由决策者时间偏好、风险偏好及不确定结果三方面因素决定；$a_1, a_2, \cdots$ 泛指时间偏好相关的变量；$b_1, b_2, \cdots$ 泛指风险偏好相关的变量；$c_1, c_2, \cdots$ 泛指未来不确定结果相关的变量。

在使用一般折现率 $R(a_1, a_2, \cdots, b_1, b_2, \cdots, c_1, c_2, \cdots)$ 进行具体跨期决策分析时，前面所述三类决策各有侧重。

短期决策主要受到来自时间偏好 $a_1, a_2, \cdots$ 因素异质性影响，因此相应折现率常被刻画为时间偏好率。同时，时间偏好的异质性对个体行为决策的影响显著，呈现出随时间递减的不耐心程度，使得相应折现率表现出时变结构。

中期决策常置于市场环境，从而忽略个体时间偏好的异质性，即假定时间偏好 $a_1, a_2, \cdots$ 因素影响恒定。面向中期决策的折现率差异主要受到来自风险偏好 $b_1, b_2, \cdots$ 因素和不确定结果 $c_1, c_2, \cdots$ 因素影响。一般而言，在一个中短期，不确定结果 $c_1, c_2, \cdots$ 因素表现出一定规律性，可基于事件发生的概率或规律性随机过程体现。同时，在既定的不确定结果 $c_1, c_2, \cdots$ 因素影响下，风险偏好 $b_1, b_2, \cdots$ 因素通过

效用函数的凹凸性或参数体现。因此，风险偏好与不确定结果对折现率的影响体现在对系统性风险与资产本身风险的相对权重，从而使得折现率呈现出不同资产之间的差异性。相对而言，中短期决策随时间变化的特征不明显。

长期决策同样假定时间偏好 $a_1, a_2, \cdots$ 因素影响恒定，但由于不确定结果 $c_1, c_2, \cdots$ 因素的多样性和长期累积性，折现率在风险偏好 $b_1, b_2, \cdots$ 因素和不确定结果 $c_1, c_2, \cdots$ 因素的共同作用下，既体现出不同资产之间的折现差异性，又呈现出折现率随时间变化的显著特征，同时，由于长期限影响，不同期限结构的折现率带来的评估结果与跨期决策区别迥异。

本章将在式（3.2）和式（3.3）所建立的一般折现模型框架下讨论个人及社会跨期风险决策问题。给定具体策略，测度相应影响因素特征及对应权重，一定程度上将提高模型测算的可操作性。例如，经典的期望效用模型常使用常数相对风险厌恶（coefficient of relative risk aversion，CRRA）效用函数。事实上，这种处理方式在刻画风险偏好相关因素方面缺乏灵活性。式（3.2）和式（3.3）允许使用更一般化的效用函数，如递归效用函数。它允许在理论上构建对消费波动不太厌恶（用于解决无风险利率之谜）且对收益风险很厌恶（用于解决股权溢价之谜）的偏好组合。

在日常跨期选择与决策问题研究中，人们可能使用同一术语来表达完全不同的含义，或者使用不同的术语表达相同的概念。与折现有关的含糊术语包括折现因子、折现率、边际私人折现率、社会折现率、效用折现率、边际社会折现率、纯折现、时间偏好、主观时间偏好率、纯时间偏好、边际时间偏好率、社会时间偏好率、总时间偏好、不耐心、时间偏见、暂时的倾向性、消费利率、正时间倾向和纯未来效应等。Broome（1995）指出，一些折现结果的争议源自术语使用的不同。例如，当经济学家和哲学家思考折现时，他们一般考虑不同的折现对象。经济学家一般考虑对市场上买卖货物的折现，而哲学家一般考虑更基础的折现对象，如人们的福利。不同对象折现的可能表现如下：货物的折现呈现时间一致性，福利的折现则不是。

目前学术界对于这些含糊术语尚无清晰界定。各种术语之间既有交叉融合，又各有侧重点。本章将基于经济分析视角，以一般折现模型为依据，尝试梳理在个人效用折现和社会消费折现中具有一定共识性和实操性的几组术语，厘清其间区别、联系及基本框架。

3.2　时间偏好、隐性折现率与时间折现率

本节厘清个人效用折现领域常用术语，在此基础上，将对效用的折现映射转化为对货币的折现，即使用一般折现框架重新界定时间折现率。

3.2.1　概念界定

个人效用折现领域有三个典型易混淆的术语：时间偏好（time preference）、时间折现（time discounting）和隐性折现率（hidden discount rate）。三个术语都出现在个人折现率估算的研究过程中。估算折现率的基本步骤通常如下：首先研究人员观察现实世界中的或实验报告中的跨期偏好，然后利用财务方式或净现值方法来计算这些偏好所揭示的折现率。

早期研究基于两类方法测度个人折现率。

一种方法是现场研究法，即由人们生活中的经济决策推断折现率，也称为隐性折现率。在这些研究中，根据消费者的选择得出的折现率显著受到折现对象的影响。例如，空调的隐性折现率是 17%～20%（Hausman，1979）；电热水器的隐性折现率是 243%（Ruderman et al.，1987）。Viscusi 和 Moore（1989，1990a，1990b）分别使用不同的计量方法测算工人关于未来生命的折现率是 1%～14%。Lawrence（1991）利用欧拉方程估计中等收入家庭折现率是 4%～13%。Carroll（1997）认为以欧拉方程为基础估计折现率的方法不合适，大多数家庭倾向于在生命早期进行调节性储蓄，其储蓄主要是为了应对危机，后期则只进行退休储蓄。利用这种方法，Carroll 和 Samwick（1997）报告的个人折现率为 5%～14%，Gourinchas 和 Parker（2001）报告的个人折现率为 4%～4.5%。使用现场研究法，估算能获得人们真实行为表现出来的折现率。

另一种方法是实验研究法，即通过询问人们对真实或假定报酬的跨时预期评价实验得出折现率结果。例如，Thaler 和 Shefrin（1981）要求被试者设定他们需要的货币量，即使用 1 个月后、1 年后和 10 年后获得这些货币和现在就获得 15 美元是没有区别的。根据实验测得对应的货币均值是 20 美元、50 美元、100 美元，1 个月、1 年、10 年的年均折现率分别为 345%、120% 和 19%。

经济学家小故事：

理查德·H. 塞勒

理查德·H. 塞勒（Richard H. Thaler），1945 年生，2017 年诺贝尔经济学奖得主。塞勒将心理学假设融入经济分析，通过探讨有限理性、社会偏好及缺乏自制力等个人特质如何影响个人选择，从而影响市场。

塞勒出生于美国，在罗切斯特大学取得文学硕士学位和经济学博士学位后，先后在罗切斯特大学（1971～1978 年）和康奈尔大学（1978～1995 年）执教，1995 年后在芝加哥大学任行为科学与经济学教授、决策研究中心主任，同时在美国国家经济研究局（National Bureau of Economic Research，NBER）兼职，并担任美国经济学会会员、美国艺术与科学院院士。

塞勒被认为是试图填补心理学和经济学鸿沟的先驱者之一。在理论方面，他对反常行为、经济人假设、禀赋效应、跨期选择、心理账户和股票市场等研究做出重大贡献；在实际应用方面，他对消费者行为、社会福利政策、储蓄与投资等行为经济案例进行阐释。他的研究主要集中于社会心理学、行为经济学等交叉学科，属于经济学帝国主义的开疆拓荒者，2015年，他当选美国经济学会主席。

早期，塞勒对经济学中的反常行为进行研究，并进一步探索如何运用前景理论解释人类行为，直到特沃斯基和卡内曼发表的《前景理论：风险决策分析》为他的研究提供理论依据和方法论启蒙，塞勒开始运用预期理论中的价值函数替代传统经济学中的效用函数，在反常行为的研究中继续深入。1987～1990年，塞勒运用心理学、金融学、劳动经济学和博弈论等众多交叉学科领域知识，发表多篇关于反常现象的研究成果。与此同时，他发现传统经济学理论的理性经济人假设存在缺陷，现实生活中个人往往凭直觉做出选择，理性经济人假设过于简化个体的差异性，因此对传统的理性经济人假设做出批判。基于前期的研究，塞勒针对经济学现有理论体系的缺陷，在这些领域贡献了大量理论成果，提出禀赋效应、跨期选择、心理账户和储蓄理论等概念，认为人们在决策过程中对利害的权衡是不均衡的；涉及跨期选择的情形下，个人可能会违反理性选择假说；消费者在不同来源收入下的储蓄倾向和消费倾向不同。

2000年后，塞勒逐渐将其理论应用到分析消费者行为、政府政策和对社会现象的解释中。塞勒基于人类特性所提出的助推和选择设计等思想使政府管理模式得以革新且更为有效。

塞勒现在执教于芝加哥大学布斯商学院（是唯一出过5位诺贝尔经济学奖得主的商学院，多次跻身世界商学院排名前三甲，着重理论研究、案例与实操课程），任金融和行为科学教授，以及行为决策研究中心主任，同时在美国国家经济研究局主持行为经济学的研究工作。

上述不同实验方法间的折现率存在很大差异，同时，上述测度方法是否适用于测度时间偏好还存在很大争议。事实上，这些测度折现率的方法难以分离出时间偏好，并在不同程度上受各种其他因素的影响。这些因素包括：①当报酬可买卖时存在跨期套利、凹性的效用函数、未来报酬或惩罚是否真的能实现的不确定性；②当使用名义货币为报酬时存在通货膨胀、期望效用变化、习惯形成、生理因素等。

此外，尽管随着折现效用模型的建立，经济学家放弃对各种心理动机的测度，倾向于使用时间偏好这个单一概念来解释所有跨期行为，但是时间偏好本身是否可以看作单一概念也有争议。心理学认为一个概念需要满足三个标准才能看作有效的单一概念：一是对于特定的个体能在不同时间内保持相对稳定；二是可以在很多情形下预测行为；三是不同的测度间有很高的相关性（凯莫勒等，2010）。时间偏好并不能很好地符合这三个标准。特别是对于不同对象折现率的测度，与现实世界中表现的货币折现率不一定强相关。例如，货币的折现率与健康的折现率之间只有微弱的相关性（Chapman and Elstein，1995；Chapman et al.，1999）；基于货币测算的折现率与受折现率影响的行为（如抽烟、锻炼身体等）所隐含的折现率之间没有相关性（Fuchs，1982）。很低的相关性并不意味这些跨期选择没有单一的折现率，但在一定程度上表明使用时间偏好一个概念来刻画所有事物折现不尽合理。为了更好地理解不同跨期行为的隐性折现率之间的相关性，Loewenstein 等（2001）将这些折现行为背后的时间偏好分解为更为基础的动机：冲动性、强制性和抑制性。初步证明，这些时间偏好的子维度可以被可靠地测度。而且观测到的不同子维度可以预测不同的行为。

Camerer 等（2003）指出，时间折现包含了所有对未来结果效用的关注少于当前效用的原因，包括降低未来收益的预期效用的所有因素，如不确定性、口味的改变、机会成本、增加的财富等。时间偏好特指相对于未来的效用更偏好于当前的效用——使将来实现的结果具有较少效用的因素，不确定性、口味的改变等对决策的影响并不是时间偏好的作用。时间折现包含低估未来结果的影响因素大于时间偏好包含的因素。Gollier（2012）指出，时间偏好表示对未来确定的效用流的折现，时间折现表示对未来现金流的折现，在一定的条件下，表示时间折现的折现率是表示时间偏好的折现率的函数。

结合上述对比分析，本书对于时间偏好、时间折现率以及隐性折现率这三个概念做如下界定。

时间偏好是指影响跨期决策的多维度不同权重心理动机总和呈现的偏好。时间偏好是对决策者效用的折现，体现的是决策者相比未来更偏好现在的天性。在众多社会消费折现研究文献中，通常将其强调为纯时间偏好（pure time preference）。本书的时间偏好特指纯时间偏好。

时间折现描述个体对未来效用赋予比当前效用更低权重的测度方式，包含决策者时间偏好因素、风险偏好因素及不确定结果判断因素的综合表现。其相应技术表达即时间折现率。

隐性折现率是指人们在真实跨期决策行为中暗含的折现率。不难看出，决策者对于不同事物的隐性折现率依赖于事物各项属性本身，直接比较不同事物之间的隐性折现率并无实际经济含义。同时，对于隐性折现率的统一测度依赖于对应事物以货币或某商品确定性等价后的时间折现率。

可以看出，三个概念在含义上有显著差异，时间偏好是行为偏好层面，时间折现率是基于效用等价原理建立的理论测度值，隐性折现率是特定跨期决策行为的量化表现。从数值上看，当且仅当以未来确定性的货币测算风险中性个体的时间折现率时，时间折现率既为对货币折现行为的隐性折现率，也体现时间偏好率或效用折现率。因此，本书将聚焦于以时间折现率为主要研究对象研究个人跨期决策行为。具体地，本节以一般折现模型为基准，建立时间折现率的数理模型。

3.2.2　个人时间折现模型

一般地，计算个人折现率时，通常假定决策者具有纯时间偏好 ρ，给定风险偏好，并通过效用函数 u 体现，同时假定未来结果不确定性通过变量 v 体现，式（3.3）中一般折现率可简化为

$$R(a_1,a_2,\cdots,b_1,b_2,\cdots,c_1,c_2,\cdots) = R(\rho,u,v) \tag{3.4}$$

接下来，参照 Noor（2009）建立个人货币折现率（money-discount rate）的路径，以一般折现框架建立个人时间折现模型。

期望折现效用理论表明，对于一个效用函数为 u 的决策者，在 t 点具有不确定性条件 v 下获得 m 元现金回报的预期折现效用值可表示为

$$E[\exp(-\rho t)u(m)\,|\,v] \tag{3.5}$$

其中，$\exp(-\rho t)$ 为其效用折现函数。同时，记该 m 元现金回报的效用等价现值为 $\psi(m,t)$，则该货币等价现值 $\psi(m,t)$ 满足

$$u(\psi(m,t)) = E[\exp(-\rho t)u(m)\,|\,v] \tag{3.6}$$

进一步，将货币等价现值表示为

$$\psi(m,t) = u^{-1}(E[\exp(-\rho t)u(m)\,|\,v]) \tag{3.7}$$

结合式（3.4）以及式（3.7），可获得货币折现函数（money-discount function）$D(m,t)$ 的定义如下：

$$D(m,t) = u^{-1}(\exp(-\rho t)E[u(m)\,|\,v])\,/\,m \tag{3.8}$$

因此，以货币单位测度的时间折现率（time discount rate）表示为

$$R(\rho,u,v) = -t^{-1}\ln[u^{-1}(E[\exp(-\rho t)u(m)\,|\,v])\,/\,m] \tag{3.9}$$

其中，ρ 体现决策者时间偏好；u 体现决策者风险偏好；v 体现未来不确定结果。建模过程如图 3.1 所示。

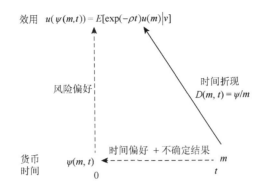

图 3.1　个人时间折现模型示意图

　　式（3.9）和图 3.1 给出个人时间折现模型及建模示意图。已有文献认为人们考虑货币折现时表现出递减的不耐心程度，并呈现出量值效应[①]，这对于指数折现模型而言是异象，并认为这些异象可以通过效用函数的凸性来解释。Noor（2009）研究表明效用函数凸性并不会使递减的不耐心程度这些异象消失。针对这些问题，第 7 章将在兼顾未来收益风险与决策者风险偏好的情形下，分析相应时间折现模型及其期限结构。

3.3　资本回报率、无风险利率与社会折现率

　　与个人折现率面向的对象不同，社会折现率适用于分析的跨期决策多为长期限问题。经济学家在模型设置上，相对弱化个人行为偏好差异，聚焦于经济增长不确定性对跨期价值评估影响。近年来，社会消费折现领域研究主要以拉姆齐模型为理论基石展开。本节将以拉姆齐模型为主线，梳理相关概念界定，建立一般意义社会折现模型。

3.3.1　概念界定

　　站在政府或者社会计划者的角度，在制定相关长期限公共项目时，需要对全社会当前与未来福利进行权衡，并使用社会折现率来确定权衡的基本依据。下面以一个简洁的经济问题来刻画社会折现率的经济内涵。

　　假设整个决策时期分为今天和将来两个阶段，对应时间变量分别设为 0 与 t。对于每一个决策者赋予 w 单位消费商品——稻谷。这些商品可用于今天的消费，

[①] 量值效应是指收益的数量带来的折现率差异。

也可作为种子培育生长新的庄稼并用于将来的消费。假设今天 k 单位的种子在 t 时期会产生 $f(k)$ 单位的粮食收益。$f(k)$ 是单调递减的凹函数。

假设决策者是理性人，在做决策时考虑终生总效用 $U(c_0,c_t)$ 最大，其中，c_i 为第 $i(i \in \{0,t\})$ 期的消费量。$U(c_0,c_t)$ 关于两个自变量单调递增，并且由边际效用递减原理可知，$U(c_0,c_t)$ 关于自变量都是凹的平滑函数。

令 $c_0 = w - k, c_t = f(k)$，下面考虑如何确定投资量 k。因最优消费路径满足 $\dfrac{\mathrm{d}U}{\mathrm{d}k} = 0$，即

$$-U_{c_0}(w-k, f(k)) + f'(k)U_{c_t}(w-k, f(k)) = 0$$

故

$$f'(k) = U_{c_0}(c_0,c_t) / U_{c_t}(c_0,c_t) \tag{3.10}$$

式（3.10）表明，在最优消费平衡时，边际资本产出 $f'(k)$ 需等于边际替代率 $U_{c_0}(c_0,c_t) / U_{c_t}(c_0,c_t)$。利用这一等量关系，下面从三个角度来评估社会折现率。

第一个角度是考虑资本产出率或资本回报率。假设折现率为 r_k，则 $1 = f'(k)\mathrm{e}^{-r_k t}$，故有

$$r_k = t^{-1} \ln f'(k) \tag{3.11}$$

式（3.11）表明，折现率 r_k 可视为资本回报率。

第二个角度是考虑福利不变时，对应折现率记为 r_u。假如减少 1 单位 0 期消费所损失的效用需要由 $\mathrm{e}^{r_u t}$ 单位 t 期消费效用弥补，即 $U_{c_0} = U_{c_t}\mathrm{e}^{r_u t}$，则

$$r_u = t^{-1}\ln[U_{c_0}(c_0,c_t) / U_{c_t}(c_0,c_t)] \tag{3.12}$$

式（3.12）表明，折现率 r_u 可看作福利保持率。由式（3.10）可知，在最优消费路径，资本回报率 r_k 与福利保持率 r_u 相等。

第三个角度是基于无套利理论。在未来有效市场，基于无套利原则，资本回报率 r_k 应等于社会无风险利率 r，即 $\mathrm{e}^{r_k t} = \mathrm{e}^{rt}$。

由上述讨论可知，在实际运用中，直接使用资本市场存在的无风险利率作为社会折现率的参考无疑是最直截了当的。但是，在实际操作中直接使用无风险利率代替社会折现率会存在各种弊端。原因主要如下：一方面，采用这种方式衡量考虑的主要是投资额在资本市场的机会成本，但很多社会公共项目评估并不能仅考虑其金融市场相对价值，还需体现更多跨期及代际福利的权衡；另一方面，无风险利率只能针对中短期限项目，长期限项目面临通货膨胀、违约风险等诸多不确定因素影响，风险无处不在，并没有无风险利率与之对应。因此，直接使用无风险利率估计中长期限项目评估所需社会折现率并不恰当。

· 46 ·　　　　　　　　　　　　折现：决策逻辑

3.3.2　拉姆齐模型及其扩展形式

结合拉姆齐模型与福利分析确定法，即式（3.12），在假定效用函数为 CRRA 效用函数基础上，在确定性消费增长条件下，可得到经典拉姆齐模型：

$$r = \rho + bg \tag{3.13}$$

其中，ρ 为决策者纯时间偏好率；g 为从 0 期到 t 期的年消费增长率；b 为决策者相对风险厌恶系数。这一模型是社会消费折现理论的研究基石。

在宏观消费具有确定性增长率 g 的条件下，式（3.13）表明，最优消费路径及折现率取决于两个行为要素：以纯时间偏好率衡量的消费者不耐心程度，即时间偏好，以及由其效用函数的凹性程度衡量的对消费波动的厌恶，即风险厌恶。

当某些不确定性影响未来收入时，最优消费路径也将受到当事人的谨慎程度的影响。这里根据期望效用理论进行简要推导。当 t 期的消费水平不确定时，在这一时点的预期福利可通过不确定消费的期望效用来度量。基于效用的可加性，整个社会福利可表示为

$$V = u(c_0) + \mathrm{e}^{-\rho t} E[u(c_t)] \tag{3.14}$$

进一步，在风险溢价基础上增加预防性储蓄效应的度量，可将经典的拉姆齐模型扩展如下。

一方面，风险溢价是指决策者为了消除风险而愿意放弃的财富值。设 $z = E[c_t]$，$\varepsilon_t = (c_t - z)/z$，利用 $u(z(1-\pi)) = E[u(z(1+\varepsilon_t))]$ 及风险厌恶的 Arrow-Pratt 度量可得到风险溢价的近似表达式[①]：

$$\pi \approx 0.5\sigma_t^2 R(z) \tag{3.15}$$

其中，σ_t^2 为 ε_t 的方差；$R(z) = -zu''(z)/u'(z)$ 为相对风险厌恶系数。

另一方面，未来收入不确定性将促使人们增加储蓄，这种谨慎方式行事的当事人也称为谨慎型人，因未来不确定性引发的（谨慎型人）储蓄意愿称为预防性储蓄效应。类似于风险溢价的定义方式，为了预防不确定而愿意放弃的消费所带来的效用增长速度是预防性溢价。利用 $u'(z(1-\psi)) = E[u'(z(1+\varepsilon_t))]$ 可得到预防性溢价的近似表达式：

$$\psi = 0.5\sigma_t^2 P(z) \tag{3.16}$$

其中，$P(z) = -zu'''(z)/u''(z)$ 为相对谨慎指数。预防性储蓄效应在 Leland（1968）、Drèze 和 Modigliani（1972）、Kimball（1990）等相关文献中多次提到。

---

① 对 $u(z(1-\pi)) = E[u(z(1+\varepsilon_t))]$ 两边进行泰勒展开，得到 $u(z) - u'(\pi)\pi + o(\pi^2) = u(z) + 0.5u''(z)E[(z\varepsilon_t)^2] + o(z\varepsilon_t)^2$，其中，$o(\pi^2)$ 为 π^2 的高阶无穷小量。

进一步，利用最优消费条件

$$-u'(c_0) + \mathrm{e}^{-\rho t}\, \mathrm{e}^{rt}\, E[u'(c_t)] = 0 \tag{3.17}$$

求得折现率 r 的表达式：

$$r = \rho - t^{-1}\ln[E[u'(c_t)]/u'(c_0)] \tag{3.18}$$

通过求 $u'(c_t)$ 在 c_0 点的泰勒展开式的二阶近似，可得到拉姆齐模型扩展形式：

$$r \approx \rho + t^{-1}E[(c_t - c_0)/c_0]R(c_0) - 0.5t^{-1}\mathrm{Var}((c_t - c_0)/c_0)R(c_0)P(c_0) \tag{3.19}$$

这一扩展形式在经典拉姆齐模型的基础上，添加了预防性储蓄效应对折现率的负影响，即人们谨慎或者预防性心理会降低折现率。

值得思考的是，谨慎是一个与风险厌恶或递减的绝对风险厌恶同样现实的假设吗？已有研究表明，有两个主要理由支持谨慎假设。第一，许多实证经验研究试图证明更多地暴露于未来收入风险的人储蓄更多。研究结论压倒性地支持这一假设（Guiso et al.，1996；Browning and Lusardi，1996）。第二，在风险厌恶和谨慎之间存在一个重要的关系：如果绝对谨慎是一致递减的，那么绝对风险厌恶必定是一致递减的。由于绝对风险厌恶递减是一个广为接受的观点，谨慎是必要的（Gollier，2012）。

经济学家小故事：

弗兰克·普兰顿·拉姆齐

弗兰克·普兰顿·拉姆齐（Frank Plumpton Ramsey，1903～1930 年），被认为是在库尔特·哥德尔（Kurt Gödel）之前对数学基础和数理逻辑有着卓尔不群思考的数学家。当这位天才人物死去的时候，另一位公认的天才——哥德尔——在 1931 年以不完全定理改写了全部数学基础，以致今天学者纷纷推测假如拉姆齐多活哪怕两年，数学就不会还是今天这个样子。

拉姆齐短促的一生中在许多领域都做出了开拓性的贡献。拉姆齐在哲学方面提出真理的多余理论，在组合数学方面提出拉姆齐定理，在经济学方面则提出拉姆齐定价。他的一生只度过了短短 27 年，仅发表了三篇论文，但其贡献不亚于获得诺贝尔奖的经济学家的贡献。

拉姆齐的三篇论文分别是：1926 年的"真理与概率"（Truth and probability）；1927 年的"对税收理论的贡献"（A contribution to the theory of taxation）；1928 年的"储蓄的数学理论"（A mathematical theory of saving）。

第一篇论文的起因是拉姆齐对其老师凯恩斯（Keynes）所建立的概率论不完全认同。他思考几年后形成论文"真理与概率"。这篇论文并没有发表，是拉姆齐在剑桥大学道德科学俱乐部一次聚会上宣读的，凯恩斯接受了拉姆齐的意见。这篇论文讨论了主观概率和效用，其价值是由冯·诺依曼和摩根斯坦在 20 世纪 40 年代发现的，并将其作为附录被收录在他们出版的《博弈论与经济行为》中。美国经济学家阿罗公正地指出，现代期望效用理论是"拉姆齐观点的变形"。

第二篇论文发表在 *Economic Journal* 上，是拉姆齐给他另外一个老师庇古（Pigou，税收理论中有著名的"庇古税"这一名词）的一个答卷。"对税收理论的贡献"实际上开创并奠定了现代税收理论的基础，但在 20 世纪 70 年代前长期被西方学界与政府忽视。1970年，鲍莫尔（Baumol）对规模经济显著行业的定价问题的集中研究让这篇论文重回视野。彼得·戴蒙德（Peter Diamond）与詹姆斯·莫里斯（James Mirrlees）合作在 1971 年的 *American Economic Review* 上连续发表两篇论文，即"最优税收与公共生产 I：生产的有效性"（Optimal taxation and public production I：Production efficiency）与"最优税收与公共生产 II：税收规则"（Optimal taxation and public production II：Tax rules）（这两篇论文同时入选 *American Economic Review* 百年 top20 论文），其讨论的内容把拉姆齐规则从一个家庭的情形推广到不同的家庭共存于一种经济中的情形。因此，两人成为激励理论的奠基人，分别于 2010 年和 1996 年获得诺贝尔经济学奖。

第三篇论文也发表在 *Economic Journal* 上。在这篇论文中，拉姆齐奠定了研究最优积累率和最优增长的基础，并确立了储蓄和利率的建设性理论。在此基础上，拉姆齐研究一个部门经济的最优增长问题，这就是今天所说的拉姆齐模型（现在大部分高级宏观教材开篇就介绍的拉姆齐-卡斯-库普曼斯（Ramsey-Cass-Koopmans，RCK）最优模型就是在此基础之上改进形成的）。这一模型是索洛（Solow）的新古典增长模型之前最重要的古典静态增长模型，也是现代增长理论的出发点。这篇讨论储蓄的论文被凯恩斯在为拉姆齐撰写的逝世讣告中称为"对数理经济学所作过的最卓越的贡献之一"，对于一位经济学家来说，这篇论文是困难得可怕的读物，以致过了几十年，其论文的价值才得以体现出来。

拉姆齐这三篇论文开创了经济学的三个独立的领域：博弈论、最优税收和激励理论、最优增长理论。这三篇论文分别是他于 23～25 岁写的，萨缪尔森将他与全知全能的上帝并列。但是他终究不是上帝，1930 年 1 月 19 日，年仅 27 岁的拉姆齐死于黄疸性并发症。他的老师也是朋友凯恩斯在 *Economic Journal* 上发表的悼文中写道："从拉姆齐读大学本科的时候起，生活在剑桥的经济学家就习惯了用他那锋利的逻辑和批判性思考的刀刃来测试他们的各种理论。假如他只是简单地发表赞同意见，我不敢说，他是否不会改变这种在思想的基础层面发动的风暴演习，在那里，心灵试图追赶自己的尾巴，沿着道德科学丛林里最高尚愉快的小径，在那里，理论与事实，直觉想象与实践判断，以一种让人类智力感到舒适的方式纠缠在一起。"

拉姆齐的父亲是剑桥大学数学教授、麦格达里尼学院主事（相当于院长），弟弟是后来的坎特伯雷大主教。

拉姆齐 17 岁进入剑桥三一学院读数学本科；19 岁独自将哲学家维特根斯坦的《逻辑哲学论》（*Tractatus Logico-Philosophicus*）翻译为英文，并写了一篇深刻的评论；1923 年去奥地利跟维特根斯坦讨论有关哲学问题，并建立了终身友谊。拉姆齐临终前几小时，维特根斯坦一直在医院陪他。

　　拉姆齐对数理逻辑也做出了重要贡献。在他去世前的 1930 年，他发表了一篇研究逻辑的学术论文，其副产品即以他命名的拉姆齐定理已成为组合理论乃至数学的一个重要分支，在各领域特别是计算机科学中有着重要应用。

　　按照式（3.19），折现率 r 是一个与时间 t 有关的量，并受到未来财富效应与预防性储蓄效应的双重影响。这两个效应的强度随着时间变化而异，并形成不同的折现率期限结构。最简单的情况，如果消费增长率是一个常数，相对风险厌恶系数也是一个常数，则 $r=\rho+bg$ 为常数，即折现率期限结构是水平的。

　　假设当前经济正处于一个高速发展水平，将来可能增长放缓并趋于稳定。例如，以中国为代表正处于快速发展阶段的新兴发展中国家的消费增长率从当前的 x_{-1} 以恒定的衰减率 ϕ 逐渐衰减至稳定常数 μ，即

$$\begin{cases} c_{t+1}=c_t\mathrm{e}^{x_t} \\ \dfrac{x_t-\mu}{x_{t-1}-\mu}=\phi \end{cases}$$

这样，式（3.19）的具体表达形式为

$$r_t=\rho+b[\mu+(x_{-1}-\mu)\phi(1-\phi^t)/(t(1-\phi))] \tag{3.20}$$

　　由式（3.20）可看出短期折现率与长期折现率的区别。研究发现，r_t 从第一年的 $r_1=\rho+bx_0$ 平滑地递减到 $r_\infty=\rho+b\mu$。这表明财富效应对短期折现率所起的作用更明显。使用消费增长率确定性衰减的假设，折现率期限结构呈现递减的趋势。

　　Hansen 和 Singleton（1983）假设每一期的消费增长率服从独立同分布随机过程，即

$$\begin{cases} c_{t+1}=c_t\mathrm{e}^{x_t} \\ x_0,x_1,\cdots\mathrm{i.i.d.} \end{cases}$$

相应的折现率表示为

$$r_t=\rho-\ln(E[\mathrm{e}^{-bx_t}]) \tag{3.21}$$

　　式（3.21）表明，在未来消费增长独立同分布假设下，不确定性使得财富效应与预防性储蓄效应都以指数级增长，两个效应的共同作用使得折现率具有水平期限结构。

　　Bansal 和 Yaron（2004）将两种假设糅合在一起，既保留衰减一致性，又带有一定程度随机性，假设消费增长方式为

$$\begin{cases} c_{t+1}=c_t\mathrm{e}^{x_t} \\ x_t=\mu+y_t+\varepsilon_{xt} \\ y_t=\phi y_{t-1}+\varepsilon_{yt} \end{cases}$$

相应的折现率表示为

$$r_t = \rho + b\mu - 0.5b^2[\sigma_x^2 + \sigma_y^2/(1-\phi)^2] + (by_{-1}\phi(1-\phi^t)/(t(1-\phi)))$$
$$- 0.5b^2\sigma_y^2/(1-\phi)^2[\phi^2(\phi^{2t}-1)/(t(\phi^2-1))] \qquad (3.22)$$
$$- 2\phi(\phi^t-1)/(t(\phi-1))])$$

式（3.22）中，当 t 趋于很大甚至无穷时，等式右边与 t 有关的第四项和第五项将趋于 0，故长期折现率由前三项决定，即

$$r_\infty = \rho + b\mu - 0.5b^2[\sigma_x^2 + \sigma_y^2/(1-\phi)^2] \qquad (3.23)$$

其中，财富效应仍由 $b\mu$ 决定，预防性储蓄效应随着 ϕ 的增大而增大，并具有均值回归性。同时，由于 $r_1 = \rho + b\mu - 0.5b^2(\sigma_x^2 + \sigma_y^2)$，长期折现率 r_∞ 比短期折现率 r_1 更小，即长期折现率需小于短期折现率。

此外，还有学者注意到历史上一些极端事件，如地震、高传染性病毒传染、核污染及大型经济危机等灾难性事件会对消费增长产生突变性的影响，从而改变折现率。假设一个极端事件发生的概率为 p，p 为一个较小的数，其带来消费的衰减率为 λ，λ 为一个较大的数。设极端事件未发生时消费的对数增长率为 x_{bau}，即

$$\ln c_{t+i} - \ln c_t \sim (p, \ln(1-\lambda); 1-p, x_{\text{bau}})$$

相应的折现率为

$$r_1 = \rho - \ln(p(1-\lambda)^{-b} + (1-p)E[e^{-bx_{\text{bau}}}])$$

当 λ 充分大时，灾难性事件将降低财富效应而增强预防性储蓄效应，从而降低折现率。当 $\lambda \to 100\%$ 时，折现率 $r \to -100\%$。尽管灾难发生可能性不大，但其影响相当惊人。Barro（2006）收集了 20 世纪一些极端灾难性事件所带来的影响，得出的结论是每年有 1.5%～2% 的概率可能出现灾难性事件，而其可能使国内生产总值（gross domestic product，GDP）降低 15%～64%。Pindyck 和 Wang（2013）使用递归效用函数，通过纯时间偏好、相对风险厌恶系数和跨期替代弹性等主观偏好参数来刻画情绪波动，建立一个一般均衡模型，描述生成、资本累积、偏好及灾难性事件可能的影响之间的关系。结果显示年均利率受到灾难性事件冲击大约改变 1.5%，而对一个冲击的期望损失大约为 30%。

消费增长方式的不确定性会带来折现率的变换，而这种不确定性事实上来源于支配这种消费增长方式的参数的不稳定。假设消费路径 $(c_0, c_1, \cdots)$ 是消费增长方式参数 θ 的函数，θ 未知。θ 有 n 个可能值，即消费增长方式有 n 种可能，在 0 点，θ 对应的分布律为 $P\theta = i = q_i(i = 1, 2, \cdots, n)$，则根据迭代期望，有

$$E[u'(c_t)] = \sum_{\theta=1}^{n} q_n E[u'(c_t)|\theta]$$

这样，式（3.19）就可以写成

$$r_t = \rho - t^{-1} \ln \sum_{\theta=1}^{n} q_n [E[u'(c_t) \mid \theta] / u'(c_0)]$$

记 $r_{t\theta}$ 为 t 点基于参数 θ 确定的折现率，即

$$r_{t\theta} = \rho - t^{-1} \ln[E[u'(c_t) \mid \theta] / u'(c_0)]$$

从而，确定性等价折现率可表示为

$$e^{-r_t t} = \ln \sum_{\theta=1}^{n} q_n e^{-r_\theta t} \qquad (3.24)$$

式（3.24）带来两个隐含结果：①当支配消费增长的参数面对多种可能时，通过加权平均方法计算的是折现因子 e^{-rt} 而不是折现率 r，而且基于函数的凸性，通过折现因子加权平均得到的确定性等价 r_t 事实上比直接的加权平均值 $r_{t\theta}$ 的均值要小；② $\lim_{t\to0} r_t = E[r_{0\theta}], \lim_{t\to\infty} r_t = r_\infty^{\min}$，即折现率单调递减趋于最小可能 $r_\infty^{\min}$。Gollier（2008）基于上述结论讨论在参数 θ 条件下增长为独立同正态分布情形的折现率表达形式。假设固定其方差 $\sigma_\theta = \sigma$ 为常数，$\mu_\theta \sim N(u_0, \sigma_0^2)$ 为未知参数，则

$$r_t = \rho - t^{-1} \ln E[e^{(-b\mu_\theta + 0.5b^2\sigma_\theta^2)t}] \qquad (3.25)$$

若 $g_t = \mu_0 + 0.5(\sigma^2 + \sigma_0^2 t)$ 为期望消费增长率，则

$$r_t = \rho + bg_t - 0.5b(b+1)(\sigma^2 + \sigma_0^2 t) \qquad (3.26)$$

式（3.26）表明，折现率 r_t 会随着时间线性递减，尽管关于对数消费增长服从正态分布的假设并不是很合理，但是在一定程度上反映短期折现率与长期折现率的区别。

与 Gollier（2008）研究结论不同的是，Weitzman（2007, 2009）假定均值 $\mu_\theta = \mu$ 为常数，方差 σ^2 分布在 R^+ 平面上，但参数具有不确定性。假定具有分布参数不确定性的方差的倒数 $p_\theta = \sigma_\theta^{-2}$ 服从伽马分布，即 $p_\theta \sim \Gamma(a,b)$，则

$$r_t = \rho + b\mu - t^{-1} \ln \int_0^\infty e^{0.5b^2 t/p} f(p:a,b)\mathrm{d}p \qquad (3.27)$$

在此条件下，预防性储蓄效应是无限的，与参数的不确定无关。出现这种结果的部分原因是将太多的参数不确定隐含在关于 p 的伽马分布中。

3.3.3 社会消费折现模型

上述讨论以项目未来可获得确定性支付为前提，基于当前社会福利与未来福利的权衡，获得体现客观层面未来宏观消费增长不确定性，以及主观层面决策者不耐心程度、风险厌恶与谨慎性等因素影响的社会折现率。

从一般折现框架中三方面要素看，上述分析中，时间偏好体现决策者的不耐心程度或纯时间偏好率，风险偏好表现为风险厌恶与谨慎性，而未来不确定结果主要考虑了宏观消费增长不确定性。现实情境中，任何一个长期限项目除了面临

宏观消费增长的不确定性，项目未来支付本身也具有不确定性。综合考虑宏观消费增长与项目未来支付双重不确定性时的社会折现率与确定性支付条件下的社会折现率具有逻辑上的一致性和风险特征上的差异性。相应具体的折现形式将在第7章和第8章展开论述。

　　以一般性不确定结果为前提，综合考虑时间偏好、风险偏好与不确定结果作用下的社会折现模型，图3.2给出相关建模过程。

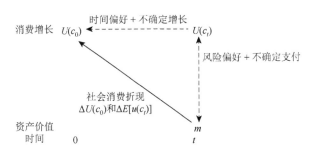

图 3.2　社会消费折现模型示意图

　　下面通过对比图3.2中社会消费折现模型与图3.1中个人时间折现模型在形式与流程上的异同，说明一般折现框架对个人效用折现与社会消费折现的涵盖性。

　　作为跨期决策判断的基本工具，个人折现率与社会折现率均为综合考虑时间偏好、风险偏好与未来不确定结果的权衡结果。两类折现率的主要区别在于影响折现结构的关键性因素与作用机理不同。如图3.1所示，个人效用折现问题可近似看作两步确定性等价过程：首先将未来的商品/选项等价折现为当前的货币单位即货币，然后将货币等价折现为消费效用。在此过程中，时间偏好是影响第一步骤的关键因素，效用函数的凹性程度即风险偏好是影响第二步骤的关键因素。因此，个人效用折现问题中，主观层面行为偏好因素的影响权重相对较大。在图3.2中，社会消费折现问题也可近似看作两步确定性等价过程：首先将未来的资本/货币对比同期可能的宏观消费增长水平，获得相对等价消费效用值（相对财富与相对风险），然后结合消费增长过程将未来等价消费效用值折现到当前。在此过程中，除了决策者效用函数凹性程度与时间偏好，未来支付的不确定性及消费增长的不确定性是影响折现率的关键因素。因此，社会消费折现问题中，客观层面不确定性因素的影响权重相对较大。

本 章 小 结

本章通过拓展期望折现效用模型，提出一般折现模型。一般折现模型包含时间偏好、风险偏好与未来不确定结果影响。具体地，在个人效用折现领域，通过厘清时间偏好、隐性折现率及时间折现率等概念，提出个人时间折现模型；在社会消费折现领域，通过厘清资本回报率、无风险利率及社会折现率等概念，提出社会消费折现模型。本章研究为后续章节讨论建立了一般分析框架。

本章附录　数字金融背景的思考——一般折现框架与时偕行

以大数据、人工智能、区块链、物联网和云计算为代表的新信息技术正在加速推动数字金融发展进程。与之相伴的，人们制定各类跨期决策所涉及的内在动因正在悄然改变，所依托的外部决策环境正在加速重构。

从内在动因看，一方面，人们对当前时点的福利重视程度越来越高。数字金融创新背景下，在各类省时抢时的创新产品与服务的推动下，人们可便捷获取各类消费与金融服务即时效用。当拥有手机应用程序（application，APP）实时到账的线上转账选择时，人们不会再使用 1 个工作日到账的金融服务，当拥有溢价 2% 但 1 小时送达的送货选择时，人们会放弃无溢价但需等候 3 天的购物选择。这些快捷便利的体验在提升人们生活消费水平的同时，也在改变人们制定跨期决策的欲望与动机，即改变人们的时间偏好。另一方面，人们对未来可能的损益所给予的重视程度伴随信息更新而动态调整。在数字技术作用下，各类实时信息随时更新和关联共享，人们可获得更多修正预期的机会，从而降低对未来不确定性的厌恶。越来越多经济个体参与资产市场交易，依托各类网络媒体与股民学校听取金融知识讲解与实时行情分析，参与投资。这些数字技术实现的实时更新在改变人们生活的同时，也在改变人们以效用变化测度的对各类风险的主观偏好，即改变人们的风险偏好。

从外部决策环境看，一方面，数字金融创新赋予决策者新的金融决策选择集合。各类数字新技术、数字金融创新降低金融服务的门槛和服务成本，扩大金融服务的有效边界，既为传统背景下难以享受金融服务的低收入与弱势群体增加金融选择机会，也通过成本效率方式剔除传统背景下过时低效的选择机会。对于长尾客群，其可用于信贷的金融决策选择集合实现零的突破；对于传统金融覆盖的客群，其金融决策选择集合新增更多精准匹配需求差异化的选择。数字金融创新背景下，人们拥有元素更齐全、服务更高效的金融决策选择集合。另一方面，数字金融创新赋予金融决策未来不确定结果新的含义。依托数字新技术突破物理空间与时间限制，实现各类金融创新在市场高速运转，以消费贷款为例，传统金融背景下，一笔消费贷款从审核放贷到贷款回收可能需要 2～3 年，可满足单一顾客的生活消费需求。在数字金融背景下，这一笔钱在多次快速循环使用过程中，短到几小时，长至几个月，可满足数十位顾客各类消费生产需求。这种以消费信贷为代表的快循环短周期运行，突破传统信贷资产使用范围与使用周期的概念范畴，也使相应决策的未来结果不确定性形成多阶段风险积聚效应。

透过这些现象，可以看到，一方面，人们对待时间的态度——时间偏好，对待未来风险的态度——风险偏好，以及未来不确定结果，这三大要素仍然是影响和决定折现的基本维度，是制定各类跨期决策的前提依据。另一方面，数字金融创新背景赋予了这三大要素更为丰富的内涵，有待于进一步深入研究。

首先，时间偏好范畴需释放经典折现理论模型的外生假定，分析人们时间偏好在快速变化的数字金融创新背景下的内生过程，以及其对折现选取与跨期决策的影响。

然后，风险偏好范畴需释放经典折现理论模型的静态假设，分析人们风险偏好在新信息技术驱动下的动态调整过程，以及其对折现选取与跨期决策的影响。

最后，不确定结果范畴将突破风险积聚的相关时间范围界定。技术创新推动快循环短周期金融活动实现，已在时间维度上打破中短期和长期的界限，多阶段风险积聚效应需在更一般时间长度上展开探索。

因此，在数字金融创新背景下，仍可使用一般折现框架来确定各类跨期决策折现模型：

$$R(\tilde{a}_1, \tilde{a}_2, \cdots, \tilde{b}_1, \tilde{b}_2, \cdots, \tilde{c}_1, \tilde{c}_2, \cdots) \tag{3.28}$$

式（3.28）中，一般折现率 R 由决策者以内生性现期偏好为代表的时间偏好 $\tilde{a}_1, \tilde{a}_2, \cdots$，信息更新作用下动态风险偏好为代表的风险偏好 $\tilde{b}_1, \tilde{b}_2, \cdots$，以及金融决策新选择集合、快频率短周期影响下的不确定结果 $\tilde{c}_1, \tilde{c}_2, \cdots$ 等三方面因素决定。

本书后续在剖析传统背景下制定各类跨期决策的折现依据与策略选择基础上，将分别从时间偏好、风险偏好与不确定结果这三个要素在数字金融背景下演变视角，提出探索性理论思考。其中，第 5 章以现期偏好为代表，分析内生性时间偏好的影响及未来可能的方向，第 7 章分析快频率短周期金融活动中的多阶段风险积聚效应影响，第 9 章分析数字技术创新驱动下的金融决策新选择集合对投资消费决策的影响。

综上，在数字金融背景下，时间偏好、风险偏好与不确定结果依然是制定折现与跨期决策的核心要求，同时要从时间偏好内生性、多阶段风险聚焦、选择集合变化等视角展开，保持一般折现模型的与时偕行。

第 4 章　指数折现异象与争议

经典折现理论使用折现率恒定的指数折现对评估对象进行折现。折现率恒定包含纵向不同时间和横向不同折现对象两个维度的折现率常数假设。其中，纵向维度是指在时间轴上，所有未来不同时点的折现率是恒定常数；横向维度是指针对各种折现对象，其相应的折现率是恒定常数。常数折现率在理论分析和实践中简单易行，但伴随行为经济学、量化分析技术等深入发展，基于行为实验、理论与实证分析，以及政策效果对比等研究，人们从不同角度提出与指数折现相悖的现象与评估争议。

在个人效用折现领域，针对纵向时间维度的常数折现率假设，极具代表性的异象有偏好逆转，即个体的偏好会随着决策点或者决策区间的改变而发生变化；针对横向折现对象维度的常数折现率假设，极具代表性的异象有收益与损失的折现率不同、大收益与小收益的折现率不同，以及延迟与提前的折现率不同等，这些情形下的折现率都依赖于具体折现对象。在社会消费折现领域，社会消费折现面对的评估对象通常为长期限损益评估，折现率的细微变化都会引起政策建议上的显著差异。因此，在纵向时间维度，如何选定恰当的常数折现率变得尤为关键也极具争议。例如，针对碳排放的社会成本（social cost of carbon，SCC）问题，具有代表性的两个观点如下：①以 2005 年的价格计算，前世界银行首席经济师、英国经济学家 Stern（2007）在其报告中指出应使用 1.4%左右的折现率，排放 1 吨二氧化碳的社会成本大约为 350 美元，故他建议政府应立即大幅度减排；②2018 年诺贝尔经济学奖得主 Nordhaus（2008）认为折现率应取 5%左右，这样导致排放 1 吨二氧化碳的社会成本降至 28 美元，所以他的建议是采用斜坡战略，先缓慢减排，再逐步加大力度。在横向折现对象维度，学术界普遍认为使用传统金融市场获得的常数折现率评估大型公共项目并不合理，结合折现对象的特性，提出双重折现、相对价格及风险调整折现率等诸多区别于指数折现的折现方法。

折现率选取的关键是折现要素的作用分析，每一项折现要素对折现结构及相应跨期决策的影响表现在横向组合和纵向累积的双重方面。当复合考虑各类折现要素作用时获得的评估结果与逐一考虑的结果往往不同。鉴于此，本章尝试从纵向时间轴和横向各种折现对象两个维度，梳理学术界在个人效用折现与社会消费折现的研究领域内关于指数折现的疑问与争议，分析这些行为异象及折现争议产生的原因，提出可能的解决方向。

4.1　微观行为决策异象

4.1.1　偏好逆转

偏好逆转是指个体偏好随着决策点或者决策区间的改变而发生变化。偏好逆转现象在日常现实生活中无处不在。Strotz（1955）指出，在离圣诞节很远时，个体计划当前少消费多存积蓄使得能在圣诞节多消费。然而，随着时间的流逝，个体抑制不了当前消费，从而使得实际留给圣诞节消费的储蓄值小于计划的储蓄值。O'Donoghue 和 Rabin（1999）指出，决策点为 2 月 1 日时，个体在面对 4 月 1 日持续做 7 小时劳动和 4 月 15 日持续做 8 小时劳动两个选项时，大部分会选择 4 月 1 日做 7 小时劳动，而当 4 月 1 日快要到来的时候，大部分会选择 4 月 15 日做 8 小时劳动。Laibson（1997，1998）、Laibson 等（1998）、Angeletos 等（2001）的研究也表明个体过度消费，储蓄不足。DellaVigna 和 Malmendier（2006）对美国 3000 多家俱乐部会员的计划消费和实际消费行为进行的调查取证表明，消费者的实际消费小于计划消费，消费行为表现时间不一致性。此外，实验经济学家通过高度控制的实验证实行为个体偏好逆转现象的存在，例如，Keren 和 Roelofsma（1995）通过实验发现，当决策点固定为当前时，63% 的个体在 30 天的 100 美元和 31 天的 110 美元中选择 31 天的 110 美元，即 37% 的个体认为 30 天的 100 美元优于 31 天的 110 美元。当决策点为第 30 天时，82% 的个体在今天的 100 美元和明天的 110 美元中选择今天的 100 美元，至少 45% 的个体发生了偏好逆转。

现有研究根据偏好改变的诱因将偏好逆转分为两类：一类是历时性偏好逆转，是指选择时点不变，因决策点移动导致的偏好逆转现象，是一种动态时间不一致现象，例如，决策者在 1 月做出的关于 3 月和 4 月之间经济选项的权衡，与在 2 月做出的关于 3 月和 4 月之间经济选项的权衡会不一致；另一类是共时性偏好逆转，是指决策点固定不变，因面对的未来选择时点平移而出现的偏好逆转现象，是一种静态时间不一致现象，例如，决策者在 1 月做出的 2 月与 3 月之间经济选项的权衡，和 3 月与 4 月之间经济选项的权衡不一致。以前面列举的偏好逆转现象为例，关于圣诞节消费储蓄问题，因决策点的改变，从计划少消费到实际多消费，属于历时性偏好逆转；关于等价美元选择问题，面对的是今天和明天的权衡，以及 30 天与 31 天之间的权衡，属于共时性偏好逆转。

在固定折现假设下，不考虑时间推延的偏好逆转意味着考虑时间推延的偏好逆转。Camerer 等（2003）、Attema（2010）指出，如果个体的偏好满足时不变性（time invariance），则静态和动态时间不一致决策行为等价。这说明个体如果表现静态时间不一致决策行为，就会表现动态时间不一致决策行为，反之也成立。能够解释静态时间不一致决策行为的理论也能够解释动态时间不一致决策行为。因此行为学家和心理学家并没有区分两种现象，统称为时间不一致决策或者偏好逆转，期望通过行为实验来寻找解释该现象的理论。由于静态实验更容易设计和控制变量，行为经济学家和心理学家几乎都通过设计静态实验研究被试者的跨期决策行为，以解释与指数折现理论相悖的时间不一致现象。目前只有少数研究者设计动态实验来研究个体的实际决策行为并分析背后的机理（Ainslie and Haendel，1983；Read and van Leeuwen，1998；Read et al.，1999；Sayman and Öncüler，2009；Halevy，2015）。

偏好逆转现象的存在说明使用折现率恒定的指数折现刻画个体跨期决策行为并不合理。偏好逆转作为折现效用模型的异象，成为质疑指数折现的一个有力证据。

4.1.2　其他异象

折现效用模型对于折现率为常数的假设不仅表现在纵向时间轴上，所有时期折现率是固定值，还表现在横向折现对象上，对于各种折现对象，折现率都是相同的。现有研究基于大量实证呈现出与这个假设相冲突的结论。下面列举一些违背折现率为常数假设的异象。

1. 收益与损失的折现率不同

直接的收益与损失的折现率不同称为符号效应，表现为人们通常对收益的折现率大于对损失的折现率。例如，在 Thaler 和 Shefrin（1981）的实验调查中，参与调查者获得一张奖券，他们可以立即兑换奖券，也可以等待一段时间领取更多金额，并写出因推延获得收入而要求的补偿金额（推延的时间分别是 3 个月、1 年和 3 年）。这个实验得出的折现率低于用货币收益进行相似实验得出的折现率。此外，大量研究发现，个体更偏好于损失马上发生而不是推延损失（Benzion et al.，1989；Loewenstein，1987；MacKeigan et al.，1993；Mischel et al.，1969；Redelmeier and Heller，1993；Yates and Watts，1975）。

2. 延迟与提前的折现率不同

在考虑时间价值的实验中，对于被试者，提前获得是一种收益，延迟获得是一种损失。这种间接的收益与损失的折现率不同称为延迟-提前不对称性。Loewenstein（1988）证明，收益时间相对时间参考点是延迟还是提前，对估算折现率有很大影响。例如，没有期望明年可以得到一台录像机的被试者愿意为马上得到一台录像机平均支付 54 美元，但是，那些期望马上得到一台录像机的被试者平均需要被支付 126 美元才愿意推迟 1 年得到录像机。延迟-提前不对称性同样表明收益的折现率大于损失的折现率。Benzion 等（1989）和 Shelley（1993）通过行为实验发现，被试者更愿意延迟支付，而不愿意提前支付。

3. 大收益与小收益的折现率不同

大收益与小收益的折现率不同称为量值效应。大量行为实验表明，个体对大收益的折现率小于小收益的折现率。Thaler 和 Shefrin（1981）的实验调查发现，今天的 15 美元和 1 年后的 60 美元，今天的 250 美元和 1 年后的 350 美元，今天的 3000 美元和 1 年后的 4000 美元，对被试者是无差异的。这三组数据分别对应的折现率为 139%、34% 和 29%。

4. 偏好递增序列收益

生活中，个体也常会面临结果序列的折现选择。已有研究发现，相比递减的序列结果，人们更偏好于递增的序列收益（Frederick and Loewenstein，2002；Loewenstein and Prelec，1993）。例如，在面对不同的工资序列选择时，Loewenstein 和 Sicherman（1991）、Hsee 等（1991）发现，大多数人将一个递增的工资序列视为与一个递减的但总额高出许多的工资序列相等。

由于包含上述情形在内的各种异象存在，心理学家和经济学家寻找能代替折现效用模型的其他模型。例如，有些模型在折现效用模型基础上，放松折现率恒定假设，取折现率单调递减；有些模型从瞬时效用角度考虑更符合行为个体的效用函数来解释市场异象；有些模型将决策者对未来效用的系统性预测偏差纳入分析等。本章分别介绍针对偏好逆转，以及其他损失厌恶、量值效应等异象的处理方法。

4.1.3　微观行为解释

1. 精明老练程度作用

偏好逆转现象普遍存在，但针对每一个微观个体而言，有些人可能意识到自己的偏好会随时间而变化，也有些人可能意识不到这种变化的存在。研究者使用个体的精明老练程度来区分这种对自我偏好变化的认知差异，并用以解释偏好逆转。

早期研究关注两种极端情形：一种极端情形是人们彻底"幼稚"（naif），相信自己将来的偏好和现在的偏好是一样的；另一种极端情形是人们彻底"成熟"或"老练"（sophisticate），能够完全正确地预测自己未来偏好如何随时间变化（Strotz，1955）。O'Donoghue 和 Rabin（2001）引入部分幼稚的正式模型。具体依据个体预判未来自我偏好变化的正确度,将个体分为三种类型:成熟型个体——完全能意识到自己未来的现期偏好变化,幼稚型个体——完全不知道自己未来现期偏好将随时间变化,以及部分成熟型个体(partial naif)——低估这种偏好变化程度。

具体地,以模型的方式来表示,不妨假设某决策个体具有现期偏好 β_{P},同时,该个体未来对自我偏好的判断为 $\hat{\beta}_{\mathrm{P}}$。三种类型的个体可分别表示如下:

(1)若 $\beta_{\mathrm{P}} = \hat{\beta}_{\mathrm{P}} < 1$,则称决策个体为成熟型个体。

(2)若 $\beta_{\mathrm{P}} < \hat{\beta}_{\mathrm{P}} < 1$,则称决策个体为部分成熟型个体。

(3)若 $\beta_{\mathrm{P}} < \hat{\beta}_{\mathrm{P}} = 1$,则称决策个体为幼稚型个体。

在具体理论分析中,区分决策个体的精明老练程度是获得更具解释力决策依据的有效方式。

识别个体精明老练程度的一种方法是寻找关于承诺的证据。成熟型个体因为预判自己的未来偏好会随时间而改变,为了防止未来偏好的改变导致做出较差的选择,他可能会想办法剔除可能的较差的选择。例如,一个人当前面对 30 天获得 100 美元和 31 天获得 110 美元的两个选项时会选择后者,但是他预判到了第 30 天由于偏好的改变,未来的自己可能会更偏好马上获得 100 美元而不是等待 1 天获得 110 美元,尽管后者带来的福利更大。为了避免这种不理性选择的出现,他可能通过当前的一些承诺性行为把未来自己绑定在(更好的)31 天后获得 110 美元的选择上。承诺在现实世界的例子有"圣诞节存款"和"减肥中心"。又如,Ariely 和 Wertenbroch(2002)通过设计一个论文提交期限的测试实验,发现偏好承诺存在的经验证据。实验中,麻省理工学院的学生需要为一门课程写三篇课程论文,提交时间有两种选择:一种选择是遵循教师规定的最后期限,三篇论文分别对应三项最后期限,平均分布在一个学期;另一种选择是学生自己决定每篇论文提交的最后期限。这两种选择都具有拖延惩罚,每拖延 1 天成绩减少 1 分。研究表明,尽管自己选择最后期限自由度更高,但事实上确实有很多学生选择了由教师强制规定的最后期限。这种自我寻找外力约束的行为(或称为自我控制)表明他们意识到承诺的价值。第 1 章中关于是否愿意在没有非流动性补偿的情况下定期储蓄的问题也是识别个体精明老练程度的一个有效案例。

区分个体的精明老练程度在公共政策制定中具有重要意义。对于成熟型个体,自身能意识到自我偏好的改变,并会主动寻找偏好承诺,因此政府方提供一些承诺机制是有益的。对于幼稚型个体,政策的制定需涵盖两方面引导作用,一是教育人们更加成熟老练,二是为人们使用承诺机制提供激励,刺激人们使用承诺约束。

如果将偏好逆转的发生视为质疑时间轴上的常数折现率的有力证据,那么将个体区分为成熟型、部分成熟型和幼稚型在一定程度上可以认为是处理时间轴上折现率差异的办法。因此，纳入了对未来自我偏好变化的影响及考虑了个体精明老练程度的偏好刻画方式可体现个人折现率在时间维度上的差异。

经济学家小故事：

马修·拉宾

马修·拉宾（Matthew Rabin），1963 年出生，美国人，1984 年获得威斯康星大学麦迪逊分校经济学学士学位、数学学士学位。1985 年在伦敦经济学院学习，随即进入麻省理工学院经济系攻读博士。1989 年至今，在加利福尼亚大学伯克利分校经济系任教，经济学教授、世界计量经济学会院士、美国艺术与科学院院士、麦克阿瑟基金会研究员，并在 2001 年被美国经济学会授予约翰·贝茨·克拉克奖。

拉宾的研究包括对公平和风险偏好等自我控制问题进行正式的理论建模。其重要贡献有关于拖延行为的研究等。拖延行为是指个体在面对繁杂的生活事件时不能做出合理的安排，对计划要做的事不断拖延，在能够预料到拖延会导致恶果的情况下，仍然将计划要做的事情往后推迟的一种行为。拉宾认为随着年龄的增加，个体的拖延行为会减少。

---

2. 参考点模型

针对折现率与折现对象有关的行为异象，具有代表性的处理方法是参考点模型。效用与参考点有关的思想来源于前景理论（Kahneman and Tversky, 1979）。前景理论认为，人们利用价值函数评价结果，而价值函数与偏离参考点的距离有关，具体地，第 τ 期的即时效用函数的形式表示为

$$u(c_\tau, r_\tau) = v(c_\tau - r_\tau) \tag{4.1}$$

其中，r_τ 为参考点，可能取决于过去的消费、预期、社会比较及现状等。

上述基于参考点确定效用的价值函数模型具有两方面重要特征：一方面，该价值函数表现为损失厌恶，即对于参考点消费水平的负向偏离降低的效用大于正向偏离增加的效用；另一方面，价值函数在收益和损失方面都呈现出敏感性递减的特征，即价值函数对收益是凹的，对损失是凸的。

参考点模型有助于解释 4.1.2 节提及的折现对象的不同所呈现的折现差异，或横向维度的指数折现异象。Loewenstein 和 Prelec（1992）的研究表明，如果价值函数的弹性随着经济选项数量的增大而增大，那么人们对小金额收益的折现率大于对大金额收益的折现率，可以解释收益数量所带来的折现率差异所呈现的量值效应。从弹性的角度看，个体对不同时点收益的相对差与相对比率都会有反应。例如，个体对今天获得 100 元和对 1 年后获得 150 元没有差异，但相比今天获得 10000 元，个体会更倾向于 1 年后获得 15000 元，因为在比率相同的条件下，大收益之间的相对差更大。同时，如果价值函数对损失的弹性大于对收益的弹性，

则人们对收益的折现率将大于对损失的折现率，这可解释符号效应。此外，价值函数的损失厌恶有助于解释延迟-提前不对称性。当延迟消费时，损失厌恶加强了时间折现，形成对延迟消费的有力规避；反之，当提前消费时，损失厌恶弱化了时间折现，降低了对提前消费的合意性（Loewenstein，1988）。

经济学家小故事:

乔治·罗文斯坦

　　乔治·罗文斯坦（George Loewenstein），美国卡耐基·梅隆大学的经济学和心理学教授。1985 年在哈佛大学取得博士学位。此后任教于芝加哥大学、卡耐基·梅隆大学，并且担任行为科学高级研究中心、普林斯顿高等研究院、拉塞尔·塞奇基金会及柏林高等研究院的研究员。他主要研究心理学在经济学中的应用，包括不和谐的决策、讨价还价和谈判、心理学和健康、法与经济学，心理学的适应性、有关好奇心的心理学及"失控"行为，如冲动性暴力犯罪和吸毒。

　　2017 年诺贝尔经济学奖公布之前，知识产权机构科睿唯安曾预测罗文斯坦极有希望获奖，原因在于其在行为经济学和神经经济学领域具有开创性研究成果。

4.2　长期限评估偏差

　　在个人效用折现领域，各种异象的经验证据挑战指数折现的合理性。在社会消费折现领域，指数折现的使用引发诸多评估意见争议与评估偏差。本节结合折现率选取对长期限评估结果的影响，梳理指数折现框架下各类评估方法与政策建议差异，并概述现有研究针对这些差异的处理方法。

4.2.1　远期损益评估差异

1. 现行各国折现标准差异

　　社会折现率主要用于公共物品与公共项目投资评估。多数国家基于成本收益分析来评估公共决策，如大型交通运输项目、环境项目及公共安全项目等，同时这些国家也相应出台了标准的包含折现率的评估方法。由于国家发展阶段与评价依据的差异，各国关于社会折现率的选取标准差异较大，下面简要介绍一些发达国家和发展中国家的取值标准。

　　美国参考 OMB（2003）建议使用的资本的影子价格方法，给出项目评估适用折现率为两种取值：7%和 3%，前者来自私人投资的平均税后利率，作为资本的机会成本的一个估计；后者是 10 年期国债收益率，用来测算时间偏好率。英国 2003 年政府绿皮书建议短期限项目适用 3.5%的折现率，30～75 年项目折现率减少至 3%左右，75～125 年项目折现率减少至 2.5%，125～200 年项目折现率减少至 2%左右，200～300 年项目折现率减少至 1.5%，超过 300 年项目折现率减少至 1%。法国从 2005 年起修改了之前 8%左右折现率的政策性意见，建议低于 30 年的项目使用 4%的折现率，超过 30 年的项目折现率减少至 2%。与法国类似，挪威建议 30 年以内的项目使用 2.5%的折现率，30 年以上的项目使用 2%的折现率。印度、巴基斯坦和菲律宾等采用资本边际社会成本法，建议折现率为 12%～15%。中国目前采用社会时间偏好率与资本边际社会成本两者加权平均法，《建设项目经济评价方法与参数》中建议折现率为 8%。

　　由上述折现率取值差异可以看出，一般而言，受国家发展阶段影响，发达国家经济增长趋于平缓稳定，对应折现率相对较小；发展中国家的折现率相对较大。

2. 政策建议差异

　　一般而言，将折现率应用于长期限项目评估获得直接结果需使用行业多项参数与指标，描述相关变量较为复杂。碳排放问题有科学界公认的标准化评估系统，故本节首先以 SCC 为例说明常数折现率的恰当选取对长期限项目评估的影响。

　　SCC 将日常生产生活中排放的二氧化碳等温室气体造成的损害以货币价值表示。考虑到温室气体的影响会随时间累积，SCC 将一段时期增加排放的二氧化碳等温室气体所造成未来损失折算为现值，涵盖碳排放所带来的当前经济损益与未来经济损益现值之和。常用方式是通过集成评估模型核算，其中关键因素为折现率取值。

　　关于 SCC 的折现率取值比较有代表性的两个观点分别来自 2018 年诺贝尔经济学奖得主 Nordhaus（2008）与世界银行前首席经济师、英国经济学家 Stern（2007）。按照 Nordhaus（2008）建立的经济与气候动态综合（Dynamic Integrated Climate-Economy，DICE）-2007 模型最优气候变化政策的核算方法，最优二氧化碳价格 2015 年为 42 美元/吨二氧化碳，2050 年为 95 美元/吨二氧化碳，2100 年为 207 美元/吨二氧化碳（所有数据以 2005 年美元计算）。2005 年非排放约束下的 SCC 为 28 美元/吨二氧化碳。2015 年的最优减排率为 16%，2050 年的最优减排率为 25%，2100 年的最优减排率为 42%。这一最优路径使得世界规划温度 1900～2100 年上升 2.8 摄氏度。Nordhaus（2008）的结果与 Stern（2007）的结果完全不同。Stern（2007）的估计是在非控制领域，1 吨二氧化碳的社会成本以 2005 年的价格表示为 350 美元（2000 年 1 吨二氧化碳的价格是 85 美元）。这个数字超过了 DICE-2007 模型结果的 10 倍。基于上述结论，Nordhaus（2008）的主张是采用斜坡战略，先缓慢减排，再逐步加大力度；Stern（2007）建议政府应立即大幅度减排。

可以看出，Stern（2007）得出碳排放具有高社会成本，需急剧削减碳排放的主要原因是其低时间折现率。具体地，表 4.1 根据有关文献列出部分 SCC 的具体数值。

表 4.1　基于常数折现率的 SCC

折现率	SCC/美元	折现率	SCC/美元
7%	1	2.5%	35
5%	4.7	2%	62
4%	5.7	1.5%	122
3%	21	1%	266

表 4.1 中，若按 3%的折现率核算，SCC 为 21 美元。折现率为 7%对应的 SCC 来自 Weitzman（2013），折现率为 5%、3%及 2.5%对应的 SCC 来自碳社会成本问题跨部门工作小组（Interagency Working Group on the Social Cost of Carbon，IWGSCC）（IWGSCC，2010）[①]，折现率为 2%、1.5%及 1%对应的 SCC 来自 Johnson 和 Hope（2012），折现率为 4%对应的 SCC 来自 Freeman 和 Groom（2015）。

上述 SCC 的政策建议差异呈现出折现率选取对长期限项目评估的重要性，同时隐含指数折现方式对应的常数折现率引发项目未来收益被低估的问题。

4.2.2　市场异象与评估方法差异

1. 无风险利率之谜与股权溢价之谜

第 3 章中关于社会折现率概念界定的内容表明，利率在一定条件下是折现率选取的一个重要参考指标。在完全市场均衡条件下，无风险利率可作为无风险折现率的选取标准。

根据市场上存在的无风险利率及市场收益率与理论模型导出的数值的差异，Mehra 和 Prescott（1985）提出经典的无风险利率之谜与股权溢价之谜。从折现研究的角度，这两个谜同样体现指数折现框架下的评估差异。本节基于扩展版拉姆齐模型重新呈现无风险利率之谜与股权溢价之谜。

根据期望效用模型，效用函数的两种特征影响均衡的无风险利率水平：一种特征是边际效用的凹性，用来度量对经济波动的厌恶程度，人们越抵制跨期替代，即认为对未来经济波动的厌恶程度越高，无风险利率越大；另一种特征是边际效

[①] 2013 年根据三种最新版本集成评估模型已上调对应数值。此处选用 2010 年所发布数据是为了与其他文献所建议的数据一致。

用的凸性，用来度量对不确定性的谨慎性，在考虑对不确定增长率确定性等价时，人们越谨慎，预防性储蓄效应越强，无风险利率越小。

一方面，基于拉姆齐模型建立社会消费折现模型将高估均衡的无风险利率。根据 Weil（1989）提出的无风险利率之谜，消费的增长如此之高，其波动又如此之低，由于折现模型中预防性储蓄效应是一个二阶效应，模型估计的无风险利率高于市场均衡无风险利率。例如，假定相对风险厌恶系数的合理值为 1～4，基于1963～1992 年美国人均 GDP 的增长数据，模型估计的无风险利率应为 2.8%～7.86%，20 世纪美国市场均衡无风险利率的均值为 1%。因此，根据无风险利率模型，需要一个低的相对风险厌恶系数 b 来破解无风险利率之谜（财富效应使得 b 越小，无风险利率越小；预防性储蓄效应使得 b 越大的效应是二阶效应，消费增长波动小使得预防性储蓄效应不明显）。

另一方面，基于拉姆齐模型建立的社会消费折现模型同样表明，需要一个大的相对风险厌恶系数 b 来破解股权溢价之谜（风险溢价效应使得 b 越大，风险调整利率越大）。Mehra 和 Prescott（1985）研究发现，美国在过去 1 个多世纪的相关历史数据表明，无风险证券收益率为 1%左右，而股票收益率为 7%左右。代表风险资产的股票收益率高，而代表无风险资产的证券收益率低，意味着股票的期望超额收益率高，而消费的平滑性使得股票收益率与消费的协方差较低，从而过高的股票溢价只能通过非常大的相对风险厌恶系数来解释。

综合无风险利率之谜和股权溢价之谜，可以发现，忽略消费增长过程的序列相关的影响，基于消费增长确定的折现模型在既定的风险厌恶水平下导致太高的无风险折现率（较大的相对风险厌恶系数）或者太低的市场折现率（较小的相对风险厌恶系数）。无风险折现率与市场折现率在同一个折现模型下难以同时接近真实市场表现的问题也是质疑恒定社会折现率的一个证据。在时间轴上，无风险折现率与市场折现率取某个特定常数本身是否合理也存在争议。

2. 关于环境资产评估方法的差异

学术界普遍认为，使用传统的金融市场折现率评估涉及长期限旨在保护环境的投资项目成本收益分析并不合适。一个重要且简单的原因是金融市场本身并不会涉及太长期限，如数百年的期限。然而，在区分传统金融市场折现率的基础上，如何合理评估，现有研究尚未达成共识。与个人效用折现领域类似，社会消费折现领域也在尝试区分折现对象，即环境资产本身的特征，并考虑恰当的折现规则。下面简要介绍几类代表性观点。

针对生态及环境资源的评估问题，Hoel 和 Sterner（2007）提出相对价格的概念。考虑自然资源濒临灭绝的稀缺性影响，对于生态服务的折现需同时考虑折现效应（经济折现）和生态产品与服务隐含的相对价格效应。其综合效应表现为折现率减去相对价格。特别地,当相对价格较高时,综合效应可能为负。Gollier(2010,2019)延续这一主张,认为在评估非货币价值时,不能直接以经济折现率来评价。原因是非货币价值与货币价值之间还需要进行换算,即边际替代。如果是恒等的等价替代,则非货币价值与货币价值的折现方式相同。然而,通常情况下,由于生态服务具有稀缺性,其相对价格效应会使生态折现率更低,从而使得未来的环境资产的价值相比经济折现更高。关于边际替代,Traeger(2011)认为生态环境资产与普通消费品之间是有限替代的,甚至有些是无法使用人造资本或商品替代的。

针对减缓气候变化的项目评估问题,基于消费的资本资产定价模型(consumption-based capital asset pricing model,CCAPM)有两类代表性观点。一类是气候派,强调气候本身的不确定性及其对折现率的影响。这一主张下,减缓气候变化投资项目的贝塔(以下简称气候贝塔)为一个较小的数,甚至是负值,表明减少排放对未来总消费的风险有对冲作用(Weitzman,2013;Sandsmark and Vennemo,2007)。特别地,Sandsmark 和 Vennemo(2007)指出,缓解气候变化的投资与体现消费增长的市场组合是负相关的,从而减少排放的投资项目有助于对冲未来宏观消费增长风险,增大未来消费好结果的概率,具有自我保护(self-protection)作用,以及弱化未来消费坏结果的后果,具有自我保险(self-insurance)作用。因此,针对缓解气候变化的项目应该使用比无风险折现率小的折现率,对应的贝塔为负值。另一类是市场派,主张高排放只有在高消费增长时才出现,隐性地注重经济技术进步的不确定性对气候贝塔的影响,即只有更多的消费才会有更多的排放,进而产生更多的温室效应、更大的减排边际效用。因此,技术进步的不确定性会增大气候贝塔,使得在更多考虑技术进步的不确定时,气候贝塔为正值(Nordhaus,2011)。Dietz 等(2018)综合了两派文献,使用解析形式简要地说明未来宏观经济增长不确定性和气候改变不确定性对气候贝塔带来的两种效应,并通过模拟 DICE 模型检验相应的影响强度。研究结果显示,宏观经济增长不确定性对气候贝塔的正效应占优,即气候贝塔应该为正值。

此外,还有学者从公共安全角度出发,认为应用于公共卫生、保护某些自然资源的持续供应及减缓气候变化以防止未来灾难性后果的一些公共投资应划分为国家安全投资(Murphy and Topel,2013)。与其他保护国家公民的安全或福利免受重大损害的公共政策一样,这些国家安全投资相当于为社会提供了防止大范围伤害的保险。正是基于这种保险性质,最优的国家安全投资可能具有非常低甚至负的期望回报,应用于国家安全投资的社会折现率将非常低,通常低于无风险折现率。

上述方法从不同视角将折现对象特性纳入折现结构分析,这些差异一方面体现长期限项目未来收益高度不确定性给研究路径与方法带来的挑战,另一方面体现现有研究对于指数折现在社会消费折现领域应用的疑惑。接下来简要介绍近 10 年来社会消费折现领域对于更新指数折现分析范式的理论推动与政策变化。

4.2.3　损益评估依据

1. 递减折现率

1）递减折现与指数折现对比

当时间足够长时，折现率恒定的指数折现因子趋于零。这表明指数折现隐含发生在足够远的损益可以忽略不计的事实。然而，近年来，人类面临全球气候变暖、雾霾加重、放射性污染及不可再生资源匮乏等诸多环境恶化境况，这些问题大多是工业经济高速发展的产物，在面临经济发展和环境保护的权衡时，人们开始反思那些贡献经济指数的重大项目的真正经济意义，在重新审视长期限项目的成本收益时，人们开始质疑指数折现的合理性。

Weitzman（1998）指出，在分析长期限项目成本收益时，需对发生在远期的损益使用足够小的折现率，即对发生在将来足够远的收益应赋予相比现行分析更大的权重，才能确保长期损益被合理评估，使经济可持续发展。未来的不确定性使未来资本产出率（折现率）表现出多种可能，将不确定折现率对应 t 点的折现因子乘以相应概率权重并求和可得到确定性等价折现因子。该确定性等价折现因子的经济意义是在 t 点额外获得或支出 1 美元的期望现值。该定义方式认为人们会依照期望净现值的比较进行成本收益分析，因此称为期望净现值法则。相应的确定性等价折现率定义为确定性等价折现因子关于时间的导数与其自身比值的相反数。研究表明，即使在当前状态下可以准确预测未来比较短时期内的资本产出率，使确定性等价折现率在短时期内持平为某个常数，从某一时点开始，不确定性也会使准确预测变得不可能，当时间趋于无穷时，该确定性等价折现率单调递减并趋于最小可能值。

经济学家小故事：

马丁·劳伦斯·威茨曼

马丁·劳伦斯·威茨曼（Martin Lawrence Weitzman）出生于 1942 年，是美国哈佛大学经济系知名教授，也是世界最具影响力的经济学家之一。

威茨曼是学术界公认的天才，一生致力挑战学术界最前沿问题，具有高度创造性。他的每一项工作都会引起众多学者的追随或者辩论。威茨曼的好友兼合作者，欧洲环境与资源经济学家协会主席戈利耶（Gollier）总结了威茨曼的三大风格：第一，总是选择从零开始探索一个至关重要的政策问题，没有任何先验知识；第二，写下一个极具独创性的提案，测试反应并与质疑声讨论；第三，总结并切换到下一个挑战。威茨曼既是杰出的时代伟人，也是知识领域孤独的斗士。据统计，威茨曼职业生涯中引用率前十的论文全部是独立作者。

威茨曼的研究涵盖了比较经济学、转轨经济学和环境经济学的诸多领域，并对各个领域都产生了深远影响。在比较经济学领域,威茨曼1974年发表了影响深远的"价格与数量"(Prices vs. quantities)。该论文讨论的是市场和计划机制的基本理论问题。市场的核心机制是价格,计划的关键机制是数量。威茨曼从理论上证明,即使完全解决了激励机制问题,仍然存在市场和计划两种机制之间的基本权衡问题。当技术更替灵活,人们乐于在不同产品中选择时,市场机制有助于获得更好结果。反之,当技术僵化,人的偏好死板时,计划机制更好。该研究结论形成了经济学经典的基本理论,影响远超出了比较经济学范畴。从发表至今,经济学界还在继续应用和发展这一理论,如面对碳价格和碳排放规制的权衡问题。在转轨经济学领域,针对激励机制中最难解决的棘轮效应(ratchet effect),威茨曼1980年发表了"棘轮原理和绩效激励"(The rachet principle and performance incentives),第一次在理论上透彻分析苏联激励机制问题。后续大量重要的研究工作追随了这一路径。在环境经济学领域,威茨曼被公认为奠定环境经济学理论基础的学者。在威茨曼接触环境经济学之前,这个领域基本没有经济学的理论。1998年,威茨曼针对环境经济领域的长期折现问题,首次提出远期损益需使用最小折现率的概念,即主张使用递减折现率,并结合邮件调查结果,2001年发表了影响深远的"伽马折现"(Gamma discounting)。伽马折现模型形式简洁,影响深远。格利亚表示,伽马折现模型是他的职业生涯中见过的最简约模型。该模型一经提出,很快在英国和法国转化为具体递减折现率的政策。

　　威茨曼一生致力为当前急需解决的宏观政策问题提出解决方案。20世纪80年代,各国面临大规模失业问题。威茨曼1986年提出了价格与数量均衡理论,出版了《分享经济》(The Share Economy)。20世纪末,全球面临应对气候变化可能导致的损害甚至灾难性问题。威茨曼从折现角度入手,深入分析气候变化应对策略依据,提出伽马折现,以及一系列关于灾难后果的应对。20世纪八九十年代,威茨曼与科尔内被公认为比较经济学方面最有影响力的学者。在环境经济学领域,威茨曼是与诺德豪斯并驾齐驱的学者。2018年的诺贝尔经济学奖颁给了诺德豪斯,获奖理由是"将气候变化纳入长期的宏观经济分析"。在得知获奖的当天,诺德豪斯对共享荣誉的竟然不是威茨曼或者斯特恩表示惊讶。诺德豪斯在他就职的耶鲁大学的一场活动中表示,"威茨曼是一个极其优秀的人"。事实上,在环境经济学领域,威茨曼和诺德豪斯既是合作的关系,也是辩论的关系。两者工作的最大区别在于,威茨曼的工作是人们不知道的,诺德豪斯的工作多是在人们知道的框架内。例如,面对气候变化问题,诺德豪斯使用传统成本收益分析。威茨曼关注的是剧烈气候变化可能引发的人们未知的大灾难,这种灾难的影响已超出传统成本收益分析框架。灾难的后果无法估量,超出了传统经济学分析范畴。威茨曼创造了灾难经济学,形成了环境经济学的一个分支。关于应对未知的大灾难问题,威茨曼1988年发表在 Econometrica 上的论文"挪亚方舟问题"(The Noah's Ark problem)以理论方式讨论了大灾难到来之前如何保护世界,并保留恢复灾前世界的可能。2013年发表在 Journal of Economic Literature 上的论文"尾部对冲型折现与碳社会成本"(Tail-hedge discounting and the social cost of carbon)针对气候改变问题,讨论了巨灾影响下的风险调整折现问题。2006 年，世界银行前首席经济学家斯特恩发布了针对全球环境问题的《气候变化的经济学：斯特恩报告》（ *The Economics of Climate Change: The Stern Review*，简称《斯特恩报告》），受到全球政界的高度关注。该报告更多反映的是诺德豪斯的分析，忽略了讨论因气候带来的大灾难对人类生存的潜在威胁。于是威茨曼撰写了"对斯特恩报告关于气候变化的经济学的评论"（A review of the Stern review on the economics of climate change），指出《斯特恩报告》在忽略大灾难方面的严重不足。斯特恩多次表示，相信威茨曼一定会获得诺贝尔奖。

据许成钢博文《一个天才的陨落》描述，威茨曼晚年只身住在波士顿东北的一个海边荒岛，建造了一个天然的花园和完整的生态系统。威茨曼是从心里爱环境，开辟荒岛之家，亲手修建荒岛园林已成为他做真正意义的环境经济学家的一部分。

相比常数折现率，递减折现率赋予未来远期收益更大权重，从而更适合分析代际项目。代际项目是指成本收益时间跨度大的长期限项目，如碳减排投资、核电厂除役及高速铁路修建等。这类项目具有两个重要特点：一是项目实施通常由当代承担成本，后代享受利益；二是项目未来收益具有不确定性。为了体现递减折现结构对长期限项目评估的意义，表 4.2 列出了未来 100 元采用两种折现模型获得的现值对比。

表 4.2　未来 100 元当前现值

t	折现模型		与常数折现率的相对比值
	3.5%常数折现率	递减折现率	
0	100	100	1
20	49.66	49.66	1
40	24.66	30.12	1.22
60	12.25	16.53	1.35
80	6.08	13.53	2.23
100	3.01	8.21	2.72
120	1.50	4.98	3.32
140	0.75	6.08	8.17
160	0.37	4.08	11
180	0.18	2.73	15
200	0.09	4.98	55
220	0.05	3.69	81
240	0.02	2.73	122
260	0.01	2.02	181

续表

t	折现模型		与常数折现率的相对比值
	3.5%常数折现率	递减折现率	
280	0.01	1.50	270
300	0.00	4.98	1908
320	0.00	4.07	2980
340	0.00	3.33	4915
360	0.00	2.73	8103
380	0.00	2.24	13359
400	0.00	1.83	22026

表 4.2 中，第二列为 3.5%常数折现率条件下未来 100 元对应现值，第三列为递减折现率条件下核算的对应现值[①]。若评估长期限大型公共项目，表 4.2 中时间 t 可对应以年为单位长度。若评估私人投资项目，时间 t 可对应以月为单位长度。对比两组数据可以看出，一方面，在评估短期（如 40 年以内）的项目收益时，使用递减折现与折现率恒定的指数折现获得的现值区别不大。因此，很多经济金融领域选用形式简单的指数折现计算未来现金流现值。另一方面，随着时间的推移，使用递减折现率获得的现值与常数折现率对应现值的区别越来越大。从 80 年时 2.23 倍的区别到 200 年时 55 倍的区别。在 400 年后的 100 元，基于递减折现率获得的现值达到基于常数折现率获得的现值的 22026 倍。这个巨大区别从另一角度表明那些使用常数折现率评估时被忽略的远期损益在使用递减折现率时将被列入成本收益核算中。在表 4.2 中，以保留两位小数计，若使用 3.5%的常数折现率，在 300 年后的 100 元的现值接近 0；若使用递减折现率，即使在 400 年后的 100 元仍然有 1.83 元的现值。

2）递减折现率理论研究对政策制定的影响

接下来介绍递减折现率理论研究对各国政府制定相关政策的影响，致力说明近些年来新的经济理念及经济研究成果如何转化为政策变化，并对现实世界产生影响。具体地，以英国、法国、挪威、美国和荷兰过去 15 年的一些主要政策的改变为例。

英国是第一个关注并将递减折现率引入社会折现率政策制定的国家。英国财政部（Her Majesty's Treasury，HMT）通过更新政府绿皮书对政府部门的折现指

---

① 第二列现值为参照英国政府绿皮书所建议的递减折现率的计算结果。对应区间折现率从短期（30 年以内）的 3.5%，分段递减至 300 年以上的 1%。具体而言，将时间范围划分为 [0,30)，[30,75)，[75,125)，[125,200)，[200,300)，[300,+∞) 数个时间段，对应折现率取值分别为 3.5%，3%，2.5%，2%，1.5%，1%。第三列比值是按照 $\dfrac{e^{-r_{DDR}t}}{e^{-r_c t}}$ 计算的结果，其中，r_{DDR} 为上述递减折现率，$r_c = 3.5\%$。

南进行了两项重大修改，为评估所有部门都必须遵守的项目和法规提供了指导。第一，短期折现率从 6% 递减至 3.5%；第二，对于 300 年及以上的项目，折现率从 3.5% 递减至 1%。

由于政府绿皮书中关于折现率的改变会影响所有部门的评估，这个具有广泛影响的准则改变能否得到实际成功实施取决于三个关键因素：①当前的政府政治条件，即政策需求方；②高质量的经济理念，即折现理论供应方；③一些关键的推动人物。下面简要介绍递减折现率在英国实施过程中的这三个关键因素。第一个要素，政策需求方方面，参与英国政府绿皮书更新的受访者表示，英国关于折现指南的变化有部分原因来自政府关注长期目标的需求。特别地，20 世纪 90 年代初的经济衰退和政府的紧缩措施使得政客对国家基础设施的状况感到担忧。从1997 年开始，布莱尔政府开始特别关注现代化和生产力。一些政府议员认为当时的政府绿皮书没有对具有长期目标（如提高生产率）的公共项目给出合理评估意见。另一些人，如交通部官员，担心 6% 的折现率太高。在这些政治驱动下，那些原本可能被忽视的技术问题得到了更大的重视。针对这些问题，HMT 在 1998 年开始组建工作组来审视政府绿皮书中的折现指南。与此同时，工作组关注与折现指南相关的理论及实证支撑，即第二个关键因素。1998～2003 年，工作组开始关注有关递减折现率的研究，特别是 Weitzman（1998，2001）、Gollier（2002a，2002b）、Newell 和 Pizer（2002，2003）关于递减折现率的实证研究等。一些杰出的经济学家提出关于递减折现率的想法，并发表在知名期刊上。事实上，英国很多政府官员和从业者把递减折现率的推广称为威茨曼效应。与此同时，该工作组对于文献的审读引起了几个重要的政治团体的关注。例如，工会担心折现指南的更新可能进一步促进私有化，公私合营的支持者担心折现指南的更新会阻碍公私合营项目的发展等。第三个关键因素，大卫·皮尔斯（David Pearce）是搭建理论模型供应和政策制定需求之间桥梁的关键人物。皮尔斯曾担任环境首席顾问，在政府中拥有强大的关系网络，并在伦敦大学经济系拥有一个研究团队——全球环境社会经济研究中心（Centre for Social and Economic Research on the Global Environment，CSERGE）。皮尔斯长期关注成本收益分析及社会消费折现，从 2002 年开始，在政府支出部门传播最新折现理论。总之，在政策需求方、折现理论供应方及皮尔斯等关键人物对政策制定的推动作用下，英国成为第一个提出指导方针以区分长期折现率与短期折现率的国家，即采用递减折现率。

此后，其他国家开始效仿英国经验，对折现指南进行修改。一些国家修改并采纳递减折现率，如法国和挪威；另一些国家经过反复论证之后，仍未采纳递减折现率，如美国和荷兰（Groom and Hepburn，2017）。

（1）法国。有三份政府报告建议使用递减折现率，分别是 Lebègue（2005）、Gollier（2011）和 Quinet（2013）。根据 Lebègue（2005）的报告，法国的无风险项目折现率从 30 年的 4%递减至 2%。受萨科齐政府委托撰写的 Gollier（2011）报告保留了无风险项目的递减折现率结构，并将折现指南扩展至风险项目，即包含体现项目特有风险的影响，并考虑项目成本和收益与宏观经济的相关性（系统风险）。然而，这种方法的一个后果是一些支出部门（如交通运输部门）的折现率很高。因此，相关部门抵制这些建议，从而使得折现指南并没有得到执行。受奥朗德政府委托撰写的 Quinet（2013）报告延续了 Gollier（2011）报告中所建议的项目风险的影响分析，但建议降低风险溢价。这些建议是支出部门可以接受的，也代表了各种道德和实际立场的务实妥协，最终通过与工会代表的讨论达成妥协。法国目前的折现指南是无风险折现率为 2.5%，递减至 2070 年后的 1.5%。对于风险项目，建议风险溢价为初始状态项目贝塔乘以 2%，到 2070 年递增至项目贝塔乘以 3%。

（2）挪威。2012 年之前，在进行成本收益分析（benefit cost analysis，BCA）时，折现指南规定无风险折现率为 2%，其他正常项目在无风险折现率基础上增加 2%的风险溢价，即折现率为 4%；对高系统性风险贡献程度高的项目，项目特有风险溢价可提高至 4%，即折现率为 6%；对涉及国计民生的重大项目，应当分析成本、效益及其不确定性，并利用这些不确定性来调整 2%的无风险折现率。然而，实践证明遵循上述折现率制定准则是困难的。受到下述两方面因素影响，挪威财政部考虑对以折现率选取为核心的《项目成本收益分析指南》（Guidance on BCA）进行修订：一方面，与法国类似，使用体现项目特有风险的折现率的做法允许有过多的酌处权，从而难以确定令人满意的项目折现率；另一方面，考虑到相关理论研究的发展（Weitzman，1998，2001；Gollier，2002a，2002b，2012；Newell and Pizer，2003），挪威财政部开始怀疑对长期限项目在一段时间内使用常数折现率的合理性。据此，2011 年，挪威皇家法令委托一个专家委员会审查政府对公共项目成本收益分析的指导，包括折现指南。专家委员会直接向财政部报告，表明挪威政府和学术界之间有通畅的接触渠道。专家委员会主席科勒·哈根（Kare Hagen）于 2012 年 5 月在挪威经济学院与到会的学者交流各国政策经验，包括讨论英国的经验。现行挪威的折现指南建议无风险折现率从 2.5%开始递减，30 年后降至 2%。

（3）美国。近 10 年来，美国曾两次尝试修改《成本收益分析指南》（Benefit-Cost Analysis Reference Guide）并引入递减折现率。美国第一次尝试修订《成本收益分析指南》是在 2010 年左右，IWGSCC 提出了关于政府项目评估的指导意见，美国成本收益分析开始关注递减折现率。该工作小组明确提出代际项目在其持续期间使用 2.5%的折现率（IWGSCC，2010；Sunstein，2014）。IWGSCC（2010）的建议事实上很大程度受到关于递减折现率文献的影响，并引用了 Weitzman（1998，2001）、Newell 和 Pizer（2001，2003）、Groom 等（2007）、Hepburn 等（2009）的实证论文。特别地，2.5%的折现率来自 Newell 和 Pizer（2003）中两组数据的直接比较。Newell、Pizer 等很大程度上影响了 IWGSCC 的建议。2007～2010 年，

Pizer 是总统经济顾问委员会的高级经济学家，也曾是美国未来资源研究所的研究员。Newell 也是美国未来资源研究所的高级研究员，两人都曾在杜克大学工作。研究人员在学术界、智库和政府之间轮换在美国比较普遍。迈克尔·格林斯通（Michael Greenstone）、伊丽莎白·科皮茨（Elizabeth Kopits）和约瑟夫·阿尔迪（Joseph Aldy）等著名环境经济学家也在积极推动 SCC 成为美国政府《成本收益分析指南》中的一部分。

美国第二次尝试修订《成本收益分析指南》是在 2011 年。出于对 2.5%的折现率适用于所有时点的成本和收益的担忧，莫琳·克罗珀（Maureen Cropper）代表美国环境保护署与美国行政管理和预算局，在美国未来资源研究所召集了 12 名知名经济学家组建成专门研究小组，针对长期限项目成本收益折现问题展开讨论，主旨是回答长期公共项目到底该使用折现率恒定的指数折现还是递减折现率的问题（Arrow et al.，2013，2014）。该研究小组认为未来的不确定性使折现率的确定性等价形式表现出递减性，政府在核算公共项目投资时应使用递减折现率。该研究小组的结论直接报告给了美国环境保护署与美国行政管理和预算局，并通过 Arrow 等（2013，2014）得到广泛传播。2014 年，在费城举行的美国经济学会（American Economic Association，AEA）会议政策研讨分会场上报告了诸多递减折现率的论文（Cropper et al.，2014；Gollier，2014），肯尼斯·阿罗（Kenneth Arrow）也参与了讨论。

尽管举办了相关研讨会，也收集了大量专家意见，但美国目前关于折现的指导意见仍未改变。尽管美国学术界提供了大量的关于递减折现率的理论建议和想法，但似乎很难成功推进市场，一个重要的原因可能是，美国政策变换的成本太高。正如曾负责召集 IWGSCC 和气候变化大会的 Sunstein（2014）所认为的，改变折现政策的收益并不超过内部制度和政治改变的成本。

（4）荷兰。荷兰的《成本收益分析指南》(*Maatschappelijke Kosten-Batenanalyse*, MKBA) 每 7 年审查一次，最近一次审查是在 2022 年，包括关于折现的讨论。审查过程包括由 3 名研究折现的外部专家向财政部介绍折现问题。例如，2015 年邀请了克里斯蒂安·戈利耶（Christian Gollier）、马克·弗里曼（Mark Freeman）和本·格鲁姆（Ben Groom）等外部专家，审查过程提交的技术报告明确总结了截止到 2015 年的有关递减折现率的主要研究，包括 Gollier（2014，2015）的研究，以及英国政府绿皮书等。尽管财政部原则上接受因未来增长不确定性导致递减折现率的有效性，但是在实际操作中并没有采用该建议。原因是荷兰的实际利率已经接近 0，递减折现率将导致负的无风险折现率，这显然是不太合理的。

2. 风险调整折现率

如果将递减折现率研究看作时间轴上对于指数折现更新的推动，那么将折现对象风险属性纳入折现率的研究可看作横向的对于指数折现的修订。事实上，上述关于递减折现率的理论研究与政策变化主要针对无风险项目的折现。同时，上述研究假设无风险项目的未来不确定性仅来自宏观消费增长过程。然而，在现实问题中，在面对未来收益评估特别是长期限收益评估时，收益本身的风险不容忽视。对于一个跨期较长的投资项目，计算未来收益现值时，需将时间因素与风险因素剔除，对应的折现率既需反映宏观经济增长的风险，也需反映项目收益本身风险。因此，学术界提出风险调整折现率概念。风险调整折现率是指在无风险折现率基础上，增加项目特有风险溢价，其中无风险折现率体现宏观经济增长带来的收益折现，项目特有风险溢价体现收益风险带来的折现。

　　在具体分析中，用于风险收益评估的经典理论至少有三个。第一个经典理论是阿罗-林德（Arrow-Lind）定理，也称为风险均摊定理。该定理认为在评估公共投资项目时，只需考虑项目预期收益，其风险部分已被分摊。原因是在一定假设下，当参与某一项投资的投资人足够多时，即使每个人都是风险厌恶的，从整体上看这个投资团体行为也将与风险中性个体行为差不多。阿罗-林德定理中的一个重要假设是政府承担的一系列公共投资项目的收益是相互独立的。Gollier 和 Hammitt（2014）指出这一假设并不合理。事实上，很多公共项目的净收益会受到一些共同因素的影响，如全球化经济活动。因此，阿罗-林德定理低估了宏观投资项目的风险成本。

　　第二个经典理论是联合国政府间气候变化专门委员会（Intergovernmental Panel on Climate Change，IPCC）于 2007 年提出的确定性等价方法。很多经济学者认为，在考虑风险资产折现问题时，可通过某种确定性等价方式将该风险资产转换为确定性等价折现，并进一步使用无风险折现率对该确定性等价收益折现。该方法认为未来支付具有不确定性的项目的折现过程可分成两个步骤：第一步是关于不确定的未来收益确定性等价转换；第二步是等价折现。等价折现可使用已有无风险折现率研究结论，该方法的难点在于确定性等价算子的建立。

　　第三个经典理论是 CCAPM（Lucas，1978）。该模型认为风险项目收益率为无风险收益率加上项目风险溢价，其中项目风险溢价为系统风险溢价与项目贝塔之积。项目贝塔为风险溢价因子，体现项目收益率与市场收益率的协方差。依照 CCAPM，风险调整折现率可在无风险折现率基础上增加风险溢价项。不难看出，该方法与确定性等价方法在理论上是等价的。

　　现有研究结合上述经典理论，建立了融合长期限风险特征的风险调整折现率，如同时考虑未来消费增长序列相关及项目收益与宏观增长相关的风险调整折现率（Gollier，2014，2016b）、考虑项目自有风险影响的风险调整折现率等（Weitzman，2013）。

4.3 机 理 分 析

细观各种个人效用折现异象与社会消费折现争议的现象，其本质在于跨期决策中对于各类折现要素作用分析与权重分配的差异。各种理论推导与实验实证检验都是在尽可能合理地呈现对相关折现问题具有重要的持续的影响的因素及其作用机理。

在个人效用折现领域，研究视角聚焦于为个人行为寻找满意解释。现有研究针对指数折现的各种异象，以通过区分个体对未来自我偏好变化预判的正确程度刻画偏好逆转问题，通过考虑参考点对效用的影响，解释因折现对象差异带来的折现偏差等。同时，在社会消费折现领域，研究视角聚焦于基于外生经济增长来建立评价公共项目的规范标准。现有研究将未来增长不确定性与持续相关性等纳入分析，形成系列递减折现率研究范式，将项目收益风险特征纳入折现模型，形成系列风险调整折现率研究。

上述研究更新了指数折现研究范式，取得了众多成效，也带来了众多待处理科学问题。无论是个人效用折现还是社会消费折现，实践与研究经常面临两类问题：一类问题是如何从一些互相竞争的经济理论中做出选择，当每一种替代理论似乎都很合理时，哪一种理论能更好支撑相关跨期决策变得极为关键；另一类问题是当只有一种似乎合理的理论时，如何在可行的范围内尽可能地精准假设，使得模型假设更贴合实际。

基于这些原因，本书尝试基于第3章所建立的一般折现模型框架，关注和回答本章提出的上述两类问题，并分别在个人跨期行为解释、对应跨期消费储蓄决策依据，以及社会消费折现特性、考虑项目风险特征的决策依据等领域展开相关深入研究。其中，部分研究致力厘清某些看似冲突的理论的应用边界，部分研究致力基于评估对象的特殊属性（如风险特征），寻找更贴合实际的假设与解决方案。

本 章 小 结

本章通过梳理个人效用折现和社会消费折现两大领域关于指数折现的异象、争议，剖析了相关解释方案，佐以机理分析。在此基础上，本书后续章节将在一般折现框架下，以各类指数折现异象为出发点，分析各类背景下的折现规则与跨期决策选择。分析过程尽量求同存异，既注重影响折现的各要素对于折现结构影响的本质属性，又区分评估对象的具体属性下各折现要素的权重。分析形式力求统筹兼顾，尽可能涵盖一般范式，既包含不同折现要素在同一时间维度上的组合，也体现同一折现要素在时间上的累积。分析内容表里合一，尽量遵循折现对象现象规律，并力图挖掘研究对象经济本质。

中篇 剖　析

第5章 双曲折现模型

关于各类指数折现异象形成原因的探索促进和推动了非指数折现系列理论的形成与发展。其中，最具代表性的研究分支之一是双曲折现理论。双曲折现描述的是人们对未来收益评估现值时，倾向于对较远损益采用较低折现率的行为，即随着事件距离现在越来越远，折现率下降。双曲折现因折现率随延迟时间单调递减的特性，在个人效用折现领域，有助于解释微观个体在各类跨期选择中表现出的非理性行为；在社会消费折现领域，有助于规避长期损益被低估的问题，可达到合理评估长期限项目的目的。因此，该理论一经提出，在学术界和各国政府管理层获得持续关注。

本章从真实折现行为测量及双曲折现相关定义出发，阐述脱胎于行为经济实验的双曲折现发展进程，界定双曲折现研究范畴，分析双曲折现函数形成过程及其对指数折现异象的解释，分别建立个人效用折现领域双曲理论模型，即递减个人折现率，以及社会消费折现领域双曲理论模型，即递减社会折现率。

本章以折现基本框架为基础，重新梳理双曲折现在个人效用折现与社会消费折现两大领域的数理模型，建立相应逻辑体系，探析时间偏好不一致与未来不确定结果在不同背景下对双曲折现形成的作用机理。研究表明，决策者时间偏好不一致将导致双曲折现行为；在消费增长具有不确定性且各阶段序列相关的条件下，决策者的谨慎性（风险偏好）可能引发递减折现率；未来资本产出不确定性将导致递减折现率。本章相关研究丰富了双曲折现的理论体系，可为不同决策类型下递减折现率提供新的解释视角。

5.1 双曲折现概述

5.1.1 问题界定

行为金融学研究领域以偏好逆转为代表的指数异象引发人们对时间偏好不一致形成原因的探索。实验经济学和行为经济学的快速发展为人们测量时间偏好提供了条件与依据，推动双曲折现理论的形成与发展。本节结合不同学科领域和不同研究视角关于双曲折现行为的描述，给出本书关于双曲折现的定义和研究范畴。

实验经济学的发展使人们意识到个体时间偏好具有时间不一致性, 更具体地体现在人的不耐心程度变化上。在未来不确定及生命有限等多种因素影响下, 人们更注重"活在当下"、表现出对将来的不耐心程度的递减性。Laibson (1997) 指出, 递减的不耐心程度意味着偏好逆转, 人们会对自己过去的计划感到遗憾。自此, 经济学家对递减的不耐心程度的研究兴趣高涨。

> **经济学家小故事:**
>
> ### 大卫 · 莱伯森
>
> 大卫 · 莱伯森 (David Laibson), 1994 年加入哈佛大学经济系, 在哈佛大学取得学士学位, 在伦敦经济学院取得硕士学位, 在麻省理工学院取得博士学位, 目前是 Robert I. Goldman 经济学讲席教授。莱伯森同时是美国国家经济研究局成员, 负责资产价格、经济波动和老龄化问题事务等工作。莱伯森的研究集中在心理学和经济学, 目前主攻宏观经济学、跨期选择、决策和认知科学、行为金融和实验经济学。
>
> 关于储蓄不足现象, 传统理论的一种变通说法是, 一个人的效用并不仅仅取决于其自身的现时消费, 也与其上一期消费的数量及他人的消费量有关。行为经济学家试图寻找模型构造的合理依据和行为基础。例如, 莱伯森提出了消费的暗示理论 (cue-theory of consumption)。他认为, 听见杯盖交错之声就想喝酒, 闻到面包的香味就会觉得饿, 这些都是对消费的暗示, 这种暗示提高了消费贷款的边际效用, 从而鼓励人们更多地消费。
>
> 同时, 莱伯森强调偏好的时间不一致性, 即今天的消费计划和明天实际的消费决策之间是冲突的, 例如, 计划好明天健身, 但是到了明天还是没能坚持。人们的偏好更偏向于现在, 追求即时满足, 对不喜欢做的事情都有拖延的习惯, 对现期的努力赋予一定的贴水, 对未来完成一件事情的能力过于乐观。莱伯森构造了一个双曲折现函数, 具备这种折现行为的个人将自身效用最大化并可能导致储蓄不足。

从生理学角度, Loewenstein 和 O'Donoghue (2005) 认为人的决策是理性系统和感性系统相互作用的结果。感性系统在人的决策中占优, 理性系统对感性系统具有抑制影响。随着时间的推移, 理性系统的退化使得感性系统作用显现。这就突出了人的情绪对人的决策影响, 从而改变自身不耐心程度。

从神经经济学 (neuroeconomics) 角度, McClure 等 (2004) 借助先进的医学手段探索时间偏好背后的生理基础。研究发现, 大脑不同区域的神经元有不同的形态、结构和功能, 它们组成相对分离的模块并进行专门化运作, 认知 (cognitive) 和情感 (emotional) 是其中两大模块, 决策者的行为是两大模块相互合作、彼此竞争的结果。具体地, 外侧前额叶皮层和后顶叶皮层属于认知模块, 起主导作用, 并关注长远利益, 负责对长期跨期选择做出判断; 中脑多巴胺区域属于情感模块,主导决策，并要求即时满足，负责对短期跨期选择做出判断。这两个区域对未来时点的损益赋予的权重不同，时间折现行为表现为双曲性。这一发现能为时间偏好的动态不一致性提供较科学的、令人信服的解释。

经济学家小故事:

恩斯特·费尔

恩斯特·费尔（Ernst Fehr），1956 年 6 月出生于奥地利，毕业于维也纳大学，任瑞士苏黎世大学经济学实证研究学院院长。费尔是 2009 年诺贝尔经济学奖的热门候选人，在神经经济学、行为金融学和实验经济学等领域做出了重要贡献。

在神经经济学领域，费尔研究人的大脑如何做出货币金融判断，通过揭示大脑运作方式来解释人类决策。

在行为经济学领域，费尔主张关注人们在经济交流中对公平或合作偏好的决定。这让经济学家将视野转向人类的行为因素对经济决策等的影响研究。这种改变对主流经济学的部分假设起到了修正和补充的作用。为此，费尔也被誉为仅次于马克思的第二伟大的德语经济学家。

除此之外，费尔的研究领域还包括人类合作和社会性的演变，特别是公平、互惠和有限理性方面的研究。

上述研究主要从时间偏好角度，借助心理学与神经经济学等学科交叉方法，通过刻画个体时间偏好不一致特征获得递减折现率证据。除此之外，还有研究从风险及不确定结果等视角寻找双曲折现支撑。个体在进行跨期选择时具有对未来效用进行折现的倾向，这种倾向的部分原因是未来时点需要等待，而等待具有使效用不能实现的风险。这种风险来自两方面；一方面是享用风险；另一方面是实现风险。享用风险是指行为个体的生命不确定使得延迟效用可能不能被自身享用，实现风险是指外界的影响使得效用可能不能实现或者不能完全实现，这种等待的风险随延迟时间的增大而增大。从享用风险角度，Sozou（1998）认为，决策者的不确定性生命使得决策者对近期获得赋予更大的权重，故采取双曲折现才显合理。从实现风险角度，Azfar（1999）认为，未来效用折现率本身的不确定性导致双曲折现。

受 Azfar（1999）的启发，Weitzman（1998，2001，2007，2012，2013）指出，当经济增长具有不确定性时，对于国家或者组织，对应的确定性等价瞬时（instantaneous certainty equivalent，ICE）折现率随延迟时间单调递减，即不确定折现率等价于确定的递减折现率，折现行为具有双曲性。该系列研究引起社会消费折现领域对递减折现率的持续关注。相关理论研究结果在英国、法国、挪威等国家得到了推广应用。Arrow 等（2013）也呼吁美国等国家在权衡公共项目时（尤其是涉及很长期限的公共项目，如环保项目），应该采用递减折现率。

在行为个体决策问题中，指数折现模型认为生命不确定性或者其他不确定性使得不能实现预期效用的风险为常数，即对应的折现率为常数，且风险越大，折现率越大。折现率的大小反映了风险的大小。双曲折现模型普遍认为，风险的增幅随时间单调递减，从而瞬时折现率随着延迟时间单调递减①。虽然大量文献研究双曲折现及其应用，但是目前关于双曲折现仍然没有一个严格的定义，只是普遍认为瞬时折现率随延迟时间单调递减是双曲折现的一个主要特征。例如，Laibson（1997）指出，双曲折现函数具有短期折现率高、长期折现率低的特征。Camerer 等（2003）指出，双曲折现函数具有递减的折现率。Dasgupta 和 Maskin（2005）指出，严格来说，双曲折现要求折现率随效用实现时间的增加而减小。Green 和Myerson（1996）指出，在指数折现模型中，每增加 1 单位的时间会相应地增加相同数量的额外风险；在双曲折现模型中，每增加 1 单位的时间会导致增加递减的额外风险。

综上，双曲折现源自折现函数的几何形状，后被拓展为可用来描述递减折现率的折现函数。本书沿用该拓展的双曲折现含义，分析偏好现在、不确定性生命、未来不确定结果等各种因素使得决策者采取递减折现率的原因，拓展双曲折现函数模型，探究相关决策内在逻辑。

5.1.2　测量方法

本节介绍行为经济学和实验经济学研究中测量折现率的方法及与双曲折现研究相关的经典结果，并对比测量方法的适用性与优缺点。

测量折现率的具体方法通常可以分为两类：现场研究法和实验研究法。

1. 现场研究法

现场研究法是指通过考察人们生活中的各类权衡和实际经济决策，推断偏好及相应折现率。根据消费者对购买价格和长期运营成本之间的权衡，Hausman（1979）、Ruderman 等（1987）、Gately（1980）测度了人们在购买各类型号电器实际决策行为中的隐性折现率；根据人们对生活质量和预期寿命之间的权衡，Viscusi 和 Moore（1989）、Moore 和 Viscusi（1990a，1990b）测度了人们对生命的隐性折现率。

除此之外，现场研究法还包括基于结构模型估算的折现率。例如，Lawrence

---

① 当研究对象为组织、国家时，风险与折现率的关系恰好相反，未来风险越大，则预防性储蓄效应使得折现率越小。

（1991）、Carroll（1997）、Carroll 和 Samwick（1997）、Gourinchas 和 Parker（2002）、Laibson 等（2023）利用生命周期储蓄行为的结构模型，估算相应折现率。Warner 和 Pleeter（2001）利用军人决策模型，分析美国军人在一次性获得补偿和以年金形式获得补偿之间的权衡，通过测算年金补偿现值等于一次性偿付的补偿，估算相应折现率。

现场研究法的优势在于来源于真实决策行为，其缺陷在于现实世界的复杂性和一些重要因素的非可控性会产生干扰与混杂因素。同时，计算出的行为个体折现率受通货膨胀、跨期套利等因素的影响，有可能不是行为个体的实际折现率。

2. 实验研究法

实验研究法是指要求被试者利用"问卷和铅笔"来对真实的或假定的报酬和惩罚做出反应，即询问人们对真实的或假定的报酬的跨期评价。在利用实验研究法以获得行为个体的折现率时，心理学家和实验经济学家通过配对任务来测度被试者的折现率。在配对任务中，被试者需要通过填写表格来使两个时点的选择无差别。例如，当前的 15 美元等价于 1 个月的___美元或者 1 个月的 20 美元等价于当前的___美元。Thaler 和 Shefrin（1981）假定决策者的效用函数为线性函数，分别测量了决策者 1 个月、1 年和 10 年的年均折现率。具体过程如下：要求被试者设定货币量，现在的 15 美元等价于 1 个月、1 年和 10 年的多少货币？实验的结果表明，1 个月、1 年和 10 年的货币中值分别为 20 美元、50 美元和 100 美元，这说明 1 个月、1 年和 10 年的年均折现率分别为 345%、120% 和 19%，即折现率与期限有关，短期限的折现率大于长期限的折现率。Benzion 等（1989）、Raineri 和 Rachlin（1993）、Redelmeier 和 Heller（1993）、Green 等（1994）、Chapman 和 Elstein（1995）、Chapman（1996）、Pender（1996）、Augenblick 等（2015）的研究表明，较长时间的折现率小于较短时间的折现率。因此，研究者认为更符合行为个体实际折现行为的折现率不为常数，折现率随延迟时间单调递减。

实验研究法的优势在于可克服真实决策数据难以获得的缺陷，但学者经常质疑其实验基本假设的合理性。一方面，实验研究都是给出当前报酬的实际值，要求被试者给出与当前报酬等价的未来报酬，并计算折现率。凯莫勒等（2010）指出，较之给出与当前报酬等价的未来报酬，被试者给出与未来报酬等价的当前报酬时，具有更低的折扣。他们通过具体的例子说明。若 30 年后才能获得报酬，要求被试者给出与今天获得 100 美元等价的报酬额，得出的报酬额的中值是 10000 美元，这意味着 30 年后 1 美元的价值是现在价值的 1/100；但是，若今天可以获得报酬，要求被试者给出与 30 年后获得的 100 美元等价的报酬额，得出的报酬额的中值是 50 美元，这意味着两种方式估算出的折现值相差 1 倍，即两种实验方法测算出的实际折现率不同。

　　另一方面，实验研究法在测算折现率时，通常假设效用函数在选择目标的数值上是线性关系（如货币量、玉米的重量、某种健康状态的持续时间）。如果问题中奖品的效用函数是凹的，时间偏好的估计会偏大。例如，今年的 100 美元和明年的 200 美元是无差异的，这意味着 1 美元的年折现率是 100%。然而，如果获得 200 美元的效用小于获得 100 美元的效用的 2 倍，那么效用的折现率小于 100%。Kahneman 和 Tversky（1979）、Tversky 和 Kahneman（1991）、Rabin 和 Thaler（2001）等的研究表明边际效用递减，效用函数表现凹性。

　　因此，基于效用函数为线性的假设而测算出来的折现率不是实际折现率。例如，Thaler 和 Shefrin（1981）计算出现在的 15 美元等价于 1 年后的 50 美元，由此计算出年折现率 ρ 满足 $15 = e^{-\rho \times 1} \times 50$，得出年折现率 $\rho = 120\%$。50 美元的效用并不是 15 美元带来的效用的 50/15 倍，而比 50/15 小，因此，计算出的年折现率 ρ 要小于实际折现率。Thaler 和 Shefrin（1981）测算的折现率实际上为以货币为媒介测算的时间折现率，并不是效用折现率。

　　测算的折现率与实际折现率的混淆本身来自效用是近似线性的假设。然而，参考点依赖效用的压倒性的证据表明，这个假设可能是无效的——人们不会对现在的和未来的财富量加总，因此，效用函数实际上是弯曲的，即使对于少量货币也是如此（Bateman et al.，1997；Harless and Camerer，1994；Kahneman and Tversky，1979；Rabin，2000；Rabin and Thaler，2001；Tversky and Kahneman，1991）。

　　为了避免这种混淆，实验研究法可尝试从三方面完善修正。第一，可以要求被试者对两个时点的同一报酬进行直接的效用判断，如吸引力评级[①]等。同时，等级最低的结果和等级最高的结果的吸引力等级之比可以直接解释为隐性折现率。第二，假设效用在概率上是线性的。研究者可以利用时间段不同、概率不同的同一报酬的选择测验或者判断测验来估计折现率（Roth and Murnighan，1982）。第三，研究者可以先得出问题中报酬的效用函数，再使用效用函数把报酬量转化为效用量，这样也可以计算出折现率。Chapman（1996）使用该方法研究发现，效用折现率远低于货币折现率，这是因为在跨期选择测验中被试者的货币量的效用函数为凹函数。

5.2　递减个人折现率

5.2.1　双曲折现函数理论模型

　　依据实验现象与实验数据，相关心理学与经济研究提出了各种各样具体的双

---

　　① 给定当前的报酬量，要求被试者给出有同等吸引力的延迟报酬量；给定延迟的报酬量，要求被试者给出有同等吸引力的当前报酬量（Ahlbrecht and Weber，1996）。

曲折现函数的表达式，以图通过精准数理模型揭示决策行为规律（Ainslie，1975，1986，1992；Herrnstein，1981；Mazur，1987；Loewenstein and Prelec，1992）。本节概述双曲折现模型的建立完善过程及适用范围，并以递减折现率为条件，建立双曲折现判别依据。

Ainslie（1975）设定的折现函数为

$$D(t) = 1 / t \qquad (5.1)$$

行为实验也表明人们使用的折现函数大体上是双曲线的（Ainslie，1992）。

Herrnstein（1981）和 Mazur（1987）设定的折现函数为

$$D(t) = 1 / (1 + \alpha t) \qquad (5.2)$$

从几何图形看也是某种双曲线。

Loewenstein 和 Prelec（1992）综合以上特例，给出了一般化的双曲折现函数：

$$D(t) = (1 + \alpha t)^{-\gamma/\alpha} \qquad (5.3)$$

虽然普遍认为递减的瞬时折现率是双曲折现函数的必要特征，但是具有该特征的折现函数不一定是双曲折现函数。Nir（2000）给出一个例子[①]，瞬时折现率单调递减，但是折现函数为非双曲折现函数。因此，递减折现率并不能成为判断是否为双曲折现函数的条件。

Prelec（1989）提出用折现函数的弹性 $-D'(t) / D(t)$ 度量主体的不耐心程度，即折现率。结合 Loewenstein 和 Prelec（1992）的双曲折现函数及 Prelec（1989）提出的折现率的定义，双曲折现函数的折现率为

$$r(t) = -D'(t) / D(t) = -\gamma / (1 + \alpha t) \qquad (5.4)$$

其中，在参数 α 与 γ 不变的情况下，折现率随 t 的增加而减少。作为对比，指数折现函数的折现率为

$$r(t) = \rho \qquad (5.5)$$

该折现率是与时间无关的常数。

本章采用 Green 和 Myerson（1996）的定义方式判断函数是不是双曲折现函数，即折现函数为双曲折现函数的条件是"增加 1 单位的等待时间是否会导致边际效用现值递减"[②]。

Phelps 和 Pollak（1968）在研究代际的利他主义问题时提出下述相对简洁的准双曲折现函数：

---

① 设 t 时的瞬时折现率为 $\delta(t) = e^{-t}$，从而瞬时折现率随延迟时间 t 的增大而减小，对应的折现函数为 $d(t) = e^{e^{-t}-1}$，可以看出，若增加 1 单位的时间，则折现函数变为 $d(t+1) = d(t)e^{e^{-t}}$，这说明增加 1 单位的时间会相应地增加相同数量的额外风险 $e^{e^{-t}}$，由 Green 和 Myerson（1996）的定义可知，该折现函数为非双曲折现函数。

② Read（2001，2003，2006）、Kinari 等（2009）认为，假如固定折现区间的长度为 τ，则单位时间的折现因子随着折现区间（$t+\tau \to t$）起点 t 的增大而增大，则折现函数为双曲折现函数。

$$D(t) = \begin{cases} 1, & t = 0 \\ \beta_{\mathrm{P}}\delta^t, & t \in Z^+ \end{cases} \qquad (5.6)$$

其中，$\beta_{\mathrm{P}} \in (0,1)$。Elster（1979）进一步将其应用于个人决策问题。

目前最认可的双曲折现函数为 Loewenstein 和 Prelec（1992）提出的连续型双曲折现函数，以及由 Laibson（1997）推广的广泛应用于离散问题的准双曲折现函数：

$$d(t) = (1 + \alpha t)^{-\gamma/\alpha} \qquad (5.7)$$

$$d(t) = \begin{cases} 1, & t = 0 \\ \beta_{\mathrm{P}}\delta^t, & t > 0 \end{cases} \qquad (5.8)$$

式（5.8）所定义的折现函数可体现决策个体的现期偏好，同时，相比 Loewenstein 和 Prelec（1992）定义的双曲折现函数具有形式上的简易优势，因此，在后续相关研究中，该 $(\beta_{\mathrm{P}}, \delta)$ 准双曲折现函数得到了广泛应用。

准双曲折现是双曲折现的一种近似。从表达式上可以看出，决策个体对当前效应赋予权重 1，而对 t 时期的瞬时效用赋予权重 $\beta_{\mathrm{P}}\delta^t$，其中，$\beta_{\mathrm{P}}$ 测度决策个体现期偏好程度。当 $\beta_{\mathrm{P}} = 1$ 时，准双曲折现退化为指数折现；在比较未来两个时期 t 和 $t+1$ 的效用时不受 β_{P} 的影响，即未来两个时点的效用之间的替代比例完全依赖于 δ。总的看来，准双曲折现可以看作指数折现的边际修正。在指数折现之上加入一个现期偏好所呈现出来的结果是，除当期使用较大的折现率之外，人们对未来所有时期使用相同但较小的折现率。

总之，双曲折现可以采用短期相对较高折现率与长期相对较低折现率的表达形式来刻画。这种折现结果在今天的偏好和将来的偏好之间造成了一种冲突。在今天看来，两个遥远的时期 t 和 $t+1$ 之间的折现率是长期的低折现率；但是，在时期 t 看来，t 和 $t+1$ 之间的折现率是短期的高折现率。这种类型的偏好变化体现在很多日常实践中。例如，在每年年末，人们会希望在新的一年开始一项积极的储蓄计划；当新年真正来临，那时的偏好又变了，计划作为牺牲品被推迟到下一年。

5.2.2 行为异象解释

虽然根据实验数据得到折现率随延迟时间递减的结论未必正确，但是双曲折现模型能解释一系列指数折现不能解释的关于决策者行为的异象，如过度消费问题（Laibson，1997，1998；Laibson et al.，1998；Angeletos et al.，2001）、偏好逆转问题（Frederick et al.，2002）、拖延行为（Akerlof，1991；O'Donoghue and Rabin，1999a，2001，2008）、委托代理问题（O'Donoghue and Rabin 1999b；DellaVigna and Malmendier，2004；Gilpatric，2008；Heidhues and Kőszegi，2010）、上瘾行为（Gruber and Kőszegi，2001；Carrillo，1999；O'Donoghue and Rabin，2002）等。因此，

双曲折现被广泛接受并采用。正如 Prelec（2004）指出，几乎没有哪个理论如双曲折现理论那样被广泛接受。双曲折现理论被应用于新古典增长理论（Barro，1999）、期权执行（Grenadier and Wang，2007）、资产定价（Luttmer and Mariotti，2003）等。

Laibson 等（1998）、Angeletos 等（2001）同时利用指数折现和 (β_P,δ) 双曲折现校准了消费储蓄决策模型。通过对模拟数据和真实经济数据的比较，他们证明双曲折现可以更好地解释消费储蓄文献中的各种经验发现。Angeletos 等（2001）还描述了如何使用双曲折现解释退休前财富较高、低流动资产持有（相对于收入水平和非流动资产持有而言）和高信用卡负债的同时存在现象。

Fischer（1999）构建了一个形式上与双曲折现模型非常接近的模型并验证了人们的拖延行为。O'Donoghue 和 Rabin（1999b，2001）将 (β_P,δ) 偏好应用于对推延的分析。他们发现，双曲折现会使人们更长时间地推延艰巨的任务。O'Donoghue 和 Rabin（2008）考察了双曲折现在契约签订中的含义。他们表明，在委托人努力防止代理人推延任务时，带有最后期限的激励方案可能有益于辨别有效率延迟和无效率延迟。实施方案中，一个人不仅必须选择什么时候完成一项任务，而且必须选择完成哪项任务，他们研究了此时的推延行为并指出，一个人可能不会执行一项非常简单也非常好的任务，他会频繁地计划去执行一个更好但更艰巨的任务。例如，一个人可能不会花半小时来整理车库的架子，因为他一直计划花一整天对整个车库来一次大扫除。同时，O'Donoghue 和 Rabin（2001）证明，有着多项任务可供选择的人更可能延迟任务。如果一个人的唯一选择是整理架子，他可能及时地完成这项任务；但是如果这个人既可以整理架子，又可以对车库大扫除，那他现在可能什么都不做。

O'Donoghue 和 Rabin（1999a）、Gruber 和 Kőszegi（2001）、Carrillo（1999）将 (β_P,δ) 偏好应用于上瘾行为分析。Carrillo 和 Mariotti（2000）、Bénabou 和 Tirole（2002）研究了 (β_P,δ) 偏好如何影响一个人获取信息，并做出对应决策。例如，如果一个人要决定是否着手一项特定的研究，他可以从同事那里得到反馈，得知该研究可能取得的成果。标准的经济模型表明，如果信息是免费的，人们应该总是选择获取这样的信息。然而，Carrillo 和 Mariotti（2000）的研究表明，双曲折现会导致策略性无知——如果放弃行动的成本立竿见影，则使用双曲折现的人们会担心行动被放弃，所以当获取免费信息会增加他们放弃行动的风险时，他们宁可选择不去获取那些免费信息。

目前，关于双曲折现的应用研究的一般做法是：分析大型集体（经由合同关系组织）的决策行为时，继续使用指数折现，即常数折现率；对个人和小企业则假设时间偏好的动态不一致。例如，DellaVigna 和 Malmendier（2004）研究最优合同时设定大企业是时间一致的，而个人与小企业是时间不一致的。这种做法类似阿罗-林德定理的思想，描述的是集体对风险的态度，认为足够大集体的风险偏好几乎是中性的。从风险偏好类推到时间偏好，比较自然的假设就是足够大集体的时间偏好几乎是一致的。但是，究竟什么类型的决策者应该是时间一致的，理论研究还没有给出公认的界定。分析一般性群体决策时，可使用双曲折现。尽管即时效用被视为个人属性，对于集体或组织是否有类似性质，尚无扎实的经济学实验证据，但现实生活中的大量事例说明集体同样具有过分重视即时效用的行为倾向。Furusawa 和 Lai（2011）提供了一个理论分析，指出在两党制的政治架构下，政府面临的时间不一致问题与个人并无不同。他们深入研究了两党制下政府形成动态不一致偏好的内在机制，发现即使各政党都是时间偏好一致的，使用常数折现率，但只要各政党赢得每次选举的概率小于 1，且执政效用高于在野效用，就会使政府的时间偏好表现出动态不一致属性。

经济学家小故事：

泰德·奥多诺休

　　泰德·奥多诺休（Ted O'Donoghue），美国康奈尔大学经济学教授。在行为经济学领域，奥多诺休主要研究跨期选择。他考察了自我控制问题对拖延、上瘾、退休计划及年轻人的冒险行为可能产生的影响。他还研究了预测错误对未来福利的影响。

　　在莱伯森提出双曲折现模型后，奥多诺休和拉宾等提出的扩展拖延模型进一步指出，人们不仅要选择什么时候完成一件事情，而且要选择完成哪件事件，付出多大的努力，当他能够部分地意识到自我控制问题时又当如何，他会不会采取一定的措施来消除这个问题等。

5.3　递减社会折现率

　　受行为经济学中双曲折现研究的影响，以 Weitzman 为代表的学者开始关注社会消费折现领域的递减折现率问题。本节概述 Weitzman 建立伽马折现系列过程、各类疑惑与理论推进，以及以 Newell 和 Pizer（2003）为代表的关于递减折现率的实证研究。

5.3.1　递减折现率理论模型

　　近年来，人类面临全球气候变暖、雾霾加重、放射性污染及不可再生资源匮乏等诸多环境恶化境况，这些问题大多是工业经济高速发展的产物，在面临经济发展和环境保护的权衡时，人们开始反思那些贡献经济指数的重大项目的真正经济意义，在重新审视长期限项目的成本收益时，人们开始质疑忽略远期损益的指数折现的合理性。在社会消费折现领域，目前从两条路径对折现结构展开研究：一条路径是基于未来消费增长过程决定折现率及其期限结构，即扩展拉姆齐模型方法；另一条路径是基于未来资本产出水平决定折现率及其期限结构，即以 Weitzman 为代表的学者提出的期望净现值法则路径。下面分别阐述在这两条路径上，既定时间偏好条件下决策者风险偏好与未来不确定结果作用的递减折现率形成与发展。

1. 消费决定折现框架

如 3.3 节所述，经典拉姆齐模型对应的折现率由两部分构成：一部分是纯时间偏好率 ρ，反映人们相对于未来效用更偏好于当前效用的天性；另一部分是年消费增长率 g 与相对风险厌恶系数 b 的乘积，体现经济增长带来货币价值的相对下降，因此也称为财富效应项。

$$r = \rho + bg$$

Leland（1968）、Drèze 和 Modigliani（1972）、Kimball（1990）使用预防性储蓄概念，推动形成拓展拉姆齐模型：

$$
\begin{aligned}
r = \rho + t^{-1}E[(c_t - c_0)/c_0]R(c_0) \\
- (1/2)t^{-1}\mathrm{Var}((c_t - c_0)/c_0)R(c_0)P(c_0)
\end{aligned}
\tag{5.9}
$$

在经典拉姆齐模型基础上，拓展拉姆齐模型添加了预防性储蓄效应对折现率的负影响，体现的是为了未来具备抵御风险的能力，人们会增大当前储蓄。预防性储蓄效应使得人们赋予未来更大的权重，降低折现率。

当考虑未来不确定消费增长具有序列相关性时，上述预防性储蓄效应项将随时间推移而累积增加：

$$t^{-1}\mathrm{Var}((c_t - c_0)/c_0) \geqslant \mathrm{Var}((c_t - c_0)/c_0) \tag{5.10}$$

换言之，预防性储蓄效应将使得对应的社会折现率随时间单调递减，表现为递减折现率。

Gollier（2008）证明了当消费增长率的方差为常数而期望依赖于某个不确定参数时，折现率关于时间单调递减。与 Gollier 不同，Weitzman（2007，2009）假定消费增长率的期望为常数而方差不确定，在这种情况下，社会折现率也会线性递减，甚至出现负值。除此之外，Weitzman（2012）指出很多折现模型因使用局部逼近法而过分简化客观条件，从而使得模型的适用性减弱。他认为消费增长率的不确定性会随着时间的增加而增大，借助卡尔曼方法估算消费增长服从的潜在分布，可得到消费增长方式服从潜在分布下的拉姆齐模型。

2. 资本产出决定折现框架

1）伽马折现

Weitzman（1998）基于未来资本产出率不确定性假设，以加权折现因子的形式获得确定性等价折现率。研究表明，随着时间的推移，确定性等价折现率单调递减并趋于最小可能值。

未来资本产出率的不确定性提供了确定性等价折现率递减的强烈依据，该研究结论发人深省又耐人寻味，并自然衍生三个问题：第一，递减的确定性等价折现率与经典指数折现率之间是否有关联？第二，如何刻画不确定折现率的可能分布？第三，人们在选择递减的确定性等价折现率时参照怎样的标准估算？

针对上述三个问题，Weitzman（2001）给出了理论和数值上的解决方案。假设决策者能理性而中立地评估项目，Weitzman 提出两个理论假设：一个假设是时间评估权重即折现因子采用传统的指数折现函数形式，采用这一形式方便说明确定性等价折现与经典的指数折现是统一的，回答了前面提出的第一个问题；另一个假设是不确定折现率服从伽马分布，这一假设来自调查结果的拟合，回答了前面提到的第二个问题。这样，有效折现函数定义为不确定折现因子以伽马分布密度函数为权重求得的期望，确定性等价折现率同样定义为有效折现函数关于时间的导数与自身比值的相反数。结合伽马分布的函数表达式，有效折现函数与确定性等价折现率可表示为伽马分布期望和方差的函数。据此，建立在伽马分布假设基础上的折现模型产生了，称为伽马折现。如同指数分布是伽马分布的特殊情形，指数折现也是伽马折现的特殊情形。根据伽马折现模型的表达式，估算确定性等价折现率就转化为估算伽马分布期望和方差的问题。为了进一步确定合理社会折现率的具体数值，Weitzman 以调查问卷的形式分两次向全球范围内 2000 多名经济学博士和气候经济学领域 50 名知名经济学家发送邮件，询问综合考虑所有影响因素，分析全球气候变化项目应使用怎样的折现率才合理。两次调查结果惊人地相似，期望和标准差分别接近每年 4% 与每年 3%，按此结果，确定性等价折现率从短期的 4% 左右递减至 300 年以上的接近为零。

伽马折现模型形式简约、易于实证检验，一经提出就受到了学术界的广泛关注，其中也不乏质疑该模型主观性假设的研究，下面具体介绍这些研究及相关解决方案。

2）威茨曼-戈利耶之谜

针对 Weitzman（1998，2001）基于期望净现值法则建立的确定性等价折现模型，Gollier（2004）提出了相悖的概念。他认为投资项目的优劣可通过期望净将来值进行排序，人们可以将损益全部折算到将来某一时点来进行比较。按此决策准则定义的确定性等价折现因子记为 $R^G(t)$，对应的确定性等价折现率关于时间单调递增并趋于最大可能值。据此，采用不同的决策准则，两个看似等价的确定性等价折现率的性质截然相反，从而形成了威茨曼-戈利耶之谜（Weitzman-Gollier puzzle）。Gollier 认为两种判别准则都没有考虑人们对待时间和风险的现实偏好，出现两种结论的原因可能在于风险分担方式不同，期望净现值法则基于风险由当代人承担，期望净将来值法则建立在风险由后代人承担的基础上。当然，仅这个观点并不足以解释威茨曼-戈利耶之谜。从 2004 年至今，大量文献围绕这个问题展开了讨论，并从不同角度提供了解释方案。

3）质疑与推动

第一种讨论视角是从区分评估时点与折现持续时间的角度区分两种确定性等价折现率。Hepburn 和 Groom（2007）重新呈现了威茨曼-戈利耶之谜后，通过实例证明风险分担方式并不会改变决策结果，即 Gollier（2004）的解释并不合理。以一类投资项目为例，将每一个时点的利润折现到固定评估时点，定义了确定性等价平均折现率。该折现率是关于评估时点与折现持续时间的二元函数，且关于折现持续时间单调递减，而关于评估时点单调递增。结合此结论，Hepburn 和 Groom（2007）认为 Weitzman（1998，2001）所定义的是从零点到某一时点的确定性等价平均折现率，该折现率固定零点为评估时点，关于折现持续时间单调递减，即折现持续时间越长的区间对应确定性等价平均折现率越低。Gollier（2004）所定义的是从零点到某一特定时点（称为评估时点）的确定性等价平均折现率，该折现率关于该评估时点单调递增，也就是说确定性等价折现率随着评估时点的往后推移而增大。因此，从区分评估时点和折现持续时间的角度来看，Weitzman（1998，2001）与 Gollier（2004）所定义的两个确定性等价折现率出现不同的单调性是由于针对不同时间变量讨论了不同层面的单调性，两者并不矛盾。采用区分时间变量的方式能有效说明不同单调性存在的合理性，但该解释建立在一定的项目假设下，未能说明在一般情况下哪种决策方式更合理，或者在什么情况下两者可能是统一的，接下来的研究则尝试回答谁优谁劣及如何共存的问题。

第二种讨论视角借助效用函数的调节说明两种确定性等价折现率的优劣。Buchholz 和 Schumacher（2008）支持 Gollier（2004）所提出的基于期望净将来值法则进行决策的观点，他们认为大部分环境项目本身考虑的就是后代而非当代人的利益，使用期望净将来值的方式评估后代的权益会更合理。他们建议对不确定折现率进行确定性等价时加入风险厌恶系数，利用效用等价定义了确定性等价回报率，其经济意义是投资者在一段时期内以该确定性等价回报率投资一个确定性收益项目所获得的财富效用与以不确定收益率投资一个市场收益项目得到的效用相同，结论显示以该确定性等价回报率对应的确定性等价折现率关于时间的单调性依赖于风险厌恶系数。与 Buchholz 和 Schumacher（2008）不同的是，Freeman（2010）认为期望净现值法则更合理。他通过定义一个递归效用函数，将跨时间替代厌恶（跨期替代弹性）与跨状态替代厌恶（风险厌恶）区分开来，说明威茨曼-戈利耶之谜在社会计划者是风险中性的情况下一样可以得到解决。具体地，他在一个禀赋经济中讨论期望效用最大化的问题，说明期望净现值法则和期望效用最大化的目标是一致的，而期望净将来值法则会错判一些项目，并指出 Gollier（2004）中依照期望净将来值法则定义的目标收益并非期望收益，从而会高估折现率。

第三种讨论视角是在最优消费路径上求得两种确定性等价折现率的统一。结合已有文献关于威茨曼-戈利耶之谜的探讨思路，Gollier 和 Weitzman（2010）提出了一个新的解释方案，打破了学术界关于谁对谁错的猜测，说明在最优消费路径上，通过不同的风险概率调节可达到两者的统一。Weitzman（1998，2001）、Gollier（2004）除了在确定性等价折现率的表达式与性质上存在分歧，有一个共同的缺陷——都只是描述性说法，缺乏严谨的逻辑推演。他们致力弥补这一缺陷，并得到两个理论统一的条件。他们基于效用最大化和资本线性产出的条件，在最优消费路径上讨论当前时点与未来时点 t 消费效用无差异等价交换条件。对照 Weitzman（1998，2001）定义的折现因子 $R^W(t)$ 的形式，根据收益要大于成本的条件，将未来时点 t 边际效用置换成相应单位当前时点边际效用，可得到风险调整后的确定性等价折现因子 $R^W_*(t)$。同理，参照 Gollier（2004）定义的折现因子 $R^G(t)$ 的形式，将当前时点边际效用置换成相应单位未来时点 t 边际效用，可得到基于期望净将来值法则建立的风险调整后的确定性等价折现因子 $R^G_*(t)$，研究表明，在最优消费路径上，$R^W_*(t)$ 与 $R^G_*(t)$ 在每一个时点 t 等价，即最优消费路径上，两种定义方式得到的是同一个折现率，从而有效解决了威茨曼-戈利耶之谜。在一些特殊效用函数下，风险调整后的确定性等价折现因子与未经风险调整的确定性等价折现因子可能一致，例如，在对数效用函数下，$R^W_*(t)$ 与 $R^W(t)$ 完全相同。两种方法达到统一的确定性等价折现率单调递减并趋于最小可能值，相应的成本收益分析应该赋予后代更大的权重。

借鉴众多学术争议成果，Weitzman（2010a）将逻辑推演与主观假设有机结合，建立了风险调整后的伽马折现。经典的拉姆齐模型假设消费增长率外生给定，由未来消费水平决定折现率。Weitzman（2010a）将折现率与消费增长率的因果关系互换，他认为在最优消费路径上，不确定折现率与不确定资本产出率等同，并假设资本产出率外生给定，由其决定同时期消费水平。以拉姆齐最优消费的一阶条件为基础，利用效用无差异等式与伽马分布假设可得到经边际效用风险调整后的确定性等价折现模型，称为风险调整后的伽马折现。在伽马折现的基础上，风险调整后的伽马折现融入拉姆齐最优增长理论与风险厌恶系数的调节，确定性等价折现理论往科学性与实用性方向又迈进了一步。

在 Gollier 和 Weizman（2010）之后，学术界普遍认同威茨曼-戈利耶之谜已得到解决，Traeger（2013）对此提出了不同看法。他认为 Gollier 和 Weizman（2010）

的解决方案依赖于时间，结论也只在最优消费路径上成立，未能识别问题本质，故不能视为真正意义上矛盾的解决。与已有研究不同，Traeger（2013）通过等效用交换生产性消费品的方式定义广义消费折现率与年盈余率，其中，年盈余率反映消费品产出率（资本产出率）与消费折现率的差，当资本产出率为零时，年盈余率的相反数为消费折现率；当年盈余率为零时，均衡条件下资本产出率等于消费折现率。研究表明在未来支付确定的情况下，经济增长的不确定性导致递减折现率；而在经济增长确定的情况下，未来支付的不确定性导致递增折现率。Traeger（2013）认为威茨曼效应关注的是经济增长不确定性因改变财富水平而改变 1 美元的边际效用，带来确定性等价折现率的递减；戈利耶效应针对的是未来支付不确定，确定性等价折现率需具有递增结构才能使项目确定性支付等于期望支付。确定性等价折现率递增和递减的表现反映的是不同层面风险给折现率带来的影响，是可以共存的。与 Hepburn 和 Groom（2007）不同的是，Traeger（2013）不仅区分了两种决策准则，而且识别出给确定性等价折现率带来增减效应的要素。与该研究类似的是，Gollier（2016b）也关注未来资本产出率与消费增长的联动作用给确定性等价折现率带来的影响，并据此认为伽马折现是短视的。他指出 Weitzman（1998，2001，2010a）使用未来即期利率的单一分布来描述确定性等价折现率存在偏倚。若未来消费水平与未来即期利率统计正相关，当未来消费增长序列相关时，确定性等价（有效）折现率随时间单调递减，并小于伽马折现同期折现率，即成本收益分析时应赋予远期更大的权重。

5.3.2　递减确定性等价瞬时折现率

本节借鉴 Weitzman（2010a）的理论工作，探析基于未来回报不确定条件下折现率特征。与 Weitzman（2010a）类似，这里也使用拉姆齐最优增长的线性产出模型，并假设决策者效用函数为 CRRA 效用函数，同时未来资本产出率不确定。与 Weitzman（2010a）不同的是，本节聚焦于确定性等价瞬时折现率，而非确定性等价平均折现率（Weitzman，1998，2001，2010a）。同时，相应的风险调整概率测度的是未来不确定资本产出率的事实概率。该方法提供了预计未来资本产出的风险调整概率测度下确定性等价瞬时折现率的数学表达式。该风险调整概率密度函数（probability density function，PDF）依赖于资本产出率实际分布、决策者相对风险厌恶系数及延迟时间。基于该方法，可以分析资本产出率服从任意分布的条件下确定性等价瞬时折现率表达形式，并可在资本产出率服从伽马分布的条件下获得 Weitzman（2010a）所述结果。研究表明，确定性等价瞬时折现率随延迟时间单调递减，同时随相对风险厌恶系数单调递减。在更一般情形下，研究结论为 Arrow 等（2013，2014）所倡议的长期限项目评估使用递减折现率提供支撑。

1. 基于资本产出率不确定的拉姆齐模型和确定性等价瞬时折现率

假设效用函数为 CRRA 效用函数，即 $u(c) = c^{1-b}/(1-b)$，$b > 0$，$b \neq 1$，其中，b 为相对风险厌恶系数。定义 $K(t)$ 为 t 点的资本。经济体在 t 点的产出 $Y(t) = rK(t)$，其中，r 为资本产出率，假设 r 为大于 0 的常数。正如 Weitzman（2010a）所述，假定纯时间偏好（或称为效用折现率）为 0。

确定性拉姆齐模型的解满足如下表达式：
$$r = bg$$
其中，g 为人均消费增长率。最优消费法则表示为
$$c_r^*(t) = [(b-1)/b]rK(t) \tag{5.11}$$

减少 0 点 1 单位消费量将在未来 t 点增加 e^{rt} 单位消费量，且不会改变其余消费路径。这种在消费路径上的边际改变需不影响跨期福利，从而对任意的 t 和 r，最优消费路径 $c_r^*(t)$ 满足一阶边际条件：
$$u'(c_r^*(0)) = e^{rt}u'(c_r^*(t)) \tag{5.12}$$

在 CRRA 效用函数 $u(c) = c^{1-b}/(1-b)$ 的前提下，式（5.12）变为
$$(c_r^*(t))^{-b} = e^{-rt}(c_r^*(0))^{-b} \tag{5.13}$$

和 Weitzman（2010a）的假设一致，这里将资本产出率不确定性的关键因素纳入模型。假设 $t = 0^-$ 具有一项投资机会，即在 $t = 0$ 时投入 κ 单位资本，以在 t 时获得 ε 单位资本，但是在决策点 $t = 0^-$，资本产出率 r 不确定，但是到 $t = 0$ 以后产出率就唯一确定了，且随机产出率的概率密度函数为 $f(r)$。该项目通过成本收益分析，当且仅当 $t = 0$ 时少消费 κ 单位资本损失的效用小于在 t 时多消费 ε 单位资本增加的效用。
$$\varepsilon \int_0^\infty (c_r^*(t))^{-b} f(r)\mathrm{d}r > \kappa \int_0^\infty (c_r^*(0))^{-b} f(r)\mathrm{d}r \tag{5.14}$$

由式（5.12）可得
$$\varepsilon \int_0^\infty e^{-rt}(c_r^*(0))^{-b} f(r)\mathrm{d}r > \kappa \int_0^\infty (c_r^*(0))^{-b} f(r)\mathrm{d}r$$
因此，经过风险调整后的确定性等价折现因子 $D(t)$ 可表示为
$$D(t) = \int_0^\infty (c_r^*(0))^{-b} e^{-rt} f(r)\mathrm{d}r \Big/ \int_0^\infty (c_r^*(0))^{-b} f(r)\mathrm{d}r \tag{5.15}$$

利用式（5.11）和式（5.12），折现因子变为
$$D(t) = \int_0^\infty e^{-rt} r^{-b} f(r) \Big/ \left(\int_0^\infty r^{-b} f(r)\mathrm{d}r \right) \mathrm{d}r \tag{5.16}$$

与 Weitzman（1998，2001，2010a）关注确定性等价平均折现率不同的是，本节关注确定性等价瞬时折现率，其定义为
$$\rho(b,t) = -D'(t)/D(t)$$

由式（5.16），有

$$\rho(b,t) = \int_0^\infty r f_\rho(f(r),b,t)\mathrm{d}r \qquad (5.17)$$

其中，

$$f_\rho(f(r),b,t) = \mathrm{e}^{-rt} r^{-b} f(r)\Big/\int_0^\infty \mathrm{e}^{-rt} r^{-b} f(r)\mathrm{d}r \qquad (5.18)$$

满足概率密度函数公理化体系，为不确定资本产出率的风险调整概率密度函数。因此，式（5.18）说明确定性等价瞬时折现率是在经过风险调整后概率密度函数 $f_\rho(f(r),b,t)$ 下折现率的期望。风险调整后的概率密度函数 $f_\rho(f(r),b,t)$ 取决资本增长率的概率密度函数 $f(r)$、相对风险厌恶系数 b 和延迟时间 t。特别地，在风险中性（$b=0$）且 $t=0$ 时，风险调整后的概率密度函数 $f_\rho(f(r),b,t)$ 等于非风险调整概率密度函数 $f(r)$。

因此，折现因子可按如下方式计算：

$$D(t) = \exp\left(\int_0^t -E[r]\big|_{f_\rho(f(r),b,s)} \,\mathrm{d}s\right) = \exp\left(\int_0^t \rho(f(r),b,s)\mathrm{d}s\right) \qquad (5.19)$$

同时，由式（5.16）可以发现，折现因子同样可以表示为不确定折现因子 $\exp(-rt)$ 在经过另一个风险调整后概率密度函数下的期望，即

$$D(t) = E[\mathrm{e}^{-rt}] = \int_0^\infty \mathrm{e}^{-rt} f_D(f(r),b)\mathrm{d}s \qquad (5.20)$$

其中，

$$f_D(f(r),b) = r^{-b} f(r)\Big/\left[\int_0^\infty r^{-b} f(r)\mathrm{d}r\right] \qquad (5.21)$$

式（5.20）表明折现因子可以表示为不确定折现因子在一种新的概率密度函数 $f_D(f(r),b)$ 下的数学期望。新的概率密度函数 $f_D(f(r),b)$ 与延迟时间 t 无关，如 Weitzman（2010a）所述，若不假设未来资本产出率的先验分布，将很难获得递减折现率的最优结构。本节采用的方法从经济直觉上来看会更直观，即确定性等价折现率为未来不确定资本产出率在风险调整后概率密度函数下的数学期望。

接下来说明延迟时间 t 和相对风险厌恶系数 b 对风险调整后概率密度函数 $f_\rho(f(r),b,t)$ 及确定性等价瞬时折现率 $\rho(t)$ 的影响。

首先可以证明，相比未来资本回报率的原有分布，风险调整概率分布将概率权重更多地转移至小值资本产出率的概率分布上，即对任意 $\tilde{r}\in(0,\infty)$，都有

$$P[r\leqslant\tilde{r}]\big|_{f_\rho(f(r),b,t)} > P[r\leqslant\tilde{r}]\big|_{f(r)}, \quad b>0,t>0 \qquad (5.22)$$

且

$$\rho(b,t) < E[r]\big|_{f(r)}, b>0,t>0 \qquad (5.23)$$

证明：

定义 $\displaystyle\int_0^\infty \mathrm{e}^{-rt} r^{-b} f(r)\mathrm{d}r = a$ ，有

$$f_\rho(f(r),b,t) - f(r) = [e^{-rt}r^{-b} - a]f(r)/a$$

由于 $e^{-rt}r^{-b} - a$ 随 r 单调递减，且

$$\lim_{r\to 0^+}[e^{-rt}r^{-b} - a] = \infty$$

而

$$\lim_{r\to\infty}[e^{-rt}r^{-b} - a] < 0$$

则一定存在常数 r^*，使得

$$f_\rho(f(r),b,t) > f(r), r \in (0,r^*) \tag{5.24}$$

而

$$f_\rho(f(r),b,t) < f(r), r \in (r^*,\infty) \tag{5.25}$$

因此，式（5.24）和式（5.25）表明

$$P[r \leqslant r^*]|_{f_\rho(f(r),b,t)} = \int_0^{r^*} f_\rho(f(r),b,t)\mathrm{d}r$$
$$> P[r \leqslant r^*]|_{f(r)} \tag{5.26}$$
$$= \int_0^{r^*} f(r)\mathrm{d}r$$

$$P[r > r^*]|_{f_\rho(f(r),b,t)} = \int_{r^*}^\infty f_\rho(f(r),b,t)\mathrm{d}r$$
$$< P[r > r^*]|_{f(r)} \tag{5.27}$$
$$= \int_{r^*}^\infty f(r)\mathrm{d}r$$

式（5.26）和式（5.27）表明，对于任意的 $\tilde{r} \in (0,\infty)$，都有 $b > 0, t > 0$，且

$$P[r \leqslant \tilde{r}]|_{f_\rho(f(r),b,t)} > P[r \leqslant \tilde{r}]|_{f(r)}$$

根据风险调整概率密度函数表达式，当且仅当 $b > 0, t > 0$ 时，$f_\rho(f(r),b,t) = f(r)$，从而可得

$$\rho(b,t) < E[r]|_{f(r)}, b > 0, t > 0$$

证明完毕。

然后可以证明，相比原概率密度函数，延迟时间长的风险调整概率密度函数将转移更多概率权重于小值资本产出率，即对任意 $t_1 < t_2$，$t_1, t_2 \in (0,\infty)$，有

$$P[r \leqslant \tilde{r}]|_{f_\rho(f(r),b,t_2)} > P[r \leqslant \tilde{r}]|_{f_\rho(f(r),b,t_1)} \tag{5.28}$$

证明：

定义 $\int_0^\infty e^{-rt_1}r^{-b}f(r) = a_1$，$\int_0^\infty e^{-rt_2}r^{-b}f(r) = a_2$。显然 $a_1 > a_2 > 0$，$t_2 > t_1$ 且

$$f_\rho(f(r),b,t_1) = (e^{-rt_1}r^{-b}/a_1)f(r), f_\rho(f(r),b,t_2) = (e^{-rt_2}r^{-b}/a_2)f(r)$$

因此

$$f_\rho(f(r),b,t_1)/f_\rho(f(r),b,t_2) = (a_2/a_1)\exp(r(t_2-t_1))$$

由于 $a_2/a_1 e^{r(t_2-t_1)}$ 随 r 单调递增，且

$$\lim_{r \to 0}(a_2/a_1)\exp(r(t_2-t_1)) = a_2/a_1 < 1, \lim_{r \to \infty}(a_2/a_1)\exp(r(t_2-t_1)) = \infty > 1$$

存在一点 r^{**}，使得对任意 $t_1 < t_2$，$t_1, t_2 \in (0, \infty)$，有

$$f_\rho(f(r), b, t_1) < f_\rho(f(r), b, t_2), r \in (0, r^{**}) \tag{5.29}$$

$$f_\rho(f(r), b, t_1) > f_\rho(f(r), b, t_2), r \in (r^{**}, \infty) \tag{5.30}$$

类似式（5.26）和式（5.27）的证明，式（5.29）和式（5.30）表明，对任意 $\tilde{r} \in (0, \infty)$，有

$$P[r \leqslant \tilde{r}]|_{f_\rho(f(r), b, t_1)} < P[r \leqslant \tilde{r}]|_{f_\rho(f(r), b, t_2)}$$

证明完毕。

由于确定性等价瞬时折现率为资本产出率以风险调整概率为密度函数的数学期望，上面结论表明确定性等价瞬时折现率随时间单调递减。

类似地，可以证明，具有更大相对风险厌恶系数的风险调整概率密度将更多的概率权重转移至小值资本产出率，即

$$P[r \leqslant \tilde{r}]|_{f_\rho(f(r), b_1, t)} < P[r \leqslant \tilde{r}]|_{f_\rho(f(r), b_2, t)} \tag{5.31}$$

其中，$b_2 > b_1$，$b_1 \geqslant 0$，$b_2 \geqslant 0$，$b_1 \neq 1$，且确定性等价瞬时折现率 $\rho(t) = E[r]|_{f_\rho(f(r), b, t)}$ 随相对风险厌恶系数 b 的增大而减小。

上述讨论的主要结果通过如下命题进行说明。

【命题 5.1】

（1）确定性等价瞬时折现率等于在风险调整概率密度函数下的期望折现率：

$$\rho(t) = E[r] = \int_0^\infty r f_\rho(f(r), b, t) \mathrm{d}r$$

其中，风险调整后的概率密度函数 $f_\rho(f(r), b, t)$ 表示为

$$f_\rho(f(r), b, t) = \mathrm{e}^{-rt} r^{-b} f(r) \Big/ \int_0^\infty \mathrm{e}^{-rt} r^{-b} f(r) \mathrm{d}r$$

（2）$\rho(b, t)$ 随延迟时间 t 单调递减，随相对风险厌恶系数 b 单调递减。

（3）$\rho(t) < \bar{r} = E[r]|_{f(r)}$，$t > 0$ 或者 $b > 0$；$\rho(t) = E[\bar{r}]|_{f(r)}$，$t = 0$ 且 $b = 0$。

命题 5.1 表明，本节以风险调整概率密度函数为权重，获得确定性等价瞬时折现率为未来不确定资本产出率的期望值。无论未来资本产出率的实际分布是什么类型，该确定性等价瞬时折现率都随延迟时间和相对风险厌恶系数单调递减。

为了分析风险调整后的概率密度函数 $f_\rho(f(r), b, t)$ 对确定性等价瞬时折现率的具体影响程度，接下来，本节通过假设资本产出率的特殊表达式 $f(r)$，给出风险调整后的 $f_\rho(f(r), b, t)$ 的具体表达式，并且给出描述资本产出率 r 在经过风险调整后的累积分布具体数值，更进一步地，给出确定性等价瞬时折现率在不同时点的具体数值。

2. 数值分析

Weitzman（2001）在假设随机折现率服从伽马分布时，提出了伽马折现，其中确定性等价折现因子 $D(t)$ 等于期望折现因子 $E[e^{-rt}]|_{f(r)}$。以此，Weitzman（2010a）提出了风险调整后的伽马折现。前面指出，确定性等价折现因子 $D(t)$ 等于期望折现因子 $E[e^{-rt}]$ 但是概率密度函数调整为 $f_\rho(f(r),b,t)$，本节给出了一个具体的数值计算以比较概率密度函数为 $f(r)$ 和 $f_\rho(f(r),b,t)$ 时对应资本产出率 r 的累积分布的具体数值，以及不同时点对应确定性等价折现因子的具体数值。

虽然并没有证据说明资本产出率的分布一定是伽马分布，但是通过假设资本产出率服从伽马分布，能够计算出确定性等价瞬时折现率的具体表达式。因此，和 Weitzman（2010a）一样，本节假设资本产出率服从伽马分布，分析延迟时间 t 对资本产出率的累积分布及不同时点的确定性等价瞬时折现率 $\rho(t)$ 的影响。资本产出率的概率密度函数可表示为

$$f(r) = (\beta^\alpha / \Gamma(\alpha))r^{\alpha-1}e^{-\beta r} \tag{5.32}$$

和 Weitzman（2010a）一样，取 $b=3$，$\alpha=4$，$\beta=66\frac{2}{3}$，则式（5.32）表示的概率密度函数图形如图 5.1 所示。资本产出率的下端概率如表 5.1 所示。

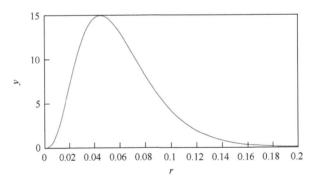

图 5.1　伽马分布 $y = f(r)$ 图形

表 5.1　资本产出率的下端概率（单位：%）

$\tilde{r}$	$P[r \leqslant \tilde{r}]$	$\tilde{r}$	$P[r \leqslant \tilde{r}]$
0.5	0.04	1.5	1.9
1	0.49	2	4.6
1.4	1.52	3	14.3

正如 Weitzman（2010a）指出，表 5.1 表示的数值描绘了资本产出率为小值的可能性非常小。未来资本产出率 r 落在 $(0,1.4\%)$ 的可能性为 1.52%，其中，1.4% 为《斯特恩报告》中选择的确定性折现率。从表 5.1 中可以看出，资本产出率 r 有 85.7% 的可能性落在 $(3\%,\infty)$。期望折现率 $\bar{r}$ 可表示为

$$\bar{r} = E[r] = \int_0^\infty rf(r)\mathrm{d}r = 4/\beta = 6\% \tag{5.33}$$

由式（5.33）可得，风险调整后的概率密度函数 $f_\rho(f(r),b,t)$ 和确定性等价瞬时折现率 $\rho(t)$ 分别表示为

$$f_\rho(f(r),b,t) = [(\beta+t)^{\alpha-b}/(\Gamma(\alpha-b))]r^{\alpha-b-1}\mathrm{e}^{-(\beta+t)r} \tag{5.34}$$

$$\rho(t) = 1/(\beta+t) \tag{5.35}$$

取 $b=3$，$\alpha=4$，$\beta=66\frac{2}{3}$，则风险调整后的概率密度函数 $f_\rho(f(r),b,t)$ 在不同时点的图形如图 5.2 所示。

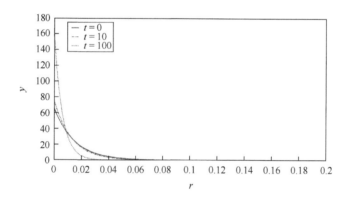

图 5.2 不同时点风险调整概率密度函数 $f_\rho(f(r),b,t)$ 图形

相对于图 5.1，图 5.2 说明经过风险调整后的资本边际产出率赋予小资本产出率更大的权重。进一步地，这种调整的幅度随延迟时间的增加而增大。不同延迟时间下风险调整后的资本产出率的下端概率如表 5.2 所示。

表 5.2 不同延迟时间下风险调整后资本产出率的下端概率（单位：%）

$\tilde{r}$	$P[r \leqslant \tilde{r}]\|_{t=0}$	$P[r \leqslant \tilde{r}]\|_{t=10}$	$P[r \leqslant \tilde{r}]\|_{t=100}$	$\tilde{r}$	$P[r \leqslant \tilde{r}]\|_{t=0}$	$P[r \leqslant \tilde{r}]\|_{t=10}$	$P[r \leqslant \tilde{r}]\|_{t=100}$
0.5	28.35	31.84	56.54	1.5	63.21	68.34	91.79
1	48.66	53.54	81.11	2	73.64	78.42	96.43
1.4	60.68	65.81	90.3	3	86.47	89.97	99.33

通过概率密度函数 $f(r)$ 计算出来的下端概率 $P[r \leqslant \tilde{r}]|_{f(r)}$ 与通过风险调整后的下端概率 $P[r \leqslant \tilde{r}]|_{f_\rho(f(r),\eta,t)}$ 有显著区别。从表 5.2 中可以看出，未来资本产出率 r 落在 $(0,0.5\%)$ 的可能性在延迟时间为 0、10 和 100 时分别为28.35%、31.84%和56.54%（在表 5.1 中，可能性为 0.04%）。更进一步地，从表 5.2 中可以看出，未来资本产出率 r 落在 $(3\%,\infty)$ 的可能性在延迟时间为 0、10 和 100 时分别为13.53%、10.03%和0.67%（在表 5.1 中，可能性为 85.7%）。经过时间和风险调整后的概率分布使得赋予小资本产出率 r 更大的权重，这对确定性等价瞬时折现率有显著影响。描述不同时点的确定性等价瞬时折现率的具体数值如表 5.3 所示。

表 5.3　不同时点的确定性等价瞬时折现率（单位：%）

t	$\rho(t)$	t	$\rho(t)$
0	1.5	200	0.37
1	1.48	500	0.18
50	0.86	1000	0.009
100	0.6		

式（5.33）表示的期望折现率 $\bar{r} = 6\%$ 与表 5.3 表示的确定性等价瞬时折现率 $\rho(t)$ 有显著区别。从表 5.3 中可以看出，当延迟时间从 $t=0$ 增加到 $t=1000$ 时，确定性等价瞬时折现率 $\rho(t)$ 从 1.5%递减到 0.009%。这说明存在足够大的延迟时间 T 使得对于 $t>T$，确定性等价瞬时折现率约等于 0。确定性等价折现因子 $D(t)$ 满足 $D(t) = \exp\left(\int_0^t -\rho(s)\mathrm{d}s\right)$，因此， $D(t) \approx D(T)$， $t \geqslant T$。

综上，本节研究了两个问题。第一个问题是确定性等价瞬时折现率由什么来决定。本节的研究表明确定性等价瞬时折现率等于期望折现率。然而，在计算期望折现率时，有效概率密度函数不是折现率的概率密度函数，而是经过风险调整后的概率密度函数，该概率密度函数受折现率的概率密度函数、相对风险厌恶系数及延迟时间的影响。相对于折现率的概率密度函数，风险调整后的概率密度函数赋予小折现率更大的权重。更进一步地，这种调整的幅度随延迟时间和相对风险厌恶系数的增加而增加。

第二个问题是延迟时间如何影响确定性等价瞬时折现率。研究表明，确定性等价瞬时折现率随延迟时间的增加而减小。由资本产出率的不确定性导致的递减确定性等价瞬时折现率进一步说明了双曲折现的合理性。

5.3.3　递减折现率实证估计

理论研究表明确定性等价折现率由未来不确定资本产出率及其分布决定，实证研究尝试利用真实利率的历史数据模拟未来折现率的随机行为，从而获得确定性等价折现率的数值建议。Newell 和 Pizer（2003）认为未来的不确定性并不能用当前人们对未来真实折现率缺乏共识来描述。当前以市场利率为参照，人们对真实折现率有一个合理的共识，但这个潜在的真实折现率会随时间而改变，因此 Newell 和 Pizer（2003）结合利率的历史数据采用简化式方法预测未来折现率。相比已有文献常用的结构化方法，简化式方法可以很好地联通历史数据与预测数据，如可假设利率服从一阶自回归过程。此外，简化式方法弱化了变量间的经济关系，从而可以克服结构化模型因依赖变量之间的经济关联而不能很好预测长期折现率的缺陷。他们借鉴 Weitzman（1998，2001）的方法，构建了一个类似的确定性等价瞬时折现模型，并利用美国 19～20 世纪的国债数据得到了确定性等价折现率的数值近似。研究表明，在随机游走模型下的折现率数值与 Weitzman（2001）的结论比较接近。

由于 Weitzman（1998）所述的确定性等价折现率关于时间单调递减的结论与未来即期利率扰动的持续性有关，而这种不确定性的持续性与模型的选择密切相关，Groom 等（2007）致力比较模型的选取对确定性等价折现率期限结构及大小变化的影响，使用与 Newell 和 Pizer（2003）相同的数据，先后讨论了随机游走模型、均值回复模型、广义自回归条件异方差模型、体制转换模型及状态空间模型等五个模型下折现率的数值表现。研究表明，状态空间模型允许数据变换过程的均值和方差随时间而改变，故更适用于该样本的分析，相比随机游走模型，状态空间模型得到的折现率比 Newell 和 Pizer（2003）衰减得更快，但趋于无穷远时折现率会比 Newell 和 Pizer（2003）建议值要高。

Hepburn 等（2009）沿袭这一系列研究，尝试比较不同国家确定性等价折现结构的区别。他们结合澳大利亚、加拿大、德国和英国的真实利率数据，使用自回归模型和体制转换模型分别求得了各国的确定性等价折现率。研究表明，用于长期公共政策评估的确定性等价折现率不仅与模型的选择密切相关（该四国的数据在统计上支持体制转换模型），也受到国家特性的影响。同为发达国家的四个国家间确定性等价折现结构区别较大。例如，加拿大由于历史数据具有高波动性，相应的确定性等价折现率比其他国家衰减得快，使得该国远期损益的现值相对较大，数据折算后，加拿大的碳排放边际净现值接近德国的 2 倍。

除了应用稳态数据比较模型及样本之间的区别，也有学者关注非平稳数据与折现模型稳健性的关联。Freeman 等（2015）讨论了费雪效应对确定性等价折现率的影响。费雪效应是由费雪揭示的通货膨胀率预期与利率之间关系的一个发现，它是指当通货膨胀率预期上升时利率也将上升。他们使用协整模型讨论了通货膨胀和正常两种情形下利率变化带给确定性等价折现率的变化，协整模型可以避免经典回归模型须建立在平稳数据变量基础上的缺陷。研究表明，政府如果参考历史真实利率数据来制定长期范围的社会折现率标准，需重点关注的不只是模型的选择，更重要的是对数据的处理，对通货膨胀进行严格处理的确定性等价折现结构更稳健。他们得到的确定性等价折现率比已有文献折现率衰减得更快，当时间趋于无穷时，得到的确定性等价折现率接近 Newell 和 Pizer（2003）的结论。

本 章 小 结

本章结合双曲折现——折现率随时间递减——的界定方式，梳理分析了双曲折现的理论研究进展和实验测度方法，并提出递减确定性等价瞬时折现模型。研究表明，使用经风险调整的概率密度函数，确定性等价瞬时折现率也可表示为期望折现形式。同时，该风险调整概率密度函数受到决策者相对风险厌恶系数及延迟时间的影响。具体表现为风险调整后的概率密度函数赋予小折现率更大权重，确定性等价瞬时折现率随延迟时间的增加而减少。这种由未来资本产出率不确定性导致的递减折现率进一步验证了双曲折现的合理性。

本章附录　数字金融背景的思考——内生性现期偏好

数字金融背景下，各类经济活动的快速迭代催生各类金融产品和服务创新，给人们带来更多便捷性体验和多样性选择。人们一天的日常安排可能是：清晨出门上班时，等候电梯期间可以手机预约下单网约车，走到小区门口时间与网约车到达时间无缝对接；行车途中可以选好茶点外卖到单位，半小时抵达单位门口即可收取茶点外卖，同步开启一天的高效工作；结束一天紧张的工作，晚饭后再次点开购物平台，选购家庭生活消费品，选取同类商品并放入购物车，根据预计送货时间与付款方式开始排序，优先选择最快送货，结合家庭预计还款能力选择低成本分期适当提质，综合送货时间与付款方式选择购物平台下单。

随着数字经济的深入推进，特别是互联网与新信息技术驱动的金融创新的快速发展和全面渗透，人们的偏好已经悄然发生改变。一方面，人们越来越不耐心。以网络购物为例，早些年，互联网购物平台初兴起时，人们热衷于在各个商家平台对比价格，选购下单后耐心等待数日收货。数字化背景下，人们挑选同类同质商品后，更会精心对比预计收货时间，"今日送达"优于"次日达"，"1 小时达"优于"今日送达"。同时，为了更早收到商品，人们愿意支付额外溢价。另一方面，人们对"当前"的认定范围越来越小。以出行打车为例，早些年，人们可能愿意在小区门口静候多时，等待一辆路过的出租车。数字化背景下，人们预约下单网约车时，订单显示需等候稍久一点，很多乘客可能就会选择"取消订单"。

　　人们对生活品质提升的追求增加了对便捷性体验和多样化选择的需求，各类数字化技术创新从技术实现上满足了这些便捷性服务和多样化选择的供给。结合这些供需变化，作者认为，基于偏好外生假设的传统经济理论已难以解释数字经济时代人们实际选择表现出来的行为差异，需要对偏好与认知等基础理论进行探索性研究，融合个体内在偏好与外部状态重塑显示偏好，为人们实际跨期决策行为提供解释。

　　在此背景下，重新审视这些现象规律给双曲折现理论带来的推动与挑战。随时间递减的双曲折现函数刻画了人们的耐心程度随时间递减的天性，为分析实际跨期决策行为提供了基础性的理论分析工具。以包含现期偏好的双曲折现为例，折现模型中的两个关键测度参数分别是现期偏好程度 β 与现期区间长度 τ。现期偏好程度 β 测度人们相比"非当前"效用，更偏好"当前"效用的相对程度。β 越小，微观主体对"当前"和"非当前"的效用差异性越大。现期区间长度 τ 测度人们对于"当前"的心理认定时间长度。τ 越小，微观主体对"当前"的心理认定时间越短。下面以数字金融创新变化为背景，以两个关键参数的变化为视窗，洞察人们现期偏好的内生化。

　　假设数字金融创新带来的便捷性程度可以从借贷流程、处理时间周期、突破场域的限制等维度度量，用 X 表示；提供数字金融产品和服务的多样化程度可以使用借贷渠道、金融产品类型、借贷金额、差异化定价等维度度量，用 Y 表示；决策者基于家庭初始禀赋 W_0 构建金融决策集合，表示为

$$\mathfrak{B} = F(W_0, X, Y) \tag{5.36}$$

其中，$\mathfrak{B}$ 为金融决策集合；F 为数字金融经由便捷性和多样化及初始禀赋对个体金融决策集合产生影响的函数。不妨假设

$$\frac{\partial \mathfrak{B}}{\partial X} > 0 \, , \quad \frac{\partial \mathfrak{B}}{\partial Y} > 0$$

即家庭金融决策集合包含元素数量随着数字金融服务的便捷性程度的增加而增加，随着数字金融产品的多样化程度的增加而增加。

　　以 β_{P0} 表示微观个体初始现期偏好程度，τ_0 表示微观个体初始现期区间长度，并记刻画其时间偏好的折现函数为

$$D(\beta_{Pt}, \tau_t) = G(\mathfrak{B}, \beta_{P0}, \tau_0) \tag{5.37}$$

即 $D(\beta_{Pt}, \tau_t)$ 为具有现期偏好程度 β_{Pt} 和现期区间长度 τ_t 的微观个体的折现函数；G 为数字金融经由金融决策集合 $\mathfrak{B}$，以及初始现期偏好程度、初始现期区间对 t 点的现期偏好程度 β_{Pt} 和现期区间长度 τ_t 影响的函数。

　　基于这些基本假设与模型框架，可以分析数字金融创新对 t 点的现期偏好的冲击与影响。例如，根据

$$\frac{\partial D}{\partial \beta_{\mathrm{P}t}}\frac{\partial \beta_{\mathrm{P}t}}{\partial X} = \frac{\partial G}{\partial \mathfrak{B}}\frac{\partial \mathfrak{B}}{\partial X} \qquad (5.38)$$

可以分析人们现期偏好程度 $\beta_{\mathrm{P}t}$ 受数字金融创新的便捷性程度 X 影响的作用机理。式（5.38）中，如果有

$$\frac{\partial D}{\partial \beta_{\mathrm{P}t}} > 0 \text{ 且 } \frac{\partial G}{\partial \mathfrak{B}} < 0$$

则可以获得的结论便是

$$\frac{\partial \beta_{\mathrm{P}t}}{\partial X} < 0$$

上述结论的经济含义如下：人们的现期偏好程度将随着数字金融创新的便捷性程度的增加而增加，即人们表现得越来越不耐心。

类似地，也可以按照下述逻辑分析人们现期区间长度 τ_t 受数字金融创新的便捷性程度 X 影响的作用机理。根据

$$\frac{\partial D}{\partial \tau_t}\frac{\partial \tau_t}{\partial X} = \frac{\partial G}{\partial \mathfrak{B}}\frac{\partial \mathfrak{B}}{\partial X} \qquad (5.39)$$

式（5.39）中，如果有

$$\frac{\partial D}{\partial \tau_t} > 0 \text{ 且 } \frac{\partial G}{\partial \mathfrak{B}} < 0$$

则可以获得的结论便是

$$\frac{\partial \tau_t}{\partial X} < 0$$

该结论经济含义如下：人们的现期区间长度将随着数字金融创新的便捷性程度的增加而减小，即人们对"即时"的心理范围越来越小。这正如在日常金融活动中所看到的，早些年，人们收到一笔款项可能需要 3～5 个工作日，因此，对"当前"的概念可能是 1 周或者 1 天。在数字创新背景下，各类金融创新的技术实现（如金融服务流程、处理时间周期、场域等不断突破）多维度提高金融服务便捷性程度，各种秒到秒付、随借随还的现实体验使人们对"当前"的心理认定已从 1 周、1 日缩短至 1 小时、1 分钟乃至 1 秒。

总之，在理论推动方面，双曲折现的理论适用性在数字金融创新背景下更显突出。人们在各类经济金融活动中表现出的递减不耐心程度越发凸显指数折现的不合理性，以及能刻画递减不耐心程度的双曲折现的合理性。在现实挑战方面，人们的现期偏好程度正在增大，同时现期区间长度正在缩短，如何刻画双曲折现理论模型的核心参数、现期偏好程度和现期区间长度内生于数字化过程，以及如何形成综合的显示偏好，也正在成为理论研究与实证研究急需解决的重要议题。

第6章 折现可加性问题

递减的不耐心程度已被（准）双曲折现函数刻画，并成为行为经济学中的标准决策模型。然而，大部分支撑双曲折现理论的行为经济实验并未区分跨期经济活动中的延迟时间（delay）和间隔区间（interval）。事实上，通过实验测试时间折现率需考虑跨期中的三个时点：现在、较早的选项和较晚的选项。由于"现在"是固定的，延迟时间和间隔区间分别定义如下。延迟时间是指"现在"和较早的选项之间的时间差；间隔区间是指较早的选项和较晚的选项之间的时间差。以Read（2001）、Read 和 Roelofsma（2003）、Scholten 和 Read（2006）为代表的研究在实验中明确区分间隔区间和延迟时间，发现了次可加折现现象但未发现递减不耐心程度证据，并以此为依据质疑双曲折现作为刻画决策者时间偏好的合理性。

次可加折现描述的是一个依赖于间隔区间划分的折现现象，表现为分阶段逐个按子区间折现后获得的折现现值小于按总区间折现获得的折现现值。使用次可加折现可解释日常生活中诸多经济活动与决策，如银行理财产品定价、房屋租金收益等。Read（2001）、Scholten 和 Read（2006）认为，尽管双曲折现理论使用随延迟时间增加而减少的折现率可解释很多经济活动，但是人们真实折现行为可能很大程度上取决于间隔区间，而非延迟时间。

本章通过界定折现可加性，刻画次可加折现现象与超可加折现现象，并通过引入投射偏见，尝试厘清次可加折现与双曲折现、非双曲折现的关系。在此基础上，以折现可加性为桥梁，探析递减折现下投资决策时间一致可能性问题。

本章的主要期望在于：第一，回答 Read（2001）、Scholten 和 Read（2006）关于双曲折现不能解释次可加折现现象的质疑。研究发现，当决策者跨期选择受到参考点选择和投射偏见影响时，实验中对时间偏好的估计会被扭曲，这种扭曲或许导致次可加折现现象。第二，说明双曲折现模型能解释次可加折现现象，次可加折现现象的存在不能否定双曲折现。第三，揭示非双曲折现模型也能解释次可加折现现象。当选择非双曲折现函数，并将决策者分为成熟型、部分成熟型及幼稚型时，决策者的成熟性是其具有次可加折现现象的原因。成熟型决策者和部分成熟型决策者具有次可加折现行为。第四，在社会消费折现领域，回答关于递减折现率一定引发时间不一致决策的疑问。研究发现，当决策者使用的确定性等价折现方式满足一定程度投射偏见时，使用递减折现率同样可制定时间一致投资决策。

6.1 折现可加性概述

6.1.1 可加性定义

折现可加性描述的是依赖于间隔区间划分的折现现象，即从间隔区间角度解释人们跨期决策行为。直观含义上，折现可加表现为通过几个细分子区间逐项折现获得的现值等于按总区间折现获得的现值。具体地，定义折现函数 $D(t+\tau \to t,s)$ 为在决策点 s 看，$t+\tau$ 点的 1 单位效用在 t 点的现值，折现函数值的确定依赖于决策点 s、折现区间起点 t 和终点 $t+\tau$。特别地，当在 0 点看，未来 t 点的 1 单位效用在 0 点的现值表示为 $D(t \to 0,0)$。此时，时点 t 既表示间隔区间（interval），又体现延迟时间（delay）。

下面考虑延迟时间为 $t+\tau$ 的两种折现方式：一种方式是在 $t+\tau$ 的未分割区间直接折现，即直接计算折现区间终点 $t+\tau$ 的 1 单位效用在 0 点的现值；另一种方式是在 $0 \to t \to t+\tau$ 的两个分割子区间折现叠加，即首先计算 $t+\tau$ 点的 1 单位效用在 t 点的现值，再计算该 t 点现值在 0 点的现值。

【定义 6.1】 若折现函数按照这两种折现方式获得的现值相等，表示为

$$D(t+\tau \to t \to 0,0) = D(t+\tau \to t,0) \times D(t \to 0,0) \tag{6.1}$$

则称折现满足可加性假设。

一般而言，第一种折现方式表明决策者关注远期收益在当前时点的确定性等价现值；第二种折现方式表明决策者同样关注未来收益在其他不同时点之间的等价替换。

6.1.2 非可加折现现象

【定义 6.2】 若两种折现方式的现值不满足可加性条件，表示为

$$D(t+\tau \to t \to 0,0) > D(t+\tau \to t,0) \times D(t \to 0,0) \tag{6.2}$$

则称折现满足次可加性假设。

这种情况下，将折现区间分割成两个区间，通过两次折现过程得到的复合折现值小于没有分割情况下的折现值。次可加折现现象的实例很多，租房对应收益率、国债逆回购等问题可能表现为次可加性。以租房为例，如果租客面临两个选择：一个选择是直接签两年租约，参照房屋总价值年化 2.75% 的收益率计算租金；另一个选择是签一年租约，参照房屋总价值年化 3% 的收益率计算租金，一年到期再签第二年租约，仍然按年化 3% 的收益率计算租金。按照房东给定的这种定价方式，租客核算时，为了同样获得两年租赁权，当前若选择第一种租赁方式，租下

一套价值 100 万元的房子，实际需要支付租金 5.65 万元，即 $100 \times e^{0.0275 \times 2} = 105.65$；若选择第二种租赁方式，实际需要支付租金 6.18 万元，即 $100 \times e^{0.03 \times 1} \times e^{0.03 \times 1} = 106.18$。这两种支付方式满足：

$$100 \times e^{0.0275 \times 2} - 100 < 100 \times e^{0.03 \times 1} \times e^{0.03 \times 1} - 100 \qquad (6.3)$$

从租客角度看，为获得同样的租赁权，支付租金更少的决策更优，从而租客会倾向于选择直接签下两年租约，以获得两年租赁权，在两年期满支付 5.65 万元租金。同时，租金价格由房东提出，这表明房东的定价机制倾向于吸引租客选择长期租约。下面从房东角度分析这两种支付方式下折现满足的可加性：假定房东使用收益率作为其折现率，对于一套价值 100 万元的房子，按照第一种未分割区间的支付方式，对于第二年末收到的每 1 元租金的折现现值是

$$1 \times e^{-0.0275 \times 2}$$

按照第二种分成两次支付的方式，对于第二年末收到的每 1 元租金的折现现值是

$$1 \times e^{-0.03 \times 1} \times e^{-0.03 \times 1}$$

由式（6.3），可得

$$1 \times e^{-0.0275 \times 2} > 1 \times e^{-0.03 \times 1} \times e^{-0.03 \times 1} \qquad (6.4)$$

这表明房东设置的这种支付方式满足次可加性，通过分割区间支付租金的现值小于没有分割情形支付租金的现值①。

不妨进一步分析这种定价方式形成的经济逻辑。尽管对于房东，长期租约收到的直接租金可能会少一些，但是相比一年到期后续约的不确定性，两年长期契约的保障可降低两年到期租金可获取性的不确定性，从而房东更愿意提供激励租客长租的定价方式。

类似地，国债逆回购的利率设置也经常满足次可加性，相比短期的年化利率，长期年化利率更低，例如，一周期限的年化利率可能为 6%，而一年期限的年化利率可能为 3%。

【定义 6.3】　若两种折现方式的现值表现为

$$D(t + \tau \to t \to 0, 0) < D(t + \tau \to t, 0) \times D(t \to 0, 0) \qquad (6.5)$$

则称折现满足超可加性假设。

这种情况下，将折现区间分割成两个区间，通过两次折现过程得到的复合折现值大于没有分割情况下的折现值，超可加折现现象的实例也很多，例如，目前银行储蓄产品的收益表现超可加性。同样可以以一个储蓄故事来说明这种超可加折现现象。某投资者面临两个选择：一个选择是直接将一笔现金存入一款两年期储蓄产品；另一个选择是先存一年期，一年期满取出来并重新存入。假设银行储蓄产品的定价方式是一年期的收益率为 3.00%，二年期的收益率为 3.75%。参照

---

① 这种方式表明按照没分割的方式获得的同等数量的租金的现值更大一些。

这种定价方式，投资者在核算时，为了获得两年后本息 100 元，当前若使用第一种储蓄方式，需要存入现金 93 元，依据是 $100 \times e^{-0.0375 \times 2} = 93$；若使用第二种储蓄方式，需要存入现金 94 元，依据是 $100 \times e^{-0.03 \times 1} \times e^{-0.03 \times 1} = 94$。这两种储蓄方式满足：

$$100 \times e^{-0.0375 \times 2} < 100 \times e^{-0.03 \times 1} \times e^{-0.03 \times 1} \tag{6.6}$$

式（6.6）表明，当前银行设定的储蓄产品定价方式满足超可加性，通过分割区间折现获得的现值大于没有分割情形的现值。从投资者角度，为获得未来同样的确定性收益，投入更少的决策更优，从而投资者会倾向于选择使用 93 元直接存入两年期储蓄，以获得两年后的 100 元。同时，由于储蓄利率由银行给定，这种利率定价方式也表明银行倾向于通过超可加吸引投资者选择长期储蓄。尽管对于银行，长期储蓄付给储户的利息相对会多一些，期限更长的资金利用价值更大，从而银行更愿意提供激励储户长期储蓄的定价方式。特别地，为了取得更大程度的激励效果，银行在设定定价机制中还会考虑储户对于两年期相比一年期的灵活性损失，以及对于其期限差异上的非流动性补偿。

次可加折现现象和超可加折现现象的存在意味着一个折现区间的折现不能通过测定两个延迟时间的折现间接获得，即折现区间 $t+\tau \to t$ 的折现不可以通过测算折现区间 $t+\tau \to 0$ 和 $t \to 0$ 的折现获得。那些支持递增的耐心程度的实验证据是在假设折现满足可加性的前提下得到的。事实上，折现满足可加性假设就意味着对折现区间 $t+\tau \to t$ 的折现可以通过测算折现区间 $t+\tau \to 0$ 和 $t \to 0$ 的折现间接获得。例如，Thaler 和 Shefrin（1981）要求被试者设定他们需要的货币量，使得 1 个月后、1 年后和 10 年后的这些货币和现在马上获得 15 美元没有区别。实验结果测得相应货币的中值为 20 美元、50 美元、100 美元，即表明 0~1 个月、1 个月~1 年、1~10 年的年均折现因子为 0.0317、0.3680 和 0.9259[①]。这说明单位时间的折现因子随着折现区间起点的增加而增加，展示了递增的耐心程度（Thaler and Shefrin，1981；Thaler，1999；Myerson and Green，1995；Green et al.，1997；Richards et al.，1999）。

尽管有大量行为实验支持双曲折现，Read（2001）因发现次可加折现现象而质疑以双曲折现作为描述决策者时间偏好的合理性。Read（2001）设计了 3 个实验来检验决策者的折现行为是否具有双曲特征及是否满足可加性假设。实验结论表明，将折现区间分割成一些小折现区间时，各个小折现区间对应折现值的乘积（复合折现）小于没有分割区间的折现值，即一个时间段的总折现随着间隔区间被更细微地分割而增大，决策者具有次可加折现行为，不满足折现的可加性假设。Scholten 和 Read（2006）通过实验进一步指出，一个时间段的总折现并不一定总

---

① 即 $15 = 20 \times 0.0317^{1/12} = 50 \times 0.0317^{1/12} \times 0.368^{11/12} = 100 \times 0.0317^{1/12} \times 0.368^{11/12} \times 0.9259^9$。

表现为次可加性，也有可能表现为超可加性，即一个时间段的总折现也有可能随着间隔区间被更细微地分割而减小。

次可加折现现象或者超可加折现现象的存在说明这些支持递减不耐心程度的证据不可信。Read（2001）的实验并没有发现当折现区间长度固定时，单位时间的折现因子随折现区间起点的增大而增大。进一步，Scholten 和 Read（2006）从理论上说明双曲折现模型不能解释次可加折现现象和超可加折现现象。因此 Read（2001）、Read 和 Roelofsma（2003）、Scholten 和 Read（2006）从理论上和实证上质疑双曲折现，认为双曲折现不能解释人们真实折现行为中表现出的次可加折现及超可加折现现象，从而不能合理描述决策者时间偏好。

研究过程中，Read（2001）的 3 个实验都没有发现递减不耐心程度的证据，其原因可能在于实验设置了太长的折现区间和时滞。Kinari 等（2009）在 Read（2001）的基础上，试图使用选择方法（choice method）阐明递减不耐心程度是否真的是人类的行为特征，并研究时间折现异象的可能原因。在实验基本设置上，Kinari 等（2009）与 Read（2001）相似，但在细节上有两个典型区别：一是 Kinari 等（2009）将间隔区间设置为短于 12 周，因此在 2～8 周发现了延迟效应（delay effect）；二是 Kinari 等（2009）采用随机顺序选择方法。这种方法可以避免顺序和逻辑顺序方法可能包含的偏差。事实上，Kinari 等（2009）、Scholten 和 Read（2006）的实验都找到了递减不耐心程度的证据。因此，从现象上看，次可加折现和双曲折现是可以共存的，然而，是否所有具有双曲偏好的决策者都会表现出次可加折现行为？本章接下来尝试梳理次可加折现理论对双曲折现理论提出的疑问，并给出相应回答。

6.1.3 次可加折现对双曲折现提出的疑问

令 $d(t)$ 表示 t 点的 1 单位效用在 0 点的现值，其中，t 为延迟时间。同时仍然使用 $D(t+\tau \to t,s)$ 表示从 s 点看，$t+\tau$ 点的 1 单位效用在 t 点的现值。为了刻画 $d(t)$ 和 $D(t+\tau \to t,s)$ 的区别与联系，这里引入折现函数平稳性假设。

【定义 6.4】 当折现函数满足

$$D(t+\tau \to t,s) = D(\tau \to 0,0) = d(\tau)$$

时，称折现函数满足平稳性假设。

对于一个满足平稳性假设的折现函数，当决策点与折现区间起点相同时 $(s=t)$，任意两点 t 和 $t+\tau$ 的折现只与折现区间长度 τ 有关，而与决策点 s 所处位置无关。此时，折现函数 $d(t)$ 和 $D(t+\tau \to t,s)$ 的关系可表示为

$$D(t+\tau \to t,s) = D(\tau \to 0,0) = d(t) \tag{6.7}$$

Read 和 Roelofsma（2003）、Kinari 等（2009）指出，如果从当前点看（$s=0$）且将折现区间长度固定，1 单位的折现因子随折现区间起点的增大而增大，则决策者展现了递增的耐心程度。那些支持递减不耐心程度的实验采用另一种间接办法测定决策者递增的耐心程度（Thaler and Shefrin，1981；Thaler，1999；Myerson and Green，1995）。具体而言，他们通过测量一种特殊的折现情况，即 $s=t=0$，得到 1 单位的折现因子 $(d(\tau))^{1/\tau}$ 随延迟时间 τ 的增大而增大的结论。在折现可加性假设条件下，他们的结论能够说明决策者具有递增的耐心程度，即 $(D(t+\tau \to t,0))^{1/\tau}$ 随 t 的增大而增大。具体地，下面的推导表明，当折现可加性假设成立且 $(d(t))^{1/t}$ 随 t 的增大而增大时，行为经济体具有递增的耐心程度。

证明：

折现函数 $d(t)$ 可写为

$$d(t) = \exp\left(-\int_0^t r(0,s)\mathrm{d}s\right) = (\delta_{t\to0})^t$$

其中，$r(0,s)$ 为从 0 点看 s 点的瞬时折现率；$\delta_{t\to0}$ 为从 0 点到 t 点的平均折现因子。

由于 $\delta_{t\to0} = (d(t))^{1/t}$ 且 $(d(t))^{1/t}$ 随 t 的增大而增大，$\delta_{t\to0}$ 随 t 的增大而增大。很容易看出 $\dfrac{\mathrm{d}\delta_{t\to0}}{\mathrm{d}t} > 0$，说明 $\dfrac{\mathrm{d}r(0,t)}{\mathrm{d}t} < 0$。

在折现可加性假设下，区间 $t \to t+\tau$ 的折现取决于折现区间起点 t 到当前及折现区间终点 $t+\tau$ 到当前的折现值，即

$$D(t+\tau \to t,0) = d(t+\tau)/d(t) = \exp\left(-\int_t^{t+\tau} r(0,s)\mathrm{d}s\right)$$

从而

$$\delta_{t\to t+\tau} = D(t \to t+\tau,0)^{1/\tau} = \exp\left(-\tau^{-1}\int_t^{t+\tau} r(0,s)\mathrm{d}s\right)$$

对上式两边求导，可得

$$\frac{\mathrm{d}\delta_{t\to t+\tau}}{\mathrm{d}t} = \tau^{-1}\exp\left(-\tau^{-1}\int_t^{t+\tau} r(0,s)\mathrm{d}s\right)(r(0,t) - r(0,t+\tau))$$

$\dfrac{\mathrm{d}r(0,t)}{\mathrm{d}t} < 0$，说明 $\dfrac{\mathrm{d}\delta_{t\to t+\tau}}{\mathrm{d}t} > 0$。因此，决策者具有递减不耐心程度。

证明完毕。

上述推导过程表明，支持递减不耐心程度的实验证据是在假设折现满足可加性这一条件下获得的。

Read（2001）设计了 3 个实验来验证决策者的实际折现行为是否满足可加性假设。Read（2001）把为期 2 年（即 24 个月）的折现区间分割成 3 个区间长度相等的子区间，每个子区间的长度为 8 个月。通过选择序列获得当前点 0 和未来点 t' 的效用无差别值，分别得出 8 个月 $\to$ 0、16 个月 $\to$ 8 个月、24 个月 $\to$ 16 个月 3 个

子区间及总区间 24 个月 $\rightarrow$ 0 的折现。虽然 Read（2001）的 3 个实验过程都保证了被试者的决策点保持在当前点，但是对折现区间 $t+\tau \rightarrow t$ 测得的折现包含着被试者对未来自我时间偏好的期望。因此，对折现区间 $t+\tau \rightarrow t$ 测得的折现是 $\hat{D}(t+\tau \rightarrow t,t|0)$。Read（2001）发现，24 个月的时间段的总折现小于 3 个间隔区间为 8 个月的子时间段的复合折现，即 $\hat{D}(24 \rightarrow 0,0|0) > \hat{D}(8 \rightarrow 0,0|0) \times \hat{D}(16 \rightarrow 8,8|0) \times \hat{D}(24 \rightarrow 16,16|0)$。Read（2001）称这种折现现象为次可加折现，即一个时间段的总折现随着间隔区间被更细微地分割而增加。次可加折现意味着分割后的区间 $t_l \rightarrow t_m \rightarrow t_s$ 的复合折现值大于未曾分割区间 $t_l \rightarrow t_s$ 的折现值，即

$$\hat{D}(t_l \rightarrow t_s,t_s|0) > \hat{D}(t_l \rightarrow t_m,t_m|0) \times \hat{D}(t_m \rightarrow t_s,t_s|0) \qquad (6.8)$$

Read（2001）、Scholten 和 Read（2006）认为双曲折现模型不能解释次可加折现。他们的理由是决策者对区间 $t+\tau \rightarrow t$ 的折现以当前点为参考点，从而 $\hat{D}(t+\tau \rightarrow t,t|0) = D(t+\tau \rightarrow t,0)$。另外，双曲折现模型假定折现满足可加性，因此区间 $t+\tau \rightarrow t$ 的折现取决于区间 $t+\tau \rightarrow 0$ 和 $t \rightarrow 0$ 的折现，即

$$\hat{D}(t+\tau \rightarrow t,t|0) = D(t+\tau \rightarrow t,0) = \frac{d(t+\tau)}{d(t)} \qquad (6.9)$$

因此，分割后区间 $t_l \rightarrow t_m \rightarrow t_s$ 的折现等于没有分割区间 $t_l \rightarrow t_s$ 的折现，即

$$\begin{aligned}
D(t_l \rightarrow t_m \rightarrow t_s,0) &= D(t_l \rightarrow t_m,0) \times D(t_m \rightarrow t_s,0) \\
&= \frac{d(t_l)}{d(t_m)} \times \frac{d(t_m)}{d(t_s)} \\
&= \frac{d(t_l)}{d(t_s)} \\
&= D(t_l \rightarrow t_s,0)
\end{aligned} \qquad (6.10)$$

Read（2001）、Scholten 和 Read（2006）认为双曲折现模型不能解释次可加折现现象，并因其实验未发现递增耐心程度的证据而进一步质疑双曲折现表示决策者时间偏好的合理性。下面采用图形表示来自 Read（2001）、Scholten 和 Read（2006）的质疑。

定义 A 为具有次可加折现现象特征的决策者的集合，B 为具有双曲偏好的决策者的集合，Read（2001）、Scholten 和 Read（2006）认为 A 和 B 的交集为空，即次可加折现所对应的集合 A 和双曲折现所对应的集合 B 的关系如图 6.1 所示。

图 6.1　质疑双曲折现的文献认为次可加折现现象与双曲折现的关系图形

被很多实验忽略的次可加折现现象及超可加折现现象是 Read（2001）、Read 和 Roelofsma（2003）、Scholten 和 Read（2006）的主要贡献。然而，Read（2001）、Scholten 和 Read（2006）从理论上论证双曲折现模型不能解释次可加折现现象的过程存在问题。事实上，式（6.9）未必成立，即 $\hat{D}(t' \to t, t \mid 0) \neq D(t' \to t, 0)$。另外，Kinari 等（2009）、Scholten 和 Read（2006）在假设折现区间长度 τ 很短和折现区间起点 t 与 0 很接近时，获得了递减不耐心程度的证据。这解释了 Read（2001）的 3 个实验没有发现递增的耐心程度的原因。因此，在跨期选择中，双曲折现和次可加折现现象可以共存。

6.2　解　释　视　角

本节针对 Read（2001）、Scholten 和 Read（2006）关于双曲折现合理性的疑问，通过引入投射偏见，分别使用双曲折现模型和非双曲折现模型解释次可加折现现象。

6.2.1　投射偏见

一般而言，随着时间的推移，人们来自消费的效用（即口味、偏好）会发生改变。因此，人们在当前时点制定涉及未来时点的跨期决策时，常常需要预测自己未来的口味、偏好会如何变化。在经典经济学模型中，通常假设人们能够准确预测，也称为理性预测。然而，生活实例表明，人们通常难以准确预测自己未来口味、偏好变化。例如，人们会随着时间推移比原计划多消费而非多储蓄；食客在用餐之初会倾向于订购过多的食物等。Loewenstein 等（2003）指出，尽管人们会定性地预期自己偏好的变化，但是普遍倾向于低估偏好的变化程度。他们把这种系统性的预测偏差称为投射偏见。

投射偏见表明人们会基于自己当前的状态，并结合未来的状态来预测自己未来的口味、偏好变化。这种预测方式表现为预测值会处于真实的未来效用值和基于当前状态的效用值之间。参照 Loewenstein 等（2003）的框架，本章分别给出效用上的投射偏见和时间偏好上的投射偏见。

假设在 τ 点的即时效用函数为 $u(c_\tau; z_\tau)$，其中，z_τ 为反映过去消费影响的状态变量。若决策者在 t 点（当前状态为 z_t）预测其未来 τ 点的效用，则会产生投射偏见，表现为其预测值 $\tilde{u}(c_\tau; z_\tau \mid z_t)$ 处在他真实的未来效用值 $u(c_\tau; z_\tau)$ 和给定当前状态的效用值 $u(c_\tau; z_t)$ 之间，即效用函数预测值可表示为

$$\tilde{u}(c_\tau; z_\tau \mid z_t) = (1 - \alpha) u(c_\tau; z_\tau) + \alpha u(c_\tau; z_t)$$

其中，$\alpha \in [0,1]$。

类似地，假设个体基于 t 点信息，对于 $t+\tau$ 到 t 体现时间偏好的折现函数为 $D(t+\tau \to t,t)$，个体在 0 点判断该 $t+\tau$ 到 t 的折现函数时，预测值 $\hat{D}(t+\tau \to t,t\,|\,0)$ 将处于他真实的未来折现函数 $D(t+\tau \to t,t)$ 和给定当前信息的折现函数 $D(t+\tau \to t,0)$ 之间，即折现函数预测值可表示为

$$\hat{D}(t+\tau \to t,t\,|\,0)=(1-\alpha)D(t+\tau \to t,t)+\alpha D(t+\tau \to t,0) \qquad (6.11)$$

其中，$\alpha \in [0,1]$。

投射偏见现象在日常生活中经常发生。有俗语称，"早知今日何必当初"，体现的是较早时点的"当初"难以准确预测较晚时点的"今日"的偏好。又有俗语称，"针不扎在你身上，你永远都不知道有多痛"，体现的是"未扎针者/时"难以准确猜测"扎针者/时"的感受。引起投射偏见的原因有很多，如习惯形成、改变参考点、改变生理状态等。一旦跨期决策受到投射偏见的影响，对时间偏好的估计就会被扭曲。

事实上，Read（2001）、Scholten 和 Read（2006）的推导过程忽略了决策者参考点选择和投射偏好对折现的影响，即决策者在以下两个选项中进行选择：实现时间较短但是收益较小的选项和实现时间较长但是收益较大的选项，决策者或许会意识到，由于现期偏好的存在，他们的偏好会随参考点的改变而改变，选择不同的参考点会导致对同一个折现区间得到不同的折现值。因此，在进行跨期选择时，决策者将不会按照预期的未来偏好（以当前点作为参考点）决策，而是按照未来的实际偏好（以折现区间起点作为参考点）决策。接下来以一个应用广泛的双曲折现函数——准双曲折现函数为例，阐述在一定情况下，双曲折现函数也能够解释次可加性折现现象。

6.2.2　双曲折现

为了抓住决策者的即时满足偏好特征，Laibson（1997）、O'Donoghue 和 Rabin（1999a）推广了 $(\beta_{\mathrm{p}},\delta)$ 折现[①]。准双曲折现函数可以表示如下：

$$D(t \to 0,0) = d(t) = \begin{cases} 1, t=0 \\ \beta_{\mathrm{p}}\delta^{t}, t=\Delta,2\Delta,\cdots \end{cases} \qquad (6.12)$$

其中，δ 为长期限折现因子，$0<\delta<1$；β_{p} 为现期偏好程度，$0<\beta_{\mathrm{p}}<1$；Δ 为每一期的长度，$\Delta>0$。

从式（6.12）中可以看出，当决策点为 0 时，区间 $(n+1)\Delta \to n\Delta$ 的折现为 $D((n+1)\Delta \to n\Delta,0) = \delta^{\Delta}$；当未来的一点 $n\Delta$ 变成现在时，区间 $(n+1)\Delta \to n\Delta$ 的折现变为 $D((n+1)\Delta \to n\Delta,n\Delta) = \beta_{\mathrm{p}}\delta^{\Delta}$。决策者或许意识到采取不同的参考点（当前

---

① $(\beta_{\mathrm{p}},\delta)$ 折现模型最早由 Phelps 和 Pollak（1968）在研究代际问题中提出。

点或者未来折现区间起点）会导致对同一个折现区间 $(n+1)\Delta \to n\Delta$ 的折现不同（δ^Δ 或者 $\beta_\mathrm{P}\delta^\Delta$）。因此，决策者或许不会按照期望的偏好（以当前点作为参考点），而按照未来偏好（以折现区间起点作为参考点）来进行跨期选择。

如 Loewenstein 等（2003）所述，投射偏好的存在说明决策者对区间 $t+\tau \to t$ 的折现 $\hat{D}(t+\tau \to t,t|0)$ 介于 $D(t+\tau \to t,t)$ （以折现区间起点作为参考点）与 $D(t+\tau \to t,0)$ （以当前点作为参考点），其中

$$D(t+\tau \to t,t) = D(\tau \to 0,0) = d(\tau) \tag{6.13}$$

由式（6.11）和式（6.13）可知，$\hat{D}(t+\tau \to t,t|0)$ 可以表示为

$$\hat{D}(t+\tau \to t,t|0) = \hat{\beta}_\mathrm{P}\delta^\tau \tag{6.14}$$

其中，$\hat{\beta}_\mathrm{P}=[\alpha+(1-\alpha)\beta_\mathrm{P}]$，$\beta_\mathrm{P} \leqslant \hat{\beta}_\mathrm{P} \leqslant 1$。$\alpha=0$ 和 $\alpha=1$ 表示两种极端情况。$\alpha=0$ 说明 $\hat{\beta}_\mathrm{P}=\beta_\mathrm{P}$ 且 $\hat{D}(t+\tau \to t,t|0) = D(t+\tau \to t,t)$，该类型决策者对未来自我偏好变化的判断是成熟的，他充分意识到未来自我偏好和当前偏好不相同，且在进行跨期选择时按照未来自我的实际偏好来做出当前选择。$\alpha=1$ 说明 $\hat{\beta}_\mathrm{P}=1$ 且 $\hat{D}(t+\tau \to t,t|0) = D(t+\tau \to t,0)$，该类型决策者对未来自我偏好变化的判断是幼稚的，他错误地认为未来自我偏好和当前偏好相同，没有意识到随着参考点的不同，其偏好会发生改变，在跨期选择时以当前偏好作为标准做出决策。$0<\alpha<1$ 说明 $\beta_\mathrm{P} < \hat{\beta}_\mathrm{P} < 1$ 且 $D(t+\tau \to t,t) < \hat{D}(t+\tau \to t,t|0) < D(t+\tau \to t,0)$，该类型决策者是部分成熟的，他们意识到未来自我偏好和当前偏好不相同，但是低估了偏好变化的程度。

依据对未来自我偏好的预期，O'Donoghue 和 Rabin（2001）通过参数 $\hat{\beta}_\mathrm{P}$ 可以将决策者分成三种类型。这三种类型的决策者具有相同的折现因子 $\{1,\beta_\mathrm{P}\delta^\Delta,\beta_\mathrm{P}\delta^{2\Delta},\cdots\}$。然而，不同的决策者对未来自我的实际时间偏好有不同的预期。具体来说，当 $\beta_\mathrm{P} = \hat{\beta}_\mathrm{P} < 1$ 时，称决策者为成熟型；当 $\beta_\mathrm{P} < \hat{\beta}_\mathrm{P} = 1$ 时，称决策者为幼稚型；当 $\beta_\mathrm{P} < \hat{\beta}_\mathrm{P} < 1$ 时，称决策者为部分成熟型[①]。

1. 成熟型和部分成熟型

部分成熟型决策者和成熟型决策者意识到未来偏好和当前偏好不同，因此在权衡两个时点的收益时，他们不会以预期的未来偏好（以当前点作为参考点）为标准决策，而会以未来的实际偏好（以最近的未来发生点作为参考点）为标准决策。

---

① 依据对未来自我控制问题的预期，O'Donoghue 和 Rabin（2001）通过参数 $\hat{\beta}_\mathrm{P}$ 将决策者分为三种类型：成熟型、部分成熟型和幼稚型。Heidhues 和 Kőszegi（2010）指出部分成熟型包含 $\hat{\beta}_\mathrm{P} < \beta_\mathrm{P} < 1$ 和 $\beta_\mathrm{P} < \hat{\beta}_\mathrm{P} < 1$ 两种情况。当 $\hat{\beta}_\mathrm{P} < \beta_\mathrm{P} < 1$ 时，决策者对未来自我控制问题悲观。当 $\beta_\mathrm{P} < \hat{\beta}_\mathrm{P} < 1$ 时，决策者对未来自我控制问题乐观。在三种类型的决策者中，只有部分成熟型决策者具有投射偏见特征。

因此对部分成熟型决策者和成熟型决策者，区间 $t' \to t$ 的折现可以分别表示为[①]

$$\hat{D}^{\mathrm{S}}(t+\tau \to t,t|0) = D(t+\tau \to t,t) = d(\tau) = \beta_{\mathrm{p}}\delta^{\tau} \tag{6.15}$$

和

$$\hat{D}^{\mathrm{PS}}(t+\tau \to t,t|0) = (1-\alpha)D(t+\tau \to t,t) + \alpha D(t+\tau \to t,0) = \hat{\beta}_{\mathrm{p}}\delta^{\tau} \tag{6.16}$$

由于 $\beta_{\mathrm{p}} < 1$ 和 $\hat{\beta}_{\mathrm{p}} < 1$，成熟型决策者和部分成熟型决策者对区间 $t+\tau \to t$ 的折现 $\hat{D}^{\mathrm{S}}(t+\tau \to t,t|0)$ 与 $\hat{D}^{\mathrm{PS}}(t+\tau \to t,t|0)$ 大于以当前点作为参考点得出的折现 δ^{τ}。

当将区间 $t_l \to t_s$ 分割为两个子区间 $t_l \to t_m$ 和 $t_m \to t_s$ 时，两个子区间 $t_l \to t_m$ 和 $t_m \to t_s$ 的复合折现值可以表示为

$$\hat{D}^{\mathrm{S}}(t_l \to t_m,t_m|0) \times \hat{D}^{\mathrm{S}}(t_m \to t_s,t_s|0) = \beta_{\mathrm{p}}^2\delta^{t_l-t_s} < \beta_{\mathrm{p}}\delta^{t_l-t_s} = \hat{D}^{\mathrm{S}}(t_l \to t_s,t_s|0) \tag{6.17}$$

和

$$\hat{D}^{\mathrm{PS}}(t_l \to t_m,t_m|0) \times \hat{D}^{\mathrm{PS}}(t_m \to t_s,t_s|0) = \hat{\beta}_{\mathrm{p}}^2\delta^{t_l-t_s} < \hat{\beta}_{\mathrm{p}}\delta^{t_l-t_s} = \hat{D}^{\mathrm{PS}}(t_l \to t_s,t_s|0) \tag{6.18}$$

式（6.18）表明，对于部分成熟型决策者和成熟型决策者，复合折现值随间隔区间被更细微分割而变小，折现行为表现次可加性。Read（2001）认为双曲折现模型不能解释次可加折现现象的结论对成熟型决策者和部分成熟型决策者不正确。

2. 幼稚型

幼稚型决策者认为未来自我偏好和当前偏好相同，且他们在对未来两点的损益进行权衡时，将会按照预期偏好进行决策（以当前点作为参考点）。因此，对于幼稚型决策者，折现区间 $t+\tau \to t$ 的折现可以表示为

$$\hat{D}^{\mathrm{N}}(t+\tau \to t,t|0) = D(t+\tau \to t,0) = \frac{d(t+\tau)}{d(t)}\delta^{\tau} \tag{6.19}$$

当将区间 $t_l \to t_s$ 分割为两个子区间 $t_l \to t_m$ 和 $t_m \to t_s$ 时，两个子区间 $t_l \to t_m$ 和 $t_m \to t_s$ 的复合折现值可以表示为

$$\hat{D}^{\mathrm{N}}(t_l \to t_m,t_m|0) \times \hat{D}^{\mathrm{N}}(t_m \to t_s,t_s|0) = \frac{d(t_m)}{d(t_s)} \times \frac{d(t_l)}{d(t_m)} = \frac{d(t_l)}{d(t_s)} = \hat{D}^{\mathrm{N}}(t_l \to t_s,t_s|0) \tag{6.20}$$

式（6.20）表明，对于幼稚型决策者，复合的总折现值不会随间隔区间被更细微分割而变化，折现行为不表现次可加性。Read（2001）认为双曲折现模型不能解释次可加折现现象的结论对幼稚型决策者是正确的。

由以上分析可知，由于决策者具有双曲时间偏好，决策者的偏好随着决策点

---

① S 表示成熟型决策者，PS 表示部分成熟型决策者，N 表示幼稚型决策者。

的不同而不同。对那些意识到未来自我偏好会随参考点的不同而不同，且选择未来偏好作为标准进行跨期选择的决策者，在跨期选择中会表现出次可加折现行为。成熟型决策者以未来自我的实际偏好来做出当前选择。部分成熟型决策者的折现行为与成熟型决策者的折现行为类似，只是他们低估了未来偏好变化的程度。这种称为投射偏见的低估使得对时间偏好的估计被扭曲[①]，这种扭曲导致次可加折现现象的出现[②]，图 6.2 给出了次可加折现现象所对应的集合 A 与双曲折现所对应的集合 B 的关系。

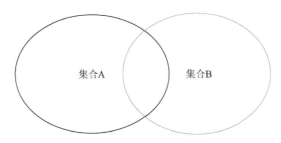

图 6.2　次可加折现现象与双曲折现的关系图形

重叠部分表示具有双曲偏好的成熟型决策者和部分成熟型决策者具有次可加折现行为。代表双曲偏好的区域与代表次可加折现现象的区域没有重叠，这是由于具有双曲偏好的幼稚型决策者不会具有次可加折现现象。这也表明 Read（2001）、Read 和 Roelofsma（2003）、Scholten 和 Read（2006）对双曲折现的疑问只对幼稚型决策者成立。

若采用其他描述递减不耐心程度的双曲折现函数，如 Loewenstein 和 Prelec（1992）提出的折现函数 $D(t \to 0,0) = (1 + \alpha t)^{-\gamma/\alpha}$，且将决策者分为成熟型、部分成熟型和幼稚型三种类型，则该折现函数也能解释次可加折现现象。另外，虽然实验经济学家和行为学家并没有考虑参考点的选择及投射偏见对折现的影响，但是采用双曲折现模型来研究不同类型问题的理论经济学家考虑了这两个因素对折现的影响（Barro，1999；O'Donoghue and Rabin，1999a；DellaVigna and Malmendier，2004；Grenadier and Wang，2007；Palacios-Huerta and Pérez-Kakabadse，2013）。

本节主要分析了双曲折现模型是否能解释次可加折现现象。依据决策者是否意识到参考点的不同会导致对同一个折现区间的折现差异，将决策者分为成熟型、部分成熟型和幼稚型三种类型。研究表明，成熟型决策者和部分成熟型决策者在

---

① 这种扭曲是相对于预期时间偏好而言的。

② 采用同样的逻辑，若决策者具有递减的耐心程度，则能描述递减耐心程度的折现函数也能解释由 Scholten 和 Read（2006）发现的超可加折现现象。

进行跨期选择时，折现区间的折现受到决策点选择和投射偏见的影响，这种影响导致次可加折现现象的存在；对于幼稚型决策者，双曲折现模型不能够解释次可加折现现象。该结论表明，质疑双曲折现模型不能解释次可加折现现象的研究（Read，2001；Read and Roelofsma，2003；Scholten and Read，2006）忽略了参考点选择和投射偏见对折现的影响。对于部分成熟型决策者和成熟型决策者，已有研究对双曲折现的疑问不成立；对于幼稚型决策者，该疑问成立。

6.2.3　非双曲折现

本节将使用非双曲折现函数解释次可加折现现象。

将不确定性生命与遗产效用两个方面纳入决策过程，构建如下折现函数：

$$D(s \to t,t) = \mathrm{e}^{-\rho(s-t)}(\gamma + (1-\gamma)S(s)/S(t)) \qquad (6.21)$$

其中，$S(t) = \exp\left(-\int_0^t \pi(x)\mathrm{d}x\right)$，对应死亡率函数为 $\pi(t) = \lambda\omega t^{\omega-1}$；$\omega$ 代表个体所处的时期，$0<\omega<1$，$\omega=1$，$\omega>1$ 分别代表决策者处于成长期、成年期和衰老期；λ 反映决策者的寿命。

假设决策者在进行跨期选择时，在 t_l 和 t_s 时存在确定性效用 x_l 和 x_s。决策者只能选择 (t_s, x_s) 或者 (t_l, x_l) 且决策区间为 $[0, t_s]$。

正如前面所述，决策者不是永恒的，不具备无限寿命，他可能在这两个效用发生点之前死亡。因此，决策者无论选择哪个选项，该选项对应的确定性效用 x_s 或者 x_l 的归宿存在两种可能：一种可能是被后代继承；另一种可能是被决策者自身获得。下面分别分析这两种情况下 $u(c(s))$ 对应的现值，不妨设当前点为 0。

（1）假设决策者在 T 点仍然活着，则效用 $x \in \{x_s, x_l\}$ 在 T 点的现值为 $\mathrm{e}^{-\rho T}x$，从而在决策者在 T 点仍然活着的前提下，决策者获得的期望效用在当前点的现值为

$$S(T)\mathrm{e}^{-\rho T}x \qquad (6.22)$$

（2）假设决策者在 T 点已经死亡，即他的死亡时间 T_1 满足 $T_1 \in (0,T)$，在这种情况下，效用 x 被后代继承，且后代具有无限寿命①。因此，效用 x 在 T_1 点的效用为 $\mathrm{e}^{-\rho(T-T_1)}x$。决策者区别对待自身的消费获得的效用和对后代遗赠获得的效用，且这种区别由参数 γ 表示，$0 \leqslant \gamma \leqslant 1$。在该情况下，效用 $u(c(s))$ 在当前的现值为 $\gamma\mathrm{e}^{-\rho T_1}\mathrm{e}^{-\rho(T-T_1)}u(x) = \gamma\mathrm{e}^{-\rho T}u(x)$。因此，决策者在 T 点已经死亡的情况下，效用 x 在当前点的期望效用现值为

$$\int_0^T f(s)\gamma\mathrm{e}^{-\rho T}x\mathrm{d}s = (1-S(T))\gamma\mathrm{e}^{-\rho T}x \qquad (6.23)$$

---

① 这种假设是合理的。如果子女在 s 点前死亡，则该效用被孙辈或者其他具有血缘关系的人继承。决策者并不区别对待不同的后代，因此在自身不能消费该效用的时候，该效用被某个后代继承的概率近似为 1。

综合式（6.22）和式（6.23），效用 x 在当前点的期望现值为

$$S(T)e^{-\rho T}x + (1-S(T))\gamma e^{-\rho T}x = e^{-\rho T}(\gamma + (1-\gamma)S(T))x$$

这说明折现函数 $D(T \to 0,0)$ 为

$$D(T \to 0,0) = e^{-\rho T}(\gamma + (1-\gamma)S(T)) \tag{6.24}$$

从当前点看，(t_s, x_s) 和 (t_l, x_l) 对应现值分别为 $D(t_s \to 0,0)x_s$ 和 $D(t_l \to 0,0)x_l$。因此，以当前点为参考点，$t_l \to t_s$ 的折现 $D(t_l \to t_s,0)$ 为

$$D(t_l \to t_s,0) = \frac{D(t_l \to 0,0)}{D(t_s \to 0,0)}$$

$$= e^{-\rho(t_l-t_s)}\frac{\gamma + (1-\gamma)S(t_l)}{\gamma + (1-\gamma)S(t_s)} \tag{6.25}$$

同理，从 t_s 点看，(t_s, x_s) 和 (t_l, x_l) 对应现值分别为 x_s 和 $D(t_l \to t_s, t_s)x_l$。因此，以 t_s 点为参考点，$t_l \to t_s$ 的折现 $D(t_l \to t_s, t_s)$ 为

$$D(t_l \to t_s, t_s) = D(t_l \to t_s, t_s)/1$$

$$= e^{-\rho(t_l-t_s)}(\gamma + (1-\gamma)S(t_l)/S(t_s)) \tag{6.26}$$

从式（6.25）和式（6.26）中可以看出，在 $\gamma = 1$（不区别对待后代继承的效用和自身获得的效用）和 $\gamma = 0$（完全不在乎后代的效用）这两种特殊情况下，式（6.25）和式（6.26）相等，即以 0 点为参考点和以 t_s 点为参考点，区间 $t_l \to t_s$ 的折现相等。当 $0 < \gamma < 1$ 时，显然有 $D(t_l \to t_s,0) > D(t_l \to t_s, t_s)$。因此，在区别对待后代继承的效用和自身消费的效用时，选择不同的点作为参考点，对同一个折现区间得到的折现值不同。决策者或许意识到采取不同的参考点（当前点或者折现区间起点）会导致对同一个折现区间 $(t_l \to t_s)$ 的折现不同（ $D(t_l \to t_s,0)$ 或者 $D(t_l \to t_s, t_s)$）。因此，决策者或许不会按照期望的偏好（以当前点作为参考点），而按照未来的偏好（以折现区间起点作为参考点）来进行跨期选择，设 $\hat{D}(t_l \to t_s, t_s|0)$ 表示决策者对区间 $t_l \to t_s$ 的实际折现。

正如 6.2.2 节所述，依据决策者是否准确地意识由参考点不同导致对同一个折现区间的折现差异及投射偏见，可以将决策者分为成熟型、部分成熟型和幼稚型。当 $\hat{D}(t_l \to t_s, t_s|0) = D(t_l \to t_s, t_s)$ 时，称决策者为成熟型；当 $D(t_l \to t_s, t_s) < \hat{D}(t_l \to t_s, t_s|0) < D(t_l \to t_s,0)$ 时，称决策者为部分成熟型；当 $\hat{D}(t_l \to t_s, t_s|0) = D(t_l \to t_s,0)$ 时，称决策者为幼稚型。

当决策者的时间偏好通过准双曲折现来描述时，三种类型的决策者在区间 $t_l \to t_s$ 的折现可以通过具体的表达式给出。当采用式（6.24）所定义的折现函数作为决策者的时间偏好时，部分成熟型决策者在区间 $t_l \to t_s$ 的折现的具体表达式无法给出，因此本节只研究折现区间分割是否会影响成熟型决策者和幼稚型决策者的折现。

对成熟型决策者，当将区间 $t_l \rightarrow t_s$ 分割为两个子区间 $t_l \rightarrow t_m$ 和 $t_m \rightarrow t_s$ 时，两个子区间 $t_l \rightarrow t_m$ 和 $t_m \rightarrow t_s$ 的复合折现值可以表示为

$$\hat{D}^S(t_l \rightarrow t_m, t_m|0) \times \hat{D}^S(t_m \rightarrow t_s, t_s|0) = e^{-\rho(t_l - t_s)}(\gamma + (1-\gamma)S_{t_s}(t_m))(\gamma + (1-\gamma)S_{t_m}(t_l))$$

因此

$$\hat{D}^S(t_l \rightarrow t_s, t_s|0) - \hat{D}^S(t_l \rightarrow t_m, t_m|0) \times \hat{D}^S(t_m \rightarrow t_s, t_s|0)$$

$$= e^{-\rho(t_l - t_s)}\gamma(1-\gamma)[S(t_l)(S(t_l) - S(t_m)) + S(t_m)(S(t_s) - S(t_m))] / [S(t_m)S(t_l)]$$

而

$$S(t_l)(S(t_l) - S(t_m)) + S(t_m)(S(t_s) - S(t_m))$$

$$= e^{-\lambda(t_l)^\omega}(e^{-\lambda(t_l)^\omega} - e^{-\lambda(t_m)^\omega}) + e^{-\lambda(t_m)^\omega}(e^{-\lambda(t_s)^\omega} - e^{-\lambda(t_m)^\omega})$$

显然有

$$e^{-\lambda(t_l)^\omega} < e^{-\lambda(t_m)^\omega} \text{ 且 } (e^{-\lambda(t_s)^\omega} - e^{-\lambda(t_m)^\omega}) > e^{-\lambda(t_m)^\omega} - e^{-\lambda(t_l)^\omega}$$

因此

$$e^{-\lambda(t_l)^\omega}(e^{-\lambda(t_l)^\omega} - e^{-\lambda(t_m)^\omega}) + e^{-\lambda(t_m)^\omega}(e^{-\lambda(t_s)^\omega} - e^{-\lambda(t_m)^\omega}) > 0$$

这说明

$$\hat{D}^S(t_l \rightarrow t_s, t_s|0) > \hat{D}^S(t_l \rightarrow t_m, t_m|0) \times \hat{D}^S(t_m \rightarrow t_s, t_s|0) \tag{6.27}$$

因此，对于成熟型决策者，一个时间段的总折现随着间隔区间被更细微地分割而增加，决策者的折现行为呈现次可加折现现象。

对于幼稚型决策者，当将区间 $t_l \rightarrow t_s$ 分割为两个子区间 $t_l \rightarrow t_m$ 和 $t_m \rightarrow t_s$ 时，两个子区间 $t_l \rightarrow t_m$ 和 $t_m \rightarrow t_s$ 的复合折现值可以表示为

$$\hat{D}^N(t_l \rightarrow t_m, t_m|0) \times \hat{D}^N(t_m \rightarrow t_s, t_s|0) = \frac{D(0,t_s)}{D(0,t_m)} \times \frac{D(0,t_m)}{D(0,t_l)}$$

$$= \frac{D(0,t_s)}{D(0,t_l)} \tag{6.28}$$

$$= \hat{D}^N(t_l \rightarrow t_s, t_s|0)$$

因此，对于幼稚型决策者，一个时间段的总折现不会随着间隔区间被更细微地分割而增加，总折现为常数，决策者的折现不展现次可加折现特征。

由类似 6.2.2 节关于折现函数 $D(s \rightarrow t)$ 的讨论可知，$D(s \rightarrow t, t)$ 在一定的情况下不是双曲型，因此非双曲折现函数也能解释次可加折现现象。因此，定义 C 表示时间偏好 $D(s \rightarrow t, t)$ 的决策者集合，图 6.3 给出了次可加折现现象所对应的集合 A 与非双曲折现所对应的集合 C 的关系。

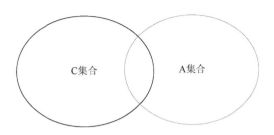

图 6.3　次可加折现现象与非双曲折现的关系图形

　　重叠部分表示具有非双曲偏好的成熟型决策者和部分成熟型决策者具有次可加折现行为。综合 6.2.2 节和本节的讨论可知，具有非双曲偏好或者双曲偏好的决策者都有可能具有次可加折现行为。一方面，决策者的成熟性及投射偏见导致其具有次可加折现现象；另一方面，不论是否具有双曲偏好，幼稚型决策者都不会具有次可加折现现象。

　　本节将决策者分为幼稚型、部分成熟型和成熟型三种类型，在非双曲折现函数条件下考虑区间分割对三种类型决策者的折现影响。研究表明，具有非双曲偏好的成熟型决策者也会表现出次可加折现行为，幼稚型决策者不会表现出次可加折现行为。因此，次可加折现现象既不能作为否定双曲折现的证据，也不能作为支持双曲折现的证据。决策者具有次可加折现现象的原因是决策者的成熟性及投射偏见。

6.3　折现可加性与投资决策时间一致性

　　投资决策时间一致性问题是经济管理领域的经典与热点问题。投资决策时间一致是指在既定成本收益分析规则下，投资决策不会随决策点的移动而发生改变。影响投资决策时间一致性的关键是折现率及其期限结构。Samuelson（1937）最先提出使用折现率恒定的指数折现消除未来收益时间属性。指数折现形式简单，每增加 1 单位等待时间会增加恒定的折现，从而可保证任意两点的相对价值不会随着决策点的移动而改变，决策行为表现为时间一致性。Strotz（1955）进一步指出，只有使用折现率恒定的指数折现才能保证投资决策时间一致性，使用递减折现率将引发时间不一致问题。然而，近年来，以 Weitzman（1998，2001）为代表的研究指出，指数折现将低估发生在远期的未来收益。学术界开始关注随时间递减的折现率，部分国家开始将递减折现率纳入中长期限项目评估指南。

　　递减折现率的合理性和潜在的时间不一致问题形成理论与实践的冲突。一方面，为了合理评估远期收益，需重视并支持递减折现率的推广；另一方面，为了防止潜在的时间不一致问题引发的投资效率损失，需谨慎使用递减折现率。有鉴于此, 本节试图通过探析投资决策时间不一致是否为递减折现率固有属性的谜团, 寻找基于递减折现率制定时间一致投资决策的可能性。

在深入剖析递减折现结构下时间不一致投资决策形成原因的基础上, 从次可加折现视角寻找约束时间不一致投资决策的方法。投资决策时间一致要求较早和较晚两个评估时点的评估结果一致, 递减折现结构将降低较晚时点对未来远期收益和近期成本的相对评估值, 从而改变评估结果; 以次可加折现方式为参考, 考虑决策者投射偏见, 可通过在较早时点适当调低对于未来收益评估值, 避免两个评估时点的评估结果偏差。具体案例表明, 在给定消费增长序列相关假设下, 使用递减折现率同样可获得时间一致投资决策。

6.3.1　时间一致投资决策与折现可加概念界定

本节给出两个跨期决策问题的相关定义: 投资决策时间一致性与折现可加性, 并构建两者的关联。

定义折现率 $r_{s,g \to h}$ 为关于时点 s, g 以及 h 的三变量函数, 用于在 s 点评估 h 点的无风险收益折现到 g 点的现值, 其中, s 点称为评估时点, $[g, h]$ 称为折现区间。当评估时点 s 同时为折现区间起点 g, 即 $s = g$ 时, 折现率 $r_{s,g \to h}$ 称为即期折现率。当评估时点 s 在折现区间起点 g 之前, 即 $s < g$ 时, 折现率 $r_{s,g \to h}$ 称为远期折现率。

1. 投资决策时间一致性

投资决策时间一致是指最优投资决策不随决策点而改变, 即决策者在 t 点评估某个投资计划值得投资, 到了未来任意 t' 点 ($t' > t$) 评估该项目仍然值得投资。具体而言, 假设决策者现有一个投资机会, 在 t 点投资 1 美元资产, 在 $t + \tau$ 点可获得收益 k。

1) 较早时点评估

决策者在 0 点通过比较项目的 0 点成本和 t 点收益折算到 0 点现值的相对值评估该项目。该项投资的成本为 $e^{-r_{0,0 \to t} t}$, 收益为 $k e^{-r_{0,0 \to t+\tau}(t+\tau)}$。其中两个折现率都以 0 点为评估时点。此时, 项目的期望净现值为

$$\text{PV}(0) = -e^{-r_{0,0 \to t} t} + k e^{-r_{0,0 \to t+\tau}(t+\tau)} \qquad (6.29)$$

成本收益分析理论表明, 投资项目通过评估的条件是项目净现值非负。项目投资净现值非负当且仅当

$$-e^{-r_{0,0 \to t} t} + k e^{-r_{0,0 \to t+\tau}(t+\tau)} \geqslant 0$$

或

$$-1 + k e^{r_{0,0 \to t} t - r_{0,0 \to t+\tau}(t+\tau)} \geqslant 0 \qquad (6.30)$$

2）较晚时点评估

当时间到了 t 点时，该决策者重新评估该项目。此时评估时点为 t 点，投资的成本为 1，收益为 $ke^{-r_{t,t \to t+\tau}\tau}$。此时，项目的期望净现值为

$$PV(t) = -1 + ke^{-r_{t,t \to t+\tau}\tau} \tag{6.31}$$

项目投资净现值非负当且仅当

$$-1 + ke^{-r_{t,t \to t+\tau}\tau} \geqslant 0 \tag{6.32}$$

根据投资决策时间一致的要求，在这两个时点的评估结果应等价，即式（6.30）与式（6.32）等价，且不依赖于 k、t 及 τ 的取值。具体地，本节给出下述定义。

【定义 6.5】 对于一个在未来 t 点投资 1 美元资产，在 $t+\tau$ 点获得收益 k 的投资项目，如果在既定折现规则下，在 0 点评估时项目净现值非负，而在 t 点重新评估该项目时项目净现值仍然非负，即式（6.30）和式（6.32）等价，则称该投资决策时间一致。

特别地，Gollier（2012）曾举例说明，若未来经济具有确定性增长模式且满足一定的衰减性，则折现率表现为随时间递减，且满足 $r_{t,t \to t+\tau}\tau = r_{0,0 \to t+\tau}(t+\tau) - r_{0,0 \to t}t$，相当于式（6.30）和式（6.32）等价。然而，当未来经济增长不确定时，无法建立以 t 点为评估点的折现率 $r_{t,t \to t+\tau}$ 和以 0 点为评估点的折现率 $r_{0,0 \to t}$ 之间的等量关系。因此，本章从投资决策时间一致的原始定义出发，探寻未来不确定条件下最优投资决策不随决策点发生改变的可能性。本章在后续研究中，将通过探寻在 0 点和 t 点对项目净现值的评估结果一致的条件，探析递减折现结构时间一致可能性。

2. 折现可加性

考虑前面所述投资项目，现在通过比较未分割区间折现与分割区间折现两种方式下确定性收益 k 的现值，讨论折现可加性问题。对于在 $t+\tau$ 点将获得的确定性收益 k，可通过两种折现方式求得现值：第一种方式是在 $0 \to t+\tau$ 的未分割区间直接折现；另一种方式是在 $0 \to t \to t+\tau$ 的两个分割子区间折现叠加。

若未分割折现区间，直接以 0 点为评估时点的即期折现率 $r_{0,0 \to t+\tau}$ 折现到 0 点，则 $t+\tau$ 点的 k 的现值为 $ke^{-r_{0,0 \to t+\tau}(t+\tau)}$。若分割折现区间，先将 $t+\tau$ 点的 k 以远期折现率 $r_{0,t \to t+\tau}$ 折现到 t 点，继而以即期折现率 $r_{0,0 \to t}$ 折现到 0 点，则此时 k 的现值为 $ke^{-r_{0,t \to t+\tau}\tau}e^{-r_{0,0 \to t}t}$。按照折现可加性要求，$t+\tau$ 点的确定性收益 k 按未分割方式 $0 \to t+\tau$ 折现应与按分割子区间方式 $0 \to t \to t+\tau$ 折现等价。折现可加性定义如下。

【定义 6.6】 对于在 $t+\tau$ 点的确定性收益 k，通过这两种折现方式得到的现值相等，表现为

$$ke^{-r_{0,0 \to t+\tau}(t+\tau)} = ke^{-r_{0,t \to t+\tau}\tau}e^{-r_{0,0 \to t}t} \tag{6.33}$$

则称该折现满足可加性。

定义 6.6 表明，满足可加性的折现函数不会受到折现区间是否分割的影响。事实上，折现率恒定的指数折现方式即满足可加性的简单例子。然而，基于不确定条件获得的递减确定性等价折现率未必满足折现可加性条件，而是表现为次可加折现或者超可加折现。具体地，次可加性和超可加性的定义如下。

【定义 6.7】 对于在 $t+\tau$ 点的确定性收益 k，通过在分割区间两次折现过程得到的复合折现值小于没有分割情况下的折现值，表现为

$$ke^{-r_{0,0\to t+\tau}(t+\tau)} > ke^{-r_{0,t\to t+\tau}\tau}e^{-r_{0,0\to t}t} \tag{6.34}$$

则称该折现方式表现出次可加性。

次可加折现现象的实例很多。例如，一年末的收益按一年期折现方式获得的现值大于分两次半年折现方式获得的现值，即表现为次可加折现。Read（2001）通过一系列行为实验，将次可加折现概念应用于效用折现率。此外，还有其他很多实验表明个人效用折现行为具有次可加性。

【定义 6.8】 对于在 $t+\tau$ 点的确定性收益 k，通过在分割区间两次折现过程得到的复合折现值大于没有分割情况下的折现值，表现为

$$ke^{-r_{0,0\to t+\tau}(t+\tau)} < ke^{-r_{0,t\to t+\tau}\tau}e^{-r_{0,0\to t}t} \tag{6.35}$$

则称该折现方式表现出超可加性。

同样有很多超可加折现现象的例子。例如，以每周为一个子区间，等待一周的补偿是 100 美元，那么等待两周以获得 200 美元的痛苦效用将大于两次等待一周获得两次 100 美元的痛苦效用，对应的痛苦效用即补偿所对应等价效用，即表现为超可加折现。

定义 6.5～定义 6.8 分别给出了投资决策时间一致性及折现可加性/次可加性/超可加性的定义。这里结合一个具体例子说明投资决策时间一致与折现可加的关系。Gollier（2012）假设未来消费增长方式满足

$$\begin{cases} c_{t+1} = c_t e^{x_t} \\ x_t = \mu + \phi(x_{t-1} - \mu) \end{cases}$$

其中，$\phi \in (0,1)$。利用拉姆齐模型，基于 CRRA 效用函数 $u(c) = c^{1-b}/(1-b)$（$b>0, b\neq 1$），纯时间偏好率为 ρ，可获得

$$r_{0,0\to t} = \rho + b[\mu + (x_{-1} - \mu)\phi(1-\phi^t)/[t(1-\phi)]]$$

和

$$r_{t,t\to t+\tau} = \rho + b[\mu + (x_t - \mu)\phi(1-\phi^\tau)/[\tau(1-\phi)]]$$

此时，容易验证上述折现方式具有三个特征。第一个特征是若当前初始消费增长率 x_{-1} 大于历史均值水平 μ，则确定性等价折现率 $r_{0,0\to t}$ 随时间单调递减，即

$$\frac{dr_{0,0\to t}}{dt} < 0$$

第二个特征是上述折现方式满足可加性，即

$$r_{0,t \to t+\tau}\tau = r_{0,0 \to t+\tau}(t+\tau) - r_{0,0 \to t}t$$

第三个特征是上述折现方式可导出时间一致投资决策，即

$$r_{t,t \to t+\tau}\tau = r_{0,0 \to t+\tau}(t+\tau) - r_{0,0 \to t}t$$

上述折现方式的三个特征表明，在未来确定性增长条件下，递减折现率在满足可加性条件下可导出时间一致投资决策。

尽管投资决策时间一致与折现可加/次可加/超可加属于两类视角的界定方式，在未来增长不确定条件下，这两组概念没有理由认为会一致。但是，折现的次可加性可为递减折现结构下寻找时间一致投资决策提供参考。

6.3.2　时间不一致投资决策形成机理

本节首先剖析递减折现率导致时间不一致投资决策的原因。以基于消费增长过程确定折现率的理论框架为例，考虑消费增长参数不确定，以及消费增长序列相关导致的递减折现结构下，时间不一致投资决策形成的原因[①]。

1. 消费增长参数不确定下信息更新

消费折现理论最早源自拉姆齐模型，该方式假定未来经济不确定性可通过消费增长不确定性描述，并基于不确定消费增长建立消费折现模型。近年来大量研究从不同视角拓展了拉姆齐模型，并发现消费增长过程参数不确定或消费增长各阶段序列相关导致递减折现率（Weitzman，2007，2009；Gollier，2008，2012）。

根据拉姆齐最优消费模型定价方式，减少 0 点 1 单位期望效用，需增加 t 点 $e^{r_{0,0 \to t}t}$ 单位的期望效用才能弥补，即 $u'(c_0) = e^{r_{0,0 \to t}t}E[u'(c_t)]$。进一步，假设决策者纯时间偏好率为 0，即决策者公平看待当代福利和后代福利。相应地，消费折现率可表示为

$$r_{0,0 \to t} = -t^{-1}\ln[E[u'(c_t)]/u'(c_0)] \tag{6.36}$$

其中，E 为基于随机变量 c_t 分布的期望算子；u 为效用函数。

同理，在 t 点看来，损失 t 点的 1 单位效用，需要增加 $t+\tau$ 点 $e^{r_{t,t \to t+\tau}\tau}$ 单位的效用才能弥补，即 $u'(c_t) = e^{r_{t,t \to t+\tau}\tau}E_t[u'(c_{t+\tau})]$，其中，$E_t$ 为基于 t 点信息的条件期望因子。这表明基于 t 点信息的消费折现率为

$$r_{t,t\to t+\tau} = -\tau^{-1}\ln[E_t[u'(c_{t+\tau})]/u'(c_t)] \tag{6.37}$$

为了比较不同评估时点折现率及项目净现值，不妨假设效用函数 $u(c)=c^{1-b}/(1-b), b>0, b\neq 1$，其中，$b$ 为相对风险厌恶系数，同时，消费 c_t 服从对数正态分布。在这两项基本假设条件下，考虑对于服从正态分布的随机变量 X，$E[\exp(aX)]=\exp(aE[X]+0.5a^2\operatorname{Var}(X))$，式（6.36）可具体表示为

$$r_{0,0\to t} = bE[\ln(c_t/c_0)]/t - 2^{-1}b^2\operatorname{Var}[\ln(c_t/c_0)]/t \tag{6.38}$$

同时，式（6.37）可表示为

$$r_{t,t\to t+\tau} = bE_t[\ln(c_{t+\tau}/c_t)]/\tau - 2^{-1}b^2\operatorname{Var}_t[\ln(c_{t+\tau}/c_t)]/\tau \tag{6.39}$$

考虑消费增长分布参数不确定性导致的递减折现率情形。假设消费增长率 $g_t=\ln(c_{t+1}/c_t)$ 服从独立同分布的包含不确定参数的正态分布：$g_t\sim N(\mu_\theta,\sigma_\theta^2)$，其中，消费增长率服从分布的期望 μ_θ 和方差 σ_θ^2 是两个关于不确定参数 θ 的函数。参数 θ 的真实值未知，记其在 0 点的先验分布函数为 $f(\theta)$，并使得

$$E[\mu_\theta]=\mu_0, \quad \operatorname{Var}(\sigma_\theta^2)=\sigma_0^2$$

已有研究表明，消费增长参数不确定性将导致折现率 $r_{0,0\to t}$ 随延迟时间单调递减（Gollier，2008，2012；Weitzman，2007，2009）。

接下来分析随时间推移获得新信息更新的作用。假设从 0 点到 t 点的真实消费增长率均值为 μ，方差为已知常数 σ^2。类比 Gollier（2008），记基于新信息产生的新预期增长期望值为 μ_t，根据贝叶斯推断，新的预期增长均值是先验分布期望 μ_0 和样本均值 μ 的加权平均值，即存在一个常数 $a>0$ 满足 $\mu_t=a\mu_0+(1-a)\mu$，或等价于

$$E_t[\ln(c_{t+\tau}/c_t)]/\tau = aE_t[\ln(c_{t+\tau}/c_t)]/\tau + (1-a)\mu$$

同时，在 t 点受信息更新影响的方差表示为 σ_t^2，满足 $\sigma_t^2=[(\sigma_0^2)^{-1}+(t/\sigma^2)]^{-1}$，或等价于

$$\operatorname{Var}_t[\ln(c_{t+\tau}/c_t)]/\tau = \operatorname{Var}[\ln(c_{t+\tau}/c_t)]/\tau - \Delta$$

其中，$\Delta=\sigma_0^2-\sigma_0^2\sigma^2/(\sigma^2+t\sigma_0^2)>0$。为了简便，不妨假设真实样本均值 μ 等于先验分布期望 μ_0，根据式（6.38）和式（6.39），有

$$E_t[\ln(c_{t+\tau}/c_t)]/\tau = E[\ln(c_{t+\tau}/c_t)]/\tau \tag{6.40}$$

和

$$\operatorname{Var}_t[\ln(c_{t+\tau}/c_t)]/\tau < \operatorname{Var}[\ln(c_{t+\tau}/c_t)]/\tau \tag{6.41}$$

式（6.41）表明，新信息更新将降低消费增长率的方差，并使得基于 t 点信息的折现率与基于 0 点信息的折现率之间表现出下述关系：

$$r_{t,t\to t+\tau}\tau > r_{0,0\to t+\tau}(t+\tau) - r_{0,0\to t}t \tag{6.42}$$

等价于

$$k\mathrm{e}^{-r_{t,t\to t+\tau}(t+\tau)} < k\mathrm{e}^{-r_{0,0\to t+\tau}(t+\tau)+r_{0,0\to t}t} \tag{6.43}$$

结合式（6.43），可得下述命题。

【命题 6.1】 当使用递减折现率评估项目未来成本收益，且递减折现结构源自消费增长参数不确定性时，时间不一致投资决策的形成原因是 0 点评估项目净现值大于 t 点评估的现值。

证明：对于给定的 k，式（6.43）可能出现下述三种情形：

$$ke^{-r_{t,t \to t+\tau}(t+\tau)} < 1 < ke^{-r_{0,0 \to t+\tau}(t+\tau)+r_{0,0 \to t}t} \tag{6.44a}$$

$$1 < ke^{-r_{t,t \to t+\tau}(t+\tau)} < ke^{-r_{0,0 \to t+\tau}(t+\tau)+r_{0,0 \to t}t} \tag{6.44b}$$

$$ke^{-r_{t,t \to t+\tau}(t+\tau)} < ke^{-r_{0,0 \to t+\tau}(t+\tau)+r_{0,0 \to t}t} < 1 \tag{6.44c}$$

根据定义 6.5，投资决策时间不一致意味着 PV(0) 与 PV(t) 异号。在式（6.44a）～式（6.44c）中，仅有式（6.44a）使得 PV(0) 与 PV(t) 异号，下面根据式（6.44a）分析投资决策不一致的原因。式（6.44a）表明，对于给定 k，在 0 点评估该项目时，

$$\text{PV}(0) = e^{-r_{0,0 \to t}t}(-1 + ke^{-r_{0,0 \to t+\tau}(t+\tau)+r_{0,0 \to t}t}) > 0 \tag{6.45}$$

在 t 点重新评估该项目时，

$$\text{PV}(t) = -1 + ke^{-r_{t,t \to t+\tau}(t+\tau)} < 0 \tag{6.46}$$

式（6.45）和式（6.46）表明，在消费增长参数不确定条件下，考虑信息更新作用，如果出现时间不一致，一定表现为 0 点评估的项目净现值大于 t 点评估的现值，即

$$\text{PV}(t) < \text{PV}(0)$$

证明完毕。

命题 6.1 表明，考虑消费增长参数不确定性，相应递减折现率可能引发的时间不一致决策原因在于在 0 点评估时该项目价值为正，而在 t 点重新评估时该项目价值为负。

2. 消费增长序列相关

进一步假设未来消费增长各阶段具有序列相关性，后一阶段消费增长率的方差受到前面阶段的影响，并具体表现为

$$\text{Var}(\ln(c_t / c_0) / t) \geqslant \text{Var}(\ln(c_1 / c_0))$$

类似地，也可获得下述关于时间不一致投资决策形成原因的命题。

【命题 6.2】 当使用递减折现率评估项目未来成本收益，且递减折现结构源自消费增长序列相关时，时间不一致投资决策的形成原因是 0 点评估项目净现值大于 t 点评估的现值。

证明：根据式（6.36），有

$$r_{0,0\to t+\tau}(t+\tau) - r_{0,0\to t}t = bE[\ln(c_{t+\tau}/c_0) - \ln(c_t/c_0)]$$
$$- 0.5b^2[\text{Var}(\ln(c_{t+\tau}/c_0)) - \text{Var}(c_t/c_0)]$$
$$= bE[\ln((c_{t+\tau}/c_0)/(c_t/c_0))] - 0.5b^2[\text{Var}(\ln(c_{t+\tau}/c_t)) \qquad (6.47)$$
$$+ \text{Cov}(\ln(c_{t+\tau}/c_t), \ln(c_{t+\tau}/c_0))]$$
$$< bE[\ln(c_{t+\tau}/c_0)] - 0.5b^2[\text{Var}(\ln(c_{t+\tau}/c_t))]$$

根据前面讨论，易知[①]

$$\text{Var}_t\ln(c_{t+\tau}/c_t) \leqslant \text{Var}\ln(c_{t+\tau}/c_t)$$

从而

$$r_{0,0\to t+\tau}(t+\tau) - r_{0,0\to t}t < bE[\ln(c_{t+\tau}/c_t)] - 0.5b^2\text{Var}[\ln(c_{t+\tau}/c_t)]$$
$$< bE[\ln(c_{t+\tau}/c_t)] - 0.5b^2\text{Var}_\tau[\ln(c_{t+\tau}/c_t)]$$

即表现为

$$r_{0,0\to t+\tau}(t+\tau) - r_{0,0\to t}t < r_{t,t\to t+\tau}\tau$$

上式表明，如果递减折现率导致时间不一致投资决策，则一定表现为在 0 点获得的项目净现值大于在 t 点评估的现值，即

$$\text{PV}(0) > \text{PV}(t)$$

证明完毕。

命题 6.1 和命题 6.2 均表明，当使用递减折现率评估投资项目未来收益现值时，项目当前成本与未来收益现值相对评估价值会发生改变，表现为，当决策点越来越接近实际投资点时，发生在相对更远的未来收益对成本的相对价值就会降低，表现为项目越来越不具有吸引力。使用递减折现结构将导致在 t 点重新评估时项目净现值低于在当前点初始评估时的项目净现值，从而可能导致在当前点进行通过成本收益测试的项目重新评估时无法通过，引发时间不一致投资决策。

据此，为了在递减折现结构下获得时间一致投资决策，需要寻找约束较早评估时点的过高核算方式，以降低较早评估时点和较晚评估时点的偏离程度。

6.3.3　时间一致投资决策存在性

参照定义 6.5 关于投资决策时间一致性条件，为寻找可能的时间一致投资决策，本节尝试调节在 0 点对项目净现值的确定性等价计算方式。

以真实决策中普遍存在的次可加折现现象为参考，在 0 点通过分割区间折现方式核算现值，适当调低在 0 点对项目净现值的评估。据此，下面给出两个基本假设。

---

① 如果新信息的进入对消费增长过程分布参数期望和方差有更新，则有 $(\text{Var}_t\ln(c_{t+\tau}/c_t))/\tau <$ $(\text{Var}\ln(c_{t+\tau}/c_t))/\tau$；如果没有信息更新，则有 $(\text{Var}_t\ln(c_{t+\tau}/c_t))/\tau = (\text{Var}\ln(c_{t+\tau}/c_t))/\tau$。

【假设 6.1】　　决策者在 0 点按照分割区间方式计算投资项目期望净现值，记按照分割区间核算现值为 $\mathrm{PV}^*(0)$，其评估方式是先将 $t+\tau$ 点的未来收益折现到 t 点，再将折现后的评估值从 t 点折现到 0 点，表示为

$$\mathrm{PV}^*(0) = -e^{-r_{0,0\to t}t} + ke^{-r_{0,0\to t}t - \tilde{r}_{0,t\to t+\tau}\tau} \qquad (6.48)$$

其中，$\tilde{r}_{0,t\to t+\tau}$ 为 0 点对于 $t\to t+\tau$ 折现率的预测。

【假设 6.2】　　决策者具有投射偏见，在 0 点预测 $t\to t+\tau$ 折现率 $\tilde{r}_{0,t\to t+\tau}$ 时，既考虑 0 点信息，又考虑 t 点信息，表现为

$$e^{-\tilde{r}_{0,t+\tau}\tau} = \alpha e^{-r_{0,t\to t+\tau}\tau} + (1-\alpha)e^{-r_{t,t\to t+\tau}\tau} \qquad (6.49)$$

其中，$\alpha \in [0,1]$。

Hepburn 和 Groom（2007）指出，当未来消费增长不确定使得折现随延迟时间单调递减时，折现率随评估时点单调递增，即满足 $\dfrac{\partial r_{s,0\to t}}{\partial t} < 0$ 的同时，一定有 $\dfrac{\partial r_{s,0\to t}}{\partial s} > 0$，从而一定有 $r_{0,t\to t+\tau} < r_{t,t\to t+\tau}$。结合假设 6.1 和假设 6.2，一定有

$$-e^{-r_{0,0\to t}t} + ke^{-r_{0,0\to t}t - \tilde{r}_{0,t\to t+\tau}\tau} < -e^{-r_{0,0\to t}t} + ke^{-r_{0,0\to t}(t+\tau)} \qquad (6.50)$$

即新的折现规则 $\mathrm{PV}^*(0)$ 满足次可加折现。

基于假设 6.1 和假设 6.2，并结合未来消费增长不确定条件下远期折现率与即期折现率的大小关系，可获得下述关于递减折现结构下时间一致投资决策存在性定理。

【定理 6.1】（存在性定理）　　当折现规则满足假设 6.1 和假设 6.2 时，存在 α^*，使得递减折现结构下，对 $\forall \alpha \in (0, \alpha^*)$，当 $\mathrm{PV}^*(0) > 0$ 时，有 $\mathrm{PV}(t) > 0$。

证明：根据假设 6.1，有

$$\begin{aligned}
\mathrm{PV}^*(0) &= -e^{-r_{0,0\to t}t} + ke^{-r_{0,0\to t}t - \tilde{r}_{0,t\to t+\tau}\tau} \\
&= e^{-r_{0,0\to t}t}[-1 + k(\alpha e^{-r_{0,t\to t+\tau}\tau} + (1-\alpha)e^{-r_{t,t\to t+\tau}\tau})] \\
&= g(\alpha)
\end{aligned}$$

可以看出

$$g(0) = e^{-r_{0,0\to t}t}(-1 + ke^{-r_{t,t\to t+\tau}\tau}) = e^{-r_{0,0\to t}t}\mathrm{PV}(t) \qquad (6.51)$$

而

$$g(1) = e^{-r_{0,0\to t}t}(-1 + ke^{-r_{0,t\to t+\tau}\tau}) = \mathrm{PV}(0) \qquad (6.52)$$

则有

$$g(0) - \mathrm{PV}(t) = e^{-r_{0,0\to t}t}\mathrm{PV}(t) - \mathrm{PV}(t) < 0 \qquad (6.53)$$

$$g(1) - \mathrm{PV}(t) = \mathrm{PV}(0) - \mathrm{PV}(t) > 0 \qquad (6.54)$$

由于 $g(\alpha)$ 关于 α 连续，结合式（6.53）和式（6.54），一定存在 $\alpha^* \in (0,1)$，使得

$$g(\alpha^*) - PV(t) = 0$$

因 $r_{0,t \to t+\tau} < r_{t,t \to t+\tau}$，故有 $\dfrac{\mathrm{d}g(\alpha)}{\mathrm{d}\alpha} > 0$，则有当 $\alpha \in (0, \alpha^*)$ 时，有

$$PV^*(0) < PV(t)$$

因此，当 $PV^*(0) \geqslant 0$ 时，一定有

$$PV(t) > 0$$

证明完毕。

定理 6.1 表明，当在 0 点考虑以次可加折现的方式分割区间折现时，使用递减折现率也可获得在 0 点和 t 点一致的评估结果。接下来，本章结合具体消费增长假设，给出递减折现结构下的时间一致投资决策案例。

6.3.4　递减折现下时间一致投资决策案例

如 Weitzman（2012）所述，假设未来对数消费增长率为

$$\ln c_t - \ln c_{t-1} = Y_t \tag{6.55}$$

其中，Y_t 为 t 点消费增长率，可分解为永久部分 X_t 与暂时性冲击部分 z_t：

$$Y_t = X_t + z_t \tag{6.56}$$

其中，t 点消费增长率中永久部分 X_t 受到前一阶段影响，表现为

$$X_t = X_{t-1} + w_t \tag{6.57}$$

假设

$$z_t \sim N(0, V_Y), \quad w_t \sim N(0, V_X)$$

各阶段独立同分布，其中，w_t 描述从初始阶段至 t 点的持续性扰动，具有累积效应；z_t 反映每一个瞬时即 t 点除持续性扰动 w_t 之外的暂时性冲击。

假设决策者效用函数为 CRRA 效用函数：

$$u(c) = c^{1-b} / (1-b), b > 0, b \neq 1$$

其中，b 为决策者相对风险厌恶系数。将该效用函数代入拉姆齐模型定价公式（式（6.36）和式（6.37）），并结合宏观消费增长假设（式（6.55）～式（6.57）），可得

$$r_{0,0 \to t} = bX_0 - 0.5b^2(V_Y + t^2 V_X / 3) \tag{6.58}$$

$$r_{t,t \to t+\tau} = bX_t - 0.5b^2(V_Y + \tau^2 V_X / 3) \tag{6.59}$$

$$r_{0,t \to t+\tau} = bX_0 - 0.5b^2(V_Y + (3t^2 + 3t\tau + \tau^2)V_X / 3) \tag{6.60}$$

证明：将效用函数代入式（6.36）与式（6.37），有

$$r_{0,0 \to t} t = -\ln E[(c_t / c_0)^{-b}]$$

$$r_{t,t \to t+\tau} \tau = -\ln E_t[(c_{t+\tau} / c_t)^{-b}]$$

在式（6.55）～式（6.57）的消费增长假设下，通过迭代计算可获得

$$\ln(c_t / c_0) \sim N(tX_0, tV_Y + t^3 V_X / 3)$$

记

$$Z = \ln(c_t / c_0)$$

则有

$$\ln E[(c_t / c_0)^{-b}] = \ln E[\mathrm{e}^{-Zb}] = \chi(-b)$$

其中，$\chi(-b)$ 为关于随机变量 Z 的累积量生成函数（cumulant-generating function，CGF）。根据累积量生成函数性质，有

$$\ln E[(c_t / c_0)^{-b}] = -btX_0 + 0.5b^2(tV_Y + t^3 V_X / 3)$$

同理，

$$\ln E_t[(c_{t+\tau} / c_t)^{-b}] = b\tau X_t + 0.5b^2(\tau V_Y + \tau^3 V_X / 3)$$

证明完毕。

结合折现率具体表达式（式（6.59）和式（6.60）），可获得下述命题。

【命题 6.3】　假设未来消费增长序列相关，服从随机过程（式（6.55）～式（6.57）），当在 0 点参考假设 6.1 和假设 6.2，采用分割区间核算项目净现值，且

$$\alpha^* = \frac{k-1}{k} \frac{X_0 - 0.5b(V_Y + t^2 V_X / 3)}{(X_t - X_0) + 0.5b(3t^2 + 3t\tau)V_X / 3} \frac{t}{\tau}$$

时，可获得递减折现率下的时间一致投资决策。

证明：基于满足假设 6.1 和假设 6.2 的折现规则，寻找 α^*，使得

$$\mathrm{PV}^*(0)\big|_{\alpha^*} = \mathrm{PV}(t) \tag{6.61}$$

式（6.61）要求

$$-\mathrm{e}^{-r_{0,0\to t}t} + k\alpha \mathrm{e}^{-r_{0,0\to t}t - r_{0,t\to t+\tau}\tau} + k(1-\alpha)\mathrm{e}^{-r_{0,0\to t}t - r_{t,t\to t+\tau}\tau} = -1 + k\mathrm{e}^{-r_{t,t\to t+\tau}\tau} \tag{6.62}$$

将式（6.62）两边在 0 点展开，有

$$-1 + r_{0,0\to t}t + k\alpha(1 - r_{0,0\to t}t - r_{0,t\to t+\tau}\tau) + k(1-\alpha)(1 - r_{0,0\to t}t - r_{t,t\to t+\tau}\tau) = -1 + k(1 - r_{t,t\to t+\tau}\tau)$$

整理得

$$k\alpha(r_{t,t\to t+\tau}\tau - r_{0,t\to t+\tau}\tau) = (k-1)r_{0,0\to t}t \tag{6.63}$$

式（6.63）表明，

$$\alpha^* = \frac{(k-1)r_{0,0\to t}t}{k(r_{t,t\to t+\tau}\tau - r_{0,t\to t+\tau}\tau)} = \frac{k-1}{k} \frac{r_{0,0\to t}}{r_{t,t\to t+\tau} - r_{0,t\to t+\tau}} \frac{t}{\tau} \tag{6.64}$$

将折现率表达式（式（6.58）～式（6.60））代入式（6.64），可得

$$\alpha^* = [(k-1)/k] \times [(X_0 - 0.5b(V_Y + t^2 V_X / 3)) / ((X_t - X_0)$$
$$+ 0.5b(3t^2 + 3t\tau)V_X / 3)] \times (t/\tau)$$

证明完毕。

命题 6.3 表明，当决策者在 0 点通过分割区间折现且考虑适当程度的投射偏见时，使用递减折现率同样可制定时间一致投资决策。

本 章 小 结

理论界因发现次可加折现现象而对双曲折现合理性产生怀疑。本章以这些研究为出发点，通过引入投射偏见，辨析了双曲折现与次可加折现的共存条件，以及非双曲折现与次可加折现的共存条件。从理论上回答了次可加折现现象的存在不能成为否认双曲折现合理性的依据。在此基础上，从折现可加性视角，探讨递减折现率与投资决策时间一致性问题。研究表明，评估投资项目未来损益时，使用递减折现结构出现时间不一致投资决策的原因在于在较早时点评估的项目净现值将大于在较晚时点的评估值。如果在较早时点评估时使用分割区间折现方式，并考虑一定程度的次可加折现，使用随延迟时间单调递减的折现率也可以获得时间一致投资决策。

本章的研究结果对折现理论研究具有两方面的拓展。一是搭建递减折现研究与时间一致投资决策研究的桥梁。现有研究认为递减折现结构与时间一致投资决策是相冲突的。使用递减折现率就不能获得时间一致投资决策，为了获得时间一致投资决策就不能使用递减折现率。本章以分割区间折现为调节方式，发现递减折现率与时间一致投资决策是可以共存的。二是丰富投射偏见在折现结构调节中的应用。以投射偏见为手段，构建相应满足次可加折现的折现表达形式，使递减折现结构与次可加折现同时成立，且对应投资决策满足时间一致要求。

本章的研究结果对政策制定者和投资决策者具有显著的管理借鉴意义。一方面，研究结果充分肯定递减折现率的可推广性，即潜在的投资决策时间不一致问题不能成为阻碍递减折现率的依据；另一方面，以一定程度的投射偏见为依据的分割区间折现方式为实际项目评估提供现实可行的参考。

第7章 风险调整折现模型

风险项目是指未来支付具有不确定性的项目。与确定性未来收益（结果）现值评估方式不同，风险项目未来收益（结果）面临项目收益与折现双重不确定性。项目收益不确定性受到项目本身及环境变化的影响，折现不确定性受到决策者风险偏好等因素影响，二者存在交叉关系。经济学家分析收益风险及决策者风险偏好等因素对折现结构影响，并将其纳入折现模型，称为风险调整折现率。因此，本章所述风险调整体现的是广义上的调整范畴，既包含收益风险对折现的调整，也包含在既定风险条件下的风险偏好程度对折现的调整。

考虑未来收益结果具有不确定性的跨期决策问题，在不同问题背景下确定风险调整折现率可划分为三个步骤：第一，决策问题面临哪些风险，即风险来源识别；第二，各类风险如何影响未来不确定结果（收益），即风险影响判断；第三，各类风险调整作用下，折现率期限结构如何表现，即风险调整作用分析。上述三个步骤在建立风险调整折现率的过程中环环相扣。风险来源识别是风险调整折现研究的基础。如第2章所述，时间偏好、风险偏好及不确定结果是影响跨期风险决策的基本因素。识别风险来源既是合理度量未来结果不确定性的前提，也是分析风险偏好作用的起点。风险影响判断是风险调整折现研究的关键。风险调整折现率用于评估未来收益具有不确定性的项目（结果）现值，影响未来不确定收益的风险是多维度多层次的，影响的大小也各有差异。判断各类风险影响程度是获取未来不确定收益表达形式的关键。风险调整作用分析是风险调整折现研究的核心。在既定折现规则下，不同风险类型对折现率期限结构的影响决定了未来不确定结果现值的评估方式。

本章以风险来源识别、风险影响判断和风险调整作用分析三个基本步骤为过程，以一般折现框架为基准，结合经典理论体系，尝试分析不同决策背景下，时间偏好、风险偏好及不确定结果在三个风险调整折现环节中的作用，建立微观个体层面风险调整折现；剖析社会层面风险调整折现结构判别依据；具体以中国政企合作（public-private-partnership，PPP）项目风险调整折现为例，综合阐述风险调整折现理论与应用。

7.1 风险调整基准

现实中，大部分投资项目未来收益具有高度不确定性，特别是涉及投资大、周期长的项目。项目未来收益与折现既受到宏观经济增长和周期影响，又受到项目自有风险即非系统风险影响。经济学家将两种影响都考虑进来，使用风险调整折现率对未来支付具有不确定性项目损益进行折现。在具体分析中，用于风险收益评估的经典理论根据风险调整方式划分为两条路径：阿罗-林德定理和CCAPM。

7.1.1 阿罗–林德定理

1. 背景

20 世纪六七十年代，针对公共投资项目评估，学术界持三种观点。第一种观点是市场派，基于完备市场条件，该类观点认为所有的投资收益都与时间和价格相关，投资公共项目的机会成本同样可参考市场折现率（Hirshleifer，1965）。第二种观点是无风险派，该类观点认为评估公共项目时可忽略未来不确定性，原因在于很多私人项目的不确定性更多地来自道德风险，而道德风险在公共投资中不会出现（Samuelson，1964）。第三种观点是机构认定派，该类观点认为公共投资项目折现率应由相应权威机构拟定，拟定过程应涵盖政府决策的风险偏好和时间偏好，代表的不仅仅是众多个体的总和，更需遵从社会和国际准则（Eckstein，1961）。

2. 定理形成

阿罗和林德综合上述三种观点，经过详细论证，于 1970 年以论文"公共投资决策的不确定性及评估"（Uncertainty and the evaluation of public investment decisions）发表在《美国经济评论》（*American Economic Review*）上，即阿罗-林德定理。阿罗-林德定理认为，在考虑公共项目评估时，只需考虑项目期望收益，其风险部分已被分摊掉。原因是在一定假设下，当参与某一项投资的投资人足够多时，即使每个人都是风险厌恶的，从整体上看这个投资团体也将与风险中性个体行为一致。因此，阿罗-林德定理也称为风险均摊定理。事实上，阿罗-林德定理表明，当投资项目产生的净收益与经济的系统风险无关时，应以无风险利率来折现这些收益。假如未来收益 $F = F_1 + F_2$，其中，F_1 与经济的系统风险无关，F_2 受经济系统风险影响，则 F 的折现现值可以表示为

$$\exp(-rt)E[F] = \exp(-r_f t)E[F_1] + \exp(-r_e t)E[F_2] \tag{7.1}$$

其中，r 为期望收益 $E[F]$ 的折现率；r_f 为无风险折现率；r_e 为市场折现率。

3. 延伸和应用

基于阿罗-林德定理，在公共投资领域，公共投资将比私人投资效率更高。

Fisher（1973）进一步指出，内部化才能达到最优。私人投资可能会产生内部化失败，从而形成分配扭曲问题；公共投资进行内部化可消除由私人承担工程所产生的环境破坏风险损失。Arrow 和 Fisher（1974）就该类问题进行了实证研究。以原始红杉林的开发为例，一部分被保存并用于休闲娱乐，另一部分用于砍伐利用。由于红杉林再生时间很长，可视这种利用不可逆。研究表明，限制一些目前有利可图的发展是最优选择，即如果发展的净效应相比保护的效益是减少的，立即开发和完全不开发都是最优方案。

4. 针对阿罗-林德定理的质疑

阿罗-林德定理中的一个重要假设是，政府承担的一系列公共投资项目的收益是相互独立的。Gollier 和 Hammitt（2014）指出这一假设并不合理。事实上，很多公共项目的净收益会受到一些共同因素的作用，如全球化经济活动。因此，阿罗-林德定理低估了宏观投资项目的风险成本。

经济学家小故事:

肯尼斯·约瑟夫·阿罗

肯尼斯·约瑟夫·阿罗（Kenneth Joseph Arrow，1921~2017 年）。1972 年，阿罗因在一般均衡理论方面的突出贡献与希克斯共同荣获诺贝尔经济学奖。

阿罗在微观经济学、社会选择等方面卓有建树，被认为是第二次世界大战后新古典经济学的开创者之一。除了在一般均衡领域的成就，阿罗还在风险决策、组织经济学、信息经济学、福利经济学和政治民主理论方面进行了创造性的工作。

阿罗 1921 年出生于美国纽约，1949~1968 年在斯坦福大学任教授。在不断发表研究成果后，阿罗逐渐受到政界的认可。1962 年起，阿罗开始担任总统经济顾问委员会成员，后任肯尼迪总统的经济顾问，还担任过经济计量协会会长、美国经济学会会长、管理科学研究会会长等。1968 年后在哈佛大学任教授。

阿罗的经济研究成果主要体现在下述方面：第一，阿罗发展了福利经济学研究，并提出阿罗不可能定理。此前的经济学强调不论是消费者偏好还是生产方式选择，选择行为可以通过理性分析达成一致结论，且这种结论具有传递性。即若选项 A 优于选项 B，而选项 B 优于 C，则一定有选项 A 优于 C。但是，阿罗发现，在投票中，这种选择的传递性失效。阿罗使用数学推导证明：在社会上个体自有其对社会各项事务的偏好的时候，找到一个逻辑上与个人偏好不矛盾的社会偏好是不可能的。这就是阿罗不可能定理。第二，阿罗完善了一般均衡的方法论。一般均衡理论是由法国经济学家瓦尔拉斯在 1874 年提出的，其现代概念则于 20 世纪 50 年代由阿罗和德布鲁等建立。阿罗在其代表著作《一般竞争分析》（*General Competitive Analysis*）中研究了现实经济生活中如何处理市场不稳定和风险问题，证明和求解了一般均衡。这一成果后来称为阿罗-德布鲁定理，已经成为微观经济学的最重要定理之一。阿罗的一般均衡概念对微观经济学的发展产生了重大的影响，他对于复杂经济现象的框架性理解对经济学家理解世界起到了巨大帮助作用，也是经济学走向数理化、工具化的一个标志。

7.1.2　CCAPM

阿罗-林德定理从风险分摊的角度分析公共部门与私人部门相比谁更有效率。与这一角度不同的是，Lucas（1978）提出了 CCAPM，从风险溢价调节角度分析风险项目收益率问题。

CCAPM 描述的是风险资产期望回报与累积消费协方差的关系。根据 CCAPM，风险项目收益率是无风险收益率与项目风险溢价之和，即用于评估未来不确定收益 F_t 的风险调整折现率 $\bar{\rho}_t$ 可表示为无风险折现率与项目特有风险溢价之和：

$$\bar{\rho}_t = r_{ft} + \beta\pi_t$$

其中，π_t 为系统风险溢价；β 为风险溢价因子，体现项目收益率与市场收益率的协方差。经济含义上，风险溢价因子体现的是项目未来不确定收益对宏观消费增长变化的敏感性程度。以资产收益率与未来消费边际效用互相关为例，CCAPM 表明，相比在未来消费相对高的时候给予高收益率（未来消费很低的时候给予低收益率）资产，人们更喜欢在未来消费相对低的时候获得高收益率的资产，前者看似"锦上添花"，而后者类似"雪中送炭"。

IPCC（2007）针对长期限风险项目的评估提出确定性等价方法：在考虑风险资产折现问题时，可通过某种确定性等价方式将该风险资产转换为确定性等价收益，并进一步使用无风险折现率对该确定性等价收益折现。该方法认为未来支付具有不确定性的项目的折现过程可分成两步：第一步是关于不确定的未来收益确定性等价转换；第二步是等价折现。其中等价折现可使用已有无风险折现率研究结论，从而该方法的难点在于确定性等价算子的建立。事实上，通过推导不难看出，确定性等价折现方法与 CCAPM 理论上是等价的。

对比阿罗-林德定理与 CCAPM，可以看出，两大理论体系既相似又有差异。相似在于两大理论体系对不同风险收益给予不同折现标准，并考虑风险调节的作用。差异在于对于风险项目未来收益风险在折现率中调节作用的刻画不同。直观上看，阿罗-林德定理通过划分收益方式，对应不同风险特征下折现率，通过折现因子加权形式调节综合折现率。CCAPM 对收益风险给予风险溢价，通过增加项目收益风险溢价调节折现率。7.3节将详细对比两大理论体系下建立的风险调整折现率的异同。

经济学家小故事:

罗伯特·E. 卢卡斯

　　罗伯特·E. 卢卡斯（Robert E Lucas Jr），1937年生于美国华盛顿州的亚基马，1959年在芝加哥大学获得历史学学士学位后，进入加利福尼亚大学伯克利分校攻读历史学硕士学位，在旁听了经济学理论课后，卢卡斯决定改学经济学。1964年卢卡斯获得芝加哥大学经济学博士学位，随后在卡耐基·梅隆大学开始了教学与研究生涯。1974年起任芝加哥大学教授。

　　1995年的诺贝尔经济学奖授予卢卡斯，表彰他发展和应用了理性预期假说，改变了宏观经济的分析方法，加深了人们对经济政策的理解。卢卡斯是芝加哥学派和新古典主义的核心人物，他的新古典主义理论和理性预期假设深刻地影响了宏观经济学的研究，曼昆将他评为20世纪后25年最重要的宏观经济学家。卢卡斯在宏观经济模型的构造、计量方法、动态经济分析及国际资本流动分析等方面都做出了卓越贡献。

　　卢卡斯是理性预期理论的积极拥护者，认为货币政策和财政政策只能在极短期内影响实物产量和就业。在第二次世界大战后大约30年里，凯恩斯经济学成为西方经济学界的正统经济学。在20世纪60年代末70年代初西方国家经济普遍陷入"滞胀"困境之后，凯恩斯主义的理论和政策便失灵了。凯恩斯经济学的危机为凯恩斯学派以外的其他经济学派的兴起提供了契机，其中包括理性预期学派，卢卡斯是其代表经济学家之一。

　　卢卡斯最重要的学术共享包括两方面。一方面是作为核心人物创了新古典主义学派。20世纪70年代，美国出现了经济衰退和通货膨胀并存的现象，凯恩斯主义学者对此束手无策，货币主义理论也不能为这种"滞胀"现象提供令人满意的解释。卢卡斯把理性预期假说结合到货币主义模型中，萨金特、巴罗等对理性预期假说作了进一步的阐明和发展，并把理性预期引入宏观经济模型，形成了以卢卡斯为首的新古典主义学派，或称为理性预期学派。卢卡斯的理性预期理论认为个人和企业在做出经济决策之前都是理性的，一定会收集和利用一切信息来开展经济活动。该理论所说的预期主要是指消费者和企业对经济变量在将来一段时间里的值所做的估计，要使这种估计成为预期必须满足三个条件：一是对某一经济变量的估计是该变量的数学期望值；二是个人和企业必须有效地利用一切可以得到的信息求出某一变量的数学期望；三是这些信息包括一切与估计经济变量有关的和有用的经济理论。根据这一理论，卢卡斯完成了对菲利普斯曲线的改造，他提出，由于人们对经济变量存在理性预期，已被预期到的总需求变动不会影响产出，只有没有预期到的总需求才会导致更高的产出和更高的价格水平。因此，考虑理性预期理论的菲利普斯曲线可以表示为，实际通货膨胀偏离预期的程度和实际失业率偏离自然失业率的程度成正比。

　　另一方面是提出了卢卡斯批判。卢卡斯的理性预期理论是直接针对凯恩斯主义提出来的，因而称为卢卡斯批判。卢卡斯批判了凯恩斯主义企图把市场经济当作一台机器来调节的宏观经济政策，认为宏观政策总是无效的。卢卡斯提出，当宏观经济政策出台之后，人们会将政策因素加入预期中，进而影响当下的行为，这使得宏观经济政策出台时所参考的政策变量发生了改变。因此，宏观经济政策永远都是内生变量，政策无法取得预期效果。

7.2　风险厌恶货币折现

　　本节基于风险调整作用分析，以一般折现框架为基准，分析微观个体层面风险厌恶货币折现问题。以未来货币的当前确定性等价现值为分析基准，测度个体时间折现，同时考虑资本回报率不确定性与决策个体风险厌恶程度的影响，建立个体风险调整货币折现率。

7.2.1　微观货币折现模型

1. 基本模型

　　考虑一个用于测量被试者时间折现的实验。标准的方式是询问被试者，若在未来 t 点可能获得 m 美元回报（记为 (m,t)），在当前 0 点效用上的确定性等价物 $\psi(m,t)$ 是多少，其中，$\psi(m,t)$ 满足 $(\psi(m,t),0) \sim (m,t)$。一般地，Noor（2009）结合 (m,t) 与 $\psi(m,t)$ 的等量关系，定义满足下述关系的函数 $\phi(m,t)$ 为货币折现函数（money-discount function）：

$$\phi(m,t) = \psi(m,t) / m \qquad (7.2)$$

　　本章聚焦于考虑微观主体风险厌恶程度对货币折现率的调节作用，故令 $m=1$，将 $\psi(m,t)$ 简记为 x，并将此时货币折现函数表示为 $D(1,t)$，即

$$D(1,t) = x / 1 = x \qquad (7.3)$$

　　假设被试者具有良好的经济背景，并会使用资本市场的回报率作为折现率来计算确定性等价值 x。假设资本回报率为 r，从而 t 点的 1 美元的现值为 $\mathrm{e}^{-rt} \times 1$。

　　被试者明白资本回报率具有不确定性，且其概率分布可参考已有信息进行分析。假设被试者是风险厌恶的，他不会选择这 1 美元现值的期望值 $E[\mathrm{e}^{rt} \times 1]$ 作为 0 点的确定性等价值，即 $x \neq E[\mathrm{e}^{rt} \times 1]$。不然，他将损失效用。

　　根据定理 2.1（期望效用准则），若在 t 点收获 1 美元等价于在 0 点收获 x 美元，当且仅当两项期望效用相等，即

$$u(x) = E[u(\mathrm{e}^{-rt} \times 1)] \qquad (7.4)$$

其中，$u(\cdot)$ 为效用函数，并满足 $u'(\cdot) > 0$ 且 $u''(\cdot) < 0$。

由式（7.4）可知，确定性等价值 x 为

$$x = u^{-1}(E[u(e^{-rt})])\qquad(7.5)$$

同时，货币折现 $D(1,t)$ 为下述方程的解：

$$D(1,t) = x/1 = u^{-1}(E[u(e^{-rt})])\qquad(7.6)$$

因此，相应货币折现率 $\bar{r}$ 可表示为

$$\bar{r} = -[\ln D(1,t)]/t = -(\ln(u^{-1}(E[u(e^{-rt})])))/t\qquad(7.7)$$

该折现率受到未来资本回报率不确定性与决策者风险厌恶程度的双重影响。

2. 风险调整货币折现率

当未来资本回报率为确定性时，决策者风险厌恶程度不会影响货币折现率，同时，货币折现率即对应资本回报率，即 $\bar{r} = r$。当未来资本回报率为不确定时，决策者风险厌恶程度则会影响货币折现率。风险厌恶者的效用函数 $u(\cdot)$ 是凸的，对应逆函数 $u^{-1}(\cdot)$ 是凹的。由詹森（Jensen）不等式和式（7.6），有

$$D(1,t) = u^{-1}(E[u(e^{-rt})]) < E[u^{-1}u(e^{-rt})] = E[e^{-rt}]\qquad(7.8)$$

不难发现，式（7.8）表明一个风险厌恶者的货币折现值比一个风险中性者的货币折现值要小。

接下来分析如何计算确定性等价值 x，以及如何获得货币折现率。令 $\pi(t)$ 为风险溢价。确定性等价值 x 为期望折现值 $E[e^{-rt}]$ 与风险溢价 $\pi(t)$ 的差，即

$$x = E[e^{-rt}] - \pi(t)\qquad(7.9)$$

结合式（7.4）与式（7.9），有

$$u(E[e^{-rt}] - \pi(t)) = E[u(e^{-rt})]\qquad(7.10)$$

根据式（7.6）和式（7.9），货币折现值为

$$D(1,t) = x/1 = E[e^{-rt}] - \pi(t) = E[e^{-rt}](1 - \pi(t)/E[e^{-rt}])\qquad(7.11)$$

相应地，货币折现率为

$$\bar{r} = -t^{-1}\ln e^{-rt} - t^{-1}\ln(1 - \pi(t)/E[e^{-rt}])\qquad(7.12)$$

式（7.12）表明，货币折现率由两项构成：不确定折现效应和风险厌恶效应。不确定折现效应为式（7.12）中第一项，同时为风险中性个体的折现率。风险厌恶效应为式（7.12）中第二项。该折现率以未来货币现值为测度方式，满足未来收益具有风险且决策者具有风险厌恶的风险偏好条件，故称为风险调整货币折现率。根据上述两大效应分别定义变量 $\bar{r}_{RN}$ 和 $\bar{r}_{RP}$，即

$$\bar{r}_{RN} = -t^{-1}\ln e^{-rt}\qquad(7.13)$$

和

$$\bar{r}_{RP} = -t^{-1}\ln(1 - \pi(t)/E[e^{-rt}])\qquad(7.14)$$

其中，RN 表示风险中性（risk neutrality）；RP 表示风险溢价（risk premium）。因此，风险调整折现率表示为

$$\bar{r} = \bar{r}_{RN} + \bar{r}_{RP} \tag{7.15}$$

Weitzman（1998）、Sozou（1998）、Azfar（1999）、Ebert 等（2018）研究表明，风险中性个体的货币折现率 $\bar{r}$ 只包含确定性等价折现率 $\bar{r}_{RN}$，该折现率在不确定市场收益率的参照条件下随时间单调递减，即对应随时间递减的不耐心程度。将个体风险厌恶程度纳入决策分析过程后，其决策过程中所使用的货币折现率将不一定随时间单调递减。结合风险溢价 $\pi(t)$ 的单调性讨论，可获得下述命题。

【命题 7.1】　若未来市场回报率不确定，则风险厌恶个体使用的货币折现率满足以下条件。

（1）货币折现率为确定性等价折现率和风险溢价折现率之和，即

$$\bar{r} = \bar{r}_{RN} + \bar{r}_{RP}$$

（2）风险溢价折现率为正，即 $\bar{r}_{RP} > 0$，而确定性等价折现率 $\bar{r}_{RN}$ 随时间递减。

（3）决策个体风险厌恶程度越高，货币折现率越大。

证明：

（1）根据前面推导可得。

（2）确定性等价折现率 $\bar{r}_{RN}$ 随时间递减为 Weitzman（1998）的经典结论。下面证明风险溢价折现率为正（$\bar{r}_{RP} > 0$）。将式（7.10）关于时间 t 求导，有

$$u'(E[e^{-rt}] - \pi(t))(E[e^{-rt}r] + \pi'(t)) = E[u'(e^{-rt})e^{-rt}r] \tag{7.16}$$

因此

$$\begin{aligned}
\pi'(t) &= E[u'(e^{-rt})e^{-rt}r] / u'(E[e^{-rt}] - \pi(t)) - E[e^{-rt}r] \\
&= E[u'(e^{-rt})e^{-rt}r / E[u'(e^{-rt})]] - E[e^{-rt}r]
\end{aligned} \tag{7.17}$$

由于资本回报率 r 不确定，假设其概率密度函数为 $f(r)$，且

$$[u'(e^{-rt})]f(r) / E[u'(e^{-rt})] = u'(e^{-rt})f(r) \Big/ \int_{-\infty}^{\infty} u'(e^{-rt})f(r)\mathrm{d}r \tag{7.18}$$

满足概率密度函数的公理条件，因此，记式（7.18）为 r 的经效用风险调整的概率密度函数 $\bar{f}$，即

$$\bar{f} = \bar{f}(f(r), u', t) = u'(e^{-rt})f(r) \Big/ \int_{-\infty}^{\infty} u'(e^{-rt})f(r)\mathrm{d}r$$

同时，风险溢价 $\pi'(t)$ 可表示为

$$\pi'(t) = E[e^{-rt}r]\big|_{\bar{f}} - E[e^{-rt}r]\big|_{f}$$

定义参数 a 为 $\int_{-\infty}^{\infty} u'(e^{-rt})f(r)\mathrm{d}r = a,\ a > 0$，从而

$$\bar{f}(f(r), u', t) - f(r) = [u'(e^{-rt}) - a]f(r) / a \tag{7.19}$$

由于 $[u'(e^{-rt}) - a]$ 随着资本产出率 r 单调递增，且 $\lim\limits_{r \to -\infty}[u'(e^{-rt}) - a] = -a$，

$\lim_{r \to \infty}[u'(e^{-rt}) - a] = \infty$。根据式（7.19），存在常数 r^*，使得

$$\overline{f}(f(r),u',t) < f(r), \quad r \in (-\infty, r^*) \tag{7.20}$$

和

$$\overline{f}(f(r),u',t) < f(r), \quad r \in (r^*, \infty) \tag{7.21}$$

结合式（7.20）和式（7.21），相比概率密度函数 $f(r)$，在概率密度函数 $\overline{f}(f(r),u',t)$ 下，相对高的资本产出率权重更高，同时相对低的资本产出率权重更低，这表明 $E[e^{-rt}r]|_{\overline{f}} > E[e^{-rt}r]|_f$，即

$$\pi'(t) = E[e^{-rt}r]|_{\overline{f}} - E[e^{-rt}r]|_f > 0$$

此外，当 $t = 0$ 时，资本产出率确定，从而风险溢价 $\pi(0) = 0$。这表明对所有 $t > 0$，都有 $\pi(t) > 0$。

同时，$\pi(t) > 0$ 表明 $\ln(1 - \pi(t)/E[e^{-rt}]) < 0$，则根据风险溢价折现率表达式（式（7.14）），有

$$\overline{r}_{RP} = -t^{-1}\ln(1 - \pi(t)/E[e^{-rt}]) > 0$$

（3）使用类似的方法，可以证明，风险厌恶程度越高，概率密度函数 $\overline{f}(f(r),u',t)$ 分布于高折现率的概率权重更高，同时分布于低折现率的概率权重更低，进而使得风险溢价随风险厌恶程度的增大而增大。由于确定性等价折现率与风险厌恶程度无关，风险溢价折现率随风险厌恶程度的增大而增大，同样表明，货币折现率随风险厌恶程度的增大而增大。

证明完毕。

将个人风险厌恶纳入决策过程，在接下来的分析中将看到，风险厌恶效应使得风险溢价折现率 $\overline{r}_{RP}$ 表现为一个递增结构，并可能导致递增的货币折现率。特别地，个人折现率随时间递增表明决策个体表现出非双曲折现行为。这种非双曲折现行为与 Attema 等（2010）、Sayman 和 Öncüler（2009）中所描述的递增的不耐心程度是吻合的。

7.2.2　货币折现期限结构

为了获取货币折现率的解析表达式，本节使用常绝对风险厌恶（constant absolute risk aversion，CARA）效用函数 $u(c) = -e^{-\eta c}$ 描述个体风险偏好，其中，η 为 Arrow-Pratt 绝对风险厌恶系数[①]。绝对风险厌恶系数越高，个体的风险厌恶程度越高。

---

① Arrow-Pratt 绝对风险厌恶度量，记为 $A(w)$，$A(w) = -\dfrac{u''(w)}{u'(w)}$，其中，$u$ 为效用函数，w 为财富水平。

在 CARA 效用函数假设下，当 $(\mathrm{Var}(\mathrm{e}^{-rt}))^2$ 趋于 0 时，风险溢价趋向于 $(\eta/2)\mathrm{Var}(\mathrm{e}^{-rt})$，即

$$\pi(t) = (\eta/2)\mathrm{Var}(\mathrm{e}^{-rt}) \tag{7.22}$$

且对应风险调整折现率为

$$\bar{r} = -t^{-1}\ln E[\mathrm{e}^{-rt}] - t^{-1}\ln[1-(\eta/2)\mathrm{Var}(\mathrm{e}^{-rt})/E[\mathrm{e}^{-rt}]]\mathrm{fc} \tag{7.23}$$

式（7.23）的证明如下：

根据 CARA 效用函数表达式 $u(c) = -\mathrm{e}^{-\eta c}$，式（7.10）表示为

$$-\mathrm{e}^{-\eta\{E[\mathrm{e}^{-rt}]-\pi(t)\}} = E[-\mathrm{e}^{-\eta\mathrm{e}^{-rt}}] \tag{7.24}$$

在式（7.24）两边同乘以 $\mathrm{e}^{\eta E[\mathrm{e}^{-rt}]}$，有

$$-\mathrm{e}^{\eta\pi(t)} = E[-\mathrm{e}^{-\eta\mathrm{e}^{-rt}+\eta E[\mathrm{e}^{-rt}]}] \tag{7.25}$$

将式（7.25）左右两边在 0 点展开，有

$$-\mathrm{e}^{\eta\pi(t)} = -1 - \eta\pi(t) + O(\pi^2) \tag{7.26}$$

和

$$E[-\mathrm{e}^{-\eta\mathrm{e}^{-rt}+\eta E[\mathrm{e}^{-rt}]}] = -1 - (1/2)\eta^2\mathrm{Var}(\mathrm{e}^{-rt}) + o((\mathrm{Var}(\mathrm{e}^{-rt}))^2) \tag{7.27}$$

其中，$O(\bullet)$ 表示同阶无穷小；$o(\bullet)$ 表示高阶无穷小。因此，若方差项 $(\mathrm{Var}(\mathrm{e}^{-rt}))^2$ 充分小，风险溢价 $\pi(t)$ 可表示为

$$\pi(t) = \mathrm{Var}(\mathrm{e}^{-rt})\eta/2$$

且对应货币折现率可表示为

$$\bar{r} = -t^{-1}\ln E[\mathrm{e}^{-rt}] - t^{-1}\ln[1-(\eta/2)\mathrm{Var}(\mathrm{e}^{-rt})/E[\mathrm{e}^{-rt}]]$$

证明完毕。

决策个体通常使用国债收益率作为折现率参照标准。美国 1926～2009 年的国债历史数据表明，国债收益率服从正态分布（Bodie et al.，2013）。根据风险调整折现率表达式（式（7.23）），假定折现率服从正态分布，即 $r \sim N(\mu,\sigma^2)$，可获得确定性等价折现率 $\bar{r}_{\mathrm{RN}}$、风险溢价折现率 $\bar{r}_{\mathrm{RP}}$，以及货币折现率 $\bar{r}(t)$ 的解析表达式，分别为

$$\bar{r}_{\mathrm{RN}} = \mu - (1/2)\sigma^2 t \tag{7.28}$$

$$\bar{r}_{\mathrm{RP}} = (1/2)\eta\sigma^2 t(1-\mu t + (1/2)\sigma^2 t^2) \tag{7.29}$$

$$\bar{r}(t) = \mu - 2^{-1}\sigma^2 t + 2^{-1}\eta\sigma^2 t(1-\mu t + 2^{-1}\sigma^2 t^2) \tag{7.30}$$

同时，当 $\mathrm{Var}(\mathrm{e}^{-rt})$ 趋于 0 时，风险溢价折现率 $\bar{r}_{\mathrm{RP}}$ 随时间单调递增。

$\dfrac{\mathrm{d}\bar{r}_{\mathrm{RP}}}{\mathrm{d}t} > 0$ 的证明如下：

若折现率 r 服从正态分布，$r \sim N(\mu, \sigma^2)$，则有

$$E[\mathrm{e}^{-rt}] = \mathrm{e}^{-\mu t + 2^{-1}\sigma^2 t^2} \tag{7.31}$$

且

$$\mathrm{Var}(\mathrm{e}^{-rt}) = (\mathrm{e}^{\sigma^2 t^2} - 1)\mathrm{e}^{-2\mu t + \sigma^2 t^2} \tag{7.32}$$

根据式（7.28）可获得确定性等价折现率

$$\bar{r}_{\mathrm{RN}} = \mu - (1/2)\sigma^2 t$$

存在常数 A，$A > 0$，使得 $\mathrm{e}^{-2\mu t + \sigma^2 t^2} > A$，从而，$(\mathrm{Var}(\mathrm{e}^{-rt}))^2$ 很小当且仅当 $\mathrm{e}^{\sigma^2 t^2} - 1$ 足够小。给定参数 σ，需较小的 t 才能保证 $\sigma^2 t^2$ 很小。

进一步

$$\begin{aligned}
\bar{r}_{\mathrm{RP}} &= -t^{-1}\ln[1 - (\eta/2)\mathrm{Var}(\mathrm{e}^{-rt})/E[\mathrm{e}^{-rt}]] \\
&= -t^{-1}\ln[1 - (\eta/2)(\mathrm{e}^{\sigma^2 t^2} - 1)\mathrm{e}^{-\mu t + 2^{-1}\sigma^2 t^2}] \\
&\approx \eta\sigma^2 t^2 (1 - \mu t + 2^{-1}\sigma^2 t^2)/(2t) \\
&\approx 2^{-1}\eta\sigma^2 t(1 - \mu t + 2^{-1}\sigma^2 t^2)
\end{aligned}$$

对较小的 t，有

$$\frac{\mathrm{d}\bar{r}_{\mathrm{RP}}}{\mathrm{d}t} = (\eta/2)\sigma^2 (1 - 2\mu t + (3/2)\sigma^2 t^2) > 0 \tag{7.33}$$

这表明风险溢价折现率随时间单调递增。

证明完毕。

根据 Weitzman（1998）、Sozou（1998）和 Azfar（1999），不确定折现效应使得货币折现率随时间递减，即 $\dfrac{\mathrm{d}\bar{r}_{\mathrm{RN}}}{\mathrm{d}t} = -\dfrac{\sigma^2}{2} < 0$。同时，风险厌恶效应使得货币折现率随时间递增，即 $\dfrac{\mathrm{d}\bar{r}_{\mathrm{RP}}}{\mathrm{d}t} = (\eta/2)\sigma^2(1 - 2\mu t + (3/2)\sigma^2 t^2) > 0$。接下来的三个图例说明，这两大效应的相对强度决定货币折现率的期限结构。

参照美国国债收益率历史数据[①]，假设 $\mu = 4\%$，$\sigma = 3\%$，同时假设时间范围[②]为 $t \leqslant 5$ 年。一些实证研究表明，绝对风险厌恶系数小于4，因此本节假定 $\eta < 4$。图 7.1 给出风险溢价折现率在不同风险厌恶程度下的期限结构，对应绝对风险厌恶系数分别为 $\eta = 0.5, 1, 2$。图 7.1 表明，风险溢价折现率 $\bar{r}_{\mathrm{RP}}$ 随时间单调递增，同时，决策个体风险厌恶程度越高，风险溢价折现率越大。

---

① 1926～2009 年美国国债历史数据显示，国债收益率分布的期望值为 3.71%，标准差为 3.09%（Bodie et al., 2013）。

② 现有文献在讨论个人行为现象时通常是在以天或周为单位的时间跨度内观察的。

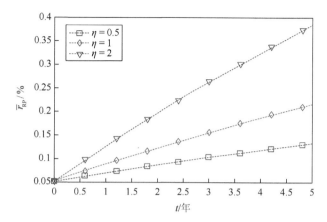

图 7.1　不同风险厌恶程度下风险溢价折现率 $\bar{r}_{RP}$ 的期限结构

图 7.2 分别给出较低和较高风险厌恶程度下货币折现率的期限结构，绝对风险厌恶系数分别为 $\eta = 0, 0.5, 2$。

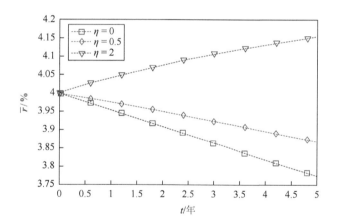

图 7.2　较低和较高风险厌恶程度下货币折现率 $\bar{r}$ 的期限结构

图 7.2 中，货币折现率是否表现为双曲折现依赖于不确定折现效应和风险厌恶效应的相对强度。当绝对风险厌恶系数较大时（$\eta = 2$），相比不确定折现效应，风险厌恶效应占优，从而货币折现率随时间单调递增。当绝对风险厌恶系数较小时（$\eta = 0.5$），相比风险厌恶效应，不确定折现效应占优，从而货币折现率随时间单调递减。当绝对风险厌恶系数为 0 时，无风险厌恶效应，此时货币折现率为确定性等价折现率，随时间单调递减。

具有中等风险厌恶程度的个体对应货币折现率的期限结构情形相对复杂一些。图 7.3 给出货币折现率在中等风险厌恶程度情形下的期限结构，绝对风险厌

恶系数分别为 $\eta = 1, 1.2, 1.3$，对应货币折现率随时间先增后减。这表明，最初风险厌恶效应相比不确定折现效应占优，最后不确定折现效应占优。此外，该风险厌恶效应占优的时间范围随绝对风险厌恶系数的增大而增大，即 $t_1 < t_2 < t_3$，同时，存在一个临时绝对风险厌恶系数 $\eta^* \rightarrow 1$，使得风险厌恶效应占优的时间趋于 0，即 $t_1 \rightarrow 0$。

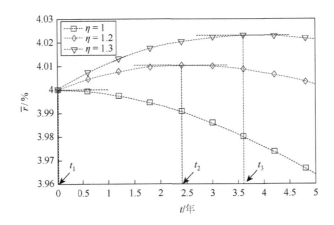

图 7.3　中等风险厌恶程度情形下货币折现率 $\bar{r}$ 的期限结构

结合上述讨论，可获得下述命题。

【命题 7.2】　假设决策个体具有 CARA 效用函数，且不确定资本回报率 r 服从正态分布，在一个短时期内，以下结论成立。

（1）风险溢价折现率 $\bar{r}_{RP}$ 随时间单调递增，而确定性等价折现率 $\bar{r}_{RN}$ 随时间单调递减，即

$$\frac{\mathrm{d}\bar{r}_{RP}}{\mathrm{d}t} > 0, \quad \frac{\mathrm{d}\bar{r}_{RN}}{\mathrm{d}t} < 0$$

（2）当决策个体绝对风险厌恶系数较大时，货币折现率 $\bar{r}$ 可能随时间单调递增，对应递增的不耐心程度。

本节将风险厌恶程度纳入个人效用折现行为分析，拓展了 Weitzman（1998）、Sozou（1998）、Azfar（1999）、Ebert 等（2018）所提出的货币折现率问题。研究发现，在资本回报率不确定条件下，货币折现率由两部分组成：不确定折现效应和风险厌恶效应。其中，不确定折现效应对应确定性等价折现率，该效应使得货币折现率具有随时间递减的趋势。风险厌恶效应带给货币折现率随时间递增的趋势。

不确定折现效应和风险厌恶效应的相对强度决定了货币折现率的期限结构。对于具有高风险厌恶程度的个体，风险厌恶效应占优于不确定折现效应，对应货币折现率可能随时间单调递增。这表明决策个体具有递增的不耐心程度，这种现

象与 Attema 等（2010）、Sayman 和 Önculer（2009）的实证结果是吻合的。对于具有低风险厌恶程度的个体，不确定折现效应将占优于风险厌恶效应，货币折现率随时间递减，这意味着个体的不耐心程度随时间递减。这一结果与当前盛行的递减不耐心程度的实证研究结果相一致。对于具有中等风险厌恶程度的个体，早期风险厌恶效应主导不确定折现效应，随时间推移，不确定折现效应主导风险厌恶效应，使得货币折现率随时间先增大后减小，而且风险厌恶效应的主导时间随着风险厌恶程度的增加而增加。

上述分析从个人层面的未来收益不确定性出发，经过风险厌恶调节作用（体现风险偏好），形成货币折现率。相关研究结果与 Gollier（2014）、Gollier（2016b）的关于风险项目的折现结构理论结果相似。接下来，本章进一步阐述用于风险项目成本收益分析评估的风险调整折现率期限结构。

7.3　支付具有不确定性折现期限结构

长期限风险项目未来收益评估正在成为学术界与政府共同关注的热点难点问题。本节基于经典文献中关于长期限风险项目适用的风险调整折现率期限结构争议，探析风险调整作用差异及形成原因，并提出判别准则。

7.3.1　风险调整折现率期限结构争议

针对环境保护类长期限投资项目，Weitzman（2013）以风险均摊方法为基础，假设风险项目收益可分成两部分：一部分描述项目自有可分散风险对应收益；另一部分描述宏观经济状态风险对应收益，建立了一个风险调整折现模型。Gollier（2014，2016b）基于 CCAPM，使用确定性等价方法，建立了另一个风险调整折现模型。两个风险折现率期限结构存在显著不同。

1. 递减风险调整折现率

以风险项目为研究对象，Weitzman（2013）获得风险调整折现率表达式的具体过程如下。

假设一个边际投资项目（即项目的实施不改变整个经济增长轨迹）t 点不确定收益 F_t 可分解成两部分：一部分收益受到宏观经济状况 c_t 影响，记为 F_t^c；另一部分收益独立于宏观经济状况，受到项目自有属性 A_t 影响，记为 F_t^A，即

$$F_t = F_t^A + F_t^c \qquad (7.34)$$

其中，c_t 为 t 点经济体有效净消费量，是宏观经济系统风险的高度抽象；A_t 为独立于宏观经济状况的属性，体现与财富无必然关联的价值，具有可分散风险特征。

根据 F_t^A 与 F_t^c 的划分方式，Weitzman（2013）假设完全受宏观经济状况影响的收益部分 F_t^c 以市场平均回报率 r_e 折现，而其余独立于宏观经济状况的收益部分 F_t^A 以无风险收益率 r_f 折现，总期望收益现值为两部分期望收益现值之和，相应风险调整折现率 r_t^* 满足

$$\exp(-r_t^* t)E[F_t] = \exp(-r_f t)E[F_t^A] + \exp(-r_e t)E[F_t^c] \tag{7.35}$$

Weitzman（2013）将 t 点受宏观经济状况影响的期望收益占总期望收益的比例定义为项目伽马 γ_t，记为

$$\gamma_t = E[F_t^c] / E[F_t] \tag{7.36}$$

这样，风险调整折现因子可表示为无风险折现因子与市场折现因子的加权和，即

$$\exp(-r_t^* t) = (1-\gamma_t)\exp(-r_f t) + \gamma_t \exp(-r_e t) \tag{7.37}$$

Weitzman（2013）研究结果显示，当项目伽马满足 $0 < \gamma_t < 1$ 时，风险调整折现率 r_t^* 关于时间单调递减。为了更简明清晰地说明风险调整折现率期限结构的特点，Weitzman（2013）仅考虑了 γ_t 为常数的情形。

项目伽马满足 $0 < \gamma_t < 1$ 的条件表明项目总期望收益大于完全受宏观经济影响的期望收益，即 $E[F_t] > E[F_t^c]$，同时意味着当宏观经济状况出现灾难性情况，如经济体遭遇来自地震、海啸等气候变化问题的极端破坏，有效净消费趋于零时，这类项目也有正期望收益。Weitzman（2013）特别指出，碳减排等环境保护类投资项目正是符合上述特征的项目。一方面，气候剧烈变化特别是重大气候灾害可能给宏观经济带来灾难性破坏；另一方面，碳减排投资项目的实施可有效预防和缓解气候灾害的发生，避免给宏观经济造成灾难性后果。因此，在分析评估碳减排等长期限投资项目时，应加大未来损益的权重，采取递减风险调整折现率。

2. 递增风险调整折现率

针对与 Weitzman（2013）同样的长期限风险项目折现问题，Gollier（2014，2016b）结合 CCAPM 得到风险调整折现率表达式。其建模过程如下。

假设一个边际投资项目 t 点不确定收益 F_t 可表示为

$$F_t = \xi_t c_t^\beta \tag{7.38}$$

其中，ξ_t 独立于宏观经济状况 c_t 且均值为 1，反映项目自有属性；β 为项目贝塔，可测度项目收益受宏观经济变化影响的敏感程度。

一方面，假设项目对应风险调整折现率记为 R_t，则项目不确定收益 F_t 以该折现率折现的期望现值为

$$P_0 = e^{-R_t t}E[F_t] \tag{7.39}$$

另一方面，由于边际投资项目不改变投资者整体福利，即投资者在 0 点投资 P_0 损失的福利 $P_0 u'(c_0)$ 应等于在 t 点收益 F_t 增加的福利 $e^{-\rho t}E[F_t u'(c_t)]$，即

$$P_0 u'(c_0) = e^{-\rho t} E[F_t u'(c_t)] \tag{7.40}$$

其中，ρ 为决策者的时间偏好率，也称为效用折现率，反映人们相比未来更偏好当前的天性。因此，基于期望现值与标准期望效用折现方法，即式（7.39）与式（7.40）的两项约束表明风险调整折现率 R_t 满足

$$R_t = \rho - t^{-1} \ln(E[F_t u'(c_t)]/(u'(c_0)E[F_t])) \tag{7.41}$$

为获得上述风险调整折现率简洁解析表达式，Gollier（2014，2016b）假设效用函数为 CRRA 效用函数 $u(c) = c^{1-b}/(1-b)$（$b > 0$，$b \neq 1$），消费增长率服从正态分布。因此，风险调整折现率 R_t 可表示为无风险折现率与项目特有风险溢价之和

$$R_t = r_{ft} + \beta \pi_t \tag{7.42}$$

其中，$r_{ft} = \rho + b(E[\ln(c_t/c_0)])/t - 2^{-1}b^2[\text{Var}[\ln(c_t/c_0)]]/t$ 为无风险折现率，由纯时间偏好率 ρ、财富效应项 $b[E[\ln(c_t/c_0)]]/t$ 与预防性储蓄效应项 $-2^{-1}b^2[\text{Var}(\ln(c_t/c_0))]/t$ 决定；$\pi_t = b[\text{Var}[\ln(c_t/c_0)]]/t$ 为系统风险溢价；β 为项目贝塔。具体而言，纯时间偏好率描述决策者相比未来更偏好现在的天性，从而纯时间偏好率越大，决策者赋予当前福利越大权重，折现率越大；财富效应项使得决策者因预见未来的自己所处宏观经济环境相比现在更加富足而倾向于当前多消费，使得折现率增大；预防性储蓄效应项使得决策者为了规避未来宏观经济环境可能的风险而增加当前储蓄，赋予未来福利更大权重，使折现率减少。风险溢价项来自项目收益的风险补偿，即未来收益的不确定性降低决策者投资未来的动机，赋予当前福利更大权重，使折现率增大。

若未来消费增长各阶段相互独立，使得年化消费增长率 $[E[\ln(c_t/c_0)]]/t$ 和方差 $[\text{Var}(\ln(c_t/c_0))]/t$ 表现为常数，则相应风险调整折现率 R_t 为常数。特别地，当消费增长过程服从漂移率为 μ、波动率为 σ 的几何布朗运动时，$R_t = \rho + b\mu - 0.5b^2\sigma^2 + \beta b\sigma^2$。

若未来各阶段消费增长过程正相关，消费增长不确定性程度随时间推移而增加，表现为

$$[\text{Var}(\ln(c_t/c_0))]/t \geqslant \text{Var}(\ln(c_t/c_0))$$

在这种情形下，r_{ft} 因预防性储蓄效应项 $-2^{-1}b^2[\text{Var}(\ln(c_t/c_0))]/t$ 而表现为递减，而正值项目贝塔使项目特有风险溢价 $\beta b[\text{Var}(\ln(c_t/c_0))]/t$ 表现为递增，从而预防性储蓄效应和风险溢价效应的相对强弱决定了风险调整折现率结构。在上述约束条件下，当项目贝塔大于相对风险厌恶系数的一半即 $b/2$ 时，风险溢价效应强于预防性储蓄效应，对应风险调整折现率表现为递增。该结论表明递减折现结构可能存在片面性。特别地，Gollier（2014，2016b）说明环境项目贝塔应取较大正值，讨论环保投资问题应使用递增风险调整折现率。

Weitzman（2013）、Gollier（2014，2016b）都致力探索长期限风险项目适用

的风险调整折现率，拟评估对象都为未来支付具有不确定性的边际投资项目，且都假定项目收益受到未来宏观经济水平和项目自有属性影响。此外，二者都以不同风险加权和形式探析项目特有折现率。然而，两项研究获得的风险调整折现率期限结构有显著差异，并由此导致对 SCC 等问题价值评估的意见偏差。根据 Weitzman（2013）的建议，环境项目应使用单调递减风险调整折现率。若无风险收益率取1%，市场平均回报率取7%，风险溢价系数取0.4，风险调整折现率从短期的3.6%左右递减至100年的1.6%。1.6%左右的折现率对应的 SCC 约为120美元，即当前增加 1 吨二氧化碳排放所造成现在经济损失和未来经济损失折现值之和约为 120 美元。根据 Gollier（2014，2016b）的建议，若取项目贝塔为1.3，风险调整折现率从短期的3.6%左右递增至100年的4.6%。4.6%左右的折现率对应的 SCC 约为 5 美元。这样，Weitzman（2013）折现方法对应的碳排放价格为 Gollier（2014，2016b）折现方法的 24 倍。此外，由于估算差源自折现率单调性的不同，差距会随时间推移快速增长，进一步带来碳税制度政策建议的显著区别。据此，本章接下来将探究两类风险调整折现率期限结构结论不一致的根源，以及影响折现率期限结构的主要因素与作用机理。

7.3.2　问题解决

结合前面内容，本节从资本产出的不确定性视角重构边际投资项目未来收益的表达形式，建立 CCAPM 项目贝塔与项目真实伽马的关联，并通过补充 Weitzman（2013）所定义的 $\gamma > 1$ 情形下风险调整折现率的期限结构结论，解决 Weitzman（2013）和 Gollier（2014，2016b）期限结构之谜。

假设一个边际投资项目单位资产 t 点不确定收益 F_t 可表示为

$$F_t = e^{rt} \tag{7.43}$$

其中，r 为项目不确定资本产出率，可表示为项目自有产出水平 r_1 和宏观经济产出水平 r_2 两者之和，即

$$r = r_1 + r_2 \tag{7.44}$$

记 A_t 为项目自有属性的高度抽象，并有参数 α 使得由项目自有属性决定的资本产出部分可表示为 $e^{r_1 t} = A_t^{\alpha}$；记 c_t 为宏观经济系统风险的高度抽象，并有参数 β 使得由宏观经济状况决定的资本产出部分可表示为 $e^{r_2 t} = c_t^{\beta}$。因此，项目不确定收益为

$$F_t = A_t^{\alpha} c_t^{\beta} \tag{7.45}$$

式（7.45）有助于建立两个风险溢价系数——项目贝塔与项目伽马的关联[①]。一方面，式（7.45）中 β 仍反映项目收益受宏观经济状况变化的敏感程度，故仍称为项目贝塔，即该项目贝塔与 Gollier（2014，2016b）所定义的项目贝塔的本质一致。另一方面，对式（7.45）进行等价变换，令 $\widetilde{A_t} = A_t F_t(\ln A_t)/[(\ln F_t)A_t]$，以及 $\widetilde{c_t} = c_t F_t(\ln c_t)/[(\ln F_t)c_t]$，可得

$$F_t = \alpha \widetilde{A_t} + \beta \widetilde{c_t} \tag{7.46}$$

此时，项目不确定收益被分解成两部分：一部分收益反映项目自有风险特征；另一部分收益反映系统不可分散风险特征。因此，根据 Weitzman（2013）的定义方式，将来自系统风险的期望收益占总期望收益的比例定义为项目伽马：

$$\gamma = \beta E[\widetilde{c_t}] / E[F_t] \tag{7.47}$$

此时，该项目伽马与 Weitzman（2013）所定义的项目伽马的本质一致。

上述定义表明较大项目贝塔对应于较大项目伽马。特别地，Barro 和 Sala-i-Martin（2003）认为高储蓄率国家（如中国）投资者的相对风险厌恶系数大于 2，故本章假定

$$\frac{b}{2} \geqslant 1 \tag{7.48}$$

另外，从项目收益角度看，记反映市场平均收益水平的 c_t 为 $c_t = \mathrm{e}^{r_e t}$，而反映项目自有属性收益水平的 A_t 为 $A_t = \mathrm{e}^{r_f t}$，则式（7.43）与式（7.45）表明该项目资本产出率可表示为 r_f 与 r_e 的线性组合：

$$r = \alpha r_f + \beta r_e$$

经典 CAPM 模型表明

$$r = r_f + \beta(r_e - r_f)$$

这里不妨假设

$$\alpha + \beta = 1 \tag{7.49}$$

此时，$\beta > b/2$ 表明 $\alpha < 0$，对应 $\gamma > 1$。换言之，在相对风险厌恶系数大于 2 及 α 与 β 之和为 1 的假设下，Gollier（2014，2016b）中风险调整折现率递增条件 $\beta > b/2$ 为 $\gamma > 1$ 的充分条件。$\gamma > 1$，意味着宏观经济状况出现极端灾难性情况时，对应项目期望收益为负值，Weitzman（2013）中并未提及该类项目对应情形的单调性。直观上看，若将式（7.37）定义的风险调整折现率 r_t^* 表示为

$$r_t^* = r_f - [\ln((1 - \gamma_t) + \gamma_t \mathrm{e}^{-\pi t})] / t$$

其中，$\pi = r_e - r_f$ 为系统风险溢价。在未来经济增长不确定性随时间增长条件下，随时间递增的不确定性使 r_f 因预防性储蓄效应减少的同时，也使得系统风险溢价

[①] 将风险调整折现因子改写为 $\mathrm{e}^{-r_t^* t} = \mathrm{e}^{-r_f t} + \gamma_t(\mathrm{e}^{-r_e t} - \mathrm{e}^{-r_f t})$，$\gamma_t$ 也称为风险溢价系数。

π 增加。因此，Weitzman（2013）建立的风险调整折现率同样表明风险溢价系数 γ_t 越大，相应风险溢价带来的增效应越强，并使得风险调整折现率出现递增的可能。具体而言，下述命题对 $\gamma > 1$ 的情形进行了补充。

【命题 7.3】　Weitzman（2013）所定义的满足式（7.37）的风险调整折现率 r_t^* 在 $\gamma > 1$ 情形下短期限内随时间单调递增，即在 $0 < t < \min\{r_e^{-1}, [\ln(\gamma / (\gamma - 1))] / (r_e - r_f)\}$ 的时间范围内单调递增。

证明：

为了保证 $(1-\gamma)\exp(-r_f t) + \gamma\exp(-r_e t) > 0$，本章仅在 $t < [\ln(\gamma / (\gamma - 1))] / (r_e - r_f)$ 的范围内讨论式（7.37）所定义的风险调整折现率 r_t^* 的单调性。对 r_t^* 关于 t 求导，有

$$\frac{\mathrm{d}r_t^*}{\mathrm{d}t} = \{t[(1-\gamma)r_f \mathrm{e}^{-r_f t} + \gamma r_e \mathrm{e}^{-r_e t}] \tag{7.50}$$
$$+ [\ln(\exp(-r_t^* t))]\exp(-r_t^* t)\} / [\exp(-r_t^* t)t^2]$$

由于 $\dfrac{\mathrm{d}r_t^*}{\mathrm{d}t}$ 分子的正负号决定 r_t^* 的单调性，故令其为

$$h_t = t[(1-\gamma)r_f \mathrm{e}^{-r_f t} + \gamma r_e \mathrm{e}^{-r_e t}] + [\ln(\exp(-r_t^* t))]\exp(-r_t^* t) \tag{7.51}$$

显然

$$h_0 = 0 \tag{7.52}$$

且

$$\frac{\mathrm{d}h_t}{\mathrm{d}t} = -t[(1-\gamma)r_f^2 \mathrm{e}^{-r_f t} + \gamma r_e^2 \mathrm{e}^{-r_e t}] - \ln[(1-\gamma)\mathrm{e}^{-r_f t} + \gamma\mathrm{e}^{-r_e t}][(1-\gamma)r_f \mathrm{e}^{-r_f t} + \gamma r_e \mathrm{e}^{-r_e t}]$$

当 $\gamma > 1$ 时，根据詹森不等式，有

$$\gamma^{-1}\ln[(1-\gamma)\mathrm{e}^{-r_f t} + \gamma\mathrm{e}^{-r_e t}] + (\gamma - 1)/\gamma \ln \mathrm{e}^{-r_f t} \leqslant \ln \mathrm{e}^{-r_e t}$$

从而

$$\frac{\mathrm{d}h_t}{\mathrm{d}t} \geqslant -t[(1-\gamma)r_f^2 \mathrm{e}^{-r_f t} + \gamma r_e^2 \mathrm{e}^{-r_e t}] - [(1-\gamma)(-r_f t) + \gamma(-r_e t)][(1-\gamma)r_f \mathrm{e}^{-r_f t} + \gamma r_e \mathrm{e}^{-r_e t}]$$

整理得

$$\frac{\mathrm{d}h_t}{\mathrm{d}t} \geqslant t(\gamma-1)\gamma(r_e - r_f)(-r_f \mathrm{e}^{-r_f t} + r_e \mathrm{e}^{-r_e t}) \tag{7.53}$$

其中，$t(\gamma-1)\gamma(r_e - r_f) > 0$，故 $r_f \mathrm{e}^{-r_f t}$ 与 $r_e \mathrm{e}^{-r_e t}$ 的相对大小决定 $\dfrac{\mathrm{d}h_t}{\mathrm{d}t}$ 的正负。令 $f(r,t) = r\mathrm{e}^{-rt}$，则 $r_f \mathrm{e}^{-r_f t}$ 与 $r_e \mathrm{e}^{-r_e t}$ 的大小比较转化为 $f(r,t)$ 关于 r 的单调性讨论。由于

$$\frac{\partial(r\mathrm{e}^{-rt})}{\partial r} = (1-rt)\mathrm{e}^{-rt} \tag{7.54}$$

下面讨论式（7.54）右侧的正负性。对于给定时间 t，对应 r 需满足

$$rt < 1$$

才有 $f(r,t)$ 关于 r 单调递增。因

$$\min\{r_e^{-1}, r_f^{-1}\} = r_e^{-1}$$

故当 $t < r_e^{-1}$ 时，

$$\frac{\partial f(r,t)}{\partial r} > 0$$

相应地

$$r_f e^{-r_f t} < r_e e^{-r_e t}$$

这表明当 $\gamma > 1$ 时，在 $0 < t < \min\{r_e^{-1}, [\ln(\gamma/(\gamma-1))]/(r_e - r_f)\}$ 的时间范围内，有

$$\frac{dh_t}{dt} > 0$$

进一步，根据 $h_0 = 0$, $\dfrac{dh_t}{dt} > 0$，在上述时间范围内

$$\frac{dr_t^*}{dt} > 0$$

综上，当 $\gamma > 1$ 时，r_t^* 在 $0 < t < \min\{r_e^{-1}, [\ln(\gamma/(\gamma-1))]/(r_e - r_f)\}$ 的范围内关于时间单调递增。

证明完毕。

命题 7.3 表明当 $\gamma > 1$ 时，Weitzman（2013）定义的风险调整折现率 r_t^* 在短期限也为递增结构，而且该情形与 Gollier（2014，2016b）所述 $\beta > \eta/2$ 的条件吻合。这说明两个理论模型结论是统一的，即二者都表明，随时间增长的不确定性在导致减少无风险折现率的同时，增加系统风险溢价，则较大（小）值的风险溢价系数将导致来自项目特有风险溢价的增效应大（小）于来自无风险折现率的减效应，从而使得风险调整折现率表现为递增（减）结构。出现不同单调性是由于拟定的风险溢价系数边界不同。

7.3.3　判别准则

上述研究表明风险溢价系数决定了风险调整折现率的期限结构，本节进一步结合具体项目探讨影响风险溢价系数的因素及其作用机理。Weitzman（2013）、Gollier（2014，2016b）都曾对碳减排投资项目的风险调整折现率进行了定量研究。此外，碳减排投资项目的实施将影响数代人福利，成本与收益时间跨度大，确定合适的折现率尤为重要。轨道交通、污水处理设施等长期限公共投资项目评估也对折现率的选取非常敏感，但描述这些项目本身的不确定性及相关变量相比碳减

排投资项目更复杂。使用碳减排投资项目可简约清晰地呈现相关不确定性分析和敏感性分析，故本节以碳减排投资项目为代表进行说明。

碳减排投资项目评估有科学界公认的标准化处理体系，可采用 DICE 模型讨论相关折现问题。DICE 模型是一类综合评估模型，模型中的方程遵从经济生态和地球科学等多方面规律，并利用数学最优化软件对经济和环境的结果做出规划，实现社会福利最大化。

本节采用二期 DICE-2007 模型进行如下描述：

$$
\begin{cases}
E = \omega_1 P - I_0 \\
T = \omega_2 E \\
\Omega = \exp(-\xi_1 T^{\xi_2}) \\
\Lambda = \pi \theta_1 (I_0 / P)^{\theta_2} \\
Q = \Omega(1 - \Lambda)P \\
C = \omega_3 Q
\end{cases}
\tag{7.55}
$$

其中，P 为未遭到气候变化破坏的宏观经济产出水平；I_0 为当前点 0 绿色减排技术投资；E 为温室气体排放量；T 为因温室气体排放带来的温度变化；Ω 为损失函数，指因气候变化带给经济产出的损失；Λ 为减排成本；Q 为经气候变化破坏后的宏观经济产出水平；C 为经气候变化破坏后的有效净消费，反映商品与消费总额。其余变量为气候变化敏感参数，全部非负。

上述 DICE 模型表明经济体有效净消费可表示为

$$
C = \omega_3 \exp(-\xi_1 \omega_2^{\xi_2}(\omega_1 P - I_0)^{\xi_2})(1 - \pi \theta_1 (I_0 / P)^{\theta_2})P
\tag{7.56}
$$

碳减排投资项目收益可视为因减少当前温室气体排放而增加的未来有效消费，故边际型碳减排投资项目不确定收益可表示为

$$
F_t = \left. \frac{\partial C}{\partial I_0} \right|_{I_0=0}
$$

省去时间下标后，对应经济体有效净消费与项目不确定收益为

$$
\begin{cases}
C = \omega_3 \exp(-\phi P^{\xi_2})P \\
F = \omega_3 \phi(\xi_2 / \omega_1)P^{\xi_2} \exp(-\phi P^{\xi_2})
\end{cases}
\tag{7.57}
$$

其中，$\phi = \xi_1 \omega_1^{\xi_2} \omega_2^{\xi_2}$ 为气候变化风险综合参数。

碳减排投资项目未来风险主要来自两方面：未来宏观经济产出不确定性和气候变化本身的不确定性，分别使用宏观经济产出水平 P 的变化和气候变化风险综合参数 ϕ 的变化来描述。特别地，因 ϕ 中每一个参数的增大都带来综合参数 ϕ 的增大，故取参数 ξ_1 作为气候变化风险综合参数代表。

下面评估上述两方面不确定性因素对项目风险溢价系数的影响。因项目不确定收益表示为

$$F_t = A_t^\alpha c_t^\beta$$

故

$$\beta = \frac{\mathrm{d}\ln F}{\mathrm{d}\ln c} - \alpha \frac{\mathrm{d}\ln A}{\mathrm{d}\ln c}$$

因项目自有风险部分 A 与宏观经济产出水平 c 相互独立，故忽略 $\dfrac{\mathrm{d}\ln A}{\mathrm{d}\ln c}$ 的影响，对应项目贝塔可近似为

$$\beta \approx \frac{[(\xi_2 - \phi\xi_2 P^{\xi_2})/P]\mathrm{d}P + [(1-\phi P^{\xi_2})/\xi_1]\mathrm{d}\xi_1}{[(1-\phi\xi_2 P^{\xi_2})/P]\mathrm{d}P - (\phi P^{\theta_2}/\xi_1)\mathrm{d}\xi_1} \tag{7.58}$$

为获得项目贝塔的临界值，考虑两种极端情形。一种极端情形是假定未来风险仅来自宏观经济产出不确定性，气候变化相关参数视为确定性参数。这种极端情形下的项目贝塔可近似为

$$\beta \approx \xi_2(1-\phi P^{\xi_2})/(1-\phi\xi_2 P^{\xi_2}) \tag{7.59}$$

式（7.59）表明当温度变化参数 $\xi_2 > 1$ 时，项目贝塔大于该参数。现有研究普遍认为气候变化损失应为温度变量 T 的凸函数，即支持温度变化参数 $\xi_2 > 1$ 的假设（Dietz et al.，2007）。据此，损失函数凸性与未来宏观经济产出不确定性构成的综合效应使项目贝塔表现为大于参数 ξ_2 的正数。特别地，只要参数 ξ_2 大于相对风险厌恶系数的一半，就有 $\beta > b/2$。此时，Weitzman（2013）定义的 $\gamma > 1$。这表明仅与项目自有风险有关的收益部分 F_t^A 为负值。从保险角度看，F_t^A 是人们为规避剧烈气候性损失而愿意支付的风险保费。负风险保费看似不太合理，其原因在于此处假定宏观经济产出不确定性远远超过气候变化不确定性。Nordhaus（2008）曾指出，如果（剧烈气候变化）损失主要由经济高速发展造成，那么可能会有一个高损失状态下的负风险保费。

另一种极端情形是假设未来宏观经济产出确定，未来风险仅来自气候变化不确定性。此时项目贝塔近似为

$$\beta \approx 1-1/(\phi P^{\xi_2}) \tag{7.60}$$

其中，ϕP^{ξ_2} 为气候变化综合损失率。若 ϕP^{ξ_2} 为 10%，则 $\beta \approx -9$。ϕP^{ξ_2} 为 0~1，这表明若只考虑气候变化不确定性的影响，β 为负值。相应地，α 为正值。此时，即使宏观经济状况出现灾难性情形，该项目也有正期望收益。

一般地，碳减排投资项目未来不确定性是宏观经济产出不确定性与气候变化不确定性的加权和。假设宏观经济产出水平 P 与气候变化参数 ξ_1 的不确定性占综合不确定性的权重分别为 λ 与 $1-\lambda$，且项目贝塔可在两种极端情形下对应临界值 $1-1/(\phi P^{\xi_2})$ 与 $\xi_2(1-\phi P^{\xi_2})/(1-\xi_2\phi P^{\xi_2})$ 所涵盖的数值区间取值，则该碳减排投资

项目对应项目贝塔可表示为

$$\beta = 1 - 1/(\phi P^{\xi_2}) + \lambda(\xi_2(1 - \phi P^{\xi_2})/(1 - \xi_2 \phi P^{\xi_2}) - 1 + 1/(\phi P^{\xi_2})) \qquad (7.61)$$

结合式（7.61）与前面讨论，可得下述命题。

【命题 7.4】 若未来各阶段经济增长正序列相关，则关于边际型碳减排投资项目的二期 DICE 模型（式（7.55））存在一个阈值 λ^*：

$$\lambda^* = [(1 - \xi_2 \phi P^{\xi_2})(1 + 0.5\eta \phi P^{\xi_2} - \phi P^{\xi_2})]/(1 - \phi P^{\xi_2})$$

当宏观经济产出不确定性的权重 λ 大于该阈值时，相应风险调整折现率随时间单调递增。

证明：

将 λ^* 的表达式代入式（7.61）可知，$\lambda > \lambda^*$ 即表明 $\beta > b/2$，即在未来各阶段经济增长正序列条件下，风险溢价效应强于预防性储蓄效应，故相应风险调整折现率随时间单调递增。

证明完毕。

命题 7.4 表明，对于支付具有不确定性的长期限风险项目，若未来各阶段经济增长不确定性随时间增加，使得无风险折现率减少而项目系统风险溢价增大，同时当宏观经济产出不确定性占未来综合不确定性的权重大于项目特定阈值时，风险调整折现率随时间递增，反之则递减。Weitzman（2013）认为剧烈气候变化可能导致宏观经济出现灾难性损失，为了规避这种风险，评估影响气候变化的投资项目时应赋予气候变化本身不确定性一定权重，使得项目具有能对冲尾部风险的属性，对应风险调整折现率随时间递减。Gollier（2014，2016b）认为剧烈气候变化由经济快速发展造成，即剧烈气候变化损失只在经济状况富裕时才会发生。因此，他赋予宏观经济系统风险较大权重得到较大项目贝塔，从而导致递增风险调整折现率。

本节结合 Weitzman（2013）、Gollier（2014，2016b）关于风险调整折现率期限结构的争议，通过补充 Weitzman（2013）所定义风险调整折现率在项目伽马大于 1 情形的单调性结论，探析折现模型出现不同增减性结论的原因。同时，以碳减排投资项目为例，找出风险溢价系数取值范围拟定依据与风险调整折现率增减性判别准则。研究结果表明，风险溢价系数决定了风险调整折现率期限结构。当风险溢价系数大于某确定阈值时，风险调整折现率表现为递增结构。反之则递减。

从风险调整折现建模三步骤来看，针对以碳减排为代表的长期限项目，Weitzman（2013）、Gollier（2014，2016b）的风险来源识别是相同的。两者都考虑了项目自有风险与宏观经济系统风险对于未来不确定收益的影响。两者的差异在于风险影响判断和风险调整作用分析。Weitzman（2013）等持递减风险调整折现率观点的学者重视气候变化的影响，即赋予项目自有风险的权重较大，相应风险溢价系数较小。同时，风险调整作用通过风险调整折现因子实现，对应风险调整折现率表现出递减结构，即决策者赋予环境保护更大权重。Gollier（2014，2016b）等持递增风险调整折现率观点的学者认为未来不确定性主要来自不确定的宏观经济增长，即赋予宏观经济系统风险的权重较大，相应风险溢价系数较大。同时，风险调整作用通过风险调整折现率实现，使得对应风险调整折现率表现出递增结构，即决策者将赋予当前经济发展更大权重。

不同风险影响判断与风险调整作用分析获得不同期限结构风险调整折现率。接下来，7.4 节具体以中国政企合作项目为例，遵循风险调整折现建模三步骤获得政企合作项目风险调整折现率。

7.4　政企合作项目风险调整折现

政企合作项目是一类政府和民间资本合作的长期限风险项目。中国政企合作项目因所处国情与发展阶段而极具特色。本节以中国政企合作项目为例，构建风险调整折现率。

7.4.1　政企合作项目风险来源识别

1. 项目定义

政企合作模式是指政府与社会资本深度合作模式。在概念上，比较正式的政企合作模式是英国保守党政府于 1992 年提出的私人融资活动（private finance initiative，PFI）。1997 年英国工党政府进一步将其重新命名为政企合作。20 余年来，政企合作概念得到了全世界范围内的广泛认可，越来越多的国家引入政企合作模式。我国在 2013 年全国财政工作会议上正式提出政企合作模式，2014 年国务院常务会议中明确提出要鼓励和吸引社会资本参与建设营运。

我国财政部、国家发展改革委和国务院办公厅政府文件分别对政企合作项目给予了明确定义。《财政部关于推广运用政府和社会资本合作模式有关问题的通知》（财金〔2014〕76 号）指出，政企合作是在基础设施及公共服务领域建立的一种长期合作关系。《国家发展改革委关于开展政府和社会资本合作的指导意见》（发改投资〔2014〕2724 号）指出，政企合作是政府为增强公共产品和服务供给能力、提高供给效率，通过特许经营、购买服务、股权合作等方式，与社会资本建立的利益共享、风险共担及长期合作关系。《国务院办公厅转发财政部发展改革委人民银行关于在公共服务领域推广政府和社会资本合作模式指导意见的通知》（国办发〔2015〕42 号）指出，政企合作是政府采取竞争性方式择优选择具有投资、运营管理能力的社会资本，双方按照平等协商原则订立合同，明确责权利关系，由社会资本提供公共服务，政府依据公共服务绩效评价结果向社会资本支付相应对价，保证社会资本获得合理收益。

2. 风险来源

政企合作项目类型众多，应用场景多样，定义方式也多样，但都有一些共同特征。首先，政企合作项目涉及政府与私人部门长期限的深度合作，两者具有共同的目标；然后，政企合作项目的设计、执行、管理是一个动态过程，项目参与者目标与项目所处政策环境可能是动态变化的，参与者的焦点是分担风险、成本、利益、资源和责任；最后，政企合作项目通过实施多元化复杂动态过程，提高公共设施与公共服务供给效率。决策过程是一个极度复杂的过程，各个参与者有自己的目标，同时存在信息不对称的问题。政企合作项目的长期限、动态及复杂性风险等特征使得确定合适的折现率对于政企合作项目评估尤为重要。

这些综合特征使得政企合作项目面临三个层面的风险：一是项目层面的个体风险，如建设设计风险；二是市场层面的风险，如需求改变；三是政府层面的风险，如政策法规变化或地方政府违约等。在这三个层次的风险中，相比发达国家，发展中国家面临的政府层面的风险更显著。其原因可能是治理环境的差异。实证研究表明，中国政企合作项目面临的关键风险是政府层面的风险，同时，中国政企合作项目最重要的关键成功因素（critical success factor，CSF）是政府承诺。

风险调整折现理论依据项目风险确定对应折现率。基于经典 CCAPM 的风险定价理论表明，一般风险项目的折现率为无风险折现率与项目特有风险溢价之和，其中，项目特有风险溢价为项目贝塔与系统性风险的乘积。这种经典定价方式面对政企合作这种承受三个层次风险的项目缺乏解释力。其主要原因在于，该经典理论没有对项目面临的最显著风险即政府层面的风险单独定价。

事实上，至少有两方面原因可以认为政企合作项目所面临的政府层面的风险与市场层面的风险是有显著差异的。一是风险来源的特征不同。市场层面的风险主要来自经济增长的波动，这种不确定性（波动）具有一定的持续性；政府层面的风险主要来自政策的变化或者地方政府的违约，这种不确定性是不可预知的，可能表现为一定的跳跃性。二是地方政府的保障信用水平使得不同地域的政企合作项目受到政府风险影响的敏感性不同。两个处于同一个行业的政企合作项目可能因其所处行政区域的地方政府的保障水平差异而使未来收益呈现较大差异。

据此，在确定政企合作项目的风险调整折现率时，需兼顾经济和政府保障不确定变化方式的差异，以及地方政府保障水平的差异这两方面原因。

7.4.2　政企合作项目风险影响判断

1. 基本模型

假设某政企合作项目的未来不确定收益可表示为过程 $\{F_t \mid t \geqslant 0\}$。一般地，代表性代理人的跨期社会福利表示为

$$W = \sum_{t=0}^{\infty} \mathrm{e}^{-\rho t} E[u(c_t)] \qquad (7.62)$$

其中，c_t 为 t 点消费；ρ 为代理人的纯时间偏好率；u 为效用函数，本节假设效用函数为 $u(c) = c^{1-b}/(1-b)$，其中，b 为相对风险厌恶系数，满足 $b > 0$，$b \neq 1$。

一方面，从消费效用现值角度，该项目未来现金流 $\{F_t \mid t \geqslant 0\}$ 的期望现值与该现金流对社会总福利增加的当前效用等价，即

$$\mathrm{PV} = \sum_{t=0}^{\infty} \mathrm{e}^{-\rho t} E[F_t u'(c_t)] / u'(c_0) \qquad (7.63)$$

另一方面，从折现定义角度，记 R_t 为期望收益 $E[F_t]$ 的折现率，根据标准净现值法则，$\{F_t \mid t \geqslant 0\}$ 的现值可表示为

$$\mathrm{PV} = \sum_{t=0}^{\infty} \mathrm{e}^{-R_t t} E[F_t] \qquad (7.64)$$

结合式（7.63）和式（7.64），风险调整折现率 R_t 可表示为

$$R_t = \rho - t^{-1}\ln[E[F_t u'(c_t)] / (u'(c_0)E[F_t])] \qquad (7.65)$$

该风险调整折现率依赖于消费增长过程与未来不确定收益过程。接下来，本节结合政企合作项目面临的风险，分析其风险特征、风险调整折现率表达形式，以及政府信用风险溢价特征。

2. 中国政企合作项目风险特征

一般而言，消费增长过程受到两方面因素的影响：一方面是经济增长因素，另一方面是政府保障因素，如政策与政府性补贴。记 c_{1t} 和 c_{2t} 分别为由经济增长因素决定的消费部分和由政府保障因素决定的消费部分。

已有文献根据风险来源将政企合作项目面临的风险分为三个层次，分别是项目层面的风险、市场层面的风险和政府层面的风险（Wang et al., 2018）。相应地，假设某政企合作项目 t 点未来不确定收益可表示为

$$F_t = \xi_t c_{1t}^{\beta} c_{2t}^{\gamma} \qquad (7.66)$$

其中，ξ_t 为项目特有部分，与消费 c_{1t} 和 c_{2t} 不相关；参数 β 测度项目未来不确定

收益相对经济增长变化的敏感性程度；参数 γ 测度项目未来不确定收益相对政府保障变化的敏感性程度。

从式（7.66）中可以看出，项目未来不确定收益 F_t 为三部分乘积，分别对应上述三个层面的风险。第一部分（项目特有部分 ξ_t）具有项目层面的风险，这一部分风险可以通过分散化对冲掉。第二部分记为 $M_t = c_{1t}^{\beta}$，这一部分与经济增长相关，并反映市场层面的风险。其中，β 可记为市场贝塔。第三部分记为 $P_t = c_{2t}^{\gamma}$，这一部分与政府保障相关，并反映政府层面的风险。政府层面的风险通常表现为政策变动或者地方政府违约等信用风险。因此，γ 可记为政府信用伽马。如果 $\gamma = \beta$，则式（7.66）简化为 $F_t = \xi_t c_t^{\beta}$。该简化形式为已有文献中关于风险项目不确定收益的经典假设（Gollier，2014，2016b；Dietz et al.，2018）。在这种场景下，项目未来不确定收益相对经济增长变化的敏感性程度与相对政府保障变化的敏感性程度相同。

然而，在中国，至少有两方面原因使得政企合作项目的政府信用伽马并不等于市场贝塔。一方面，中国目前正处于快速发展阶段，相应地，政府层面的政策与保障体系也需要较为快速的变化以适应国家的快速发展模式。这些快速与多变的政府保障体系对于政企合作项目便是政府信用风险来源，同时，这种突发的政府信用风险与一般意义上的市场风险并不相同。另一方面，由于地域条件与经济发展模式不同，中国地域发展极不平衡。这种地域发展不平衡使得各地政府的保障水平与信用水平差异很大，从而使得不同地域的政企合作项目承受不同的地方政府信用风险。据此，本章聚焦于在 $\gamma \neq \beta$ 的条件下，研究市场层面的风险与政府层面的风险对于政企合作项目折现率的影响。

7.4.3　政企合作风险调整作用分析

1. 风险调整折现率

结合上述关于政企合作项目风险特征分析，式（7.65）中的折现率经风险调整，可表示为无风险折现率 r_{ft} 与两个风险溢价（一个是项目特有市场风险溢价 $\pi(M_t)$，另一个是项目特有政府信用风险溢价 $\pi(P_t)$）之和，表示为

$$R_t = r_{ft} + \pi(M_t) + \pi(P_t) \tag{7.67}$$

其中，

$$r_{ft} = \rho - t^{-1}\ln(E[u'(c_t)] / u'(c_0)) \tag{7.68}$$

$$\pi(M_t) = -t^{-1}\ln(E[M_t u'(c_t)] / (E[M_t]E[u'(c_t)])) \tag{7.69}$$

$$\pi(P_t) = -t^{-1}\ln(E[P_t M_t u'(c_t)] / (E[P_t]E[M_t u'(c_t)])) \tag{7.70}$$

由于消费由经济增长和政府保障两方面因素决定，假设消费增长率由两部分组成：

$$\ln(c_t / c_{t-1}) = g_{1t} + g_{2t} \tag{7.71}$$

其中，g_{1t} 为经济增长因素决定的消费增长率；g_{2t} 为政府保障因素决定的消费增长率。如果 g_{1t} 和 g_{2t} 服从漂移率分别为 μ_1 和 μ_2、波动率分别为 σ_1^2 和 σ_2^2 的算术布朗运动，根据式（7.67）～式（7.70），风险调整折现率可表示为

$$R_t = \rho + b(\mu_1 + \mu_2) - 0.5b^2(\sigma_1^2 + \sigma_2^2) + \beta b \sigma_1^2 + \gamma b \sigma_2^2 \tag{7.72}$$

式（7.72）中，风险调整折现率受经济增长变化的不确定性影响，具体表现为随时间递增还是递减取决于市场贝塔大于还是小于相对风险厌恶系数的一半。事实上，作为度量经济增长不确定性的参数 σ_1^2，其大小对风险调整折现率的作用是两方面的。一方面，由于预防性储蓄效应，σ_1^2 越大，相应的无风险折现率 r_{ft} 越大；另一方面，由于风险厌恶效应，σ_1^2 越大，相应的市场风险溢价 $\pi(M_t)$ 越大。同时，这两方面的作用强度由 β 与 $0.5b$ 的相对大小决定。类似地，风险调整折现率受政府保障变化的不确定性影响，具体表现为随时间递增还是递减取决于政府信用伽马大于还是小于相对风险厌恶系数的一半。

在上述标准假设下，风险调整折现率 R_t 与时间无关，表现为一个常数。但在现实中，经济增长可能会表现出一定的持续扰动性（Gollier，2014；Luo et al.，2020）；政府保障变化如政策变化则会表现出一定的跳跃性。据此，本节接下来针对未来消费增长具有持续性扰动与跳跃性的情形分析政企合作项目风险调整折现率期限结构。

2. 政企合作项目风险调整折现率期限结构

本部分分析风险调整折现率 R_t 的期限结构，以及地方政府信用风险水平对风险调整折现率期限结构的影响。

为了刻画由经济增长决定的消费增长的持续扰动性，参照 Weitzman（2012）的消费增长过程，假设 g_{1t} 可分解为一个永久性部分和一个瞬时冲击部分：

$$g_{1t} = x_t + z_t \tag{7.73}$$
$$x_t = x_{t-1} + w_t \tag{7.74}$$

其中，x_t 为 g_{1t} 的永久性部分，具有初始值 μ_1；z_t 为 g_{1t} 的瞬时冲击部分，服从独立同分布的高斯过程，$z_t \sim N(0, \sigma_1^2)$。$g_{1t}$ 的持续性扰动来自 w_t，w_t 服从独立同分布的高斯过程，$w_t \sim N(0, \sigma_x^2)$。

政府保障的变化通常是不可预知的，但对政企合作项目的绩效会产生非常显著的影响。在经典的经济金融文献中，对于这种突发性可能带来重大影响的事件可以通过引入跳扩散来解决。Backus 等（2011）假设由政府保障决定的消费增长率 g_{2t} 服从下述正态合并泊松跳的过程：

$$g_{2t} = y_t + \sum_{k=1}^{N(t)} J_k \tag{7.75}$$

其中，随机变量 y_t 服从独立同分布高斯过程，$y_t \sim (\mu_2, \sigma_2^2)$；$N(t)$ 为一个抵达率为 $\overline{\omega}$ 的泊松过程；J_k 为随机变量，每发生一次，给消费增长率 g_{2t} 带来期望为 μ_J、方差为 μ_J 的冲击。特别地，$\mu_J > 0$ 对应的情形是：政策跳跃性变化致力稳定增长，使得消费增长率保持在一个合理水平。例如，2013 年～2017 年上半年，我国政府出台了一系列鼓励政企合作模式的政策与法规，这些法规的颁布刺激了政企合作项目的发展，也刺激了整体经济的发展。$\mu_J \leqslant 0$ 对应的情形是：政策跳跃性变化致力防止经济过热，防控潜在风险。例如，2017 年下半年以来，我国把宏观经济政策的主要着力点放在了"防风险"上，由于政企合作项目存在隐性债务风险，政府对于政企合作项目的风险防控和规范发展给予了高度关注，各部委相继发布了系列规定，以规范政企合作模式健康发展。

结合式（7.69）和随机过程（式（7.73）和式（7.74）），政企合作项目特有市场风险溢价可表示为

$$\pi(M_t) = \beta b \sigma_1^2 + \beta b (\sigma_x^2 / 3) t^2 \tag{7.76}$$

式（7.76）的证明如下：

为了表达和计算上的方便，记 $G_{1t} = \sum_{i=1}^{t} g_{1i}$，$G_{2t} = \sum_{i=1}^{t} g_{2i}$ 为累积增长率。将定价（式（7.68）～式（7.70））改写为

$$r_{ft} = \rho - t^{-1} \chi(-b, G_{1t} + G_{2t}) \tag{7.77}$$

$$\pi(M_t) = t^{-1} (\chi(\beta, G_{1t}) + \chi(-b, G_{1t}) - \chi(\beta - b, G_{1t})) \tag{7.78}$$

$$\pi(P_t) = t^{-1} (\chi(\gamma, G_{2t}) + \chi(-b, G_{2t}) - \chi(\gamma - b, G_{2t})) \tag{7.79}$$

其中，$\chi(a, x) = \ln E[\exp(ax)]$ 为随机变量 x 在常数 a 点的累积量生成函数。累积量生成函数的重要性质是当 $x \sim N(\mu, \sigma^2)$ 时，$\chi(a, x) = a\mu + 0.5 a^2 \sigma^2$（Billingsley，1995）。

结合随机过程（式（7.73）和式（7.74）），由经济增长决定的累积消费增长率服从的分布为

$$G_{1t} = \sum_{i=1}^{t} g_{1i} \sim N(t\mu_1, t\sigma_1^2 + t^3 \sigma_x^2 / 3) \tag{7.80}$$

根据累积量生成函数的性质，有

$$\chi(a, G_{1t}) = at\mu_1 + a^2 (\sigma_1^2 t + \sigma_x^2 t^3 / 3) / 2, \quad a = \beta, -b, \beta - b \tag{7.81}$$

根据式（7.78）和式（7.81），项目特有市场风险溢价可表示为

$$\pi(M_t) = \beta b \sigma_1^2 + \beta b \sigma_x^2 t^2 / 3$$

证明完毕。

　　类似地，结合式（7.79）和随机过程（式（7.75）），政企合作项目特有政府信用风险溢价可表示为

$$\pi(P_t) = \gamma b \sigma_2^2 + \overline{\omega}[\mathrm{e}^{\gamma \mu_J t + 0.5 \gamma^2 \sigma_J^2 t^2} + \mathrm{e}^{-b \mu_J t + 0.5 b^2 \sigma_J^2 t^2} - \mathrm{e}^{(\gamma - b)\mu_J t + 0.5(\gamma - b)^2 \sigma_J^2 t^2} - 1]/t \quad （7.82）$$

　　式（7.82）的证明如下：

　　与政府保障相关的累积消费增长率可表示为

$$G_{2t} = \sum_{k=1}^{t} y_k + t \sum_{k=1}^{N} J_k \quad （7.83）$$

从而，

$$\chi(a, G_{2t}) = \ln E\left[\exp\left(a \sum_{k=1}^{t} y_k \right) \right] + \ln E\left[\exp\left(at \sum_{k=1}^{N} J_k \right) \right], \quad a = \gamma, -b, \gamma - b \quad （7.84）$$

　　式（7.84）右边第一项为 $Y_t = \sum_{k=1}^{t} y_k$ 的累积量生成函数。由于 $Y_t \sim N(\mu_2 t, \sigma_2^2 t)$，有

$$\ln E\left[\exp\left(a \sum_{k=1}^{t} y_k \right) \right] = a \mu_2 t + 0.5 a^2 t \sigma_2^2, \quad a = \gamma, -b, \gamma - b \quad （7.85）$$

　　式（7.84）右边第二项为 $\sum_{k=1}^{N} J_k$ 的累积量生成函数，这是一个泊松-正态混合形式。易知，$\sum_{k=1}^{N} J_k$ 服从均值为 $N\mu_J$、方差为 $N\sigma_J^2$ 的正态分布，则

$$\ln E\left[\exp\left(at \sum_{k=1}^{N} J_k \right) \Big| N \right] = \exp[(at\mu_J + a^2 t^2 \sigma_J^2 / 2)N], \quad a = \gamma, -b, \gamma - b$$

　　从而

$$\ln E\left[\exp\left(at \sum_{k=1}^{N} J_k \right) \right] = \ln E\left[E\left[\exp\left(at \sum_{k=1}^{N} J_k \right) \Big| N \right] \right]$$
$$= \sum_{N=0}^{\infty} \mathrm{e}^{-\overline{\omega}} \frac{\overline{\omega}^N}{N!} \exp[(at\mu_J + a^2 t^2 \sigma_J^2 / 2)N], \quad a = \gamma, -b, \gamma - b \quad （7.86）$$

　　指数函数的幂级数为

$$\mathrm{e}^{\overline{\omega}} = \sum_{k=0}^{\infty} \frac{\overline{\omega}^k}{k!}$$

从而，式（7.86）表明

$$\chi(a, G_{2t}) = a \mu_2 t + 0.5 a^2 t \sigma_2^2 + \overline{\omega}(\exp(at\mu_J + a^2 t^2 \sigma_J^2 / 2) - 1), \quad （7.87）$$
$$a = \gamma, -b, \gamma - b$$

　　结合式（7.84）～式（7.87）及式（7.79），有

$$\pi(P_t) = \gamma b \sigma_2^2 + \overline{\omega}[\mathrm{e}^{\gamma t \mu_J + 0.5 \gamma^2 t^2 \sigma_J^2} + \mathrm{e}^{-bt \mu_J + 0.5 b^2 t^2 \sigma_J^2} - \mathrm{e}^{(\gamma - b)t\mu_J + 0.5(\gamma - b)^2 t^2 \sigma_J^2} - 1]/t$$

证明完毕。

结合式（7.77）及随机过程（式（7.73）～式（7.75）），无风险折现率可表示为

$$r_{ft} = \rho + b(\mu_1 + \mu_2) - b^2(\sigma_1^2 + \sigma_2^2)/2 - (b^2\sigma_x^2/6)t^2 - \overline{\omega}[e^{-b\mu_J t + 0.5b^2\sigma_J^2 t^2} - 1]/t \quad (7.88)$$

将上述三个表达式合并，可获得下述命题。

【命题 7.5】 假设未来消费增长率服从一个具有持续性扰动和跳扩散的随机过程，即式（7.73）～式（7.75），同时，一个政企合作项目的未来不确定收益表示为式（7.66），则该政企合作项目对应风险调整折现率为

$$R_t = A + g(t) \quad (7.89)$$

其中，

$$A = \rho + b(\mu_1 + \mu_2) + (\beta - b/2)b\sigma_1^2 + (\gamma - b/2)b\sigma_2^2 \quad (7.90)$$

$$g(t) = (\beta - b/2)bt^2\sigma_x^2/3 + \overline{\omega}[e^{\gamma t\mu_J + 0.5\gamma^2 t^2\sigma_J^2} - e^{(\gamma-b)t\mu_J + 0.5(\gamma-b)^2 t^2\sigma_J^2}]/t \quad (7.91)$$

命题 7.5 给出了风险调整折现率的解析表达式。其中，R_t 的常数项 A 与式（7.72）相同，对应未来消费增长无持续性扰动和跳扩散的情形。通过分析式（7.91）中 $g(t)$ 的单调性，下述命题给出了关于 R_t 单调递增与单调递减的充分条件。

【命题 7.6】 假设未来消费增长率服从一个具有持续性扰动和跳扩散的随机过程，即式（7.73）～式（7.75），同时，一个政企合作项目的未来不确定收益表示为式（7.66），则有

（1）当市场贝塔与政府信用伽马满足下述条件时，风险调整折现率随时间单调递减：

$$\beta < b/2 \ \text{和} \ \gamma < \begin{cases} b/2 - \mu_J/\sigma_J^2 & , \ \mu_J > 0 \\ b/2 - \mu_J/(2T_{max}\sigma_J^2) & , \ \mu_J < 0 \end{cases} \quad (7.92)$$

其中，T_{max} 为该政企合作项目的最长执行期。

（2）当市场贝塔与政府信用伽马满足下述条件时，风险调整折现率随时间单调递增：

$$\beta > b/2 \ \text{和} \ \gamma > \begin{cases} b/2 - \mu_J/(2T_{max}\sigma_J^2) & , \ \mu_J > 0 \\ b/2 - \mu_J/\sigma_J^2 & , \ \mu_J < 0 \end{cases} \quad (7.93)$$

证明：记

$$
\begin{aligned}
f(\theta) &= \frac{\partial(\exp(\theta\mu_J t + (\theta^2/2)\sigma_J^2 t^2)/t)}{\partial t} \\
&= \frac{\exp(\theta\mu_J t + (\theta^2/2)\sigma_J^2 t^2)(\theta\mu_J t + \theta^2\sigma_J^2 t^2 - 1)}{t^2}
\end{aligned} \quad (7.94)
$$

由于 $\dfrac{\partial f(\theta)}{\partial \theta} = \exp(\theta\mu_J t + (\theta^2/2)\sigma_J^2 t^2)\theta[(\mu_J + \theta\sigma_J^2 t)^2 + \sigma_J^2]$，易知当 $\theta > 0$ 时，

有 $\dfrac{\partial f(\theta)}{\partial \theta} > 0$，当 $\theta < 0$ 时，有 $\dfrac{\partial f(\theta)}{\partial \theta} < 0$。

由式（7.89）~式（7.91），有

$$\frac{\mathrm{d}R_t}{\mathrm{d}t} = 2(\beta - b/2)b\sigma_x^2 t/3 + \overline{\omega}(f(\gamma) - f(\gamma - b))$$

其中，$f(\theta)$ 为式（7.94）定义的函数。记 $h(\theta) = f(\theta) - f(\theta - \eta)$，根据 $f(\theta)$ 的单调性，有下述关于 $h(\theta)$ 的三方面性质：① $h(0) = f(0) - f(0 - b) = f'(\xi_1)b < 0$，$h(b) = f(b) - f(0) = f'(\xi_2)b < 0$，其中，$\xi_1 \in (-b, 0), \xi_2 \in (0, b)$；② $h(\theta) > 0$，$\theta > b$，且 $h(\theta) < 0$，$\theta < 0$；③对所有 $\theta \in [0, b]$ 有 $h'(\theta) = f'(\theta) - f'(\theta - b) > 0$。因此，存在一个 $\xi_* \in (0, b)$，使得 $h(\xi_*) = 0$。

为确定 $\dfrac{\mathrm{d}R_t}{\mathrm{d}t} < 0$ 和 $\dfrac{\mathrm{d}R_t}{\mathrm{d}t} > 0$ 的条件，接下来分析 ξ_* 的取值范围。根据 $f(\theta)$ 的定义，$h(\theta) = 0$ 等价于

$$\exp[b\mu_J t + (\theta b - b^2/2)\sigma_J^2 t^2] = [(\theta - b)\mu_J t + (\theta - b)^2 \sigma_J^2 t^2]/(\theta \mu_J t + \theta^2 \sigma_J^2 t^2 - 1)$$

由于当 $\theta > b/2 - \mu_J/(\sigma_J^2 t)$ 时，$\exp[b\mu_J t + (\theta b - b^2/2)\sigma_J^2 t^2] > 1$，而当 $\theta < b/2 - \mu_J/(2\sigma_J^2 t)$ 时，$[(\theta - b)\mu_J t + (\theta - b)^2 \sigma_J^2 t^2]/(\theta \mu_J t + \theta^2 \sigma_J^2 t^2 - 1) > 1$，从而考虑两类情形：①对于 $\mu_J > 0$，存在 $\xi_* \in (b/2 - \mu_J/(\sigma_J^2 t), b/2 - \mu_J/(2\sigma_J^2 t))$，满足 $h(\xi_*) = 0$；②对于 $\mu_J < 0$，存在 $\xi_* \in (b/2 - \mu_J/(2\sigma_J^2 t), b/2 - \mu_J/(\sigma_J^2 t))$，满足 $h(\xi_*) = 0$。

进一步，当 $\theta \in (0, b)$ 时，$h(\theta)$ 随 θ 增加而增加，从而有

$$h(\theta) = f(\theta) - f(\theta - b) \begin{cases} > 0, & \xi_* < \theta < b \\ < 0, & 0 < \theta < \xi_* \end{cases}$$

结合上述不等式和 $h(\theta)$ 的性质，有

（1）当 $\mu_J > 0$ 时，若 $\gamma > b/2 - \mu_J/(2\sigma_J^2 t)$，则 $h(\gamma) = f(\gamma) - f(\gamma - b) > 0$；若 $\gamma < b/2 - \mu_J/(\sigma_J^2 t)$，则 $h(\gamma) = f(\gamma) - f(\gamma - b) < 0$。

（2）当 $\mu_J < 0$ 时，若 $\gamma > b/2 - \mu_J/(\sigma_J^2 t)$，则 $h(\gamma) = f(\gamma) - f(\gamma - b) > 0$；若 $\gamma < b/2 - \mu_J/(2\sigma_J^2 t)$，则 $h(\gamma) = f(\gamma) - f(\gamma - b) < 0$。

因此，当 $\beta < b/2$ 且 $\gamma < \begin{cases} b/2 - \mu_J/\sigma_J^2, & \mu_J > 0 \\ b/2 - \mu_J/(2T_{\max}\sigma_J^2), & \mu_J < 0 \end{cases}$ 时，$\dfrac{\mathrm{d}R_t}{\mathrm{d}t} < 0$。其中，$T_{\max}$ 为政企合作项目最长执行期。

同时，当 $\beta > b/2$ 且 $\gamma > \begin{cases} b/2 - \mu_J/(2T_{\max}\sigma_J^2), & \mu_J > 0 \\ b/2 - \mu_J/\sigma_J^2, & \mu_J < 0 \end{cases}$ 时，$\dfrac{\mathrm{d}R_t}{\mathrm{d}t} > 0$。

证明完毕。

从命题 7.6 中可以看出，当 $\beta > b/2$（$\beta < b/2$）时，经济增长的持续性扰

动使得风险调整折现率随时间递增（递减）。然而，政策跳跃对风险调整折现率的期限结构的影响不仅与 γ 及 β 与 $b/2$ 的相对大小有关，还与政策风向（μ_J 的正负性）有关。

7.4.4　市场贝塔与政府信用伽马的估计

上述分析表明，市场贝塔与政府信用伽马是确定风险调整折现率期限结构的关键参数，也是风险调整作用分析的关键。接下来，本节分析如何获得这两个参数的估计值。

由于市场贝塔测度的是政企合作项目未来不确定收益受到经济增长变化的敏感性程度，这与传统 CCAPM 中的项目贝塔在成本收益分析中的作用是类似的，可采用 CCAPM 的项目贝塔近似代替政企合作项目的市场贝塔。

政府信用伽马满足

$$\gamma = \text{Cov}(\ln F_t, \ln c_{2t}) / \text{Var}(\ln c_{2t})$$

其中，$\text{Cov}(\ln F_t, \ln c_{2t})$ 测度的是 $\ln F_t$ 与 $\ln c_{2t}$ 的相关风险。特别地，在中国，影响政企合作项目未来收益的最重要的政府层面风险可能是地方政府信用风险，即可以认为 $\text{Cov}(\ln F_t, \ln c_{2t}) \approx \text{Cov}(\ln F_t, \ln c_{2t,L})$，其中，$c_{2t,L}$ 是与地方政府保障相关的消费。当 $\text{Var}(\ln c_{2t}) / \text{Var}(\ln c_{1t})$ 非常小时，有

$$\gamma \approx \beta \text{Var}(\ln c_{2t,L}) / \text{Var}(\ln c_{2t})$$

证明：

记 CCAPM 贝塔为 β_c，并可表示为

$$\beta_c = \text{Cov}(\ln F_t, \ln c_t) / \text{Var}(\ln c_t)$$

同时，式（7.66）所定义市场贝塔可表示为

$$\beta = \text{Cov}(\ln F_t, \ln c_{1t}) / \text{Var}(\ln c_{1t})$$

一方面，

$$\beta_c = \text{Cov}(\ln F_t, \ln c_t) / \text{Var}(\ln c_t) = [\beta \text{Var}(\ln c_{1t}) + \gamma \text{Var}(\ln c_{2t})] / \text{Var}(\ln c_t)$$
$$= [\beta + \gamma \text{Var}(\ln c_{2t}) / \text{Var}(\ln c_{1t})] \text{Var}(\ln c_{1t}) / \text{Var}(\ln c_t)$$

如果 $\text{Var}(\ln c_{2t}) / \text{Var}(\ln c_{1t})$ 趋于零，则 $\text{Var}(\ln c_{1t}) / \text{Var}(\ln c_t) \approx 1$，从而 $\beta_c = \beta$。

另一方面，由于 β_c 测度的是项目未来收益受到与消费增长相关因素变化影响的敏感性程度，β_c 也可以改写为

$$\beta_c = \text{Cov}(\ln F_t, \ln c_{2t,L}) / \text{Var}(\ln c_{2t,L})$$

如果 $\text{Cov}(\ln F_t, \ln c_{2t}) \approx \text{Cov}(\ln F_t, \ln c_{2t,L})$，则有

$$\beta_c \text{Var}(\ln c_{2t,L}) \approx \text{Cov}(\ln F_t, \ln c_{2t}) \text{Var}(\ln c_{2t}) / \text{Var}(\ln c_{2t}) = \gamma \text{Var}(\ln c_{2t})$$

这表明 $\gamma \approx \beta \text{Var}(\ln c_{2t,L}) / \text{Var}(\ln c_{2t})$。

证明完毕。

北京大学政府和社会资本合作研究中心（2019）提出了一个政府保障指数，可用来测度 $\mathrm{Var}(\ln c_{2t,L}) / \mathrm{Var}(\ln c_{2t})$。该指数主要从财政保障、服务保障、法律法规保障、金融保障及政府公信力等五个维度衡量地方政府对政企合作项目保障的能力。分别记 Z_N 和 Z_L 为全国政府保障指数和地方政府保障指数，其中，$Z_N, Z_L \in (20,100)$。政府保障指数越高，相应的政府信用风险越小，本章使用 $(100 - Z_L) / (100 - Z_N)$ 来近似代替 $\mathrm{Var}(\ln c_{2t,L}) / \mathrm{Var}(\ln c_{2t})$。因此，政企合作项目的政府信用伽马可测度为

$$\gamma \approx \beta (100 - Z_L) / (100 - Z_N) \tag{7.95}$$

式（7.95）表明，政企合作项目的政府信用伽马不仅仅由 β 决定，还受到 $(100 - Z_L) / (100 - Z_N)$ 的影响。特别地，当地方政府保障指数等于全国政府保障指数平均值时，$(100 - Z_L) / (100 - Z_N)$ 为 1。

此外，式（7.95）进一步表明，地方政府信用水平对政企合作项目有两种可能的调节作用。如果地方政府保障指数小于全国政府保障指数平均值，即 $Z_L < Z_N$，由式（7.95）可以看出，政企合作项目的政府信用伽马大于市场贝塔。因此，相比一般的风险项目（具有相同的项目贝塔和项目伽马），地方政府信用水平对政企合作项目收益具有杠杆效应，这种效应增大项目特有政府信用风险溢价。相反地，如果地方政府保障指数大于全国政府保障指数平均值，使得政企合作项目的政府信用伽马小于市场贝塔，则地方政府信用水平对政企合作项目具有保险效应，这种效应减少项目特有政府信用风险溢价。

7.4.5　数值应用与讨论

本节给出两个数值例子分析政企合作项目的市场风险特征和政府信用风险特征对风险调整折现率的影响。

数值模型校准以年为单位。假设相对风险厌恶系数符合 Drupp 等（2018）的调查结果，取 $b = 1.35$。选取经济增长决定的消费增长率期望值和政府保障决定的消费增长率期望值分别为 $\mu_1 = 0.05$ 和 $\mu_2 = 0.01$，这种选取方式使得两项之和为 6%，接近中国近年 GDP 增长率。假设 $\sigma_1^2 = 0.042$，$\sigma_2^2 = 0.006$，$\rho = 0$，$\sigma_x^2 = 0.0002$ 使得模型获取的无风险利率接近中国当前的五年期凭证式国债利率。不失一般性，由 $\mu_J = 0.001$，$\sigma_J^2 = 0.008$，$\overline{\omega} = 0.04$ 来表示政策跳的影响。

第一个数值例子用来说明市场贝塔和政府信用伽马如何影响政企合作项目的折现率。分别假设 $\beta = 0.45, \gamma = 0.35$ 满足命题 7.6 中式（7.92），$\beta = 0.75, \gamma = 0.95$ 满足命题 7.6 中式（7.93），图 7.4 给出了这两类政企合作项目的风险调整折现率。

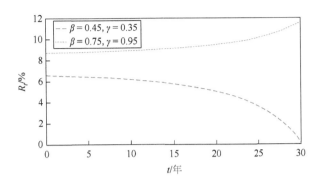

图 7.4　政企合作项目风险调整折现率

从图 7.4 中可以看出，一个低市场贝塔低政府信用伽马（$\beta = 0.45, \gamma = 0.35$）的政企合作项目对应折现率随时间单调递减。相比常数折现率，递减折现率对未来收益赋予更大的权重，使用递减折现率时，同期的未来收益的现值更大。相反地，一个高市场贝塔高政府信用伽马（$\beta = 0.75, \gamma = 0.95$）的政企合作项目对应折现率随时间单调递增。

第二个例子用来说明地方政府信用对政企合作项目的杠杆作用和保险作用。假设有三个属于同一行业的项目：两个政企合作项目（分别位于高地方政府信用和低地方政府信用的区域），以及一个普通风险项目。不失一般性，假设该行业的 $\beta = 0.51$，分别设 $\gamma_1 = 0.33$ 和 $\gamma_2 = 0.96$ 为低地方政府信用风险和高地方政府信用风险。此外，设 $\gamma_3 = 0.51$ 对应普通风险项目。图 7.5 给出了这三类项目的风险调整折现率。

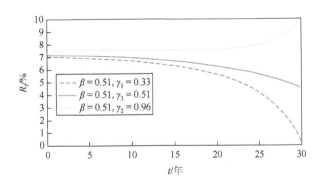

图 7.5　具有不同地方政府信用的风险调整折现率

从图 7.5 中可以看出，该行业的普通风险项目对应风险调整折现率随时间单调递减。同时，位于低地方政府信用风险区域的政企合作项目对应风险调整折现率也随时间单调递减，而且基于地方政府信用的保险作用，这类项目的风险调整折现率随时间减少的幅度比普通风险项目更大一些。反之，基于地方政府信用的杠杆作用，位于高地方政府信用风险区域的政企合作项目对应风险调整折现率甚至随时间单调递增，这种递增折现率将使得未来远期收益的现值相比常数折现率评估方式价值更低。

第一个数值例子表明，政企合作项目的折现率期限结构由其风险特征决定。如果政企合作项目未来不确定收益受到经济增长和政府保障变化影响的敏感性不是太高，即低市场贝塔低政府信用伽马项目，则未来不确定性的预防性储蓄效应（使得无风险折现率随时间单调递减）强于风险厌恶效应（使得风险溢价随时间单调递增），从而对应折现率随时间单调递减。特别地，如果政企合作项目的市场贝塔等于政府信用伽马，该结构与经典文献关于普通风险项目期限结构的结论是吻合的（Gollier，2014，2016b）。图 7.4 表明一个低市场贝塔低政府信用伽马（$\beta=0.45, \gamma=0.35$）项目的折现率从短期内 6.75%递减至 30 年的 0.5%。按照这种方式，30 年的 100 元的现值为 86 元，然而，如果使用常数折现率，30 年的 100 元的现值为 13 元，显著低于 86 元。如此显著的差异表明，如果对一个低市场贝塔低政府信用伽马项目使用常数折现率，其长期收益的现值可能会被低估。我国当前大部分政企合作项目参考国债收益率或者长期借贷利率使用常数折现率进行评估。这种折现方法可能导致不合理的评估结果。

第二个数值例子表明政企合作项目的折现率与普通风险项目的折现率是有差异的。这种差异来自项目特有政府信用风险溢价的调节作用。这部分溢价受到两方面因素影响。一方面是整体政府信用风险。之前的研究假设一个项目的自有风险之外的风险都可通过经济增长的不确定性复制生成（Weitzman，2013；Gollier，2016b）。然而，政企合作项目除了面临项目自有风险和宏观经济增长风险，还承受政府保障改变的不确定性。政府保障改变的不确定性与经济增长不确定性并不相同，同时，两者都显著影响政企合作项目折现率。另一方面是政府信用风险溢价权重因子，即政府信用伽马。已有文献的风险调整折现率中风险溢价只有一个权重因子，即项目贝塔（Lucas，1978；Gollier，2016b），同时，已有文献基于风险内生假设分析项目贝塔为负值的可能性（Sandsmark and Vennemo，2007），以及综合运用理论推导和气候经济综合评估模型数值估算方法研究项目贝塔的具体取值（Dietz et al.，2018）。本章区分了政府信用伽马和市场贝塔，并识别了地方政府保障水平对政府信用伽马的调节作用。图 7.5 表明，处于高地方政府信用风险区域的政企合作项目的折现率从短期的 7.54%递增至 30 年的 9.69%，则 30 年的 100 元的现值为 5 元；处于低地方政府信用风险区域的政企合作项目的折现率从短期的 7.02%递减至 30 年的 0.53%，则 30 年的 100 元的现值为 85 元，是 5 元的 17 倍。这两个现值之间的差异表明，地方政府信用水平是影响政企合作项目评估的一个重要因素。

本节以中国政企合作项目为研究对象，立足于中国实践需要，同时聚焦于政府层面风险对项目未来收益及对应评估值的影响，分析了宏观经济风险和政府信用风险共同调节下的风险调整折现率。这对中国政企合作项目实践乃至全球范围政企合作项目实践都有重要借鉴意义。与现行参照国债收益率或长期借贷利率获得政企合作项目折现率的选取方式不同，本节建立的风险调整折现率将政企合作项目所处行业与所处地域的风险特征都纳入了折现模型。其中，行业风险特征对于折现率的风险调节作用通过市场贝塔体现，而地域风险特征对于折现率的风险调节作用通过政府信用伽马体现。在既定消费增长假设下，该风险调整折现率既涵盖了经济增长的不确定性及其对折现率的影响，也涵盖了政府保障的不确定性及其对折现率的影响。

本 章 小 结

研究风险调整折现率期限结构问题不仅是折现理论发展的需要，而且是跨期决策相关研究所密切关注的科学问题。本章以风险调整折现率及其期限结构为研究对象，以风险来源识别、风险影响判断及风险调整作用分析为路径，针对不同类型跨期风险决策确定决策依据。本章的主要特色在于基于具体的跨期决策背景，提出具体风险来源与影响程度假设，在综合考虑未来宏观消费增长不确定性与项目未来支付不确定条件下，获得相应风险调整折现模型。同时，本章进一步通过分析数字金融背景下各类金融创新带来的影响，从多阶段风险积聚角度探索风险调整折现模型在此背景下的适应性与更新方向。

本章在分析多阶段风险积聚效应时暗含未来持续性扰动仅来自未来不确定宏观消费增长过程。事实上，对于一些期限长风险大的项目，除了面临宏观消费增长持续性扰动，项目自身持续性扰动对折现结构及项目未来现值评估的影响也不容忽视。第 8 章将针对这一情形展开论述。

本章附录　数字金融背景的思考——多阶段风险积聚效应

2020 年 11 月 3 日，上海证券交易所公布《关于暂缓蚂蚁科技集团股份有限公司科创板上市的决定》，这无疑是数字金融时代学术界、业界和监管层共同关注的大事。金融界通过拆分蚂蚁金融服务集团（简称蚂蚁金服）业务类型，分析工资负债与净资产之比等方式，形成蚂蚁金服可能具有 50～100 倍高杠杆的猜测和解读。一时间，各类媒体和学者聚焦于蚂蚁金服隐性高杠杆的风险识别及其依托科技手段所实现的监管套利成因分析等问题研究。与这些关注视角不同，本章以蚂蚁科技集团股份有限公司（简称蚂蚁集团）快速发展路径为视角，试图剖析数字金融时代各类数字金融创新所实现的传统金融模式难以企及的快循环短周期运作模式背后，资本预算方法与跨期决策依托的折现规则所面临的理论挑战。

以蚂蚁集团为代表的数字金融科技平台依托数字金融技术与互联网资源，突破了传统金融模式两方面物理限制。一方面是单笔资金使用范围限制。传统金融范畴内，资金的使用范围受到销售方式的客观限制，获客渠道相对有限，单笔资金的使用方式单一。数字金融依托互联网平台可触及海量潜在顾客，并搭载其他线上平台的生态系统，收获众多长尾市场顾客群体，撬动中低消费群体消费潜力，资金使用对象与范围发生巨大变化。另一方面是资金使用频次限制，即资金循环次数与资金回笼周期的限制。以信用贷款为例，传统金融模式基于各类人工审核核算等客观流程现实时间限制，以及顾客使用资金目的限制等，从放款到贷款收回有一定的回笼周期，从而在单位区间内单笔资金的循环次数具有一定的物理限制。数字金融依托金融科技，实时匹配资金需求与供给，各类资金款项实现秒进秒出，从而实现单笔资金超短回收周期，并进入快速循环流程。

上述对比表明，相比传统金融背景，依托数字金融所释放的金融资金在资金的使用性质与资金的使用周期这两大属性上都发生了深刻变化。一般而言，资金的使用性质与资金的使用周期是确定资金价值的关键，也是确定风险调整折现的核心。据此，本章进一步基于数字金融背景，从理论层面重新审视以长期限投资活动为主要评估对象的风险调整折现理论在面向各类频次快、周期短的金融创新活动的内涵一致性与外延边界。

下面使用一个简化模型来刻画资金使用性质与资金使用周期所带来的评估依据变化。假设传统金融背景下的单笔资金投入实际经济活动中，在未来 t 年可获得的未来资本产出 F_t 可表示为

$$F_t = c_t^{\beta}$$

其中，c_t 体现宏观经济产出；β 测度该笔投资未来资本产生受到宏观经济产出变化的敏感性程度。因此，在资本市场，资产的价格由宏观层面的系统性风险（即 c_t 的不确定性）与各个资产收益受系统性风险影响的敏感性指标（即 β）确定。由于金融投资活动通常时间范围为 1～10 年，β 较为稳定，评估金融资产时常使用的是由其 β 决定风险溢价的常数折现率。

在数字金融创新背景下，在给定的时间 t 年内，不妨假设每次金融活动的回收周期为 τ，因此单笔资金在 t 年内的循环次数为 $k = t / \tau$。同时，假设单笔资金每次使用在实体经济活动中可产生的不确定经济收益为 $f_k(\beta_k)$，其中，β_k 测度相应投资对宏观经济变动的敏感性程度。据此，该笔资金在给定 t 年内产生的未来不确定综合 F_t 可表示为每一期的不确定经济收益的函数：

$$F_t = g(f_1(\beta_1), f_2(\beta_2), \cdots, f_k(\beta_k)) \tag{7.96}$$

不妨将每一笔未来不确定经济收益 $f_i(\beta_i)$ 表示为 $f_i(\beta_i) = c_i^{\beta_i}$，$i \in \{1, 2, \cdots, k\}$，式（7.96）可表示为

$$F_t = g(c_1^{\beta_1}, c_2^{\beta_2}, \cdots, c_k^{\beta_k})$$

如果将资金每一次使用记为一个时间阶段，则当评估上述未来不确定收益当前价值时，需要深入考虑的因素除每一阶段该笔投资受到宏观经济因素影响的敏感性程度 β_i 之外，更重要的，由于每一次投资回收周期 τ 的缩短，资金循环次数 k 的增加，各个阶段之间未来不确定收益的序列相关性不容忽视，其因持续性扰动所引发的风险累积效应将使常数折现率面临不可避免的评估误差，也使得决策者在选取常数折现标准时无所适从。

上述各个阶段不确定收益的序列相关性引发了折现选取困境，而这在折现逻辑上恰是聚焦于长期限项目评估适用的风险调整折现理论所致力解决的问题。风险调整折现的本质在于，当评估未来损益涉及时间非常长、可划分为多个阶段的长期限项目时，既要考虑项目未来不确定收益与宏观经济产出的相关关系，即前面所述的项目贝塔，又要考虑宏观经济增长不确定性在时间上的持续性扰动带给项目不确定收益现值评估的影响。这种随时间的扰动带给现值的影响是双向的，当持续性扰动在时间序列上是正自相关时，持续性扰动将放大未来无风险折现率的预防性储蓄效应，降低折现率，增加未来收益现值；同时，对于项目贝塔为正的项目，这种持续性扰动将增大项目特有风险溢价，从而提升折现率，减少未来收益现值。因此，持续性扰动带来项目未来收益现值的综合效应取决于项目贝塔与决策者相对风险厌恶系数的相对大小。与此类似，在数字金融背景下，金融创新中资金在高频率短周期的经济活动中所产生的经济收益同样面临各个阶段对宏观经济变化的敏感性影响，以及各个阶段的持续性扰动在不同情境下对价值评估的差异性影响。

据此，有理由认为，在数字金融背景下，随着金融创新对资金使用范围和使用频次限制的突破，在金融市场中使用传统的常数折现率也将面临评估误差。同时，综合考虑投资未来不确定收益与宏观经济状态关联，以及不确定性随时间演变的风险调整折现理论将有助于在此背景下提供新的研究视角，长期折现问题与中短期折现问题并无系统性差异。在解释跨期决策时，长期折现理论与中短期折现理论的界限将逐渐消失

第8章 广义折现率模型

科学合理的折现率选取依据应结合折现对象特征尽可能地将具有显著影响的风险纳入分析框架，通过综合分析各类不确定因素影响获得合理跨期决策标准。本章在第 7 章风险调整折现模型的基础上，进一步探究受到自有风险显著影响的项目评估所需折现率模型，即广义折现率模型。

广义折现率可用于评估未来具有不确定收益的风险项目。与第 7 章风险调整折现模型不同的是，广义折现率可应用于不完全市场背景，从而可作为风险调整折现率的延伸与补充。事实上，风险调整折现率基于完全市场假设，假设项目自有风险可被分散化对冲，从而未对其进行定价。然而，对于大量长期限项目，这一假设并不合理。一方面，适用于长期限项目的未来完全市场本身可能并不存在；另一方面，大型长期限项目未来收益风险极为复杂，各阶段之间不确定性具有序列相关性，从而难以在未来某一时点分散化。特别地，减缓气候变化投资项目的收益是其采取措施所避免的气候变化损害，即表现为未来宏观消费量相比未采取任何措施情形下的增量。该收益除了受到未来宏观经济增长不确定性的影响，还受到气候变化本身的高度不确定性影响。同时，气候变化不确定性独立于宏观经济增长不确定性，从而在基于完全市场假设的经典定价模型中，项目自有风险是暗含不被定价的。有鉴于此，本章以福利分析为基准，放松完全市场假设，建立广义折现率模型，基于未来消费增长率与项目资本产出率均服从均值回复过程假设，获得广义折现率解析表达式及其期限结构判别方法。具体以碳减排投资项目为例，结合 DICE 模型，对比分析广义折现率模型与风险调整折现模型下的项目未来收益现值，剖析项目自有不可分散风险对项目评估的影响。

本章对现有研究的主要贡献如下：一是建立风险项目评估适用的广义折现率模型。广义折现率期限结构由相对财富效应和联合风险效应的相对强弱决定。二是提出针对项目不可分散非系统风险的定价方法。与风险调整折现模型中非系统风险被假定为可被分散对冲不同，当项目自有风险（即非系统风险）不可被分散对冲时，广义折现率模型可体现该部分风险对折现率及未来收益现值的影响。三是针对碳减排问题，提出适合项目风险特征的现值评估依据，扩充现有 DICE 模型对碳减排问题的评估方法。

8.1　问　题　背　景

金融市场的定价理论为风险项目评估提供了很好的参考依据。然而，对于一些期限特别长、风险来源极为复杂多样的项目评估，仅仅借鉴基于完全市场假说的金融市场定价理论是不够的，或者至少是缺乏解释力的。原因在于：一方面，金融市场通常只提供最长 30 年的到期收益率，很多涉及代际问题的长期限项目成本收益的时间跨度可能远大于 30 年，长达百年甚至跨越几个世纪，从而在金融市场上难以寻找可参照的收益率；另一方面，经典定价模型假设个体非系统风险可通过多样化分散对冲，然而这一假设对大型长期限公共项目评估问题并不合理。这些类型项目的自有风险可能对项目未来收益影响极为显著，同时无法通过市场化分散对冲。不妨以涉及气候变化问题的环境保护类投资项目（即碳减排投资项目）为例，探讨项目不可分散非系统风险是否需要定价及如何定价问题。

碳减排投资项目是指致力减少温室气体排放，缓解气候变化以减少未来总消费损失的投资项目。正如 2018 年诺贝尔经济学奖得主 Nordhaus 所言，这是一个全球变暖的时代，也是一个研究全球变暖的时代。全球变暖早已登上国际环境舞台中心。在整个科学和经济研究领域，研究者一致认为全球变暖问题非常严峻。面对这一严峻问题，如何在当前采取行动所付出的成本与在经济和生态上所取得的未来收益之间取得平衡，既是项目成本收益评估的焦点，也是全球各国政府共同关注的话题。Nordhaus 进一步指出，一项合乎长期发展战略的政策既要满足"处处有效率"，即在区域之间及国家之间减排的边际成本相等，又要满足"时时有效率"，即有效地设计减排的时间选择。一般地，"时时有效率"比"处处有效率"更难估计。这是因为"时时有效率"依赖于折现率、碳循环和气候系统的动态变化及气候变化所带来的经济损失。特别地，气候变化的影响大多在未来才能体现出来，因此，在分析这些项目评估问题和政策选择问题时，选择合适的折现率尤为重要。如果折现率较高，未来的损失看上去就较小，现在就选择少一些减排；如果折现率较低，未来的损失看上去就较大，现在就选择多一些减排。如果年均折现率为 4%，则一个世纪后的 1000 美元的气候损失在现在值 18 美元；如果年均折现率为 2%，则一个世纪后的 1000 美元的气候损失在现在值 135 美元，是前者的 7.5 倍。

碳减排投资项目未来收益面临的不确定性极其复杂，其根源在于，减缓气候变化项目未来收益是其采取措施所避免的气候变化损害，数量上等价于未采取措施情形下可能的气候灾害引发的未来净消费减少量。然而，气候变化本身具有深层次不确定性，使得核算减缓气候变化项目未来收益极为困难。例如，假设核算碳减排投资项目的基本逻辑如下：将气候系统的自然资本视为一种资本存量，将温室气体的浓度视为负的自然资本，并且将减排视为对自然资本的投资。这种投资可以提升自然资本的品质。将部分产出用于减排，各个经济体减少了当前的消费，但以相当节约的方式防止了有害的气候变化，并且因此增加了未来能够消费更多的可能性。按照这一逻辑，在核算碳减排投资项目未来收益时，除了由经济关系决定的消费增长不确定性，更深层次的不确定性来自一些地球物理学关系，如大气、快速混合的海洋表层生物圈与深海之间的碳循环关系，温室气体浓度与增强的辐射压力之间的关系等。

正因为评估的复杂性，难以获得一致认可的标准，学术界针对全球气候变化问题模型中折现率的选取一直存在争议。例如，以斯特恩为代表的经济学家认为，应使用极低的折现率，采取积极的减排政策。《斯特恩报告》为地球描绘了一幅前景黯淡的画面："如果当前不采取行动，现在及以后的很长时间，气候变化的总成本和风险将相当于至少每年 5% 的全球 GDP 损失。如果考虑更大范围的风险和冲击，这一估计的损害将上升到 20% 甚至更高……现在及未来几十年的行动将会导致这种风险的发生……在规模上，它与那些大型战争及 20 世纪上半叶的经济大萧条相似。"然而，以 Nordhaus 为代表的经济学家并不认可该观点，他们认为应采取气候政策斜坡理论。该理论提出使用一个较高折现率，减缓气候变化的有效经济政策是在近期使用一个温和的减排率，在中期及长期使用一个极大的减排率。

经济学家小故事：

尼古拉斯·斯特恩

尼古拉斯·斯特恩（Nicholas Stern），获剑桥大学学士学位和牛津大学博士学位，1978 年当选为世界计量经济学会研究员，1993 年当选为英国社会科学院研究员，1998 年当选为美国艺术与科学院外籍荣誉院士。曾任英国财政部第二常务次官，并担任布莱尔政府经济事务部门负责人。从 2000 年 7 月起担任世界银行首席经济学家和分管发展经济学的高级副行长。

斯特恩被誉为全球气候变化政策奠基人。斯特恩的研究和著述集中在气候变化对经济发展和增长的影响、经济理论、税收改革、公共政策，以及国家和经济体在转型中的作用。他的早期著作包括《帕兰普尔：一个印度乡村的经济》（*Palanpur: The Economy of An Indian Village*）、《发展中国家税收理论》（*The Theory of Taxation Developing Countries*）、《发展战略》（*A Strategy for Development*）等。2005～2007 年，斯特恩曾担任英国政府的气候变化与发展经济学顾问，并领导编写了全球应对气候变化问题研究具有里程碑意义的《斯特恩报告》。

《斯特恩报告》是在英国政府及首相布莱尔的邀请下，斯特恩经过一年调研主持完成并发布的报告。《斯特恩报告》长达 700 多页，分析了气候变化所产生的财政、社会和环境上的影响。《斯特恩报告》以三种方式考虑了受气候变化影响的经济成本，以及开展行动、减少造成气候变化的温室气体排放的成本和收益。一方面，使用分解手段，即考虑气候变化对经济、人类生活和环境的物理影响，并分析利用不同技术和战略来减少温室气体排放的资源成本；另一方面，使用经济模型，包括用于预测气候变化经济影响的综合评估模型，以及显示总体经济转变到低碳能源系统的成本和效应的宏观经济模型。此外，还以当前水平和 SCC 的未来轨迹与适量的缓解成本进行比较。《斯特恩报告》从各个角度表明，尽早采取有力行动的收益明显大于成本。

　　2018 年的诺贝尔经济学奖颁给了诺德豪斯和罗默。诺德豪斯的获奖理由是"将气候变化纳入长期的宏观经济分析"。在得知获奖当天，诺德豪斯对共享荣誉的竟然不是威茨曼或者斯特恩表示惊讶。

　　进一步，针对碳减排投资项目及碳价格确定所需折现率期限结构问题，Weitzman（2013）、Dietz 等（2018）分别给出了不同的解答方案。其中，碳价格的度量依据是 SCC，是现在额外经济损失和额外排放造成的未来经济损失现值之和。

　　上述讨论聚焦于项目自有不可分散风险是否需要定价的问题。针对环境保护类项目等未来的长期限项目，答案是肯定的。接下来探析如何定价的问题。定价理论对于完全市场和不完全市场的处理逻辑是不同的。在金融市场上，基于完全市场背景的 CCAPM 定价中，参与者的相对边际效用表示状态价格，而相对边际效用依赖于总消费。因为总消费是外生的，是经济的原生变量，所以 CCAPM 在形式上允许由经济原生变量来决定支付价格，即未来收益的现值。然而，当证券市场为不完全市场时，不是所有的支付都是市场化的。参与者的最优消费选择问题的解和均衡证券价格依赖于实际的市场结构，以及参与者的禀赋在时间和不同状态下的分布。因此，在可市场化的支付空间只是整个支付空间的一个子集的条件下，考虑参与者的最优投资消费组合选择问题时，只能构建一个一般情形下的欧拉方程。从定价理论的角度看，不完全市场中的欧拉方程与完全市场中的 CCAPM 之间有一个重要差别：前者中参与者的相对边际效用依赖于其自身的消费，但参与者消费内生于均衡过程。因此，仅基于经济原生变量，无法获得支付到价格的映射（除非均衡分享过程已知）。

　　本章按照不完全市场的定价逻辑，建立由未来不确定收益（支付）到当前现值（价格）之间的映射。定价过程中，考虑未来收益不确定的风险投资项目同时受到未来宏观经济不确定性与项目收益不确定性的影响。其中，宏观经济不确定性通过不确定消费增长刻画，项目收益不确定性通过项目资本产出水平刻画。基于决策福利分析，引入时变消费增长率与资本产出率情形下的广义折现率模型，划分影响广义折现率的两种主要效应，对比分析广义折现率与其他类型折现率的异同。

8.2 广义折现率模型概述

8.2.1 模型构建

假设代理人在当前 0 点消费 c_0 单位，而在未来 t 点消费 c_t 单位。现有一个风险投资项目，该项目将在 0 点减少 Δc 单位消费，而在 t 点增加 $\Delta c F_t$ 单位消费，其中，F_t 为项目在 t 点的不确定收益，反映项目的产出水平。假定纯时间偏好率 ρ 为常数，则该项目带给代理人福利的变化为

$$\Delta w = u(c_0 - \Delta c) - u(c_0) + E[u(c_t + \Delta c F_t) - u(c_t)]\exp(-\rho t) \tag{8.1}$$

其中，u 为单调递增的凸效用函数。假定该项目为边际投资（ Δc 相对 c_0 是一个无穷小量），并将福利变化转化为消费效用等价现值，可获得该代理人在 0 点投资 Δc 单位所带来的消费效用现值改变量：

$$\Delta \pi_t = \Delta w / u'(c_0) = \{-1 + E[u'(c_t)F_t / u'(c_0)]\exp(-\rho t)\}\Delta c \tag{8.2}$$

该项目带给代理人消费效用的改变是在 0 点减少 1 单位消费用于投资（即式（8.2）右边的 -1），在 t 点以不确定收益 F_t 的形式获得 $E[u'(c_t)F_t / u'(c_0)]\exp(-\rho t)$ 单位消费效用等价现值。按照一般折现理论，将该不确定收益 F_t 的消费效用等价现值定义为广义折现因子 $A(t)$：

$$A(t) = E[u'(c_t)F_t / u'(c_0)]\exp(-\rho t) \tag{8.3}$$

即在 0 点投资 1 单位以获得 t 点额外 F_t 单位消费品所带来的消费效用，与 0 点的 $A(t)$ 单位消费品所带来的消费效用等价。直观上看，广义折现因子涵盖了资本产出与消费折现两个过程，即 0 点 1 单位具有产能的消费品，在 t 点获得 F_t 单位，再以等消费效用替代方式折算到 0 点价值 $A(t)$ 单位。

相应地，定义广义折现率 R_t 满足 $\exp(-R_t t) = A(t)$ ，可表示为[①]

$$R_t = \rho - t^{-1} \ln E[u'(c_t)F_t / u'(c_0)] \tag{8.4}$$

该广义折现率反映代理人在当前和未来交换含产能消费品的意愿，其中，产能由项目不确定收益 F_t 刻画，且未来消费增长水平与项目资本产出水平联合决定广义折现率。具体，R_t 体现 1 单位具有产能的消费品投资于未来带来的确定性等价消费效用损失，即给未来消费增长与项目资本产出的综合不确定性赋予了一个价格。例如，$R_t = 0.01$ 表明第 2 年的不确定收益 F_t（通过在当前投资 1 单位含产能消费品获得）等价于当前 $1/1.01$ 单位消费品带来的消费效用，换言之，该项目减少了代理人总的消费效用。又如，$R_t = -0.01$ 表明第 2 年的不确定收益 F_t 的当

---

① 该广义折现率的定义与 Traeger（2013）的定义本质一致，Traeger（2013）中广义折现率对应于式（8.4）中未来不确定收益为 $F_t = \mathrm{e}^{rt}$ 的情形，其中，r 为资本产出率。

前消费效用等价现值为 $1/0.99$，大于原始的 1 单位投资成本。当广义折现率为负（正）时，该项目的消费效用溢价 $\Delta\pi_t$ 为正（负），即该项目将增加（减少）代理人福利。若广义折现率为 0，则 $A(t)=1$，即通过投资 1 单位在 t 点额外获得 F_t 单位含产能消费品与 0 点的 1 单位含产能消费品所带来的消费效用等价，这表明该项目带给代理人的消费效用现值改变量为 0，即代理人等同看待当前 0 点额外消费 Δc 单位与在未来 t 点额外消费 ΔcF_t 单位。上述讨论表明广义折现率的正负性可用于评估一个投资项目是否值得投资。

若存在未来完全市场，均衡市场项目对应的广义折现率应为 0。这是因为项目的资本产出水平与基准消费增长水平一致，通过当前 0 点投资 1 单位在未来 t 点获得的 ΔcF_t 单位消费应等同于当前 0 点的 1 单位消费，即项目收益带来的福利增长刚好抵消消费增长水平带来的折现效应[①]，广义折现因子 $A(t)=1$，相应的广义折现率为 0。然而，未来的市场往往是不完全的，项目自有风险可能不能被分散，并影响项目未来不确定收益的现值，对应广义折现率在不同环境下将有不同表现，这正是本章重点关心与讨论的问题。

8.2.2　广义折现率涵盖性

为了深入阐述广义折现率的内涵与涵盖性，本节进一步厘清广义折现率和无风险折现率、风险调整折现率的区别与联系。

1. 广义折现率与无风险折现率的异同

无风险折现率是通常意义的社会折现率，反映当代与后代交换消费的意愿，它是广义折现率的一种特殊情形，记为 r_f。在式（8.4）中，假定项目不具有产能，当前 0 点投资 1 单位消费品到未来 t 点仍是 1 单位，即 $F_t\equiv1$，此时广义折现率可简化为经典消费折现理论中的无风险折现率：

$$r_f = \rho - t^{-1}\ln E[u'(c_t)\times 1/u'(c_0)] \qquad (8.5)$$

相应折现因子 $\mathrm{e}^{-r_f t}$ 表示为 t 点 1 单位消费品在 0 点的等消费效用现值。式（8.5）表明，当项目不具有产能（$F_t\equiv1$）时，对应广义折现率等价于无风险折现率。从另一个角度看，项目收益 $F_t\equiv1$ 表明项目未来收益确定，这类项目通常称为无风险项目或安全项目，即无风险折现率主要用于未来收益为确定性收益项目的评估，即安全项目的评估。当项目收益 F_t 不再为常数或确定性的时间函数时，这类项目

[①] 直观地看，若项目不确定资本产出水平通过常数资本产出率描述，即 $F_t=\mathrm{e}^{rt}$，而无风险折现率用 r_f 表示，则均衡条件下资本产出率等于无风险折现率，即 $r=r_f$。

通常称为风险项目。一般情况下,广义折现率适用于未来项目收益具有不确定的
风险项目的评估。这也是广义折现率与无风险折现率的本质区别。

2. 广义折现率与风险调整折现率的异同

风险调整折现率在无风险折现率基础上,增加项目特有风险溢价,以实现对
项目不确定收益的评估。例如,Weitzman(2013)、Gollier(2014,2016b)等建
议使用风险调整折现率讨论项目未来不确定收益折现问题。

风险调整折现率与广义折现率有两个共同点:一是都用于未来收益具有不确
定性的项目评估,即风险项目评估;二是在测度项目评估风险时都考虑了未来宏
观基准消费水平不确定性与项目资本产出水平不确定性。

在这两个共同点的基础上,风险调整折现率与广义折现率在经济意义和适用
范围上有显著差异。具体地,假设一个风险投资项目在当前 0 点投资 1 单位资产,
而在未来 t 点获得不确定收益 F_t。根据期望净现值法则,代理人进行成本收益分
析时需比较当前的 1 单位与不确定收益 F_t 的期望现值。

若使用风险调整折现模型,对应项目特有风险调整折现率记为 ϑ_t,则该不确
定收益 F_t 的期望现值为风险调整折现因子 $e^{-\vartheta_t t}$ 与未来不确定收益 F_t 的期望之积,
表示为

$$PV = e^{-\vartheta_t t}E[F_t] \qquad (8.6)$$

若使用广义折现率模型,t 点额外获得不确定收益 F_t 的期望消费等价现值为广
义折现因子 $A(t)$,故未来不确定收益 F_t 的期望现值可表示为

$$PV = e^{-R_t t} \qquad (8.7)$$

在完全未来市场背景下,项目的自有风险可分散。在这种经典情形下,广义
折现率模型与风险调整折现模型是等价的。数学表达式上满足 $e^{-R_t t} = e^{-\vartheta_t t}E[F_t]$,即

$$R_t = \vartheta_t - t^{-1}\ln E[F_t] \qquad (8.8)$$

即广义折现率是风险调整折现率与项目年化资本产出率的差值。对于一个未来完
全市场的均衡项目,风险调整折现率等同于市场平均资本产出率,同时,相应的
广义折现率为 0。

在不完全未来市场背景下,项目不能被市场化,即项目支付无法通过交易由
市场取得,项目自有风险不能被分散,该自有风险将影响项目未来不确定收益的
现值,需要被定价。接下来,本节以一类具有持续性扰动的随机过程刻画宏观消
费增长和项目资本产出过程,并以广义折现率模型为框架,对不能被分散的自有
风险定价,分析其对项目未来不确定收益的影响。

8.2.3　影响因素作用

广义折现率概念最先由 Traeger（2013）提出，目的在于区分来自宏观经济增长与来自项目收益这两种渠道的风险对无风险折现率的影响，用于解释源自 Weitzman（2001）与 Gollier（2004）的 W-G 无风险折现率期限结构之谜。W-G 无风险折现率期限结构之谜是指两个无风险折现率模型获得不同增减期限结构的问题：Weitzman（2001）基于期望净现值理论建立伽马折现理论，并认为无风险折现率随时间单调递减；Gollier（2004）基于期望净将来值法则建立确定性等价折现率模型，并发现该折现率随时间单调递增。为了直观描述两种风险对无风险折现率的影响，Traeger（2013）仅讨论了广义折现率在完全序列相关的情形下的表现。在他的讨论中，未来资本产出的形式是 $F_t = e^{rt}$，未来消费增长过程通过消费增长率（常数）g 描述为 $g : c_t = c_0 e^{gt}$。

与 Traeger（2013）不同，本节使用时变的消费增长率与资本产出率描述广义折现率。将消费增长与资本产出的联合增长过程各阶段序列相关性纳入分析，讨论未来经济增长具有持续性扰动条件下广义折现率表现，以获得更适用于具体项目成本收益分析的广义折现率期限结构。据此，本节拟定的外生变量为每个时期消费增长率与资本产出率。由于未来消费与项目收益都为正数，为方便讨论，这里使用相应对数形式讨论。假定 t 时期对数消费增长率为 $g_t = \ln c_{t+1} - \ln c_t$，而资本产出率为 $r_t = \ln F_{t+1} - \ln F_t$。

1. 累积量生成函数概念与性质

为了方便后续描述和讨论，这里引进累积量生成函数与双变量累积量生成函数的定义。

【**定义 8.1**】　随机变量 X 的累积量生成函数 $\chi(a)$ 与随机向量 $Y = (g, r)^{\mathrm{T}}$ 的二元累积量生成函数 $\psi(\theta_1, \theta_2)$ 分别定义如下：

$$\chi(a) = \ln E[e^{ax}]$$
$$\psi(\theta_1, \theta_2) = \ln E[e^{\theta_1 g + \theta_2 r}]$$

其中，a, θ_1, θ_2 为实数。

本章将累积量生成函数用于描述和计算具备下述三大优势：一是累积量生成函数的表示形式与定价（式（8.4）中）部分表达式吻合，可将一些形式复杂的表达式简化；二是累积量生成函数具有明确的经济意义，累积量生成函数的前四阶分别对应随机变量的期望、方差、偏度和峰度，其中，偏度是表征概率分布密度曲线相对于平均值不对称程度的特征数，峰度是表征概率密度分布曲线在平均值处峰值高低的特征数，直观看来，峰度反映尾部的厚度，累积量生成函数的经济意义相对原点矩和中心矩更直接明了；三是累积量生成函数具有多项便于计算的性质。后面将会用到累积量生成函数的如下性质。

【引理 8.1】 随机变量 X 的累积量生成函数 $\chi(a)$ 如果存在，则有如下性质：

（1） $\chi(a) = \sum_{n=1}^{\infty} k_n(x) \dfrac{a^n}{n!}$，其中，$k_n(x)$ 为 X 的 n 阶累积量，记 m_n^x 为 X 的 n 阶中心矩，则 $k_1(x) = E[x]$，$k_2(x) = m_2^x$，$k_3(x) = m_3^x$，$k_4(x) = m_4^x - 3(m_2^x)^2$，$\cdots$；

（2）当 $X \sim N(\mu, \sigma^2)$ 时，$\chi(a) = a\mu + 0.5a^2\sigma^2$；

（3）当 X 与 Y 相互独立时，$\chi(a, x+y) = \chi(a, x) + \chi(a, y)$；

（4）$\chi(a)$ 是关于 a 的凸函数，且 $\chi(0) = 0$；

（5）$\chi(a)/a$ 关于 a 单调递增，当 a 从 0 增至无穷大时，$\chi(a)/a$ 从 $E[X]$ 增至 X 的上确界。

【引理 8.2】 当二维随机变量 $(g, r)^{\mathrm{T}}$ 服从均值为 $(\mu_1, \mu_2)^{\mathrm{T}}$、协方差矩阵为 $\begin{pmatrix} \sigma_{11} & \sigma_{12} \\ \sigma_{21} & \sigma_{22} \end{pmatrix}$ 的二维正态分布时，其对应累积量生成函数为

$$\psi(\theta_1, \theta_2) = \theta_1\mu_1 + \theta_2\mu_2 + 0.5\theta_1^2\sigma_{11} + 0.5\theta_2^2\sigma_{22} + \theta_1\theta_2\sigma_{12}$$

按照上述对数消费增长率与资本产出率的定义，复合增长率 $Y_t = (g_t, r_t)^{\mathrm{T}}$ 的二元累积量生成函数可表示为

$$\psi(\theta_1, \theta_2) = \ln E[\mathrm{e}^{\Theta^{\mathrm{T}} Y_t}] = \ln E[(c_t / c_{t-1})^{\theta_1} (F_t / F_{t-1})^{\theta_2}] \qquad (8.9)$$

其中，$\Theta^{\mathrm{T}} = (\theta_1, \theta_2)$ 为任意可使得式（8.9）中乘积期望为有限值的向量。下面结合累积量生成函数性质，基于具体分布假设下广义折现率的表现，分析影响广义折现率期限结构的主要效应。

2. 相对财富效应与联合风险效应

假设未来消费增长率与项目不确定资本产出率构成的复合增长率 $Y_t = (g_t, r_t)^{\mathrm{T}}$ 各阶段相互独立，则对任意的 t，式（8.9）所定义的复合增长率的累积量生成函数可改写为年平均情形：

$$\psi(\theta_1, \theta_2) = t^{-1} \ln E[(c_t / c_0)^{\theta_1} (F_t / F_0)^{\theta_2}] \qquad (8.10)$$

进而假设决策者效用函数为 CRRA 效用函数：$u(c_t) = c_t^{1-b} / (1-b)$，$b > 0$，$b \neq 1$，其中，$b$ 为决策者相对风险厌恶系数。根据累积量生成函数表达式，在增长过程各阶段独立同分布假设下，式（8.8）所定义广义折现率可简化为纯时间偏好率 ρ 与复合增长率 $Y_t = (g_t, r_t)^{\mathrm{T}}$ 的累积量生成函数之差：

$$R_t = \rho - \psi(-b, 1) \qquad (8.11)$$

式（8.11）表明，若未来经济增长各阶段相互独立，则在 CRRA 效用函数条件下，由未来消费增长率与资本产出率联合确定的广义折现率为常数。特别地，

若 $Y_t = (g_t, r_t)^T$ 服从独立同分布的对数正态分布：

$$Y_t = \mu t + A Z_t$$

其中，$\mu = (\mu_1, \mu_2)^T$ 为二阶漂移项；A 为 2×2 的分子载荷矩阵；Z_t 为二阶布朗运动项，则式（8.11）所述广义折现率 R_t 进一步可具体化为

$$R_t = \rho + b\mu_1 - \mu_2 - 0.5b^2\sigma_{11} - 0.5\sigma_{22} + b\sigma_{12} \tag{8.12}$$

其中，μ_1 与 μ_2 分别为消费增长率 g_t 与资本产出率 r_t 的期望；σ_{ij} 为资本产出率与消费增长率联合增长过程的协方差矩阵元素。式（8.12）右侧第一项是纯时间偏好率 ρ，体现决策者相比未来更偏好现在的天性，同时反映决策者不耐心程度；第二项是来自消费增长的财富效应项 $b\mu_1$，决策者因预见经济增长，未来相比现在会更富有，从而倾向于当前多消费，更看重当前福利，使折现率增大，即从消费效用视角考虑的财富效应使得广义折现率增大；第三项体现项目的未来财富。参考拉姆齐模型中财富效应的界定方式，本节将第二项与第三项之差称为相对财富效应。

式（8.12）右侧后三项之和是消费增长与项目资本产出双重不确定性表现出来的联合风险，称为联合风险效应。容易看出，消费增长率与资本产出率的方差都使得广义折现率减小。若协方差 $\sigma_{12} > 0$，未来项目资本产出水平与基准消费增长正相关，项目在宏观经济状态相对繁荣时才获得较高收益，经济环境繁荣意味着高收益相对价值较低，这种正相关趋势使得决策者在对含产能消费品折现时增加 $b\sigma_{12}$ 个单位，即正相关效应将减少未来不确定收益的期望现值。反之，若协方差 $\sigma_{12} < 0$，未来项目资本产出水平与基准消费增长负相关，项目在宏观经济状态相对萧条时也能获得较高收益，这种高收益相比两个增长率独立时价值更高，这种负相关趋势使得决策者在对含产能消费品折现时减少 $b\sigma_{12}$ 个单位，提升当前投资含产能消费品未来的期望现值。

具体地，相对财富效应与联合风险效应对广义折现率的影响方式表现在两方面。一方面，相对财富效应对广义折现率的影响方式有两种可能。正的相对财富效应使广义折现率增大，这种情形表现在：未来经济增长过程中，消费增长率与相对风险厌恶系数乘积相比项目资本产出率增长速度更快，表明项目的资本产出水平未能达到宏观经济增长平均水平，即项目收益增长水平不能抵消消费折现，此时，相对财富效应降低项目投资收益现值，具有增大广义折现率的效应。负的相对财富效应使广义折现率减小，这种情形表现在：消费增长率与相对风险厌恶系数乘积相比项目资本产出率增长速度较慢，表明项目的资本产出率增长速度大于经风险调整的基准消费增长率增长速度，项目的资本产出水平高出宏观经济增长平均水平，即项目收益增长水平足以抵消消费折现，此时，相对财富效应提升项目投资收益现值，具有减小广义折现率的效应。另一方面，联合风险效应中来

自资本产出率与消费增长率自身的波动将直接减小广义折现率。两个增长率的相关关系对广义折现率的影响方式也分两种情况。若项目未来不确定资本产出率与未来基准消费增长率统计正相关，即项目在宏观经济处于高速发展阶段获得高收益，则相关趋势效应将增大广义折现率，降低相应投资价值。若项目未来不确定资本产出率与未来基准消费增长率统计负相关，即项目在宏观经济状况萧条时仍能获得高收益，则相关趋势效应将减小广义折现率，提升相应投资价值。综合来看，相对财富效应与联合风险效应的相对强度影响和决定了广义折现率期限结构。

8.3　长期限风险项目广义折现

8.2 节基于未来消费增长率与资本产出率各阶段独立同分布假设，获得广义折现率表达形式。在这种条件下，广义折现率为常数，与时间无关。然而，增长过程各阶段独立同分布意味着经济增长过程前后阶段没有扰动，表明当年观测到的经济增长率不影响未来经济增长率，也不能为判断未来经济增长走势提供任何信息。事实上，任何涉及经济增长特别是长期经济增长影响的模型都不能忽略增长过程前后阶段间的扰动，即序列相关性。前后阶段扰动的持续性会放大经济增长不确定性，同时改变消费增长率与资本产出率的相对财富效应和联合风险效应的相对强度，并进一步改变广义折现率期限结构。据此，本节基于未来消费增长与项目资本产出过程具有持续性扰动情形，讨论广义折现率表达形式，并通过分析相对财富效应和联合风险效应对广义折现率期限结构的作用机理，研究广义折现率期限结构。

8.3.1　广义折现率解析表达

未来经济增长过程一般具有一定的持续性，表现为当年经济状况受到前一年或者前面若干年历史经济状况影响。由于经济周期的存在，这种影响通常会呈现一定的延续性和均值回归性。延续性是指当年的经济状况与前一年经济状况密切相关，前后两年的经济增长率也比较一致。假设前一年处于一个较高经济增长速度，则后一年也会处于一个相对较高增长速度，不会快速调整为低速增长模式。均值回归性是指增长率层面上的收敛，即经济增长速度在维持延续性的同时，不可能一直保持在高（低）速增长状况。例如，中国在 2020 年之前 GDP 增长率一直保持在 6% 以上，但随着经济总量的增大，这种高速增长不可能长期持续，未来 GDP 增长率在一定时期后会回归常态，趋于一个较合理的值。高（低）经济增长率会慢慢衰减（提升），直至趋于常态，回归到一个历史平均水平。本章正是基于经济增长具有一定延续性与均值回归性的宏观经济环境讨论广义折现率表现。

风险投资项目的未来风险主要来自两方面不确定性：一方面是未来宏观经济增长水平的不确定性；另一方面是项目收益的不确定性。Bansal 和 Yaron（2004）建立了关于消费增长具有持续性扰动的自回归模型。该模型巧妙描述了宏观经济状况呈现持续性扰动与均值回复的情形，可为无风险折现率研究提供有效支撑。然而，该模型并未涉及项目收益具有不确定性的情形，从而无法应用于风险项目评估。据此，在该模型基础上，本章增加项目不确定收益受潜在经济状态持续性扰动的描述，假设基准消费增长水平与项目不确定收益同时受到潜在经济增长过程持续性扰动影响，讨论广义折现率表现，具体过程如下。

基于 Bansal 和 Yaron（2004），本章使用一个具有持续性扰动的均值回复过程刻画消费增长过程：

$$\begin{cases} g_t = \mu_1 + y_t + \varepsilon_{gt} \\ y_t = \phi y_{t-1} + \varepsilon_{yt} \\ \varepsilon_{gt} \sim \text{N.i.i.d.}(0, \sigma_g^2) \\ \varepsilon_{yt} \sim \text{N.i.i.d.}(0, \sigma_y^2) \end{cases} \tag{8.13}$$

其中，参数 μ_1 为消费增长率 g_t 的历史均值；具有初始值 y_{-1} 的变量 y_t 是消费增长率的持续性部分，其持续性程度使用参数 ϕ 表示，ϕ 的取值为 0～1，如果 $\phi = 0$，模型退化为纯随机游走模型，若 $y_{-1} = 0$，则消费增长率期望等于历史均值；N.i.i.d. 表示独立同正态分布，即对任意 t 时期，ε_{gt} 服从均值和方差分别为 0 和 σ_g^2 的正态分布，ε_{yt} 服从均值和方差分别为 0 和 σ_y^2 的正态分布。

类似地，假设 t 时期项目资本产出率 r_t 也包含持续性的扰动，并使用一个均值回复过程刻画：

$$\begin{cases} r_t = \mu_2 + \xi_t [\alpha_t y_t + (1 - \alpha_t) i_t] + \varepsilon_{rt} \\ i_t = i_{t-1} + \varepsilon_{it} \\ \varepsilon_{rt} \sim \text{N.i.i.d.}(0, \sigma_r^2) \\ \varepsilon_{it} \sim \text{N.i.i.d.}(0, \sigma_i^2) \end{cases} \tag{8.14}$$

其中，参数 μ_2 为项目资本产出率 r_t 的历史均值；具有初始值 i_{-1} 的变量 i_t 为项目自有产出率的持续性部分，且与 y 独立；参数 ξ_t 为项目资本产出率受到的持续性扰动的强度。总的持续性扰动是消费增长的持续性扰动和项目自有风险持续性扰动的加权和，前者的权重为 α_t。如果 $\alpha_t = 1$，则对项目资本产出率的持续性扰动全部来自消费增长过程，而项目自有风险对项目资本产出率只有一个瞬时冲击 ε_{rt}。如果 $\alpha_t = 0$，则项目资本产出过程不受经济周期影响。尽管并无依据认为 ξ_t 与 α_t 应为常数，但为了更简洁地识别项目自有风险对广义折现率的影响，本章假设这两个参数为常数。

令 $t > 0$，为了描述累积消费增长率与累积项目资本产出率，定义两个随机变量：

$$X_t = \sum_{\tau=0}^{t-1} g_\tau, \quad Z_t = \sum_{\tau=0}^{t-1} r_\tau \tag{8.15}$$

记累积消费增长率与累积项目资本产出率构成的随机变量 (X_t, Z_t) 的累积量生成函数为 $\Psi_{(X_t, Z_t)} = \ln E[\mathrm{e}^{\theta_1 X_t + \theta_2 Z_t}]$。假设决策者效用函数为 CRRA 效用函数，结合复合增长率累积量生成函数表达式，式（8.8）所定义的广义折现率可表示为纯时间偏好率与关于累积消费增长率 X_t 和累积项目资本产出率 Z_t 的累积量生成函数 $\Psi_{(X_t, Z_t)}$ 年化平均值之差：

$$R_t = \rho - t^{-1}\Psi_{(X_t, Z_t)}(-b, 1) \tag{8.16}$$

通过累次迭代，并代入式（8.16），可得下述命题。

【命题 8.1】　假设风险项目所处宏观经济环境和项目资本产出方式可通过具有持续性扰动的均值回归过程（式（8.13）和式（8.14））描述，则对应广义折现率为纯时间偏好率、相对财富效应项及联合风险效应项之和：

$$R_t = \rho + D(t) + V(t) \tag{8.17}$$

其中，

$$D(t) = b\mu_1 - \mu_2 - \xi(1-\alpha)i_{-1} + (b - \xi\alpha)y_{-1}\phi(1-\phi^t)/[(1-\phi)t]$$

$$V(t) = -(0.5b^2 + 0.5\xi^2\alpha^2 - b\xi\alpha)\sigma_g^2 - 0.5\sigma_r^2$$

$$- (0.5 + \xi^2\alpha^2 - b\xi\alpha)\sigma_y^2[1 - 2\phi(1-\phi^t)/[(1-\phi)t]$$

$$+ \phi^2(1-\phi^{2t})/[(1-\phi^2)t]]/(1-\phi)^2$$

$$- 0.5\xi^2(1-\alpha)^2t^2\sigma_i^2/3$$

证明：

根据累积消费增长率 X_t 与累积项目资本产出率 Z_t 的定义，有

$$X_t = \mu_1 t + y_{-1}\phi(1-\phi^t)/(1-\phi) + \sum_{\tau=0}^{t-1}((1-\phi^{t-\tau})\varepsilon_{y\tau}/(1-\phi) + \varepsilon_{g\tau})$$

和

$$Z_t = \mu_2 t - \xi\mu_1\alpha t + \xi\alpha X_t + \sum_{\tau=0}^{t-1}\varepsilon_{r\tau} - \xi\alpha\sum_{\tau=0}^{t-1}\varepsilon_{g\tau} + \xi(1-\alpha)\left(ti_{-1} + \sum_{\tau=0}^{t-1}(t-\tau)\varepsilon_{i\tau}\right)$$

所有 $\varepsilon_{g\tau}$ 与 $\varepsilon_{i\tau}$ 都服从正态分布，从而有

$$X_t \sim N(a_1, b_1^2) \tag{8.18}$$

其中，

$$a_1 = \mu_1 t + y_{-1}\phi(1-\phi^t)/(1-\phi)$$

$$b_1^2 = \sigma_y^2[t - 2\phi(1-\phi^t)/(1-\phi) + \phi^2(1-\phi^{2t})/(1-\phi^2)]/(1-\phi)^2 + \sigma_{gt}^2$$

同时，Z_t 关于 X_t 的条件分布也为正态分布，有

$$Z_t \big| X_t \sim N(a_2 + \xi X_t, b_2^2) \tag{8.19}$$

其中，

$$a_2 = \mu_2 t - \xi \alpha \mu_1 t + \xi(1-\alpha)i_{-1}t$$
$$b_2^2 = \sigma_r^2 t + \xi^2 \alpha^2 \sigma_g^2 t + \xi^2(1-\alpha)^2 t^2 \sigma_i^2 / 3$$

随机过程（式（8.18）和式（8.19））用于确定累积消费增长率与累积项目资本产出率的联合分布。记 X_t 的概率密度函数为

$$f_X(x) = 1 / \left(\sqrt{2\pi} b_1 \right) \exp[-(x-a_1)^2 / (2b_1^2)]$$

相应地，Z_t 的条件概率密度函数为

$$f_{Z|X}(z \mid x) = 1 / \left(\sqrt{2\pi} b_2 \right) \exp[-(x - a_2 - \xi\alpha x)^2 / (2b_2^2)]$$

从而 (X, Z) 的联合概率密度函数为

$$f(x,z) = \left[\sqrt{\xi^2 b_1^2 + b_2^2} \Big/ \left(2\pi b_1 b_2 \sqrt{\xi^2 b_1^2 + b_2^2} \right) \right] \exp[g(x,z)] \tag{8.20}$$

其中，

$$g(x,z) = -\frac{1}{2 \dfrac{b_2^2}{\xi^2 b_1^2 + b_2^2}} \left(\frac{(x-a_1)^2}{b_1^2} - 2 \frac{\xi b_1}{\sqrt{\xi^2 b_1^2 + b_2^2}} \frac{(x-a_1)(z - a_2 - \xi\alpha a_1)}{b_1 \sqrt{\xi^2 b_1^2 + b_2^2}} \right.$$
$$\left. + \frac{(z - a_2 - \xi\alpha a_1)^2}{\xi^2 b_1^2 + b_2^2} \right)$$

令

$$(X, Z) \sim N(\widetilde{\mu_1}, \widetilde{\mu_2}, \widetilde{\sigma_1^2}, \widetilde{\sigma_2^2}, \rho)$$

结合式（8.20），有

$$\widetilde{\mu_1} = a_1, \quad \widetilde{\mu_2} = \xi\alpha a_1 + a_2$$
$$\widetilde{\sigma_1^2} = b_1^2, \quad \widetilde{\sigma_2^2} = \xi^2\alpha^2 b_1^2 + b_2^2$$
$$\rho = \xi\alpha b_1 \Big/ \sqrt{\xi^2\alpha^2 b_1^2 + b_2^2}$$

根据相关系数 ρ 与 $\widetilde{\sigma_1^2}$、$\widetilde{\sigma_2^2}$ 的表达式可得随机变量 (X_t, Z_t) 的协方差矩阵为

$$\begin{pmatrix} b_1^2 & \xi\alpha b_1^2 \\ \xi\alpha b_1^2 & \xi^2\alpha^2 b_1^2 + b_2^2 \end{pmatrix}$$

将上述联合正态分布相关均值参数和协方差矩阵元素代入 (X_t, Z_t) 的累积量生成函数，可获得

$$\Psi_{(X_t, Z_t)}(-b, 1) = (\xi\alpha - b)a_1 + a_2 + (0.5b^2 + 0.5\xi^2\alpha^2)b_1^2 + 0.5b_2^2 - b\xi\alpha b_1^2$$

进一步代入式（8.16）所述广义折现率表达式，可获得命题 8.1。

证明完毕。

命题 8.1 提供了未来消费增长率和项目资本产出率都具有持续性扰动条件下广义折现率的解析表达形式。结论显示，上述广义折现率 R_t 可分成三部分，分别是决策者纯时间偏好率 ρ、相对财富效应项 $D(t)$，以及联合风险效应项 $V(t)$。

相对财富效应项 $D(t)$ 包含 4 个常数项和 1 个时变项：$(b-\xi\alpha)y_{-1}\phi(1-\phi^t)/[(1-\phi)t]$。该时变项由未来消费增长率的持续性扰动引起。当经济初始状态相对繁荣，且 $E[r_t]$ 的衰减速度比 $E[bg_t]$ 慢（$y_{-1}>0, \xi\alpha<b$）时，或者当经济初始状态处于衰退期，而 $E[r_t]$ 的增长速度比 $E[bg_t]$ 快（$y_{-1}<0, \xi\alpha>b$）时，相对财富效应随时间单调递减，进而使得广义折现率减少。反之，当 $y_{-1}>0$，$\xi\alpha>b$ 或者 $y_{-1}<0, \xi\alpha<b$ 时，相对财富效应增大广义折现率。

联合风险效应项 $V(t)$ 包含 3 个常数项和 2 个时变项。因为 $2\phi(1-\phi^t)/[(1-\phi)t]-\phi^2(1-\phi^{2t})/[(1-\phi^2)t]$ 和 $-0.5\xi^2(1-\alpha)^2t^2\sigma_i^2/3$ 都随时间单调递减，所以联合风险效应减少广义折现率。原因在于未来宏观消费增长率和项目资本产出率的联合风险增加了未来消费的不确定性，进而增加了决策者减少当前消费以改善未来的意愿。

8.3.2　期限结构

广义折现率的期限结构由相对财富效应和联合风险效应随时间变化的相对强度决定。相比常数型广义折现率，递减的广义折现率下决策者赋予项目远期收益更大的权重。如果相对财富效应和联合风险效应都趋向于减少广义折现率，广义折现率随时间单调递减；如果相对财富效应趋向于提升广义折现率，而联合风险效应对广义折现率的减效应强于相对财富效应，广义折现率同样随时间单调递减。下述命题给出递减广义折现率的充分条件。

【命题 8.2】　假设风险项目所处宏观经济环境和项目资本产出方式可通过具有持续性扰动的均值回归过程（式（8.13）和式（8.14））描述，且相应参数满足

$$(b-\xi\alpha)y_{-1}\phi/(1-\phi) > -(b^2+2\xi^2\alpha^2-2b\xi\alpha)\phi\sigma_y^2/[(1+\phi)(1-\phi)^2] \\ -\xi^2(1-\alpha)^2\sigma_i^2/(\phi\ln\phi) \tag{8.21}$$

则对应广义折现率 R_t 关于时间单调递减。

证明：

记

$$R_t = f_c + f_1(1-\phi^t)/t + f_2(1-\phi^{2t})/t + f_3t^2$$

其中，

$$f_c = \rho - b\mu_1 - \mu_2 - \xi(1-\alpha)i_{-1} - (0.5b^2 + 0.5\xi^2\alpha^2 - b\xi\alpha)\sigma_g^2$$
$$- (0.5b^2 + \xi^2\alpha^2 - b\xi\alpha)\sigma_y^2 / (1-\phi)^2 - 0.5\sigma_r^2$$
$$f_1 = \phi[(b-\xi\alpha)y_{-1} + (b^2 + 2\xi^2\alpha^2 - 2b\xi\alpha)\sigma_y^2 / (1-\phi)^2] / (1-\phi)$$
$$f_2 = -\phi^2(0.5b^2 + \xi^2\alpha^2 - b\xi\alpha)\sigma_y^2 / [(1-\phi^2)(1-\phi)^2]$$
$$f_3 = -2^{-1}\xi^2(1-\alpha)^2\sigma_i^2 3^{-1}$$

从而

$$\frac{dR_t}{dt} = f_1(-\phi^t t\ln\phi - 1 + \phi^t) / t^2 + f_2(-2\phi^{2t} t\ln\phi - 1 + \phi^{2t}) / t^2 + 2f_3 t$$

令

$$g(t) = f_1(-\phi^t t\ln\phi - 1 + \phi^t) + f_2(-2\phi^{2t} t\ln\phi - 1 + \phi^{2t}) + 2f_3 t^3$$

显然

$$g'(t) = [-(f_1 + 4f_2\phi^t)\phi^t t\ln^2\phi + 6f_3 t]t$$

$f_2 < 0$，且对 $t > 0$ 有 $\phi^t < 1$，故 $f_2\phi^t > f_2$。进一步

$$g'(t) < [-(f_1 + 4f_2) + 6f_3 / [(\ln^2\phi)\phi^t]]t \tag{8.22}$$

由于对所有 $t > 0$，都有 $t / \phi^t > 1 / \phi$，由式（8.22）可知，当

$$f_1 + 4f_2 > 6(f_3 / \ln^2\phi)(1/\phi) \tag{8.23}$$

时，有

$$g'(t) < 0$$

根据 f_1 与 f_2 的表达式与式（8.22）和式（8.23），对任意的时间 t，若
$$(b-\xi\alpha)y_{-1}\phi / (1-\phi)$$
$$> -(b^2 + 2\xi^2\alpha^2 - 2b\xi\alpha)[\phi / (1+\phi)][\sigma_y^2 / (1-\phi)^2] - \xi^2(1-\alpha)^2\sigma_i^2 / (\phi\ln\phi)$$

则有 $g'(t) < 0$。又由于 $g(t)$ 的初始值 $g(0) = 0$，当分布参数满足上述条件时，对于任意时间 t，都有 $g(t) < 0$，同时表明广义折现率 R_t 关于时间单调递减。

证明完毕。

在命题 8.2 中，约束条件来自相对财富效应与联合风险效应的相对强度比较。上述约束仅仅是广义折现率关于时间单调递减的充分条件，而非必要条件。也就是说，并非所有导致广义折现率单调递减的情形都需要满足上述参数条件。

下面针对命题 8.2 给出一个图例。所有参数取值以年为单位校准。假设纯时间偏好率和相对风险厌恶系数分别为 $\rho = 0.011$，$b = 1.35$，这两个参数取值与 Drupp 等（2018）基于 200 多名折现专家调查获得的数据是一致的。根据 Bansal 和 Yaron（2004）的实证结果[①]，假设 $\mu_1 = 0.018$，$\sigma_g = 0.027$，$\sigma_y = 0.0012$，$\phi = 0.979$。不失一般性，选择 $\mu_2 = 0.034$，$\sigma_r = 0.031$，$i_{-1} = 0$。此外，假设经济

---

① Bansal 和 Yaron（2004）关于消费增长率的校准是以月为单位的。这里将相关数据转化为年化单位。

正处于繁荣时期,具有 $y_{-1} = 0.012$(Gollier,2012),分别选取 $\sigma_i = 0.0005$,$\xi = 1.69$,$\alpha = 0.8$,以满足式(8.21)。图 8.1 为相应广义折现率,它随时间单调递减。

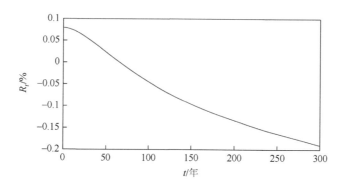

图 8.1 未来增长服从均值回归过程的广义折现率

8.3.3 不可分散非系统风险影响

如前面所述,基于 CCAPM 的风险调整折现率是评估风险项目的经典方法,同时是基于非系统风险可分散化对冲假设的定价方法。然而,对于一些长期限风险项目,其项目自有风险(即非系统风险)并不能通过分散化对冲。本节进一步结合具体分布假设,对比广义折现率与风险调整折现率,探析不可分散非系统风险对折现率及项目未来不确定收益现值的影响。

根据 8.2.2 节的对比,使用风险调整折现方法评估未来不确定收益 F_t 的现值需要两个步骤:首先,计算不确定收益的期望值,即 $E[F_t]$,进而使用风险调整折现率 ϑ_t 计算 $E[F_t]$ 的现值,并表示为 $\mathrm{PV} = \mathrm{e}^{-\vartheta_t t}E[F_t]$,风险调整折现率满足 $\vartheta_t = \rho - t^{-1}\ln(\{E[F_t u'(c_t)]\}/\{u'(c_0)E[F_t]\})$。Gollier(2014,2016b)、Dietz 等(2018)常将风险项目不确定收益假设为

$$E[F_t \mid c_t] = c_t^{\beta}$$

其中,β 为项目未来收益受到累积消费改变的敏感性程度。基于这一收益假设,风险调整折现率由消费增长过程,以及累积消费与项目未来收益协方差决定,项目自有风险被假设为可分散从而未被定价[①]。

如果使用广义折现率方法,则 F_t 的现值表示为 $\mathrm{e}^{-R_t t} = E[F_t u'(c_t)/u'(c_0)]\mathrm{e}^{-\rho t}$。为探究两种方法的区别与联系,根据项目资本产出率的定义及随机过程(式(8.14)),

---

① 根据 CCAPM(Lucas,1978),不同时期/状态下消费的边际效用之比等于其相对价格。在完全市场背景下,参与者未来的边际效用完全由未来的总消费/禀赋决定,因此该价格仅依赖于总体风险,与项目自有/个体风险无关。

将不确定收益的形式改写为

$$F_t = [\varphi(\varepsilon_{it})]^{\xi(1-\alpha)} c_t^{\xi\alpha} \psi(t) \qquad (8.24)$$

其中，$\varphi(\varepsilon_{it})$ 与 c_t 独立；$\psi(t)$ 由消费增长率与资本产出率的历史均值 μ_1、μ_2 及瞬时冲击 ε_{gt}、ε_{rt} 等决定[①]。特别地，如果项目资本产出过程与宏观消费增长过程一致，即 $\psi(t)=1$，根据式（8.24），有

$$E[F_t \mid c_t] = c_t^{\xi\alpha}$$

其中，$\xi\alpha$ 等于 CCAPM 模型中的项目贝塔。因此，当 $\psi(t)=1$ 时，来自消费增长的持续扰动的强度可以理解为不确定收益随累积消费增长变化的敏感性程度。

在完全市场背景下，项目自有风险可分散，广义折现率模型与风险调整折现模型等价。数学上，$e^{-R_t t} = e^{-\vartheta_t t} E[F_t]$。这表明 $R_t = \vartheta_t - t^{-1}\ln E[F_t]$，即广义折现率体现风险调整折现率与年平均资本产出率的差。

在不完全市场背景下，很多项目支付都不是市场化的，此时项目自有风险需要被定价。例如，项目的资本产出率受到自有风险的持续性扰动，即 $\alpha \neq 1$，项目的自有风险将可能被分散化，同时会影响项目未来不确定收益的现值。已有使用风险调整折现模型的文献暂未考虑这一情形。广义折现率模型可用于这一类情形的分析。如命题 8.1 中的联合风险效应项 $V(t)$ 所示，$-2^{-1}\xi^2(1-\alpha)^2 t^2 3^{-1}\sigma_i^2$ 测度了不可分散自有风险的影响。事实上，接下来以碳减排投资项目为例的数值应用表明，项目不可分散非系统风险对于未来收益的现值的影响可能是非常显著的。

8.4 碳减排问题

8.4.1 DICE 模型

理解、评估和制定应对全球变暖问题的政策是非常困难的。这涉及多门学科和社会经济等多方面问题。生态学家将其视为生态系统的一个威胁，海洋生物学家将其视为导致海洋酸化的一个问题，公共事业单位将其登入资产负债表的借方，煤矿工人将其视为一个关乎生计的生存性威胁。企业有可能将其视为一个机会，也有可能将其视为一种危害；只要不需要涉及征税，政治家会将其视为一个很好的议题，对于已经缩短的滑雪期来说，滑雪胜地会视其为致命性的威胁，高尔夫选手会视为年复一年娱乐的一种福利；穷国视其为危害其农作物的一种威胁，同

---

① 这里 $\varphi(\varepsilon_{it}) = \exp[ti_{-1} + \sum_{\tau=0}^{t-1}(t-\tau)\varepsilon_{i\tau}]$，$\psi(t) = \dfrac{F_0 \exp(\mu_2 t + \sum_{\tau=0}^{t} \varepsilon_{r\tau})}{c_0 \exp[\xi\alpha(\mu_1 t + \sum_{\tau=0}^{t} \varepsilon_{g\tau})]}$。

时是财政和技术支持的一个方面。这种多面特性给自然科学家和社会科学家提出了一个挑战。他们必须将各种地球物理学、经济学和政治学引入关于全球变暖问题的调查研究和解决方法中。

针对经济活动应采取怎样的措施，政策制定应如何平衡现今经济成本与未来经济和生态效益等问题，20 世纪 70 年代，Nordhaus 从能源、环境角度研究气候变化的经济影响，并带领团队通过 20 多年的努力开发出 DICE 模型。DICE 模型是与经济增长因素、温室气体排放、碳循环、气候变化、由气候引起的损失等有关的综合评估模型。

DICE 模型按照经济增长理论的分析方法对气候变化进行经济学分析。在该模型中，评价政策的基础是看它对不同时期的经济福利（更精确地说是指消费）所造成的影响。以 DICE-2007 模型为例，它包含众多地球物理学关系，通过 19 个方程将经济与影响环境变化的不同因素联系起来。第 1~3 个方程构成目标函数，具体以社会总福利最大化为目标，其中，社会福利作为人口加权的人均消费效用的折现值综合，与人口数量、折现函数和消费效用函数有关。第 4~9 个方程为标准会计方程（主要包括柯布-道格拉斯（Cobb-Douglas）生产函数，工业总产值由综合技术水平、投入劳动力数、投入的资本决定）、温度变化方程、损失函数方程、产出总量方程、人均消费方程和资本守恒方程等。第 10~19 个方程主要涉及排放方程、碳燃料资源限制方程，以及将经济活动和温室气体的排放连接到碳循环、辐射力和气候变化等的方程。

在 DICE 模型中，损失函数的设置极为关键，争议也颇多。损失函数是气候经济综合一体化模型的核心。损失函数将温度的变化映射到福利的变化，但是将前者与后者联系起来的大多数步骤是不确定的，有些步骤是非常不确定的。Botzen 和 van den Bergh（2012）针对 DICE 模型中关于损失函数的争议，使用 Weitzman（2010b）提出的另一种损失函数，更关注更大温度升高对气候变化的影响，通过 DICE 模型计算最佳减排轨迹，并提出相应气候政策建议。最佳减排轨迹对损失指标非常敏感。Botzen 和 van den Bergh（2012）进一步对比了 Nordhaus（2008）的损失函数和 Weitzman（2010b）的损失函数这两种情形下最优减排轨迹。具体地，Nordhaus（2008）使用的损失函数分母包含温度的 2 次方项，Weitzman（2010b）使用的损失函数分母既有温度的 2 次方项，又有温度的 6.754 次方项，从而有效引入了临界点。在该临界点处，损失函数描述了超过 6 摄氏度的温度升高后产生的巨大影响。可能造成大约 50%的损失。

DICE 模型整合了物理学、化学和经济学的理论与实证结果，是描述经济与气候之间全球相互作用的定量模型，用于模拟经济和气候如何共同发展，以及检查气候政策（如碳税）干预的后果。

经济学家小故事:

威廉·诺德豪斯

威廉·诺德豪斯（William Nordhaus），2018 年获诺贝尔经济学奖，师从保罗·萨缪尔森和罗伯特·索罗。

1967 年，26 岁的诺德豪斯于麻省理工学院取得经济学博士学位，同年在耶鲁大学获得教职。在随后的六年中，他的论文涵盖了经济增长、技术变化、税收、价格水平、劳动工资等较为广泛的研究领域。从此阶段的十余篇论文和一部著作来看，诺德豪斯主攻增长理论，并尝试向其他领域拓展探索。从 1977 年开始，诺德豪斯表现出主攻气候变化研究倾向。下面结合诺德豪斯经典论文，简述 DICE 模型的起源与发展演变过程。

（1）二氧化碳的主角地位。1977 年，诺德豪斯在 *American Economic Review* 上发表了论文 "经济增长与气候：二氧化碳的问题"（Economic growth and climate: The carbon dioxide problem）。该论文奠定了气候变化经济学作为经济学的一个独立分支学科的基础。诺德豪斯将二氧化碳作为连接经济系统和气候系统的纽带，他此后发展的模型、使用的情景及建议的政策大多可以在该论文中找到雏形。诺德豪斯将两个看似独立的系统统一为整体，为了寻找最佳控制策略，提出两种方案：一种是减少二氧化碳排放，即减排；另一种是清除大气中的二氧化碳，其后面的研究着重考虑第一种方案。

（2）DICE 模型起源。1992 年，诺德豪斯在 *Science* 上发表了论文 "控制温室气体的一条最优过渡路径"（An optimal transition path for controlling greenhouse gases）。在该论文中，诺德豪斯首次提出 DICE 模型。该论文的主要贡献是从五个方面将 1977 年论文的思想进一步规范模型化。具体包括以新古典经济增长理论为基本框架，将全球经济视为一个整体，考虑所有温室气体排放，并将其他气体使用二氧化碳等价量代替，考虑温室气体在大气、海洋及陆地的循环与气候变化关系，以及气候变化对全球经济体的影响等。

（3）DICE 区域化。1996 年，诺德豪斯在 *American Economic Review* 上发表了论文 "一个致力改变气候变化战略的区域动态一般均衡模型"（A regional dynamic general-equilibrium model of alternative climate-change strategies）。该论文与杨自力（Yang Zili）合作，针对 DICE 模型忽略了地区差异的问题，拓展形成了气候与经济区域综合模型（regional integrated model of climate and the economy，RICE）。该模型允许不同国家在考虑本国经济权衡和自身利益的情况下做出政策选择。

（4）DICE 模型的应用。2013 年，诺德豪斯与斯托克联合发布了《DICE2013R：简介与用户手册》（*DICE 2013R: Introduction and User's Manual*）。该手册表明，DICE 模型由 20 个函数和方程组成，刻画的是在经济约束和气候约束的双重条件下社会福利函数的最大化问题。其中目标函数体现的是全球社会福利的核算方式，经济约束与气候约束主要包括全球资本产出方式、经济产出与排放关系、排放与温度变化，以及气候变化关系等。2006 年，《斯特恩报告》成功地引起世界对气候变化问题的广泛关注。人们才发现，气候变化经济学的最新文献都在不断地引用同一个名字：诺德豪斯。诺德豪斯认为，尽管经济增长会增加碳排放，但各国不应为了应对气候变化而牺牲经济增长。他不鼓励减少碳排放，因为据他估计，全球变暖并没有对世界经济产生太大影响。"不要让任何人分散你对手头工作的注意力，"诺德豪斯在获奖后告诉他的同行，"这是经济增长。"诺德豪斯倾向于以每年 6%的折现率来对未来进行折现，这使得 12 年后的社会价值不到现在的社会价值的一半，70 年后的社会或个人价值只有当前价值的 1%。高折现率让诺德豪斯及其同事认为，与未来保护人们的"低"利益相比，今天减少排放的经济成本太高。针对此观点，大量气候科学家和生态学家指责诺德豪斯把政府未能采取紧急气候行动加以合理化。斯特恩、威茨曼等经济学家对诺德豪斯的假设、计算和结论提出了异议。2 月，在格拉斯哥举行的苏格兰经济学会会议上，金斯顿大学经济学、历史与政治学院院长基恩解释了诺德豪斯理论中的错误和遗漏。

8.4.2　碳减排投资项目

　　碳减排投资项目是指项目致力减少温室气体排放，收益来自当前减少温室气体排放所带来（节约）未来消费的增加。项目未来不确定性既来自宏观经济预期的不确定性，也来自气候变化本身的不确定性。

　　关于气候变化的影响涉及诸多重要问题。例如，经济增长的未来趋势如何，不同区域的气候损失如何，如果全球变暖超出某个阈值，气候损失将会急剧上升到什么程度。科学研究显示，当前海平面上升速度惊人，如果一切照旧，预计到 2100 年海平面将上升 1 米甚至更高。这意味着届时将有 1/10 的世界人口的生存环境面临严重威胁。科学家指出，气候变暖还将导致洪水/干旱等自然灾害频发、极端天气屡屡出现的局面，粮食减产、物种灭绝、空气污染都将随气候变化接踵而至。有评论指出，气候变化问题是人类有史以来面临的最大挑战，是 21 世纪的核心议题。研究表明，气候变化的危害性冲击主要由温室气体的浓度决定，进而引起气温及其他气候的变化。同时，二氧化碳浓度与二氧化碳排放之间存在极其密切的关系。

　　分析气候变化的经济影响需考虑的不确定因素既有经济产出方面不确定因素，也有气候系统自身不确定因素。其中，经济产出方面不确定因素包括全要素生产率及其扰动、经济产出与工业二氧化碳的排放关系、减排成本、损失函数的收入弹性等。气候系统自身不确定因素包括气候系统对碳排放的反应，即二氧化碳在大气、海面和生物圈这三个"储存器"之间的循环，每增加 1 倍大气中二氧化碳浓度的气候敏感性（即地球对温室气体排放的反应速度），常规升温的破坏和较高升温的破坏等。

　　合理权衡经济产出和控制二氧化碳排放是约束气候变化影响的关键。然而，在上述气候变化经济影响的不确定因素中，诸多涉及气候系统自身不确定因素的影响在基于完全市场假设的传统定价模型中无法测度。据此，本章进一步以广义折现率模型分析缓解气候变化的碳减排问题。

8.4.3 数值分析

　　本节使用碳减排投资项目对项目自有不可分散风险如何影响广义折现率进行数值分析，并进一步分析来自消费增长的持续性扰动强度（$\xi\alpha$）对于项目未来不确定收益现值的影响。为了简洁，接下来使用气候贝塔来表示 $\xi\alpha$。

　　受广泛使用的 DICE 模型（Nordhaus，2008，2018）的启发，假设碳减排投资项目的持续性消费增长扰动来自经济产出过程，持续的自有扰动来自气候敏感性变化。$\alpha=1$ 表示完全市场背景。一旦存在自有持续性扰动即意味着项目自有风险不可分散，即 $0<\alpha<1$。不失一般性，$\alpha=0.5$ 表示不完全市场背景。此外，参考 Dietz 等（2018）关于气候贝塔的估计值，选取满足 $\xi\alpha=\beta$ 的三个气候贝塔值分别为 $\beta_H=1.05$，$\beta_M=0.78$，$\beta_L=0.49$，其中，β_H、β_M 和 β_L 分别对应高气候贝塔、中气候贝塔和低气候贝塔。图 8.2 给出上述三类碳减排投资项目在两种背景（完全市场和不完全市场）下的广义折现率[①]。

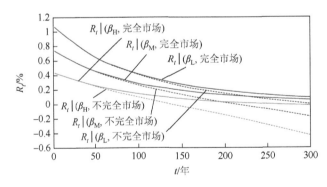

图 8.2　不同背景下不同气候贝塔的碳减排投资项目的广义折现率

　　图 8.2 表明，对于两个具有相同气候贝塔的碳减排投资项目，在不完全市场背景下的广义折现率比在完全市场背景下的广义折现率要小。这进一步表明，在不完全市场背景下减排投资的现值比在完全市场背景下减排投资的现值更大。换言之，当忽略自有不可分散风险影响时，减排收益现值将被低估。经济直觉可解

[①] 其他参数取值与图 8.1 一致。

释如下：缓解气候变化投资的未来收益包含两部分，即货币性收益与非货币性收益。其中，货币性收益增大未来消费，其现值依赖于气候贝塔；非货币性收益改善未来生态环境质量，其现值依赖于环境质量的相对价格。因气候敏感性变化引起的自有持续性扰动将增加环境质量的相对价格，故碳减排投资项目的非货币收益的现值在忽略自有持续性扰动情形下会被低估。

此外，图 8.2 进一步表明，气候贝塔越大，广义折现率越小，这与 Dietz 等（2018）的结论是一致的。这表明，未来消费增长的持续性扰动强度越大，减排投资的现值越大。

本 章 小 结

本章以长期限风险项目为评估对象，建立体现项目风险特征的广义折现率模型。广义折现率受到未来宏观消费增长和项目资本产出水平双重不确定性影响，其期限结构由项目相对财富效应和联合风险效应的相对强度决定。在完全市场背景下，广义折现率模型与风险调整折现模型的定价理论和结论一致。在不完全市场背景下，广义折现率模型可测度项目不可分散非系统风险影响，是风险调整折现模型的补充和拓展。特别地，针对以碳减排投资项目为例的长期限项目，广义折现率提供了一般定价方法，同时，使用广义折现率模型测度碳减排投资项目未来不确定收益现值时，其现值包括货币收益现值和非货币收益现值。其中，货币收益是指通过减少排放降低未来气候变化损失所带来的未来经济效益的增加；非货币收益是指通过缓解气候变化所带来的未来环境资产相对价值的增加。广义折现率为评估环境资产提出了一个新的方法。

下篇 谋 策

第9章　非指数折现投资消费决策框架

本书前言曾提及，经济与管理活动离不开折现这一核心问题，相关争议吸引本书作者对折现展开研究。由于争议主要集中于新古典经济理论核心——指数折现是不是折现的合理技术表达，本书上篇与中篇聚焦于各类非指数折现形成原因与表现形式的探讨，致力于建立各类跨期决策背景下的折现规则。下篇将在非指数折现决策依据基础上，聚焦于将这些折现规则应用于微观主体投资消费决策问题并分析其福利，为政府制定合理的政策提供理论支撑。

由于在各类非指数折现下寻找满足福利最大化的投资消费策略依赖于理论缜密的系统性假设和数理推导方法，为了避免在求解不同类型问题背景下最优投资消费策略过程中因无法忽略的数理推导带来阅读的晦涩，本章以一个相对独立简化的方式系统性阐述时间不一致决策现象（非指数折现下投资消费行为的重要特征）及其界定方式，在此基础上分别介绍离散时间框架下时间不一致投资消费决策模型并分析时间不一致行为成因，在连续时间框架下重点阐述不确定背景下求解时间一致策略的递归方法，以及通过决策主体不同时点自我的不合作动态博弈来获得时间一致策略的均衡方法。本章将为第10章与第11章提供问题背景与数理推导方法支撑。

9.1　时间不一致决策现象与界定

时间不一致，有时也称动态不一致（dynamic inconsistency），是经济分析常见的概念，二者既有联系又有区别。普遍认为，动态不一致是指动态博弈中一个参与者针对未来某阶段制定的最佳策略在未来时点到来的时候将不再是最优策略。现有文献主要分析两种动态不一致行为。一种是分析经济政策的动态不一致行为，多个参与者的博弈过程导致经济政策的动态不一致行为。Kydland 和 Prescott（1977）对经济政策的动态不一致行为进行了深入的阐述。他们指出，政府在 $t-1$ 点制定了最优政策，但在没有承诺机制的情况下，t 点的政府可能根据当时的情况重新制定最优政策。在这种均衡状态下所实现的社会福利将低于具有承诺机制的情形，即政府在 $t-1$ 点承诺在 t 点仍实行与此前相同的政策所实现的社会福利。他们认为，政策制定者需要与理性个体（rational agent）进行动态博弈，理性个体能够观察并预期政府政策会随着经济环境的变化而变化，从而使许多经济政策的可信度下降，导致政策实施的实际效果未能达到最初的政策目标，从而无法实现资源的最优配置。另一种是分析经典的马科维茨（Markowitz）均值-方差投资组合最优策略的动态不一致行为。在马科维茨均值-方差投资组合问题中，决策点 t 终点财富的方差大于 $t+\tau$ 点终点财富方差的期望，在 $t+\tau$ 点，如果个体有重新做决策的机会，他的最优投资策略将会偏离 t 点制定的最优投资策略。Zhou 和 Li（2000）首次对方差不满足迭代期望性质引起的马科维茨均值-方差投资组合选择中的时间不一致问题进行定量分析。

　　时间不一致和行为经济学联系更紧密，这种时间不一致决策行为区别于新信息涌入对最优决策的修正行为。行为经济学中的时间不一致决策行为是以没有新的信息进入为前提，决策者时间偏好随时间发生变化而引起最优决策修正的行为，对应的决策问题本质上是同一个决策者与不同时点自我的不合作博弈问题。该博弈问题以时间为维度，同一个决策者分解为不同时点的自我，这些自我可以是今天的自我、明天的自我、后天的自我、一个月后的自我、一年后的自我等。由于决策者的时间偏好按照某种特定的方式随着时间发生变化，决策者时变的时间偏好导致当前自我偏好和未来某时点自我偏好不一致，使得当前自我制定的最优计划在未来自我看来不是最优的，从而产生时间不一致问题。成语"朝三暮四"就很好地阐述了时间不一致的内涵，即计划的最优决策不等于实际执行的决策。为了区别新信息进入引起的时间不一致决策行为和时变时间偏好引起的时间不一致决策行为，下面通过具体的例子来说明两种时间不一致决策行为的区别。

　　【案例 9.1】　新信息涌入引起的时间不一致决策行为。某人晚上加班回家，有两条回家路线可供选择：一条路线路程较短，但是路况不太好，路上有水坑；另一条路线路程较长，路况好。其他人反映，路程较短路线的水坑较小且该路线车辆较少，能节约行驶时间，该人果断选择路程较短的路线。可是在行驶过程中，该人发现路越来越窄，且有一个巨大水坑无法绕过去。在这种情况下，该人调头重新选择路程较长的路线回家。这就是典型新信息涌入引起的时间不一致决策行为，即新的路况信息涌入导致路线选择的时间不一致决策行为。

　　【案例 9.2】　时变时间偏好引起的时间不一致决策行为。Keren 和 Roelofsma（1995）通过实验发现，63% 的被试者在 30 天的 100 美元和 31 天的 110 美元中选择 31 天的 110 美元，82% 的被试者在今天的 100 美元和明天的 110 美元中选择今天的 100 美元，至少 45% 的被试者发生了偏好逆转。在这个实验中，由于决策点没有发生变化，没有任何新信息进入，同时其他外部条件没有发生任何变化，引起 45% 被试者时间不一致决策行为可以通过他们的时间偏好来解释。个体在进行跨期决策时具有过分追求即时满足行为这一天性，这种描述个体过分追求即时满足行为的时间偏好称为现期偏好，即对未来两个时点的损益进行权衡时，相对于其他时点的选项，对马上实现的确定性损益赋予更大的权重。本例假设对被试者来说，第 30 天的 100 美元等价于第 31 天的 105 美元，即第 31 天和第 30 天的跨期替代率为 100/105=20/21，即第 31 天的 1 美元等价于第 30 天的 20/21 美元。由于现期偏好的存在，对于马上能够获得的钱赋予更大的权重，具体体现为明天和今天的跨期替代率要在第 31 天和第 30 天的跨期替代率基础上乘以一个反映现期偏好程度的参数，假设该参数为 1/2，则明天和今天的跨期替代率为 20/21×1/2=10/21，要放弃今天的 1 美元需要大于明天的 2.1 美元作为补偿，显然选择今天的 100 美元对个体来说是最优的。本例就是典型的由时变时间偏好引起的时间不一致决策行为。

新信息的进入使得计划决策偏离实际决策的时间不一致行为是一种理性行为，因此能够改善个体福利。以个体的长远福利为标准，时变时间偏好引起的时间不一致决策行为有可能损害个体福利。经济学家将时变时间偏好引入经济管理决策模型中，分析时变时间偏好对经济管理决策的影响。同时在假设时间偏好由现期偏好刻画的情况下，决策个体被建模为计划者-行动者模型（planner-doer model）（Thaler and Shefrin，1981；Fudenberg and Levine，2006）。计划者是远视的，所做出的最优决策与新古典经济预测一致，不受即时满足行为因素影响，符合决策个体长远利益。计划者决策系统对应神经科学研究提出的"冷"理性系统，类似新古典理性人格（那艺和贺京同，2019；McClure et al.，2004）。行动者受即时满足行为因素影响，执行短视策略以符合决策个体短期利益，与计划者最优决策有偏差。行动者决策系统对应神经科学研究提出的"热"理性系统（Thaler，2018）。现期偏好导致计划者与行动者最优决策冲突，引起时间不一致决策行为。

现实生活中到处充斥着时间不一致决策现象。控制体重能长远地促进身体健康，因此大脑的计划者想要控制高热量食物摄入，计划摄入低热量高蛋白食物。可是在面对美食时，美食能够瞬时满足个体味蕾，带来愉悦感，大脑的行动者控制不住即时满足冲动而选择油炸等高热量食物。Thaler（2018）指出，当个体具有现期偏好时，计划者想提高储蓄率以增加未来消费，而实际中，行动者很难通过抑制即时满足冲动以控制消费，从而导致储蓄不足，不能如期实现计划。DellaVigna 和 Malmendier（2006）调查了美国 3000 多家健身俱乐部会员健身次数，通过分析年卡持有者实际健身次数，发现绝大部分年卡持有者单次实际成本远远大于次卡持有者单次成本。DellaVigna 和 Malmendier（2004，2006）指出，在权衡年卡和次卡时，收益和成本都发生在未来；在实际健身时，成本发生在当前，而收益发生在未来。由于现期偏好，健身成本相对于收益更大，导致消费者实际健身次数小于计划健身次数。这种计划者与行动者有偏差导致的时间不一致决策现象在消费问题中尤为突出，广受研究者关注。在美国，由于信用卡的普及，绝大多数家庭至少拥有一张信用卡进行各种类型的消费，一半以上有房子的家庭对信用卡进行债务展期，平均展期金额达到 13000 美元/月，同时这些展期债务的年化利率达到 10%（Bricker et al.，2014，2017），这种信用卡借贷的巨大成本使得观察到的信用卡债务金额难以利用传统的经济模型来进行合理解释。Kuchler 和 Pagel（2021）通过分析一组提供在线还款计划服务的信用卡消费和还款数据，发现现期偏好假设下的计划者-行动者模型能够很好地解释个体借款和还款与实际还款策略不一致行为，这种时间不一致行为引起大数目的展期金额及高昂的借贷成本。

　　行为经济学家通过引入一个认知偏差系统来协调计划者与行动者决策冲突，处理时间不一致决策问题（Thaler，2018；O'Donoghue and Rabin，1999b，2001）。依据不同个体对决策偏差的不同认知程度，个体分为三种类型：成熟型个体——能精准地预测时间不一致决策及其偏差程度；幼稚型个体——认为计划的最优决策不会随决策点发生改变；部分成熟型个体——预测到了决策偏差，但是低估了偏差程度（O'Donoghue and Rabin，2001）。成熟型个体和部分成熟型个体通过主动使用具有承诺作用的机制来缩小选择集合或者放弃额外选择带来的灵活性，以执行计划决策（Laibson，2015）；或者将未来时点个体的实际决策纳入当前决策中，制定能被未来不同时点自我接受的时间一致决策，这种策略也称为均衡策略（Cui et al.，2019）。

　　经济学家通过各种途径来寻找个体成熟性的证据。例如，Ashraf 等（2006）、Beshears 等（2015）通过田野实验发现现期偏好个体利用承诺机制缩小未来自我的消费选择集合，这是首次发现现期偏好个体具有成熟性的证据。他们的研究表明，具有现期偏好的部分个体愿意将资金配置到具有变现约束的储蓄产品，且在利率相同的前提下，储蓄产品的变现约束越强，个体购买意愿越高。这说明部分个体通过利用储蓄产品的非流动性来缩小未来自我的消费选择集合以进行自我约束，避免现期偏好引起的时间不一致消费行为，防止过度消费。Cho 和 Rust（2017）发现 2003 年韩国信用卡危机发生前后，顾客主动拒绝银行提供的无息分期贷款，并注销信用卡以防止这些额外流动性导致过度信用消费，这种通过拒绝额外选项带来的决策灵活性也体现了个体的成熟性。

　　计划者策略也称为预先承诺策略，具有全局最优性质，代表决策个体的长远福利，是分析比较决策优劣性的基准（Strotz，1955；O'Donoghue and Rabin，2015）。虽然预先承诺策略具有全局最优性，但是决策个体追求即时满足的天性总是容易使得决策个体打破承诺，最大化当前收益，满足当前偏好（Dasgupta and Maskin，2005）。因此，研究者从不同角度来研究计划者-行动者系统与认知偏差系统共同作用的外显实际决策，并对不同外显实际决策进行福利分析。在投资消费决策领域，早期集中研究时间一致投资消费策略，普遍认为现期偏好不会影响个体投资策略，但是会影响消费策略，同时成熟型个体的实际消费率大于计划消费率（Zou et al.，2014；Palacios-Huerta and Pérez-Kakabadse，2013）。然而对于成熟性是否会增加个体的福利,不同的文献有不同的看法。Chen 等(2020)针对经典的投资消费问题给出了成熟型个体和幼稚型个体的投资消费策略,并指出在相对风险厌恶系数大于 1 时,成熟型个体的自我约束会使得其对应的时间一致决策优于幼稚型个体的时间不一致决策。Acharya 等(2021)第一次同时考虑了决策个体的现期偏好和风险偏好对投资消费决策的影响。他们的研究表明,当且仅当决策个体相对风险厌恶系数小于 1 时,成熟型个体比幼稚型个体过度消费的程度更高且对应福利更小。

由于个体决策归根结底是当前消费和未来消费的权衡,本章从个体的消费问题着手来分析其决策行为及相应福利,并通过简单的离散时间不一致投资消费决策模型来分析相应时间不一致消费行为,为连续时间不一致投资消费决策问题及其模型进行铺垫。

学术界很早就对时间不一致决策问题开展了定性分析。1955 年,Strotz 首次对时间偏好引起的时间不一致问题进行定量分析。Strotz(1955)指出,折现率恒定的指数折现暗含了决策者的决策时间一致,即决策者的最优决策不会随决策点的变化而变化。Strotz(1955)进一步指出,只有采用折现率恒定的指数折现得出的最优决策才是时间一致决策,采用其他任何非折现率恒定的折现函数得出的最优决策不可执行,即决策者在决策点 t 时的最优决策和决策点 s ($s > t$) 时的最优决策不一致。由于不同时点的自我制定的最优策略并不一定能被未来自我接受,本章将制订计划点的个体称为计划者,将执行决策点的个体称为行动者,建立计划者-行动者模型并进行时间不一致决策分析。

9.2　离散时间不一致投资消费决策模型及时间不一致决策分析

9.2.1　计划者-行动者模型设定

下面通过一个三阶段消费模型来说明刻画个体过分追求即时满足的现期偏好如何引起时间不一致消费行为,并分析成熟型个体和幼稚型个体的消费策略。本模型假设个体有三个阶段:少年期、成年期和老年期。与生命周期假说一致,本模型假设个体在不同阶段的收入不均衡,为了简化起见,本模型中个体没有初始禀赋且只有成年期有收入 y,个体通过投资和借贷两种方式来跨期平滑不同阶段消费:少年期的消费来源于借贷,需要成年期来偿还;成年期通过投资储蓄以提供老年期需要的消费。假设少年期借贷的 1 元需要在成年期偿还 r_1 元,同时成年期存下的 1 元在老年期能够获得 r_2 元。

假设个体的效用函数为 CRRA 效用函数，即在消费 c 时，获得的效用值 $u(c)$ 为

$$u(c) = c^{1-b} / (1-b) \qquad (9.1)$$

其中，参数 b 为个体相对风险厌恶系数，$b > 0$ 且 $b \neq 0$。在 CRRA 效用函数中，相对风险厌恶系数的倒数 $1/b$ 反映了个体的跨期消费替代弹性。

在时间偏好假设上，假设个体具有现期偏好，且这种现期偏好通过准双曲折现函数 $d(t)$ 来刻画，$d(t)$ 表示 t 点的 1 单位效用在 0 点的现值，准双曲折现函数 $d(t)$ 表示为

$$d(t) = \begin{cases} 1, & t = 0 \\ \beta_P \delta^t, & t > 0 \end{cases} \qquad (9.2)$$

为了只分析现期偏好对消费策略的影响，本模型假设长期折现因子 $\delta = 1$，则折现函数变为

$$d(t) = \begin{cases} 1, & t = 0 \\ \beta_P, & t > 0 \end{cases} \qquad (9.3)$$

在阶段一，个体是计划者。他的问题是选择何种消费策略 $(c_1(1), c_1(2), c_1(3))$ 使得三个阶段的总效用 $U(c_1(1), c_1(2), c_1(3))$ 最大，可表示为

$$\max_{c_1(1), c_1(2), c_1(3)} U = \max_{c_1(1), c_1(2), c_1(3)} [u(c_1(1)) + \beta_P u(c_1(2)) + \beta_P u(c_1(3))] \qquad (9.4)$$

其中，$c_1(n)$，$n \in \{1, 2, 3\}$ 为基于阶段一的个体偏好，在阶段 n 的最优消费。

在阶段二，个体变为行动者。个体可以基于该阶段的偏好，重新制定最优消费策略。阶段二的行动者需要归还阶段一的借贷，阶段二的财富等于收入减去归还的贷款，表示为 $y - r_1 c_1(1)$，阶段二的问题为选择何种消费策略 $(c_2(2), c_2(3))$ 以最大化该阶段的总效用 $U(c_2(2), c_2(3))$，可表示为

$$\max_{c_2(2), c_2(3)} U = \max_{c_2(2), c_2(3)} [u(c_2(2)) + \beta_P u(c_2(3))] \qquad (9.5)$$

其中，$c_2(n)$，$n \in \{2, 3\}$ 为基于阶段二的个体偏好，在阶段 n 的最优消费。

下面将分析由于现期偏好的存在，计划者在阶段一对阶段二安排的消费策略与行动者在阶段二的消费策略不一致。

9.2.2　时间不一致投资消费行为策略

本节通过分析计划者的投资消费策略与行动者的投资消费策略的差异，说明现期偏好对个体消费行为的影响。

（1）分析计划者，即阶段一个体在三个阶段的最优消费策略。

如果阶段一和阶段二的消费确定，阶段三的消费就唯一确定，且表示为

$$c_1(3) = r_2(y - r_1 c_1(1) - c_1(2)) \qquad (9.6)$$

计划者的最优问题变为

$$\max_{c_1(1),c_1(2)} U = \max_{c_1(1),c_1(2)} [u(c_1(1)) + \beta_P u(c_1(2)) \\ + \beta_P u(r_2(y - r_1 c_1(1) - c_1(2)))] \tag{9.7}$$

站在阶段一看，如果 $c_1(1)$ 与 $c_1(2)$ 为最优消费，则该消费策略下个体的总效用最大，增加或者减少阶段一的消费都会减少个体的消费，进而减少个体的总效用，则 $c_1(1)$ 与 $c_1(2)$ 满足

$$u'(c_1(1)) = \beta_P u'(c_1(2)) \tag{9.8}$$

将 CRRA 效用函数代入式（9.8），得到

$$c_1(2) = \beta_P^{1/b} c_1(1) \tag{9.9}$$

将式（9.9）代入式（9.7）得到

$$\max_{c_1(1)} U = \max_{c_1(1)} [u(c_1(1)) + \beta_P u(\beta_P^{1/b} c_1(1)) \\ + \beta_P u(r_2(y - r_1 c_1(1) - \beta_P^{1/b} c_1(1)))] \tag{9.10}$$

式（9.10）的一阶条件可表示为

$$u'(c_1(1)) + \beta_P^{1+1/b} u'(\beta_P^{1/b} c_1(1)) = \beta_P r_2(r_1 + \beta_P^{1/b}) \\ \times u'(r_2(y - r_1 c_1(1) - \beta_P^{1/b} c_1(1))) \tag{9.11}$$

求解式（9.11）得到

$$c_1(1) = \beta_P^{-1/b} r_2^{1-1/b} (r_1 + \beta_P^{1/b})^{-1/b} \\ \times y / [(1 + \beta_P^{1/b})^{-1/b} + r_2^{1-1/b} (r_1 + \beta_P^{1/b})^{1-1/b} \beta_P^{-1/b}] \tag{9.12}$$

将式（9.12）代入式（9.9）得到阶段二的最优消费为

$$c_1(2) = r_2^{1-1/b} (r_1 + \beta_P^{1/b})^{-1/b} y / [(1 + \beta_P^{1/b})^{-1/b} + r_2^{1-1/b} (r_1 + \beta_P^{1/b})^{1-1/b} \beta_P^{-1/b}] \tag{9.13}$$

阶段三的最优消费可以通过式（9.6）、式（9.12）和式（9.13）获得。

（2）分析行动者在阶段二的实际消费。

在阶段二，个体的财富为总收入减去需要归还阶段一的借款，即总财富为 $y - r_1 c_1(1)$，其中，$c_1(1)$ 由式（9.12）给出。设 $c_2(2)$ 表示阶段二的最优消费，阶段三的消费由阶段一和阶段二确定，可表示为

$$c_2(3) = r_2(y - r_1 c_1(1) - c_2(2)) \tag{9.14}$$

阶段二的问题变为

$$\max_{c_2(2)} U = \max_{c_2(2)} [u(c_2(2)) + \beta_P u(r_2(y - r_1 c_1(1) - c_2(2)))] \tag{9.15}$$

式（9.15）的一阶条件可表示为

$$u'(c_2(2)) = \beta_P r_2 u'(r_2(y - r_1 c_1(1) - c_2(2))) \tag{9.16}$$

求解式（9.16）得到

$$c_2(2) = (\beta_P r_2)^{-1/b} (r_2 y - r_1 r_2 c_1(1)) / [1 + (\beta_P r_2)^{-1/b} r_2] \tag{9.17}$$

下面比较分析计划者对阶段二的计划消费 $c_1(2)$ 与行动者的实际消费 $c_2(2)$ 的区别。为了比较方便，下面假设 $r_1 = r_2 = 1$，即少年期借钱的成本为 0 且成年期投

资的收益为 0，阶段二的计划消费和实际消费分别为

$$c_1(2) = y / (2 + \beta_P^{-1/b}) \tag{9.18}$$

$$c_2(2) = c_1(2)(1 + \beta_P^{-1/b}) / (1 + \beta_P^{1/b}) \tag{9.19}$$

通过比较式（9.18）和式（9.19）可以得知，行动者在阶段二的消费是计划者在阶段二的消费的 $(1 + \beta_P^{-1/b}) / (1 + \beta_P^{1/b})$ 倍。

当个体具有现期偏好，即 $0 < \beta_P < 1$ 时，由于 $b > 0$，有 $\beta_P^{-1/b} > (1 + \beta_P^{-1/b}) / (1 + \beta_P^{1/b}) > 1$。这说明个体的现期偏好导致行动者的实际消费超过计划者的计划消费。换句话说，若以计划者在阶段一的总效用作为福利判断标准，则阶段二过度消费，且过度消费程度由反映个体现期偏好程度的参数 β_P 及跨期替代弹性 $1/b$ 决定。由于

$$\frac{d[(1 + \beta_P^{-1/b}) / (1 + \beta_P^{1/b})]}{d\beta_P} < 0 \tag{9.20}$$

且个体的现期偏好程度随参数 $1 - \beta_P$ 的增大而增大，从而个体的过度消费程度随现期偏好程度的增大而增大。这说明，当以计划者在阶段一的总效用为福利判断标准时，个体现期偏好越大，阶段二行动者的过度消费程度越高。

$1/b$ 表示个体的跨期替代弹性且

$$\frac{d[(1 + \beta_P^{-1/b}) / (1 + \beta_P^{1/b})]}{d(1/b)} > 0 \tag{9.21}$$

式（9.21）说明行动者偏离计划者的过度消费程度 $(1 + \beta_P^{-1/b}) / (1 + \beta_P^{1/b})$ 随跨期替代弹性 $1/b$ 的增大而增大。以阶段一计划者的总效用为福利判断标准，由于个体跨期平滑消费的意愿随着跨期替代弹性 $1/b$ 的增大而减小，个体跨期平滑消费的意愿越强，行动者偏离计划者的过度消费程度越低。

9.2.3　决策行为分析

以上分析表明，当以计划者阶段一的最优消费策略为比较基准时，个体的现期偏好导致行动者的实际消费大于计划者的计划消费，现期偏好引起个体过度消费。如果定义现期偏好对消费策略的作用为现期偏好消费效应，则现期偏好程度越高，个体的过度消费程度越大，现期偏好消费效应相应也会越大。在现期偏好消费效应存在的前提下，个体的消费弹性同时是影响个体消费的一个重要因素。由上面的分析可知，由于个体的消费弹性会影响过度消费程度，定义个体的消费弹性对消费的影响为跨期平滑消费效应。个体的消费替代弹性越大，个体的跨期平滑消费意愿越弱，从而跨期平滑消费效应越小，使得过度消费程度越大。

在给定个体的时间偏好通过式（9.3）刻画时，基于阶段一个体的偏好，阶段

二和阶段三的跨期替代率为 1；基于阶段二个体的偏好，阶段二和阶段三的跨期替代率为 β_p。定义参数 $\hat{\beta}_\mathrm{p}$ 为阶段一个体认为阶段二和阶段三的跨期替代率。在上述分析问题中，如果计划者以阶段一偏好为基准制定最优消费策略 $(c_1(1), c_1(2), c_1(3))$，则他并不将决策点变化引起跨期替代率从 1 变为 β_p 这一变化过程纳入决策过程中，则 $\hat{\beta}_\mathrm{p} = 1$。具有该信念的个体定义为幼稚型个体，他所制定的消费策略称为幼稚型个体的最优消费策略。该计划策略虽然理论上能够使得阶段一的个体获得最大的总效用，但如果没有约束机制能够让该计划被阶段二和阶段三的个体执行，那么计划总效用将不能实现。即如果阶段二的个体能够重新决策，则阶段二个体的实际消费将会大于计划消费，导致三个阶段的实际消费策略为 $(c_1(1), c_2(2), c_2(3))$，阶段一的个体只能获得实际总效用 $U(c_1(1), c_2(2), c_2(3))$，小于计划的最大总效用 $U(c_1(1), c_1(2), c_1(3))$。

能使得阶段一个体获得最大总效用的消费策略 $(c_1(1), c_1(2), c_1(3))$ 称为承诺策略。个体可以通过主动采取一些措施来帮助自己在各阶段执行该消费策略，例如，在阶段二起始时刻，可以购买一些非流动性资产，利用这些资产的非流动性来限制阶段二的消费，以解决阶段三的消费不足问题。西南财经大学家庭金融调查数据表明，中国家庭资产的 70%配置于房产等非流动性资产。对于具有过度消费问题的家庭，通过锁定流动性来进行强制性储蓄，间接起到限制过度消费作用。政府也可以通过设置缴纳养老金制度让个体强制储蓄，以及通过助推政策来让个体主动将成年期的财产配置到养老金账户中，使得阶段二个体的部分财富具有非流动性，避免阶段二过度消费。2021 年，中国家庭在养老金账户中持有约 2 万亿美元，美国家庭持有 37.4 万亿美元的退休资产，占家庭金融资产的 33%（投资公司研究所，2021）。由于个体在一定的限制期内不能提取存储在退休储蓄账户中的资产，不论中国还是美国的养老金都具有典型的非流动性特征。例如，在中国，退休储蓄账户中以企业年金形式存在的非流动性资产在退休前不得提取，除非员工在国外定居、死亡或丧失工作能力；在美国，始于 20 世纪 80 年代初，由雇员、雇主共同缴费建立起来了完全基金式的养老保险制度，简称 401K 计划。若个体在 59.5 岁之前提取 401K 账户的资产，则需要支付 10%的税务处罚金。一方面，中美两国这么大规模的养老金抑制了中年消费，减轻了老年期储蓄不足的问题，是一种有效的外部承诺工具；另一方面，对于具有现期偏好和过度消费的个体，养老金账户不失为一种比较好的承诺工具，通过将资产配置到养老金账户使得个体承诺一种相对合理的消费策略。

目前，各个国家通过强制性或助推养老政策来帮助个体进行养老储蓄。例如，在中国，每个月根据工资收入缴纳的养老保险就是一种强制性的养老储蓄。2022 年4 月 21 日，国务院办公厅印发的《关于推动个人养老金发展的意见》就是一种助推养老政策。该政策明确了该养老金账户的缴费由个体自愿加入，资金全部来源于个人，每人每年最高可缴纳金额为 12000 元。这种养老政策通过延迟缴纳税金来鼓励个体将成年期的收入配置到个人养老金账户，避免老年期的储蓄不足问题。

对非流动性资产的主动或被动配置能够间接避免过度消费，其所产生的承诺效应引起研究者的广泛关注。Laibson（1997）发表在 *Quarterly Journal of Economics* 的论文中便指出非流动性资产的作用。他认为非流动性资产是一只会下金蛋的鹅，能够避免个体的过度消费，具有承诺作用。他第一次从微观角度指出金融创新的负面影响，并指出流动性较差的长期资产（如房产）具有约束个体未来消费的承诺作用，可以降低由个体现期偏好引起的自我控制问题（表现为未来实际消费大于计划消费这一时间不一致消费行为）导致的福利损失。金融创新增大了资产流动性，从而削弱了低流动性长期资产的承诺作用，给过度消费创造了条件。Laibson（2018）进一步指出，持有非流动性资产作为金融约束，通过减小决策个体选择集，改变个体时间不一致决策路径，减少过度消费带来的福利损失，即非流动性资产如房产、耐用消费品、私人公司股权、养老金账户、退休金账户等具有不能即时交易的特征，在一定程度上具有限制个体过度消费倾向的承诺作用。Amador 等（2006）认为在储蓄账户中限定最低储蓄额是一种承诺机制，可以约束个体现期的过度消费行为，提高个体长远福利。Beshears 等（2015）、Ashraf 等（2006）为顾客设计不同流动性程度的储蓄账户，他们的研究表明，有取款约束的非流动性储蓄账户具有提高储蓄、限制消费的承诺作用，并且流动性程度越低，承诺作用越大。Gugerty（2007）、Ambec 和 Treich（2007）认为轮转储蓄和信用互助协会（Rotating Savings and Credit Associations，ROSCAs）作为一种缺乏自我控制能力主体之间签署的具有约束力的协议，是一种集体承诺机制，可以有效提高个体储蓄自律能力，预防储蓄不足。Bernheim 等（2018）提出，现有的金融工具（如养老金账户、抵押贷款、非流动性的股权、地产等）在提供税收优惠、超额收益等来吸引投资者投资的同时，其非流动性也间接部分解决了投资者前期过度消费、后期储蓄不足问题。

前面的分析中提到个体的现期偏好引起过度消费问题，个体可以主动采取一些承诺措施，例如，持有非流动性资产，通过缩小消费选择集合来避免过度消费引起的消费不足问题，以及通过政府等外部主体以强制性或者助推性政策来帮助个体避免老年期出现的消费不足问题。同时，也有企业利用个体的现期偏好引起的过度消费行为来进行牟利。Heidhues 等（2016）从理论上指出，当金融市场的绝大部分消费者具有幼稚性时，金融市场将会利用个体的幼稚性来进行消费信贷产品创新，这种产品创新不同于以提高产品价值为目的的创新，而是一种套利型创新，其目的在于赚取超额利润。他们以美国的信用卡市场为例并指出，信用卡发行者以低于成本的年费定价吸引幼稚型个体持有信用卡并进行信用消费，利用幼稚型个体的时间不一致信用消费行为，通过非常高的分期还款利率和违约利率来获取超额利润。Ru 和 Schoar（2017）对美国信用卡市场的定价方式和个体的实际信用消费行为进行实证研究，发现美国信用卡市场存在 Heidhues 等（2016）指出的套利型创新，信用卡发行者通过积点回馈来区别成熟型个体和幼稚型个体并分别进行定价。针对幼稚型个体，提供低于成本的年费及非常高的分期还款利率和违约利率，利用幼稚型个体时间不一致信用消费行为来获取超额利润。Heidhues 等（2016）指出，以低于市场定价的方式吸引个体进行信用消费，利用个体的时间不一致信用消费行为获取超额利润的金融产品创新，将给社会整体造成福利损失。他们进一步指出，社会决策者应努力识别以增加社会价值为目的的金融产品创新及以套利为目的的金融产品创新，通过各种措施尽可能限制套利型创新的发展。与 Laibson（1997）观点一致，Heidhues 等（2016）认为，信用消费产品创新发展不一定总是增加个体和社会福利，在一定程度上可能损害个体和社会福利。

目前，在互联网科技高速发展的背景下，借助移动支付快速应用与普及，并以社交媒体为中介，互联网消费信贷公司基于尾部特征和缝隙市场，覆盖传统金融机构服务盲区，给有显著消费信贷需求的城市蓝领、青年学生在内的新兴消费群体提供各种各样的消费信贷产品。互联网消费信贷产品和传统金融机构的消费信贷产品的盈利模式相似，但互联网消费信贷产品更便捷、灵活，渗透率更高，覆盖面积更大。互联网消费信贷产品的不断创新为个体提供了信用消费机会，削弱了非流动性资产的承诺效应。据此，从互联网消费信贷产品创新改变个体信贷约束、促进信用消费的特征出发，以传统金融机构未覆盖的、有消费信贷需求的个体为研究对象，从微观个体自我控制和外部约束角度分析如何制定并形成过度信用消费约束机制，以实现互联网消费信贷产品创新演化下个体的跨期消费配置优化，为防范和化解互联网消费信贷引起的信用风险提供理论和管理启示。

下面利用 Merton（1969，1971）提出的经典连续时间投资消费问题，说明时间偏好引起的时间不一致投资消费问题，并给出相应的时间不一致决策分析。

9.3　连续时间不一致投资消费决策模型及时间不一致决策分析

考虑 Merton（1969，1971）提出的经典连续时间投资消费问题。决策者具有有限寿命 T，在任意 t 点的财富 $w(t)$ 可以投资在两种资产上，即回报率为 r 的无风险资产，以及收益具有风险的资产。该风险资产的价格服从漂移率为 μ、波动率为 σ 的几何布朗运动，即风险资产价格 $S(t)$ 的动态过程为

$$\mathrm{d}S(t)\,/\,S(t) = \mu\mathrm{d}t + \sigma\mathrm{d}z_t \tag{9.22}$$

在任意 t 点，决策者面临如何选择瞬时消费 $c(t)$ 和风险资产比例 $\alpha(t)$ 的问题。

在无穷小的时间 dt，决策者的财富变化 dw 等于投资收益减去消费，即财富的动态变化过程为

$$dw(t) = [\alpha(t)(\mu - r)w(t) + rw(t) - c(t)]dt + \sigma\alpha(t)w(t)dz_t \quad (9.23)$$

其中，财富的初始值为 w_0；z_t 代表标准布朗运动。

与 9.2 节采用准双曲折现函数来刻画个体的时间偏好不同，本节以更一般的双曲折现函数来刻画个体的时间偏好，即折现函数 $D(t)$ 可表示为

$$D(t) = \exp\left(-\int_0^t r(s)ds\right) \quad (9.24)$$

其中，为了描述个体的不耐心程度随时间单调递增，假设折现率 $r(s)$ 随时间 s 单调递减。

在假设各阶段效用可加的前提下，决策者的问题变为选择瞬时消费 $c(y)$ 和风险资产比例 $\alpha(y)$ 以最大化期望生命效用，对应有限寿命问题为

$$\max_{\alpha(y),c(y)} E\left[\int_t^T D(y-t)u(c(y))dy + D(T-t)B(w(T))\right] \quad (9.25)$$

其中，$c(y)$ 为 y 点决策者的消费；$u(\bullet)$ 为决策者的效用函数；$D(y-t)$ 为折现函数，即从决策点 t 看，y 点的 1 单位效用在 t 点的现值；$B(w(T))$ 为遗产函数。假设 $V(t,s,w(s))$ 代表 t 点的决策者能获得的最大期望生命效用，即

$$V(t,s,w(s)) = \max_{\alpha(y),c(y)} E\left[\int_s^T D(y-t)u(c(y))dy + D(t,T)B(w(T)) \mid w(s) = w\right] \quad (9.26)$$

$V(t,s,w(s))$ 满足哈密顿-雅可比-贝尔曼（Hamilton-Jacobi-Bellman，HJB）方程：

$$\frac{\partial V(t,s,w)}{\partial s} + \max_{\alpha_t,c_t}\left[(\alpha_t(s)(\mu-r)w + rw - c_t(s))\frac{\partial V(t,s,w)}{\partial w} + 0.5\sigma^2\alpha_t^2 w^2 \frac{\partial^2(t,s,w)}{\partial w^2}\right]$$
$$+ V(t,s,w)D'(s-t)/D(s-t) + u(c_t(s)) = 0, \quad t \leq s \leq T \quad (9.27)$$

且价值函数 $V(t,s,w(t))$ 满足边界条件：

$$V(t,T,w(T)) = B(w(T)) \quad (9.28)$$

$-D'(s-t)/D(s-t)$ 为站在 t 点来看 s 点的折现率，因此，如果折现函数是折现率恒定的指数折现，则式（9.27）将与决策点 t 无关，从而最优投资消费策略不受决策点的影响，最优投资消费策略具有时间一致性；如果决策主体的折现率不恒定，则 $D'(s-t)/D(s-t)$ 受决策点 t 影响，导致决策点影响最优投资消费策略，最优投资消费策略具有时间不一致性，下面在对数效用函数情况下说明时间偏好的时变性导致最优决策具有时间不一致性。

假设个体具有对数效用函数，即 $u(c) = \ln c$，且假设遗产函数为 $B(w) = \ln w$，以 t 为决策点，s 点的最优消费策略和投资策略蕴含在式（9.27）的一阶条件中，即最优投资消费策略 $\{(c_t^*(s),\alpha_t^*(s))\}_{t \leq s \leq T}$ 满足：

$$c_t^*(s) = -1 \bigg/ \left[w \frac{\partial V(t,s,w)}{\partial w} \right] \tag{9.29}$$

和

$$\alpha_t^*(s) = -(\mu - r) \frac{\partial V(t,s,w)}{\partial w} \bigg/ \left[\sigma^2 w \frac{\partial^2(t,s,w)}{\partial w^2} \right] \tag{9.30}$$

可以通过猜测价值函数为对数效用函数形式的办法获得决策点为 t 时 s 点的最优消费表达形式：

$$c_t^*(s) = 1 \bigg/ \left\{ 1 + \int_s^T \exp[k(y-s) + \ln(D(y-t)/D(s-t))] \mathrm{d}y \right\} \tag{9.31}$$

则当决策点 t 为 0 时，s 点的最优消费为

$$c_0^*(s) = 1 \bigg/ \left[1 + \int_s^T \exp(k(y-s) + \ln(D(y)/D(s))) \mathrm{d}y \right] \tag{9.32}$$

当决策点 t 为 s 时，s 点的最优消费为

$$c_s^*(s) = 1 \bigg/ \left[1 + \int_s^T \exp(k(y-s) + \ln(D(y-s))) \mathrm{d}y \right] \tag{9.33}$$

显然

$$\begin{aligned} D(y)/D(s) &= \exp\left(-\int_0^y r(x)\mathrm{d}x\right) \bigg/ \exp\left(-\int_0^s r(x)\mathrm{d}x\right) \\ &= \exp\left(-\int_s^y r(x)\mathrm{d}x\right) \end{aligned} \tag{9.34}$$

而

$$D(y-s) = \exp\left(-\int_0^{y-s} r(x)\mathrm{d}x\right) \tag{9.35}$$

在区间 $[0, y-s]$ 的折现率大于在区间 $[s,y]$ 的折现率，因此

$$D(y)/D(s) > D(y-s) \tag{9.36}$$

由式（9.32）、式（9.33）和式（9.36）可知，最优的计划消费 $c_0^*(s)$ 小于实际消费 $c_s^*(s)$。上述例子给出了连续时间框架下经典的投资消费问题中，由时间偏好引起的时间不一致决策问题。

以上对离散时间和连续时间投资消费问题的分析表明，当决策个体具有时变的时间偏好时，依据决策点偏好，虽然采用庞特里亚金极大原理（Pontryagin's maximum principle）或贝尔曼最优控制法则（Bellman's principle of optimality）能获得最优投资消费策略，但是该投资消费策略并不是其他计划时点的最优策略。除非通过外部约束或者惩罚等措施使得决策主体执行该策略，否则最优策略不能够被执行，决策者实际消费会大于计划消费。

现有文献从两个角度来研究如何应对现期偏好引起的时间不一致消费问题。其中一个角度是研究如何通过承诺机制来帮助个体执行计划的投资消费策略。Bryan 等（2010）将承诺机制定义为：个体为了约束自己未来的选择，当前主动

支付一定的成本，以使得某些未来选项更昂贵，且该支付可能不会有任何收益，同时这项主动行为不会影响其他人的利益。正如 9.2 节讨论的，个体通过主动采取一些承诺措施（如配置非流动性资产），或者政府通过一些强制性或助推性政策让个体利用养老金系统配置非流动性资产间接达到让个体执行计划投资消费策略的目的。在此过程中，配置非流动性资产就是一种承诺，而非流动性资产就是一种承诺机制。经济学家认为这些能主动寻找承诺机制的个体具有成熟性。这种成熟性体现在个体意识到基于当前偏好对未来所做出的投资消费安排在未来自我看来并不是最优的，他不能控制未来自我的实际选择，因此他主动通过承诺机制如非流动性资产来缩小未来自我的投资消费选择集合，影响未来自我的投资消费策略。

此外，研究者找到了约束未来过度信用消费行为的个体成熟性存在的证据。例如，Cho 和 Rust（2017）研究了 2003 年韩国信用卡危机发生前后使用信用卡的顾客分期付款决策过程，发现部分韩国人通过拒绝银行提供的无息分期付款、注销信用卡以约束自己未来消费，防止过度信用消费。Ashraf 等（2006）指出，对提款有约束的非流动性储蓄账户具有能约束个体未来消费行为的承诺作用，他们通过银行设计了一款新的储蓄产品，该储蓄产品与市场上其他储蓄产品利率相同，但购买者不能随意提取账户中的资金。他们的实证研究结果表明，市场中有人主动选择购买该项并无超额收益的产品，这在一定程度上说明部分个体存在成熟性，希望通过非流动性储蓄账户进行强制储蓄，限制消费。Beshears 等（2015）进一步扩展了 Ashraf 等（2006）的研究。他们的实验结果表明，在储蓄账户利率相同的前提下，储蓄账户资金提取的条件越严格，顾客越愿意把钱投入账户中，同时投资额度越高，相对于资金提取没有限制的储蓄账户，即使限制资金提取账户的利率更低，仍然有 1/4 的顾客愿意把资金放置到有资金提取限制的非流动性储蓄账户中，这说明成熟型个体主动通过选择约束提取资金的承诺机制进行自我控制约束，避免时间不一致消费行为，防止过度消费。另外，Laibson（2018）指出，生活中许多人通过删除手机常用 APP，以避免过度使用该 APP。在我国，部分消费者通过主动删除手机支付 APP，人为增加支付的不方便性，进行微观个体自我控制约束，防止利用手机支付 APP 进行过度消费。

另一个角度是，根据个体是否意识到当前时点与未来时点自我的偏好差异，以及是否能将这种差异纳入当前决策来定义其成熟性，并寻求时间一致消费策略。9.2 节采用的准双曲折现函数刻画个体的现期偏好，并以三阶段投资消费问题为例来分析这种成熟性对消费决策的影响。如果阶段一的个体能够意识到阶段二和阶段三的跨期替代率为 β_{p}，而不是基于阶段一偏好认为的跨期替代率 1，并将阶段二的实际消费策略 $(c_2(2), c_2(3))$ 纳入当前决策中，就定义该个体为成熟型个体。

基于准双曲折现函数在离散问题的普及性及简洁性，经济学家直接给出了准双曲折现函数假设下成熟型个体的定义。参数 $\hat{\beta}_P$ 作为一种信念,刻画的是现期偏好个体对未来自我真实偏好的认知程度。如果 $\hat{\beta}_P = \beta_P$,则定义个体为成熟型个体;如果 $\beta_P < \hat{\beta}_P < 1$,则定义个体为部分成熟型个体,即个体意识到由于现期偏好的影响,任意两时点的实际跨期替代率小于基于当前偏好得到的跨期替代率,但是他低估了现期偏好的影响程度;如果 $\hat{\beta}_P = 1$,则定义个体为幼稚型个体。与通过承诺机制来减小未来自我的投资消费集合的成熟性定义不一样,该成熟性体现在个体精准地认知到现期偏好导致决策偏差并将这种偏差纳入当前决策。成熟型个体决策的制定既考虑了当前时点的偏好也考虑了未来自我的实际偏好,可以理解为决策者通过内部自我控制影响当前时点的消费,进而影响未来自我的消费策略,在此过程中并没有通过外部手段来影响未来自我的消费策略。当个体具有成熟性时,其决策的制定本质上就是同一个决策者不同时点的自我博弈问题,即目标就是寻找能够被未来不同时点的自我接受的策略,即时间一致投资策略。

连续问题中对成熟型个体的定义及时间一致策略的获取与离散问题如出一辙。其不同之处在于:首先,连续问题中需要将决策区间离散化,即将连续区间分割成区间长度极小的小区间。由于每个小区间的区间长度极小,可以认为每个小区间的策略一致,不会发生改变。通过这种离散化处理,连续问题就转化为同一决策者与处于不同时点的未来自我的不合作博弈问题,获得该离散化问题的时间一致投资策略。其次,连续问题通过取极限使得每个小区间的区间长度趋近于零,获得连续时间下的时间一致投资消费策略。下面以连续时间框架下经典的投资消费问题为代表,以非指数折现下的时间一致决策方法的演变为时间轴,分别介绍时间一致决策的递归方法和博弈均衡方法。

9.3.1　递归方法

在连续时间框架下,Karp(2007)率先在确定性问题中基于递归方法获得双曲折现下的时间一致策略。Marín-Solano 和 Navas(2009,2010)、Zou 等(2014)将 Karp(2007)的方法拓展到具有不确定性的投资消费问题中,获得时间一致投资消费策略。与 Karp(2007)一致,本节通过一个确定性问题来介绍如何利用递归方法获得连续时间框架下的时间一致策略。

为了简单起见,采用由式(9.24)表示的折现函数来表示个体的时间偏好,其中,$r(s)$ 关于时间单调递减并最终趋近于常数 $\bar{r}$,即个体的不耐心程度随时间单调递减并最终趋近于常数。由于连续时间框架下的决策期限有确定性的有限期限 T 和无限期限(即 $T = \infty$)两种情形,首先分析有限期限 T 对应的时间一致决策方法,然后将该方法拓展到无限期限。

1. 连续时间框架下确定性的时间不一致决策问题

假设状态变量 $S(t)$ 在 t 点的状态过程为

$$S'(t) = f(S(t), x(t)) \tag{9.37}$$

其中，$x(t)$ 为 t 点的控制变量；$S(t)$ 为 t 点的状态变量，$S(t)$ 由初始状态变量及控制变量决定。在消费问题中，财富为状态变量，消费为控制变量。

假设个体在 t 点的状态变量为 $S(t)$ 且决策变量为 $x(t)$ 时获得的瞬时效用为 $U(S(t), x(t))$，该效用值在 0 点的折现值为 $D(t)U(S(t), x(t))$，从而个体从 0 点到 T 点依据策略 $x(t)|_{0 \leqslant t \leqslant T}$ 获得的总折现效用值为 $\int_0^T D(t)U(S(t), x(t))\mathrm{d}t$。同时，个体在 T 点的状态变量为 $S(t)$ 时获得的折现效用值为 $D(T)B(S(T))$，个体的问题变为选择策略 $x(t)|_{0 \leqslant t \leqslant T}$ 以最大化目标函数 $V(0, S(0))$，即

$$V(0, S(0)) = \max_{x(t)} \left[\int_0^T D(t)U(S(t), x(t))\mathrm{d}t + D(T)B(S(T)) \right] \tag{9.38}$$

其中，$S(t)$ 的状态转换过程由式（9.37）决定；$S(0)$ 为 0 点的状态变量。

2. 通过递归方法获得时间一致策略

在本问题中，由于起始决策点为 0 且决策区间长度为 T，首先将区间 $[0, T]$ 分为 N 个区间长度相等的小区间，区间长度为 ε，即 $T = N\varepsilon$，定义变量 $t = j\varepsilon, j = 0, 1, 2, \cdots, N - 1$，则有 $[0, T] = [0, \varepsilon) \bigcup [\varepsilon, 2\varepsilon) \bigcup \cdots \bigcup [j\varepsilon, (j+1)\varepsilon) \bigcup \cdots \bigcup [T - 2\varepsilon, T - \varepsilon) \bigcup [T - \varepsilon, T)$。当区间长度 ε 足够小时，区间 $[j\varepsilon, (j+1)\varepsilon)$ 中任意两时点的决策者的策略一致，因此不妨假设区间 $[j\varepsilon, (j+1)\varepsilon)$ 策略由决策者 $j\varepsilon$ 决定，决策者 $j\varepsilon$ 制定的策略能够被区间 $[j\varepsilon, (j+1)\varepsilon)$ 中的任意一个决策者接受。因此，决策者 $j\varepsilon, j = 0, 1, 2, \cdots, N - 1$ 在制定决策时，只需要考虑决策者 $(j+1)\varepsilon, (j+2)\varepsilon, \cdots, (N-1)\varepsilon$ 的实际决策，即问题变为选择时间一致策略 $(x(0), x(\varepsilon), \cdots, x((N-2)\varepsilon), x((N-1)\varepsilon))$ 以最大化如下总效用：

$$\sum_{j=0}^{N-1} D(j\varepsilon)U(S(j\varepsilon), x(j\varepsilon)) + D(N\varepsilon)B(S(N\varepsilon)) \tag{9.39}$$

且状态转换过程变为

$$S((j+1)\varepsilon) - S(j\varepsilon) = f(S(j\varepsilon), x(j\varepsilon))\varepsilon \tag{9.40}$$

1）获得离散问题的时间一致 HJB 方程

为了讨论方便，定义 $S(j\varepsilon) = S_j$，$x(j\varepsilon) = x_j$，$B(T, w(T)) = V_N$，$V(j\varepsilon, x_j) = V_j$，$f(S(j\varepsilon), x(j\varepsilon)) = f_j$，$j = 0, 1, 2, \cdots, N - 1$。

当决策者为 $(N-1)\varepsilon$ 时，V_N 在 $(N-1)\varepsilon$ 点的折现值为 $D(\varepsilon)V_N$，因此决策者 $(N-1)\varepsilon$ 的问题变为

$$V_{N-1} = \max_{X_{N-1}} [U(S_{N-1}, X_{N-1})\varepsilon + D(\varepsilon)V_N] \tag{9.41}$$

且状态转换过程变为

$$S_N = S_{N-1} + f_{N-1}\varepsilon$$

如果 $x_{N-1}^* = x_{N-1}^*((N-1)\varepsilon, S_{N-1})$ 为 式 （9.41） 的 最 优 解 ， 则 定 义 $\bar{U}_{N-1}((N-1)\varepsilon, S_{N-1}) = U_{N-1}(S_{N-1}, x_{N-1}^*)$。决策者 $(N-2)\varepsilon$ 的问题变为

$$V_{N-2} = \max_{X_{N-2}}[U(S_{N-2}, x_{N-2})\varepsilon + D(\varepsilon)\bar{U}_{N-1}\varepsilon + D(2\varepsilon)V_N] \tag{9.42}$$

如果 $x_{N-2}^* = x_{N-2}^*((N-2)\varepsilon, S_{N-2})$ 为式（9.42）的最优解，则定义 $\bar{U}_{N-2}((N-1)\varepsilon, S_{N-2}) = U_{N-2}((N-2)\varepsilon, S_{N-2}, x_{N-2}^*)$。通过以上方法，可以得出 x_j^*， $j=0,1,2,\cdots,N-1$。同样地，定义

$$\bar{U}_j(S_j) = U_j(S_j, x_j^*)，\quad j=0,1,2,\cdots,N-1$$

因此，价值函数 V_j 满足

$$V_j = \max_{x_j}\left[U(S_j, x_j)\varepsilon + \sum_{i=1}^{N-j-1} D(i\varepsilon)\bar{U}_{j+i}\varepsilon + D((N-j)\varepsilon)V_N \right] \tag{9.43}$$

同时，价值函数 V_{j+1} 满足

$$V_{j+1} = \left[\sum_{i=1}^{N-j-1} D((i-1)\varepsilon)\bar{U}_{j+i}\varepsilon + D((N-j-1)\varepsilon)V_N \right] \tag{9.44}$$

式（9.43）两边同时乘以 $\exp\left(\int_{(N-j-1)\varepsilon}^{(N-j)\varepsilon} r(s)\mathrm{d}s \right)$，得

$$\exp\left(\int_{(N-j-1)\varepsilon}^{(N-j)\varepsilon} r(s)\mathrm{d}s \right)V_j = \left[\exp\left(\int_{(N-j-1)\varepsilon}^{(N-j)\varepsilon} r(s)\mathrm{d}s \right)U(S_j, x_j)\varepsilon \right.$$
$$\left. + \exp\left(\int_{(N-j-1)\varepsilon}^{(N-j)\varepsilon} r(s)\mathrm{d}s \right) \sum_{i=1}^{N-j-1} D(i\varepsilon)\bar{U}_{j+i}\varepsilon + D((N-j-1)\varepsilon)V_N \right]$$
$$\tag{9.45}$$

由于 $\exp\left(\int_{(N-j-1)\varepsilon}^{(N-j)\varepsilon} r(s)\mathrm{d}s \right) \approx 1 + r((N-j)\varepsilon)\varepsilon + o(\varepsilon)$，式（9.45）可变为

$$(1 + r((N-j)\varepsilon)\varepsilon)V_j = \max_{x_j}\left[U(S_j, x_j)\varepsilon + \sum_{i=1}^{N-j-1} D(i\varepsilon)\bar{U}_{j+i}\varepsilon + D((N-j-1)\varepsilon)V_N + o(\varepsilon^2) \right]$$
$$\tag{9.46}$$

式（9.46）减去式（9.44）并同时除以 ε，得

$$(V_j - V_{j+1})/\varepsilon + r((N-j)\varepsilon)V_j = \max_{x_j}\left[U(S_j, x_j) + \sum_{i=1}^{N-j-1} [D(i\varepsilon) - D((i-1)\varepsilon)]\bar{U}_{j+i} \right.$$
$$\left. + o(\varepsilon^2)/\varepsilon \right]$$
$$\tag{9.47}$$

由于 $D(i\varepsilon) - D((i-1)\varepsilon) = -D(i\varepsilon)r(i\varepsilon) + o(\varepsilon)$，由式（9.47）可得到离散的 HJB

方程：

$$(V_j - V_{j+1}) / \varepsilon + r((N-j)\varepsilon)V_j = \max_{x_j} \left[U(S_j, x_j) - \sum_{i=1}^{N-j-1} D(i\varepsilon)r(i\varepsilon)\bar{U}_{j+i} \right] \quad (9.48)$$

2）获得连续问题的时间一致 HJB 方程

定义 $t = j\varepsilon$，则由式（9.40）得到 $S(t+\varepsilon) = S(t) + f(S(t), x(t))\varepsilon$，因此式（9.48）变为

$$(V_j - V_{j+1}) / \varepsilon + r((N-j)\varepsilon)V_j = \max_{x_j} \left[U(S_j, x_j) - \sum_{i=1}^{N-j-1} D(i\varepsilon)r(i\varepsilon)\bar{U}_{j+i} \right] \quad (9.49)$$

$$E[V((t+\varepsilon), w(t+\varepsilon)) - V(t, w(t))] / \varepsilon = V_S f(S(t), x(t))|_{S(t), x(t)} \quad (9.50)$$

将式（9.50）代入式（9.49），且令 $\varepsilon \to 0(T = N\varepsilon)$，得

$$r(T-t)V(t, S(t)) + K(t, S(t)) = \max_{\alpha(t), c(t)} [U(S(t), x(t)) + V_S f(S(t), x(t))] \quad (9.51)$$

其中，

$$K(t, S(t)) = \left[\int_t^T r(z)D(z)\bar{U}(S(z), x^*(z))\mathrm{d}z \right] \quad (9.52)$$

因此受式（9.37）约束的连续时间框架下的时间一致决策问题（式（9.38））的时间一致 HJB 方程为式（9.51）和式（9.52），且满足边值条件：

$$V(T, S(T)) = B(T, S(T)) \quad (9.53)$$

当折现函数退化为折现率恒定的指数折现时，$K(t, w(t)) \equiv 0$，式（9.51）退化为普通 HJB 方程。当折现率不恒定时，$K(t, S(t)) \neq 0$，$K(t, S(t))$ 为一个积分微分方程。因此，相对于指数折现 HJB 方程，随机准双曲折现 HJB 方程多出一项 $K(t, S(t))$，式（9.51）和式（9.52）也称为修正 HJB 方程。

针对无限期限（即 $T = \infty$）决策问题，同样可以利用以上方法获得无限期限的时间一致修正 HJB 方程。由前面的分析可知，如果决策区间为无限期限，则问题变为选择时间一致策略 $x(t)|_{t \geqslant 0}$ 以最大化总效用，记时间一致策略对应的总效用为 $V(t, S(t))$，即

$$V(t, S(t)) = \max_{x(t)} \left[\int_0^\infty D(t)U\big(S(t+z), x(t+z)\big)\mathrm{d}z \right] \quad (9.54)$$

只需要将无限问题转化为有限问题，就能够获得无限问题的时间一致 HJB 方程。由于无限区间 $[t, \infty) = [t, t+T) \bigcup [T, \infty)$，本节假设折现率 $r(t)$ 随时间单调递减且最终趋近于常数，当 T 足够大时，$r(z) \approx \bar{r}$，$z > T$，因此对任意时点的决策者，遥远未来自我（即 T 以后的自我）采取折现率为常数的指数折现进行折现，遥远未来自我的实际策略对应指数折现下的策略。不妨设 T 以后自我采取的策略对应在 T 点的总折现效用表示为 $B(T, S(T))$，即

$$B(t+T, S(t+T)) = \int_{t+T}^\infty \mathrm{e}^{-\bar{r}(z-T-t)}U(S(z), x^{\mathrm{Exp}}(z))\mathrm{d}z \quad (9.55)$$

其中，Exp 表示指数折现，$x^{\mathrm{Exp}}(z)|_{z>T}$ 为指数折现下的策略。因此式（9.54）转化为有限问题：

$$V(t,S(t)) = \max_{x(t)} \left[\int_0^T D(t)U(S(t+z),x(t+z))\mathrm{d}z + D(t+T)B(t+T,S(t+T)) \right] \quad (9.56)$$

利用有限问题的方法获得时间一致 HJB 方程，在所求得的时间一致 HJB 方程基础上，令 T 趋近于无穷大，即获得无限问题的时间一致 HJB 方程，具体过程不再赘述。

9.3.2　博弈均衡方法

在连续时间框架下，9.3.1 节中提到的递归方法本质上就是当前自我和未来无限个自我的不合作博弈，获得的策略是子博弈的完美纳什均衡。Ekeland 和 Lazrak（2006）首次系统地从博弈论的角度给出了时间偏好不一致下时间一致策略的纳什均衡定义。具体过程如下。

在任意 t 点，具有成熟性的个体制定的投资消费策略只能在一个很小的区间被执行，记这个区间为 $[t,t+\varepsilon)$。对于具有时间不一致偏好的个体，获得时间一致性解决方案的关键是在其当前决策中考虑其未来自我的偏好，即 t 点个体必须考虑所有的 t' 点个体，其中，$t' \in [t+\varepsilon,\infty)$，并且把整个问题看作一个非合作博弈，寻找子博弈的完美纳什均衡。以 Merton（1969，1971）经典的投资消费问题为例，假设 $\varphi_{t,\varepsilon,\varsigma}(\tau,w(\tau))$ 为 τ 点个体的投资消费策略，定义如下策略：

$$\varphi_{t,\varepsilon,\varsigma}(\tau,w(\tau)) = \varsigma(\tau,w(\tau)) = (c^{\varepsilon}(\tau),\alpha^{\varepsilon}(\tau)), \quad t \leqslant \tau < t+\varepsilon$$

且

$$\varphi_{t,\varepsilon,\varsigma}(\tau,w(\tau)) = \hat{\varphi}(\tau,w(\tau)) = (\hat{c}(\tau),\hat{\alpha}(\tau)), \quad \tau \geqslant t+\varepsilon$$

$\varphi_{t,\varepsilon,\varsigma}(\tau,w(\tau))$ 可表示为

$$\varphi_{t,\varepsilon,\varsigma}(\tau,w(\tau)) = \begin{cases} \varsigma(\tau,w(\tau)), \ t \leqslant \tau < t+\varepsilon \\ \hat{\varphi}(\tau,w(\tau)), \ \tau \geqslant t+\varepsilon \end{cases} \quad (9.57)$$

其中，$\varepsilon > 0$。

Ekeland 和 Lazrak（2006）定义，对任意小的正数 ε，当策略 $\hat{\varphi}(\tau,w(\tau)) = (\hat{c}(\tau),\hat{\alpha}(\tau))$，$\tau \geqslant t$ 时，满足

$$\liminf_{\varepsilon \to 0} [J(t,w(t),\hat{\varphi}) - J(t,w(t),\varphi_{t,\varepsilon,\varsigma})] / \varepsilon \geqslant 0 \quad (9.58)$$

则称 $\hat{\varphi}(\tau,w(\tau))$ 为均衡策略，即时间一致策略。

He 和 Jiang（2021）从博弈论角度给出均衡策略的自然定义，即当策略 $\hat{\varphi}(\tau,w(\tau)) = (\hat{c}(\tau),\hat{\alpha}(\tau))$，$\tau \geqslant t$ 时，满足

$$J(t,w(t),\hat{\varphi}) \geqslant J(t,w(t),\varphi_{t,\varepsilon,\varsigma}) \quad (9.59)$$

则称 $\hat{\varphi}(\tau,w(\tau))$ 为均衡策略。由式（9.58）定义的策略是一种弱均衡策略，满足

式（9.58）的策略并不一定满足式（9.59），这表明弱均衡策略可能不是由式（9.59）确定的均衡策略。本书将采用式（9.59）作为依据来确定所获得的投资消费策略是不是均衡策略。

本 章 小 结

本章以准双曲折现代表离散时间框架下微观主体的时间偏好，以折现率递减的确定性折现函数表示连续时间框架下微观主体的时间偏好，以投资消费问题为例，分别对时间偏好不恒定如何引起时间不一致投资消费行为进行了定量分析。在离散投资消费问题中，定量地分析了个体的现期偏好和跨期替代弹性分别对消费策略的影响，并指出现期偏好引起微观主体过度消费，且这种过度消费程度随现期偏好的增加而增大。同时指出跨期替代弹性会调和现期偏好引起的过度消费。此外，本章给出了在连续时间框架下获得时间一致投资消费策略的方法，但并没有给出具体效用函数下的时间一致投资消费策略。微观主体的任何经济活动都可以映射为当前时点和未来时点消费的权衡，因此第 10 章和第 11 章继续探索时间一致投资消费策略的具体表达形式及相应的福利分析。

本章附录　数字金融背景的思考——新选择集的跨期决策

香港电视台曾经制作了一档节目《穷富翁大作战》，导演邀请四位成功人士，他们中有商业大佬、富家二代、选美模特、金牌律师，他们要完成的挑战是抛弃原来的光鲜生活，去体验清洁工、单身母亲、流浪汉、小摊贩这些普通人的生活。当他们光鲜亮丽的外在条件被剥离以后，在应付完基本问题以后，根本没有时间和精力去读书，也没有多余的钱去投资以提供长远未来的消费。《穷富翁大作战》反映了这样一个事情：这四位的成功不是因为他们比别人更努力或者思维更好，而是他们本身的优越条件使然；普通人的困顿也不是因为他不够努力。当这四位被面前的生活所困的时候，他们一样陷入困局——温饱之前，别无选择。换句话说，决定个体实际行为的显示偏好由个体内在偏好和外部环境对个体的约束状态共同决定。内在偏好由基因决定；外部环境对个体的约束状态体现在个体的教育程度、初始禀赋与信贷约束等。在现实中，成功人士比普通人在投资消费及教育投资方面普遍更有耐心，更愿意投资风险资产。导致成功人士和普通人实际决策差异的更多的是成功人士的约束更少。

数字金融创新背景为个体提供了更多、更便捷、更优质的金融选择机会，改变了个体的约束状态，缓释了金融约束，改变了个体的显示偏好，从而影响了个体的实际决策行为。现有文献多集中于实证研究分析数字金融如何通过提供便捷性和更多的金融投资机会而改善个体福利。例如，郭峰等（2020）、李涛等（2016）指出，借助移动支付等数字技术，数字金融创新降低金融服务的门槛和服务成本，扩大金融服务的有效边界，可以满足传统背景下难以享受金融服务的低收入和弱势群体的金融需求。电子支付使得货币电子化，大大降低了金融交易的成本，不仅使得金融服务更加普及，而且催生了电子商务、线上线下结合等诸多创新服务渠道，为个体提供了便捷、灵活的金融服务。Grossman 和 Tarazi（2014）以肯尼亚农户为研究对象，发现数字金融通过便利支付平滑了个体消费，改善了个体福利。同时，数字金融为个体提供了种类丰富的投资理财方式，增强了投资带来的财富效应，促进消费升级（张勋等，2019；尹志超等，2019）。Banerjee 等（2015）指出，居民可以利用金融市场和金融功能释放被压抑的家庭消费行为。易行健和周利（2018）利用中国家庭微观调查数据，发现中国数字普惠金融的发展通过缓解流动性约束与便利支付显著促进了居民消费。何婧和李庆海（2019）认为数字金融可以通过缓解农户信贷约束和增加农户信息可得性来促进农户创业。刘锦怡和刘纯阳（2020）认为数字普惠金融的发展不仅推动互联网信贷的升级完善，而且通过增加农村居民个体就业的机会，间接抑制农村贫困，缩小城乡收入差距。

已有数字金融创新对微观主体影响的研究主要从实证角度，聚焦于数字金融对传统金融覆盖不到的个体和中小微企业的普惠性研究，分析数字金融创新对微观主体的支付便捷性影响和金融缓释作用，暂未考虑金融约束对现期偏好主体的承诺效应，从而难以解释数字金融创新背景下个体过度消费和企业高杠杆等现实问题。微观主体行为偏好与金融选择机会是微观主体跨期资本配置基本维度，因此在分析数字金融创新快速发展对微观主体投资消费策略的影响时，要分析数字金融如何通过改变个体的约束而重塑微观主体显示行为偏好，以及数字金融对具有不同禀赋个体金融选择机会的不同扩容提质影响。基于这两方面来分析数字金融创新对微观主体跨期资本配置影响。

首先，分析数字金融创新如何改变个体金融约束，以及数字金融过程中个体现期偏好变化。思路如下：从借贷流程、处理时间周期、突破场域限制等维度度量支付借贷的便捷性程度，用 X 表示；从借贷渠道、金融产品类型、借贷金额、差异化定价等维度度量数字金融产品和服务的多样化程度，用 Y 表示；基于家庭初始禀赋（W_0）构建金融决策集合，分析数字金融创新对金融决策集合变化改变及其便捷性作用：

$$\mathfrak{B} = F(W_0, X, Y)$$

其中，$\mathfrak{B}$ 为金融决策集合；F 为数字金融经由便捷性和多样化及初始禀赋对个体金融决策集合影响函数。以金融决策集合变化来度量数字金融创新对个体流动性约束和投资机会改变。

其次，以 Harris 和 Laibson（2013）提出的随机准双曲折现函数为基础，以 β_0

表示个体的初始现期偏好程度，以 λ_0 表示个体的初始现期偏好区间，通过刻画数字金融产品和服务对金融决策集合 $\mathfrak{B}$ 的变化程度，分析数字金融创新对个体现期偏好程度及现期偏好区间的重塑作用：

$$\beta_{\mathrm{P}} = G(W_0, \beta_0, \mathfrak{B})$$
$$\lambda = H(W_0, \beta_0, \mathfrak{B})$$

其中，β_{P} 为个体在数字金融过程中展示的现期偏好程度；λ 为个体在数字金融过程中展示的现期偏好区间；G 和 H 分别为数字金融经由金融决策集合 $\mathfrak{B}$、初始禀赋、初始现期偏好程度对现期偏好程度与现期偏好区间的影响函数。

基于现期偏好引发实际决策偏离最优计划决策的行为分析，以预判决策差异的程度刻画个体成熟性，利用参数 $\hat{\beta}_{\mathrm{P}}$ 来量化个体成熟性，分别定义：①成熟型个体（$\beta_{\mathrm{P}} = \hat{\beta}_{\mathrm{P}} < 1$）——能精准地预测金融决策偏差程度；②幼稚型个体（$\hat{\beta}_{\mathrm{P}} = 1$）——完全意识不到金融决策偏差；③部分成熟型个体（$\beta_{\mathrm{P}} < \hat{\beta}_{\mathrm{P}} < 1$）——预测到金融决策偏差，但是低估了偏差程度，低估程度由 $\hat{\beta}_{\mathrm{P}} - \beta_{\mathrm{P}}$ 度量。分析影响个体成熟性的因素。借鉴 Ashraf 等（2006）、Kuchler 和 Pagel（2021）对现期偏好个体成熟性的测定方法，测算个体现期偏好及成熟性，分析数字金融进程对现期偏好的重塑作用。

（1）在深化推进的数字金融重塑个体现期偏好和缓释外在流动性约束双重作用背景下，构建金融决策集合 $\mathfrak{B}$ 变化时不同成熟型个体计划者–行动者模型：

$$\max_{c_t(s), \alpha_t(s)} E\left[\int_t^T D(\beta_{\mathrm{P}}, \hat{\beta}_{\mathrm{P}}, s) u(c_t(s)) \mathrm{d}s\right]$$
$$\text{s.t. } (c_t(s), \alpha_t(s)) \in \mathfrak{B}$$

其中，D 为由显示现期偏好 β_{P} 和个体成熟性 $\hat{\beta}_{\mathrm{P}}$ 决定的折现函数；T 为个体生存期限；$u(\bullet)$ 为效用函数；$(c_t(s), \alpha_t(s))|_{t \leq s \leq T}$ 为 t 点计划 s 点的投资消费。

基于随机最优控制理论、动态博弈方法和数值计算，分别获得传统金融背景下计划投资消费策略 S_1 和折现效用 U_1、实际投资消费策略 S_2 和折现效用 U_2，以及数字金融背景下实际投资消费策略 S_3 和折现效用 U_3。

（2）对比分析数字金融创新对现期偏好个体消费与投资影响。

通过对比不同成熟性个体对应的 U_2 和 U_3，获得数字金融创新增加福利的阈值条件；通过比较不同成熟型个体对应的 U_1 和 U_3，识别数字金融可得性对不同成熟型个体的过度消费效应；通过比较 $U_2 - U_3$ 与 $U_1 - U_3$ 的差异，量化数字金融创新对个体改变的综合效应。

此外，现期偏好个体由于非理性利用数字金融带来的灵活性决策机会，可能引发过度消费问题。资本的非流动性对过度消费具有抑制作用，因此在数字金融创新过程中研究非流动性资产配置对冲数字金融对个体过度消费的潜在影响也是未来可继续研究的一个方向。

第 10 章　有限期限投资消费策略

依据投资消费期限,现有文献从三个视角来研究微观个体的投资消费决策。第一个视角是假设个体具有确定性投资消费期限 T, T 既可以看作个体的生存期限,也可以看作退休年龄等。第二个视角是假设投资消费期限具有不确定性,即 T 为随机变量,对应具有不确定性生命期限的投资消费问题。第三个视角是假设个体具有无限投资消费期限,该假设暗含个体具有无限生存寿命,可以看作忽略灭绝问题的种群投资消费问题。在指数折现假设下,无限期限投资消费策略不受决策点影响,而有限期限投资消费策略受决策点影响,因此无限期限问题相对于有限期限问题更容易解决,且一般可以通过有限期限的投资消费策略获得无限期限的投资消费策略。不确定性生命期限的投资消费问题既受决策点的影响,也受微观主体生命信息更新状态的影响,因此不同于有限期限问题。基于此,本章集中于分析如何获取有限期限时间一致投资消费策略,进而将其拓展到无限期限问题中,并给出相应的经济分析。第 11 章进一步分析具有不确定性生命期限的投资消费问题。

本章对现有文献进行如下四个方面的补充:第一,采用 Karp (2007) 在研究确定性投资决策问题时提出的动态规划方法,得到有限期限和无限期限两种情况下成熟型决策者的 HJB 方程。第二,得到有限期限对数效用函数的时间一致投资消费解析解和幂效用函数的数值解,以及无限期限对数效用函数与幂效用函数下投资消费的时间一致解析解。第三,比较了瞬时满足折现(instantaneous gratification discounting)函数和折现率恒定的指数折现函数下预期消费的动态性质及预期财富的动态过程。与 Merton (1969) 的结论相比,随机准双曲折现增加了消费率但是对风险资产比例没有影响。第四,对比分析指数折现与随机准双曲折现的消费路径和期望折现效用,发现时间一致投资消费策略对个体福利的影响不仅依赖于个体的现期偏好程度,而且依赖于个体的跨期替代弹性。

下面简要介绍有限期限下微观个体和家庭的时间一致投资消费策略研究。Marín-Solano 和 Navas(2010)率先采取折现率递减的确定性折现函数来研究确定性有限期限决策者的时间一致投资消费问题,并获得幼稚型决策者和成熟型决策者的时间一致投资消费策略。在此基础上,Gong 等(2007)、Palacios-Huerta 和 Pérez-Kakabadse(2013)采用 Harris 和 Laibson(2013)提出的随机准双曲折现函数来研究具有无限期限决策者的时间一致投资消费问题,获得时间一致投资消费的解析解。本章结合以上研究，采用 Harris 和 Laibson（2013）提出的随机准双曲折现函数来刻画个体的时变时间偏好，研究有限期限下的投资消费问题，并分别获得对数效用函数和幂效用函数的时间一致解析解与数值解，以及量化分析时变时间偏好对微观个体期望消费和期望财富的动态影响。10.5 节给出幂效用函数对应的时间一致投资消费策略数值解。

10.1 模 型 设 定

本节首先给出投资消费问题的基本假设和框架，其次给出 Harris 和 Laibson（2013）提出的随机准双曲折现偏好。

10.1.1 投资消费问题

为了与 Merton（1969）的投资消费问题一致，本章假设市场上只有两种资产，即风险资产和无风险资产，风险资产可以理解为市场指数，短期国库券可以看作无风险资产。决策者在 t 点具有初始禀赋 $w(t)$，该禀赋可以用来提供当前消费，也可以投资于无风险资产与风险资产以提供未来自我的消费。无风险利率为常数 r；风险资产的价格服从漂移率为 μ、波动率为 σ 的几何布朗运动，价格 $S(t)$ 的动态过程为

$$\mathrm{d}S(t) / S(t) = \mu \mathrm{d}t + \sigma \mathrm{d}z_t \tag{10.1}$$

与 Merton（1969）的假设相同，本章假定市场完备且决策者没有借贷约束。在任意 t 点，假设决策者的瞬时消费为 $c(t)$，风险资产比例为 $\alpha(t)$，则决策者在无穷小的时间 $\mathrm{d}t$ 的财富增加值 $\mathrm{d}w$ 等于该段时间的投资收益减去相应消费，从而财富 $w(t)$ 的动态过程为

$$\mathrm{d}w(t) = [\alpha(t)(\mu - r)w(t) + rw(t) - c(t)]\mathrm{d}t + \sigma\alpha(t)w(t)\mathrm{d}z_t \tag{10.2}$$

其中，决策者在初始 0 点具有初始禀赋 $w(0)$；z_t 表示标准布朗运动。

在任意 s 点，成熟型决策者意识到基于 s 点制定的最优投资消费策略只能在 s 点执行。要使制定的投资消费策略能够被未来自我接受，必须将未来自我的实际投资消费策略纳入当前决策过程中。因此，成熟型决策者在任意 s 点制定投资消费策略时，时间一致策略是前提条件，他的投资消费选择集合中不包含时间不一致投资消费策略，即使该策略能使得期望折现效用最大。在所有满足时间一致性的投资消费策略中寻找个体福利最大的策略，将其定义为均衡策略。因此在任意 s 点，成熟型决策者的问题变为在投资消费策略集合中选择时间一致的瞬时消费 $c(s)$ 和风险资产比例 $\alpha(s)$ 以最大化期望折现效用，有限期限和无限期限问题分别为

$$\max_{\alpha(s),c(s)} E\left[\int_t^T D(t,s)u(c(s))\mathrm{d}s + D(t,T)F(T,w(T))\right] \tag{10.3}$$

和

$$\max_{\alpha(s),c(s)} E\left[\int_t^\infty D(t,s)u(c(s))\mathrm{d}s\right] \tag{10.4}$$

其中，$u(c(s))$ 为决策者的效用函数；$D(t,s)$ 为折现函数，表示 s 点的 1 单位效用在 t 点的现值；$F(T,w(T))$ 为残值函数，当 T 为个体死亡时间时，$F(T,w(T))$ 表示后代在 T 点继承财富 $w(T)$ 时决策者获得的瞬时效用，当 T 为个体某一个投资期限结束时，$F(T,w(T))$ 表示个体自己未来的消费及后代继承的财富在 T 点的现值。

10.1.2　决策者时间偏好

本章区别于传统经典投资消费问题的关键在于假设微观主体具有时变的时间偏好。Harris 和 Laibson（2013）提出的随机准双曲折现函数在连续时间框架下能很好地描述个体的现期偏好，因此不同于 Marín-Solano 和 Navas（2010）采用确定的递减折现来研究投资消费问题，本章以 Harris 和 Laibson（2013）提出的随机准双曲折现函数来刻画决策者的时变时间偏好，分析现期偏好假设下如何获得时间一致投资消费策略。与 Harris 和 Laibson（2013）一致，为了在折现中体现现期偏好，时间区间被分为现期区间和远期区间，决策者在这两个区间分别采取不同的折现形式，相对于远期区间，赋予现期区间更大的权重。具体表现在现期区间采取折现率为 ρ 的指数折现，远期区间的折现形式在现期区间折现函数的基础上乘以 β_{P}，其中，$0 < \beta_{\mathrm{P}} \leqslant 1$。折现函数 $D(t,s)$ 可表示为

$$D(t,s) = \begin{cases} \mathrm{e}^{-\rho(s-t)}, & s \in [t, t+\tau) \\ \beta_{\mathrm{P}}\mathrm{e}^{-\rho(s-t)}, & s \in [t+\tau, \infty) \end{cases} \tag{10.5}$$

其中，$[t,t+\tau)$ 为现期区间；$[t+\tau,\infty)$ 为远期区间。为了能适应连续时间框架分析，现期区间长度 τ 为随机变量，且服从参数为 λ 的泊松分布。

由式（10.5）可以看出，折现值只与折现区间长度有关，而与折现起点无关，满足时不变性，即 $D(t,s) = D(0,s-t)$。现期区间的预期长度为 $E[\tau] = 1/\lambda$，λ 越大，现期区间长度越小；$\lambda = 0$ 时，现期区间长度为 ∞，远期区间不存在，折现函数退化为折现率为 ρ 的指数折现。参数 $1 - \beta_{\mathrm{P}}$ 度量了决策者现期偏好，$1 - \beta_{\mathrm{P}}$ 越大，则个体的现期偏好程度越大，消费者对现期区间的效用赋予的权重越大。当 $1 - \beta_{\mathrm{P}} = 0$，即 $\beta_{\mathrm{P}} = 1$ 时，现期区间和远期区间没有区别，折现函数退化为折现率为 ρ 的指数折现[①]。

---

① 对随机变量 $D(t,s)$ 取期望得 $E[D(t,s)] = \mathrm{e}^{-\rho(s-t)}[\beta_{\mathrm{P}} + (1-\beta_{\mathrm{P}})\mathrm{e}^{-\lambda(s-t)}]$。该式是第 11 章将提出的折现函数的特殊形式，即成年期决策者对应的折现函数。

下面说明由式（10.5）表示的随机准双曲折现 $D(t,s)$ 蕴含时变偏好。定义 $\mathrm{MRS}_t(s,s')$ 为基于 t 点偏好，未来 s 和 s' 点的边际替代率，$\mathrm{MRS}_t(s,s') = D(t,s') / D(t,s)$，即 $\mathrm{MRS}_t(s,s')$ 表示站在 t 点看，要放弃 s' 点的 1 单位效用，需要在 s 点给予的补偿，该替代率由折现函数 $D(t,s)$ 决定。当决策点从 t 变为 t' 时，$t' > t$，s 和 s' 点的边际替代率由 $D(0,s'-t) / D(0,s-t)$ 变为 $D(0,s'-t') / D(0,s-t')$。当 $\beta_{\mathrm{P}} \neq 1$ 且 $\lambda \neq 0$ 时，$\mathrm{MRS}_t(s,s') \neq \mathrm{MRS}_{t'}(s,s')$。因此，决策者在不同时点的偏好不同。

特别地，当 $\lambda \to \infty$ 时，折现函数退化为在任意点跳跃的确定性折现函数，这个折现函数也称为瞬时满足折现函数，该折现函数可表示为

$$D(t,s) = \begin{cases} 1, & s = t \\ \beta_{\mathrm{P}} \mathrm{e}^{-\rho(s-t)}, & s \in (t,\infty) \end{cases} \qquad (10.6)$$

10.2　成熟型决策者的 HJB 方程

针对上述时间偏好决策问题，为了获得时间一致策略，具有时间不一致偏好的成熟型决策者必须将未来自我的实际偏好纳入当前决策过程中。为了获得时间一致策略，具有随机准双曲折现偏好的有限期限，以及无限期限的成熟型决策者对应的问题分别为在时间一致策略集合中寻找期望折现效用最大的投资消费策略，即

$$\max_{\alpha(s),c(s)} E\left[\int_t^{t+\tau} \mathrm{e}^{-\rho(s-t)} u(c(s))\mathrm{d}s + \beta_{\mathrm{P}} \int_{t+\tau}^T \mathrm{e}^{-\rho(s-t)} u(c(s))\mathrm{d}s + \beta_{\mathrm{P}} \mathrm{e}^{-\rho(T-t)} F(T,w(T)) \right]$$
$$(10.7)$$

和

$$\max_{\alpha(s),c(s)} E\left[\int_t^{t+\tau} \mathrm{e}^{-\rho(s-t)} u(c(s))\mathrm{d}s + \beta_{\mathrm{P}} \int_{t+\tau}^\infty \mathrm{e}^{-\rho(s-t)} u(c(s))\mathrm{d}s \right] \qquad (10.8)$$

问题（10.7）和问题（10.8）都受式（10.2）的约束。

10.2.1　确定性有限期限成熟型决策者的 HJB 方程

第 9 章针对确定性时间不一致投资消费问题，在连续时间框架下给出了时变时间偏好下的时间一致策略方法，并没有考虑资产的不确定性及折现不确定性下的时间一致投资消费策略。在此基础上，本章详细给出两种不确定性下的时间一致投资消费策略具体求解过程。与第 9 章类似，本章采用由 Karp（2007）提出并由 Marín-Solano 和 Navas（2009，2010）采用的方法来获取时间一致策略。本节首先将连续问题（式（10.7））转化为离散问题，然后通过递归方法得出未来自我的实际决策，最后通过迭代且取极限将离散问题化为连续问题，从而得到成熟型决策者的时间一致 HJB 方程。

定义价值函数即依据成熟型个体的时间一致消费路径获得的期望折现效用如下：

$$V(t,w(t)) = \max_{\alpha(s),c(s)} E\left[\int_t^{t+\tau} e^{-\rho(s-t)}u(c(s))ds \right.$$
$$\left. + \beta_P\int_{t+\tau}^T e^{-\rho(s-t)}u(c(s))ds + \beta_P e^{-\rho(T-t)}F(T,w(T))\right] \quad (10.9)$$

不妨设决策起点为 0，决策者的决策区间长度为 T，因此将区间 $[0,T]$ 分为 N 等份，每等份长度为 ε，即 $T=N\varepsilon$。定义变量 $t=j\varepsilon$，$j=0,1,2,\cdots,N-1$。本章取 ε 足够小，使得对决策者 s，$s\in[j\varepsilon,(j+1)\varepsilon)$ 的消费-储蓄与投资策略由决策者 $j\varepsilon$ 决定。因此，决策者 $j\varepsilon$，$j=0,1,2,\cdots,N-1$ 只需要依据决策者 $(j+1)\varepsilon,(j+2)\varepsilon,\cdots$，$(N-1)\varepsilon$ 的实际决策来进行当前决策。

为了讨论方便，定义 $dt=\varepsilon$，$t=j\varepsilon$，$w(j\varepsilon)=w_j$，$c(j\varepsilon)=c_j$，$\alpha(j\varepsilon)=\alpha_j$，$V(j\varepsilon,w_j)=V_j$，$F(T,w(T))=V_N$，$j=0,1,2,\cdots,N-1$。式（10.2）变为

$$w(t+\varepsilon)=w(t)+[\alpha(t)(\mu-r)w(t)+rw(t)-c(t)]\varepsilon+\sigma\alpha(t)w(t)(z(t+\varepsilon)-z(t))$$

设 T 为终点，且遗产 $F(T,w(T))$ 被后代继承，因此 T 点一定属于远期区间的点，即 V_N 在 $(N-1)\varepsilon$ 点的折现值为 $\beta_P e^{-\rho\varepsilon}V_N$，决策者 $(N-1)\varepsilon$ 的问题变为

$$V_{N-1}=\max_{\alpha_{N-1},c_{N-1}} E_{(N-1)\varepsilon}[u(c_{N-1})\varepsilon+\beta_P e^{-\rho\varepsilon}V_N]$$

且约束条件为 $w_N=w_{N-1}+f((N-1)\varepsilon,c_{N-1},\alpha_{N-1})\varepsilon+\sigma w_{N-1}(z_N-z_{N-1})$，其中，$f(t,c(t),\alpha(t))=\alpha(t)(\mu-r)w(t)+rw(t)-c(t)$。

若 $c_{N-1}^*=c_{N-1}^*((N-1)\varepsilon,w_{N-1})$，$\alpha_{N-1}^*=\alpha_{N-1}^*((N-1)\varepsilon,w_{N-1})$ 是上式的最优解，则定义

$$\overline{u}_{N-1}((N-1)\varepsilon,w_{N-1})=u_{N-1}((N-1)\varepsilon,c_{N-1}^*,\alpha_{N-1}^*)$$

因此决策者 $(N-2)\varepsilon$ 的问题变为

$$V_{N-2}=\max_{\alpha_{N-2},c_{N-2}} E_{(N-2)\varepsilon}[u(c_{N-2})\varepsilon+D(0,\varepsilon)\overline{u}_{N-1}\varepsilon+\beta_P e^{-2\rho\varepsilon}V_N]$$

若 $c_{N-2}^*=c_{N-2}^*((N-2)\varepsilon,w_{N-2})$，$\alpha_{N-2}^*=\alpha_{N-2}^*((N-2)\varepsilon,w_{N-2})$ 是上式的最优解，则定义

$$\overline{u}_{N-2}((N-2)\varepsilon,w_{N-2})=u_{N-2}((N-2)\varepsilon,c_{N-2}^*,\alpha_{N-2}^*)$$

通过以上方法，可以得出 (c_j^*,α_j^*)，$j=0,1,2,\cdots,N-1$。同样地，定义

$$\overline{u}_j(j\varepsilon,w_j)=u_j(j\varepsilon,c_j^*,\alpha_j^*)，\quad j=0,1,2,\cdots,N-1$$

因此，价值函数 V_j 满足

$$V_j=\max_{\alpha_j,c_j} E_{j\varepsilon}\left[u(c_j)\varepsilon+\sum_{i=1}^{N-j-1}D(0,i\varepsilon)\overline{u}_{j+i}\varepsilon+\beta_P e^{-(N-j)\rho\varepsilon}V_N\right] \quad (10.10)$$

同时，价值函数 V_{j+1} 满足

$$V_{j+1}=E_{(j+1)\varepsilon}\left[\sum_{i=0}^{N-j-2}D(0,i\varepsilon)\overline{u}_{j+i+1}\varepsilon+\beta_P e^{-(N-j-1)\rho\varepsilon}V_N\right]$$

$$= E_{(j+1)\varepsilon} \left[\sum_{i=1}^{N-j-1} D(0,(i-1)\varepsilon)\overline{u}_{j+i}\varepsilon + \beta_{\mathrm{p}} \mathrm{e}^{-(N-j-1)\rho\varepsilon} V_N \right] \quad (10.11)$$

式（10.10）两边同时乘以 $\mathrm{e}^{\rho\varepsilon}$，得

$$\mathrm{e}^{\rho\varepsilon} V_j = \max_{\alpha_j,c_j} E_{j\varepsilon} \left[\mathrm{e}^{\rho\varepsilon} u(c_j)\varepsilon + \sum_{i=1}^{N-j-1} \mathrm{e}^{\rho\varepsilon} D(0,i\varepsilon)\overline{u}_{j+i}\varepsilon + \beta_{\mathrm{p}} \mathrm{e}^{-(N-j-1)\rho\varepsilon} V_N \right] \quad (10.12)$$

由于 $\mathrm{e}^{\rho\varepsilon} = 1 + \rho\varepsilon + o(\varepsilon)$，式（10.12）可变为

$$(1+\rho\varepsilon)V_j = \max_{\alpha_j,c_j} E_{j\varepsilon} \left[(1+\rho\varepsilon)u(c_j)\varepsilon + \sum_{i=1}^{N-j-1} D(0,i\varepsilon)\overline{u}_{j+i}\varepsilon \right.$$
$$\left. + \beta_{\mathrm{p}} \mathrm{e}^{-(N-j-1)\rho\varepsilon} V_N + o(\varepsilon) \right] \quad (10.13)$$

式（10.13）减去式（10.10）并同时除以 ε，化简得

$$(V_j - V_{j+1})/\varepsilon + \rho V_j = \max_{\alpha_j,c_j} E_{j\varepsilon} \left[(1+\rho\varepsilon)u(c_j) + \sum_{i=1}^{N-j-1} [\mathrm{e}^{\rho\varepsilon} D(0,i\varepsilon) \right.$$
$$\left. -D(0,(i-1)\varepsilon)]\overline{u}_{j+i} + o(\varepsilon^2)/\varepsilon \right] \quad (10.14)$$

由于随机变量 $D(t,s)$ 满足时不变性，$D(t,s)$ 只受参数 λ 及折现区间长度 $s-t$ 影响，$\overline{u}_{j+i}$ 只受初始条件 $((j+i)\varepsilon, w((j+i)\varepsilon))$ 影响，$D(0,i\varepsilon)$ 与 $\overline{u}_{j+i}$ 不相关，因此，

$$E_{j\varepsilon} \left[\sum_{i=1}^{N-j-1} [\mathrm{e}^{\rho\varepsilon} D(0,i\varepsilon) - D(0,(i-1)\varepsilon)]\overline{u}_{j+i} \right]$$
$$= \sum_{i=1}^{N-j-1} [\mathrm{e}^{\rho\varepsilon} E_{j\varepsilon} D(0,i\varepsilon) - E_{j\varepsilon} D(0,(i-1)\varepsilon)] \times E_{j\varepsilon}[\overline{u}_{j+i}]$$
$$= \sum_{i=1}^{N-j-1} [\mathrm{e}^{\rho\varepsilon} d(i\varepsilon) - d((i-1)\varepsilon)] \times E_{j\varepsilon,w_j}[\overline{u}_{j+i}]$$

其中，$d(i\varepsilon) = [(1-\beta_{\mathrm{p}})\mathrm{e}^{-\lambda i\varepsilon} + \beta_{\mathrm{p}}]\mathrm{e}^{-\rho i\varepsilon}$。

$\mathrm{e}^{\rho\varepsilon} = 1 + \rho\varepsilon + o(\varepsilon)$，因此

$$\sum_{i=1}^{N-j-1} [\mathrm{e}^{\rho\varepsilon} d(i\varepsilon) - d((i-1)\varepsilon)] \times E_{j\varepsilon}[\overline{u}_{j+i}]$$
$$= \sum_{i=1}^{N-j-1} -\lambda(1-\beta_{\mathrm{p}})\mathrm{e}^{-(\lambda+\rho)i\varepsilon}\varepsilon \times E_{j\varepsilon}[\overline{u}_{j+i} + o(\varepsilon^2)] \quad (10.15)$$

$t = j\varepsilon$ 且 $w(t+\varepsilon) = w(t) + f(t,c(t),\alpha(t))\varepsilon + \sigma w(t)(z(t+\varepsilon) - z(t))$，因此，

$$E\left[V((t+\varepsilon), w(t+\varepsilon)) - V(t,w(t)) \right]/\varepsilon$$
$$= \left[V_t + V_w f + \frac{1}{2} V_{ww}\alpha^2(t)\sigma^2 w^2 \right]\Big|_{w(t),c(t),\alpha(t)} \quad (10.16)$$

将式（10.15）和式（10.16）代入式（10.14），且令 $\varepsilon \to 0(T = N\varepsilon)$，得

$$\rho V(t, w(t)) - V_t + K(t, w(t)) = \max_{\alpha(t), c(t)} \left[u(c(t)) + V_w f + \frac{1}{2} V_{ww} \alpha^2(t) \sigma^2 w^2(t) \right] \quad (10.17)$$

其中，

$$K(t, w(t)) = \lambda(1 - \beta_P) \left[\int_t^T e^{-(\lambda + \rho)(s-t)} E[\bar{u}(c^*(s))] ds \right] \quad (10.18)$$

因此，受式（10.2）约束的问题（式（10.7））的 HJB 方程为式（10.17）和式（10.18），且满足边值条件：

$$V(T, w(T)) = F(T, w(T)) \quad (10.19)$$

当 $\beta_P = 1$ 或 $\lambda = 0$ 时，折现函数退化为折现率恒定的指数折现，这时 $K(t, w(t)) \equiv 0$，式（10.17）变成 Merton（1969）中对应的 HJB 方程。

当 $\beta_P \neq 1$ 且 $\lambda \neq 0$，$K(t, w(t)) \neq 0$ 时，$K(t, w(t))$ 为积分微分方程。因此，相对于指数折现 HJB 方程，随机准双曲折现 HJB 方程多出一项 $K(t, w(t))$，式（10.17）称为修正 HJB 方程。

10.2.2　无限期限成熟型决策者的 HJB 方程

令 $\{\alpha^*(s), c^*(s)\}$ 代表在 t 点具有财富 $w(t)$ 的成熟型决策者制定的时间一致投资消费策略，且令 $V(t, w(t))$ 为对应的价值函数，则

$$\begin{aligned} V(t, w(t)) &= E\left[\int_t^{t+\tau} e^{-\rho(s-t)} u(c^*(s)) ds + \beta_P \int_{t+\tau}^{\infty} e^{-\rho(s-t)} u(c^*(s)) ds \right] \\ &= E\left[\int_0^{\tau} e^{-\rho s} u(c^*(s+t)) ds + \beta_P \int_{\tau}^{\infty} e^{-\rho s} u(c^*(s+t)) ds \right] \\ &= E\left[\int_0^{\tau} e^{-\rho s} u(c^*(s)) ds + \beta_P \int_{\tau}^{\infty} e^{-\rho s} u(c^*(s)) ds \right] \end{aligned}$$

第三个等式通过将 $\{\alpha^*(s+t), c^*(s+t)\}$ 替代 $\{\alpha^*(s), c^*(s)\}$ 获得。可以替代的原因如下：当在 0 点和 t 点具有同样的初始财富和投资机会时，在 t 点的财富路径 $\{w^{t,w}(t+s)\}_{s \in [0,\infty)}$ 和在 0 点的财富路径 $\{w^{0,w}(s)\}_{s \in [0,\infty)}$ 具有同样的分布。因此，价值函数 V 与决策点 t 无关，只与初始财富 $w(t)$ 有关。为了反映这种无关性，价值函数 $V(t, w(t))$ 可以写为 $V(w)$。去掉所有的下标 t 并将 $V(w)$ 替代 $V(t, w(t))$，式（10.17）变为

$$\rho V(w) + K(w) = \max_{\alpha, c} \left[u(c) + V_w f + \frac{1}{2} V_{ww} \alpha^2 \sigma^2 w^2 \right] \quad (10.20)$$

其中，

$$K(w) = \lambda(1 - \beta_P) \left[\int_0^{\infty} e^{-(\lambda + \rho)s} [\bar{u}(c^*(s))] ds \right] \quad (10.21)$$

且 $c^*(s)$ 满足式（10.20）。

进一步假设 $\lim\limits_{T\to\infty}\beta_{\mathrm{p}}\mathrm{e}^{-\rho(T-t)}F(T,w(T))=0$ 。边值条件（式（10.19））变为如下的横截性条件[①]：

$$\lim_{t\to\infty}E[\exp(-\rho t)V(w(t))]=0 \qquad\qquad (10.22)$$

因此，对于具有无限期限的成熟型决策者，受式（10.2）约束的问题（式（10.8））的 HJB 方程为式（10.20）和式（10.21），以及横截性条件（式（10.22））。

特别地，Palacios-Huerta 和 Pérez-Kakabadse（2013）利用另外一种方法得出无限期限成熟型决策者的 HJB 方程。他们定义

$$V(w_t)=\max_{\alpha,c}E_t\left[\int_t^{t+\tau}\mathrm{e}^{-\rho(s-t)}u(c(s))\mathrm{d}s+\beta_{\mathrm{p}}\mathrm{e}^{-\rho\tau_t}J(w_{t+\tau})\right]$$

其中，

$$J(w_\xi)=\int_\xi^\infty\mathrm{e}^{-\rho(s-\xi)}u(\tilde{c}(s))\mathrm{d}s$$

其中，$\tilde{c}(s)$ 为未来自我的实际消费函数，并且获得拓展的 HJB 方程：

$$\rho V(w)-\lambda[\beta_{\mathrm{p}}V(w)-J(w)]=\max_{\alpha,c}\left[u(c)+V_wf+\frac{1}{2}V_{ww}\alpha^2\sigma^2w^2\right]$$

其中，

$$-\lambda[\beta_{\mathrm{p}}V(w)-J(w)]=K(w)=\lambda(1-\beta_{\mathrm{p}})\int_0^\infty\mathrm{e}^{-(\lambda+\rho)s}E[\bar{u}(c^*(s))]\mathrm{d}s$$

该拓展的 HJB 方程与本节通过递归方法获得的 HJB 方程一致。

本节采用的递归方法能够获得有限期限时间一致决策问题的 HJB 方程，且可以将该方法拓展到无限期限时间一致决策问题，而采用 Palacios-Huerta 和 Pérez-Kakabadse（2013）的方法只得到无限期限时间一致决策问题的 HJB 方程，不能获得有限期限时间一致决策问题的 HJB 方程。

10.3　CRRA 效用函数下的投资消费策略

本节考虑 CRRA 效用函数中的特殊形式：对数效用函数和幂效用函数。对每种效用函数，给出时间一致投资消费策略并分析现期偏好对投资消费策略的影响。这种分析可以拓展到无限期限问题中。

10.3.1　对数效用函数

当效用函数为对数函数，即 $u(c)=\ln c$ 时，猜测价值函数 $V(t,w(t))$ 的表达式为

---

① 对横截性条件的更详细讨论可以参考 Merton（1969）。

$V(t, w(t)) = A(t)\ln w(t) + B(t)$，满足边值条件函数 $V(T, w(T)) = F(T, w(T))$。为了和 Merton（1969）相比较，遗产函数取 $F(T, w(T)) = \zeta \ln w(T)$，其中，$\zeta$ 为常数。由价值函数 $V(t, w(t))$ 的表达式可知，

$$V_t = A'(t)\ln w + B'(t)，\quad V_w = A(t)/w，\quad V_{ww} = -A(t)/w^2$$
$$A(T) = \zeta，\quad B(T) = 0$$

由式（10.17）可知，

$$c^*(t) = w(t)/A(t)，\quad \alpha^*(t) = -V_w(\mu-r)/V_{ww}w\sigma^2 = (\mu-r)/\sigma^2 \quad (10.23)$$

因此，财富动态路径为

$$dw(t) = [(\mu-r)^2/\sigma^2 + r - 1/A(t)]w(t)dt + (\mu-r)/\sigma w(t)dz_t \quad (10.24)$$

将式（10.23）中的 $c^*(s)$ 代入式（10.18），得

$$\begin{aligned}
K(t, w(t)) &= \lambda(1-\beta_P)E\left[\int_t^T e^{-(\lambda+\rho)(s-t)}\bar{u}(c^*(s))ds\right] \\
&= \lambda(1-\beta_P)E\left[\int_t^T e^{-(\lambda+\rho)(s-t)}(\ln w(s) - \ln A(s))ds\right]
\end{aligned} \quad (10.25)$$

由式（10.24）可知，

$$d\ln w(s) = [(\mu-r)^2/2\sigma^2 + r - 1/A(s)]w(s)ds + (\mu-r)/\sigma w(s)dz_s \quad (10.26)$$

因此，有

$$E[d\ln w(s)] = [(\mu-r)^2/2\sigma^2 + r - 1/A(s)]w(s)ds \quad (10.27)$$

从而

$$E[\ln w(s)] = \ln w(t) + \int_t^s [(\mu-r)^2/2\sigma^2 + r - 1/A(x)]dx \quad (10.28)$$

将式（10.28）代入式（10.25），得

$$\begin{aligned}
K(t, w(t)) &= \lambda(1-\beta_P)\left[\ln w(t)\int_t^T e^{-(\lambda+\rho)(s-t)}ds + \int_t^T e^{-(\lambda+\rho)(s-t)}\right. \\
&\quad \left.\left(\int_t^s (\mu-r)^2/2\sigma^2 + r - 1/A(x)\right)dxds - \int_t^T e^{-(\lambda+\rho)(s-t)}\ln A(s)ds\right]
\end{aligned} \quad (10.29)$$

将式（10.23）和式（10.29）代入式（10.17），得

$$\begin{aligned}
&\rho(A(t)\ln w(t) + B(t)) + \lambda(1-\beta_P)\left[\ln w(t)\int_t^T e^{-(\lambda+\rho)(s-t)}ds + \int_t^T e^{-(\lambda+\rho)(s-t)}\right. \\
&\quad \left.\left(\int_t^s (\mu-r)^2/2\sigma^2 + r - 1/A(x)\right)dxds - \int_t^T e^{-(\lambda+\rho)(s-t)}\ln A(s)ds\right] \\
&\quad - A'(t)\ln w(t) + B'(t) \\
&= \ln w(t) - \ln A(t) + ((\mu-r)^2/2\sigma^2 + r - 1/A(t))A(t)
\end{aligned} \quad (10.30)$$

式（10.30）对任意的 t 和 $w(t)$ 都成立，因此 $A(t)$ 满足常微分方程：

$$\rho A(t) + \lambda(1-\beta_P)\int_t^T e^{-(\lambda+\rho)(s-t)}ds = A'(t) + 1，\quad A(T) = \zeta \quad (10.31)$$

解常微分方程（10.31），可得

$$A(t) = (\zeta - \beta_{\mathrm{P}} / \rho) \mathrm{e}^{-\rho(T-t)} - (1 - \beta_{\mathrm{P}}) / (\lambda + \rho) \mathrm{e}^{-(\lambda+\rho)(T-t)}$$
$$+ (\lambda \beta_{\mathrm{P}} + \rho) / \rho(\lambda + \rho) \tag{10.32}$$

由式（10.23）和式（10.32）可得到时间一致消费率：

$$c^*(t) / w(t) = \rho(\lambda + \rho) / [(\rho(\lambda + \rho)\varepsilon - \beta_{\mathrm{P}}(\lambda + \rho))\mathrm{e}^{-\rho(T-t)}$$
$$- \rho(1 - \beta_{\mathrm{P}})\mathrm{e}^{-(\lambda+\rho)(T-t)} + \lambda \beta_{\mathrm{P}} + \rho] \tag{10.33}$$

下面证明时间一致消费率 $c^*(t)/w(t)$ 随 λ 的增大而增大，随 β_{P} 的增大而减小。

证明：

令 $$g(t, \beta_{\mathrm{P}}, \lambda) = \frac{\rho(\lambda + \rho)}{(\rho(\lambda + \rho)\varepsilon - \beta_{\mathrm{P}}(\lambda + \rho))\mathrm{e}^{-\rho(T-t)} - \rho(1 - \beta_{\mathrm{P}})\mathrm{e}^{-(\lambda+\rho)(T-t)} + \lambda \beta_{\mathrm{P}} + \rho}$$

则

$$\frac{\partial g(t, \beta_{\mathrm{P}}, \lambda)}{\partial \beta_{\mathrm{P}}} = \frac{\rho(\lambda + \rho)[(\lambda + \rho)\mathrm{e}^{-\rho(T-t)} - \rho\mathrm{e}^{-(\lambda+\rho)(T-t)} - \lambda]}{[(\rho(\lambda + \rho)\varepsilon - \beta_{\mathrm{P}}(\lambda + \rho))\mathrm{e}^{-\rho(T-t)} - \rho(1 - \beta_{\mathrm{P}})\mathrm{e}^{-(\lambda+\rho)(T-t)} + \lambda \beta_{\mathrm{P}} + \rho]^2}$$

且

$$\frac{\partial g(t, \beta_{\mathrm{P}}, \lambda)}{\partial \lambda} = \frac{-\rho^2(1 - \beta_{\mathrm{P}})(1 + (\lambda + \rho)(T-t))\mathrm{e}^{-\rho(T-t)} + \rho^2(1 - \beta_{\mathrm{P}})}{[(\rho(\lambda + \rho)\varepsilon - \beta_{\mathrm{P}}(\lambda + \rho))\mathrm{e}^{-\rho(T-t)} - \rho(1 - \beta_{\mathrm{P}})\mathrm{e}^{-(\lambda+\rho)(T-t)} + \lambda \beta_{\mathrm{P}} + \rho]^2}$$

定义

$$k(t) = (\lambda + \rho)\mathrm{e}^{-\rho(T-t)} - \rho\mathrm{e}^{-(\lambda+\rho)(T-t)} - \lambda$$

显然有

$$k'(t) = \rho(\lambda + \rho)\mathrm{e}^{-\rho(T-t)} [1 - \mathrm{e}^{-\lambda(T-t)}] > 0$$

这说明 $\max\limits_{t \in [0,T]} k(t) = k(T) = 0$。对 $t \in [0, T)$，有 $k(t) < 0$，因此有 $\dfrac{\partial g(t, \beta_{\mathrm{P}}, \lambda)}{\partial \beta_{\mathrm{P}}} < 0$，即时间一致消费率随参数 β_{P} 的增大而减小。

通过同样的方法，可以得出 $\dfrac{\partial g(t, \beta_{\mathrm{P}}, \lambda)}{\partial \lambda} > 0$，即时间一致消费率随参数 λ 的增大而增大。

证明完毕。

当 $\lambda = 0$ 或 $\beta_{\mathrm{P}} = 1$ 时，折现函数退化为折现率恒定的指数折现，因此时间一致消费率 $c^*(t)/w(t)$ 退化为 Merton（1969）的情况，即

$$c^*(t) / w(t) = c^*(t) / w(t)|_{\mathrm{M}} = \rho / [1 + (\rho\zeta - 1)\mathrm{e}^{-\rho(T-t)}]$$

其中，下标"M"表示 Merton（1969）模型。

当 $\lambda > 0$ 且 $0 < \beta_{\mathrm{P}} < 1$ 时，时间一致消费率 $c^*(t)/w(t)$ 表示为随机准双曲折现下的消费率，即

$$c^*(t) / w(t) = c^*(t) / w(t)|_{\mathrm{S}}$$

其中，下标"S"表示随机准双曲折现情形。

$c^*(t)/w(t)$ 随 λ 的增大而增大，随 β_P 的增大而减小，当 $\lambda=0$ 且 $\beta_P=1$ 时，$c^*(t)/w(t)=c^*(t)/w(t)|_M$，因此 $c^*(t)/w(t)|_S > c^*(t)/w(t)|_M$，$t\in[0,T)$。由上面的分析可知具有如下命题。

【命题 10.1】　假设 $\lambda>0$，$0<\beta_P<1$ 且 $T<\infty$，对数效用函数下成熟型决策者的时间一致投资消费策略为

$$c^*(t)/w(t)|_S = \rho(\lambda+\rho)/[(\rho(\lambda+\rho)\varepsilon - \beta_P(\lambda+\rho))e^{-\rho(T-t)}$$
$$- \rho(1-\beta_P)e^{-(\lambda+\rho)(T-t)} + \lambda\beta_P + \rho]$$
$$\alpha_S^* = (\mu-r)/\sigma^2$$

特别地，

$$c^*(t)/w(t)|_S > c^*(t)/w(t)|_M$$
$$\alpha_S^*(t) = \alpha_M^*(t)$$

且时间一致消费率 $c^*(t)/w(t)|_S$ 随 λ 的增大而增大，随 β_P 的增大而减小。

对瞬时满足折现 $(\lambda\to\infty)$，时间一致消费率 $c^*(t)/w(t)|_S$ 变为

$$c^*(t)/w(t)|_I = \rho/[(\rho\varepsilon - \beta_P)e^{-\rho(T-t)} + \beta_P] \qquad (10.34)$$

其中，下标 "I" 表示瞬时满足折现情形。因此有如下推论。

【推论 10.1】　当 $T<\infty$ 且 $\lambda\to\infty$ 时，对数效用函数下成熟型决策者的时间一致投资消费策略为

$$c^*(t)/w(t)|_I = \rho/[(\rho\zeta - \beta_P)e^{-\rho(T-t)} + \beta_P]$$
$$\alpha_I^* = (\mu-r)/\sigma^2$$

特别地，

$$c^*(t)/w(t)|_I > c^*(t)/w(t)|_M$$
$$\alpha_I^*(t) = \alpha_M^*(t)$$

且时间一致消费率 $c^*(t)/w(t)|_I$ 随参数 β_P 的增大而减小。

当 $T\to\infty$ 时，本章对 $T<\infty$ 的结论退化为无限期限下的结论，该结论与 Palacios-Huerta 和 Pérez-Kakabadse（2013）的结论吻合，即

$$c^*(t)/w(t)|_{T\to\infty,S} = \rho(\lambda+\rho)/(\lambda\beta_P+\rho)$$
$$c^*(t)/w(t)|_{T\to\infty,I} = \rho/\beta_P \qquad (10.35)$$

因此当决策者具有无限期限时，相对于采取折现率为 ρ 的指数折现下的投资消费策略，采用随机准双曲折现或瞬时满足折现对投资消费策略的影响等价于采用折现率为 $\rho(\lambda+\rho)/(\lambda\beta_P+\rho)$ 或 ρ/β_P 的指数折现，显然 $\rho(\lambda+\rho)/(\lambda\beta_P+\rho)>\rho$ 或 $\rho/\beta_P>\rho$。然而，在有限期限（$T<\infty$）下，采用随机准双曲折现或瞬时满足折现对投资消费策略的影响并不等价于指数折现，这突出了本章结论的重要性。

下面画出不同参数模型下时间一致消费率 $c^*(t)/w(t)|_I$ 和 $c^*(t)/w(t)|_S$ 的图像。不失一般性，取 $\rho=0.046$，$T=4$，$\zeta=1$。$\zeta=1$ 说明遗产没有征税。图 10.1 表示 λ、β_P 及时间 t 对时间一致消费率 $c^*(t)/w(t)|_S$ 的影响。从图 10.1 中可以看出，时间一致消费率 $c^*(t)/w(t)|_S$ 随参数 β_P 的增大而减小，且随 λ 和 t 的增大而增大。

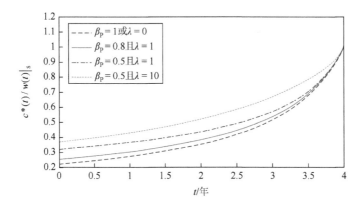

图 10.1　参数 λ、β_P 和 t 对时间一致消费率 $c^*(t)/w(t)|_S$ 的影响

图 10.2 表示 β_P 及时间 t 对时间一致消费率 $c^*(t)/w(t)|_I$ 的影响。从图 10.2 中可以看出，时间一致消费率 $c^*(t)/w(t)|_I$ 随参数 β_P 的增大而减小，且随 t 的增大而增大。

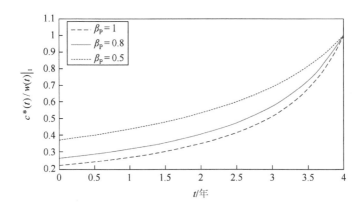

图 10.2　参数 β_P 和 t 对时间一致消费率 $c^*(t)/w(t)|_I$ 的影响

从图 10.1 和图 10.2 中可以看出，相对于指数折现的消费率，具有随机准双曲折现或者瞬时满足折现的成熟型决策者的消费率更高，且现期偏好越大（β_P 越小）或者离期限终点越近，消费率越大。

10.3.2　幂效用函数

当效用函数为幂函数，即 $u(c) = c^{1-b}/(1-b)$，其中 $b > 0$ 且 $b \neq 1$ 时，猜测价值函数 $V(t, w(t))$ 的表达式为 $V(t, w(t)) = h(t)(w(t))^{1-b}/(1-b)$，其满足边值条件函数 $V(T, w(T)) = F(T, w(T))$，为了和 Merton（1969）相比较，遗产函数取 $F(T, w(T)) = \zeta^b (w(t))^{1-b}/(1-b)$，其中，$\zeta$ 为常数。由价值函数 $V(t, w(t))$ 的表达式可知，

$$V_t = h'(t)(w(t))^{1-b}/(1-b), \quad V_w = h(t)(w(t))^{-b}, \quad V_{ww} = -bh(t)(w(t))^{1-b}$$
$$h(T) = \zeta^b$$

由式（10.17）可知，

$$c^*(t) = (h(t))^{-1/b} w(t), \quad \alpha^*(t) = -V_w(\mu - r)/V_{ww} w \sigma^2 = (\mu - r)/b\sigma^2$$
$$(10.36)$$

因此，财富动态路径为

$$dw(t) = [(\mu - r)^2/b\sigma^2 + r - (h(t))^{-1/b}]w(t)dt + (\mu - r)/b\sigma w(t)dz_t \quad (10.37)$$

将式（10.36）代入式（10.18），得

$$K(t, w(t)) = \lambda(1 - \beta_P)E\left[\int_t^T e^{-(\lambda+\rho)(s-t)}(h(s))^{-(1-b)/b}(w(s))^{1-b}/(1-b)ds\right] \quad (10.38)$$

由式（10.37）可知，

$$d(w(s))^{1-b} = (1-b)(w(s))^{1-b}[((\mu - r)^2/(2b\sigma^2) + r - (h(s))^{-1/b})ds$$
$$+ (\mu - r)/(b\sigma)w(s)dz_s] \quad (10.39)$$

因此，有

$$E[(w(s))^{1-b}] = (w(t))^{1-b}\exp\left[(1-b)\int_t^s ((\mu - r)^2/(2b\sigma^2) + r - (h(x))^{-1/b})dx\right] \quad (10.40)$$

将式（10.40）代入式（10.38），得

$$K(t, w(t)) = \lambda(1 - \beta_P)((w(t))^{1-b}/(1-b))E\left[\int_t^T e^{-(\lambda+\rho)(s-t)}(h(s))^{-(1-b)/b}\right.$$
$$\left.\times \exp\left[(1-b)\int_t^s ((\mu - r)^2/(2b\sigma^2) + r - (h(x))^{-1/b})dx\right]ds\right.$$
$$(10.41)$$

将式（10.36）和式（10.41）代入式（10.17），得

$$h'(t) = [\rho - (1-b)((\mu - r)^2/(2b\sigma^2) + r)]h(t) - b(h(t))^{1-1/b} + \lambda(1 - \beta_P)$$
$$\times \int_t^T e^{-(\lambda+\rho)(s-t)}(h(s))^{1-1/b}\exp\left[(1-b)\int_t^s ((\mu - r)^2/2b\sigma^2 + r(h(x))^{-1/b}) + dx\right]ds$$
$$(10.42)$$

其中，$h(T) = \zeta^b$。

当 $b = 1$ 时，式（10.42）的解对应为对数效用函数下的解。

当 $\lambda > 0$，$0 < \beta_P < 1$ 且 $T \to \infty$ 时，时间一致消费率 $c^*(t)/w(t)|_s$ 为常数，即

$c^*(t)/w(t)|_s = v^*$，其中，

$$v^* = b^{-1}[\rho + \lambda(1-\beta_P)v^*/((\lambda+\rho)-(1-b)(\bar{\mu}-b\bar{\sigma}^2/2-v^*))$$
$$-(1-b)\bar{\mu}-b\bar{\sigma}^2/2] \tag{10.43}$$

其中，$\bar{\mu}=\alpha^*\mu+(1-\alpha^*)r=(\mu-r)^2/b\sigma^2+r$ 和 $\bar{\sigma}^2=(\alpha^*)^2\sigma^2=(\mu-r)^2/b^2$ 分别为时间一致投资消费策略下的平均期望回报率和收益率的方差[①]。式（10.43）的推导可参考 Palacios-Huerta 和 Pérez-Kakabadse（2013）。下面证明 v^* 随 λ 的增大而减小，随 β_P 的增大而增大。

证明：

令 $a=\rho-(1-b)((\mu-r)^2/(2b\sigma^2)+r)$，由式（10.43）可知，当 $\lambda=0$ 或 $\beta_P=1$ 时，$v^*=v_M=a/b$。定义

$$F(x)=bx-a+\lambda(1-\beta_P)x/((b-1)(x-(a+\lambda)/(b-1)))$$

下面分析 $b<1$ 和 $b>1$ 两种情况下 $F(x)$ 的根。当 $F(x)$ 具有多个根时，取最小的正根。

（1）$b>1$ 时，$F(x)$ 的根的表达式及性质。

$F(x)$ 的导数可表示为

$$F'(x)=b-\lambda(1-\beta_P)(a+\lambda)/[(b-1)x-(a+\lambda)]^2$$

令 $F'(x)=0$，可得到两个根：

$$x_1=(a+\lambda)/(b-1)-(1/(b-1))(\lambda(1-\beta_P)(a+\lambda)/b)^{1/2}$$
$$x_2=(a+\lambda)/(b-1)+(1/(b-1))(\lambda(1-\beta_P)(a+\lambda)/b)^{1/2}$$

其中，x_1 和 x_2 满足

$$a/b<x_1<(a+\lambda)/(b-1),\ x_1<x_2$$

$x_1>a/b$ 的推导利用了 Palacios-Huerta 和 Pérez-Kakabadse（2013）给出的可行性条件 $b>1-\beta_P$。因此，$F(x)$ 在区间 $(a/b,x_1)$ 和 (x_2,∞) 递增，在区间 $(x_1,(a+\lambda)/(b-1))$ 和 $((a+\lambda)/(b-1),x_2)$ 递减。

首先，分析 $F(x)$ 在区间 $((a+\lambda)/(b-1),\infty)$ 的根。$F(x)$ 在区间 (x_2,∞) 递增，$((a+\lambda)/(b-1),x_2)$ 递减，因此 $F(x)$ 在区间 $((a+\lambda)/(b-1),\infty)$ 的最小值为

$$F(x_2)=(b-1)^{-1}[(b\lambda+a)+(\lambda(1-\beta_P)b(a+\lambda))^{1/2}]$$
$$+(b-1)^{-1}\lambda(1-\beta_P)[(b\lambda+a)+(\lambda(1-\beta_P)b(a+\lambda))^{1/2}]$$
$$\times(\lambda(1-\beta_P)b(a+\lambda))^{-1/2}$$

$F(x_2)>0$，这说明 $F(x)>0$，$x\in((a+\lambda)/(b-1),\infty)$。因此，$F(x)$ 在区间 $((a+\lambda)/(b-1),\infty)$ 无根。

然后，分析 $F(x)$ 在区间 $(a/b,(a+\lambda)/(b-1))$ 的根。$F(x)$ 在区间 $(x_1,(a+\lambda)/$

[①] 由式（10.36）给出的时间一致策略 $\alpha^*=(1/b)((\mu-r)/\sigma^2)$ 说明 $\bar{\mu}-b\bar{\sigma}^2/2=r+(1/2b)\ (\mu-r)^2/\sigma^2>0$。

$(b-1))$ 递减，在区间 $(a/b,x_1)$ 递增，因此，$F(x)$ 在区间 $(a/b,(a+\lambda)/(b-1))$ 的最大值为

$$F(x_1)=1/(b-1)\left(\sqrt{b\lambda+a}-\sqrt{\lambda(1-\beta_P)}\right)^2$$

$b\lambda+a>\lambda(1-\beta_P)$，因此 $F(x_1)>0$。由 $F(x)$ 的表达式可知，$F(a/b)=-\lambda(1-\beta_P)a/(b\lambda+a)<0$ 且 $\lim\limits_{x\to(a+\lambda^-)/(b-1)}F(x)=-\infty$。由零点定理可知，存在点 x_3^* 和 x_4^*，$x_3^*\in(a/b,x_1)$ 且 $x_4^*\in(x_1,(a+\lambda)/(b-1))$ 使得 $F(x_3^*)=F(x_4^*)=0$。由于 $x_3^*<x_4^*$，本书取 x_3^*。

（2）$b<1$ 时，$F(x)$ 的根的性质。

$F(x)$ 在区间 $(a/b,\infty)$ 且 $F(a/b)=-\lambda(1-\beta_P)a/(b\lambda+a)<0$ 且 $\lim\limits_{x\to\infty}F(x)=\infty$，因此 $F(x)$ 至少存在一个根 x_5^*，且 x_5^* 为最小的根使得 $F(x_5^*)=0$。

由以上讨论可知，当相对风险厌恶系数 $b>1$ 时，存在根 v_1^*，$a/b<v_1^*<x_1$ 满足式（10.43）；当相对风险厌恶系数 $b<1$ 时，存在根 v_2^*，$a/b<v_2^*$ 满足式（10.43）。

接下来说明参数 β_P 和 λ 对时间一致消费率 v^* 的影响。由于

$$\frac{\partial v^*(\beta_P,\lambda)}{\partial\beta_P}=\frac{\lambda v^*[a+(1-b)v^*]}{\lambda(1-\beta_P)(a+\lambda)-b[a+\lambda+(1-b)v^*]^2}$$

且 $\lambda v^*[a+(1-b)v^*]>0$，因此

$$\frac{\partial v^*(\beta_P,\lambda)}{\partial\beta_P}\{\lambda(1-\beta_P)(a+\lambda)-b[a+\lambda+(1-b)v^*]^2\}>0$$

令 $G(v)=\lambda(1-\beta_P)(a+\lambda)-b[a+\lambda+(1-b)v^*]^2$，下面分 $b<1$ 和 $b>1$ 两种情况分析 $G(v)$ 的性质。

（1）当 $b<1$ 时，$G(v)$ 在区间 $(a/b,\infty)$ 单调递减，$v_M=a/b<v^*$，因此 $G(v^*)<G(v_M)$，其中，

$$\begin{aligned}G(v_M)&=\lambda(1-\beta_P)(a+\lambda)-b[a+\lambda+(1-b)a/b]^2\\&<\lambda(1-\beta_P)(\lambda+a/b)-(1-\beta_P)(\lambda+a/b)^2\\&=-a/b(1-\beta_P)(\lambda+a/b)\\&<0\end{aligned}$$

以上对 $G(v_M)<0$ 的推导利用 Palacios-Huerta 和 Pérez-Kakabadse（2013）的可行性条件 $b>1-\beta_P$。$G(v_M)<0$ 说明了 $G(v^*)<0$。

（2）当 $b>1$ 时，$G(v)$ 在区间 $(a/b,x_1]$ 单调递增，$G(v)$ 在区间 $(a/b,x_1]$ 的最大值为 $G(x_1)$，且 $G(x_1)=0$。又 $v^*\in(a/b,x_1)$，因此 $G(v^*)<0$。

综上所述，当 $b<1$ 或 $b>1$ 时，有 $G(v^*)<0$，从而 $\dfrac{\partial v^*(\beta_P,\lambda)}{\partial\beta_P}<0$。

通过同样的方法，可得 $\dfrac{\partial v^*(\beta_P, \lambda)}{\partial \lambda} > 0$。

证明完毕。

当 $\lambda > 0$，$0 < \beta_P < 1$，$T < \infty$ 且 $b \neq 1$ 时，式（10.42）为非常复杂的非线性积分-微分方程，难以求出 $h(t)$ 的解析表达式并进而求出 $c^*(t)/w(t)|_S$ 的解析表达式。10.5 节提供了满足式（10.42）的数值计算过程并依此求出时间一致消费率 $c^*(t)/w(t)|_S$。

10.4　动态比较行为

本章以上的分析说明随机准双曲折现影响成熟型决策者的消费率，但是不改变其投资组合策略。瞬时满足折现代表最强的现期偏好，而对数效用函数能得到消费-储蓄和投资组合的时间一致解析解，极大地简化了分析过程。本节在 $\zeta = 0$ 和对数效用函数的背景下，比较瞬时满足折现和指数折现下的期望财富 $E[w(t)]$ 和期望消费 $E[c(t)]$ 的动态行为。

在指数折现形式下，平均预算动态方程可表示为

$$\overline{w}(t)/w(t)|_M = \overline{\mu} - z_M(t) = \overline{\mu} - \rho/(1 - e^{\rho(t-T)}) \tag{10.44}$$

其中，$\overline{\mu}$ 为最优投资消费策略下的平均期望回报，$\overline{\mu} = (\mu - r)^2/2\sigma^2 + r$；$\overline{w}(t)$ 为财富平均变化率，$\overline{w}(t) = E[dw]/dt$；$z_M(t)$ 为财富的瞬时平均消费倾向，$z_M(t) = \rho/(1 - e^{\rho(t-T)})$。

对式（10.44）两边同时求导，得

$$\frac{d\overline{w}(t)/w(t)}{dt}\bigg|_M = -\rho^2/(1 - e^{\rho(t-T)})^2 \tag{10.45}$$

当折现为瞬时满足折现时，时间一致策略下的平均预算动态方程为

$$\overline{w}(t)/w(t)|_I = \overline{\mu} - z_I(t) = \overline{\mu} - \rho/(\beta_P(1 - e^{\rho(t-T)})) \tag{10.46}$$

其中，$z_I(t) = \rho/\beta_P(1 - e^{\rho(t-T)})$。由式（10.46）可知，

$$\frac{d\overline{w}(t)/w(t)}{dt}\bigg|_I = -\rho^2/(\beta_P(1 - e^{\rho(t-T)})^2) \tag{10.47}$$

由式（10.45）和式（10.46）可知，两种折现下期望财富增长率都是随时间递减的函数。然而瞬时满足折现下的期望财富增长率的变化大于指数折现下的期望财富增长率的变化，即

$$\frac{d\overline{w}(t)/w(t)}{dt}\bigg|_I > \frac{d\overline{w}(t)/w(t)}{dt}\bigg|_M$$

在指数折现下，当 $\overline{\mu} < z_M(0) = \rho/(1 - e^{-\rho T})$ 时，决策者将会缩减投资（即他的计划消费大于期望收入）；当 $\overline{\mu} > \rho/(1 - e^{-\rho T})$ 时，决策者将计划在 t 点

（$0<t<t_{\mathrm{M}}$）增加财富，而在 t 点（$t_{\mathrm{M}}<t<T$）缩减投资，其中，t_{M} 满足

$$t_{\mathrm{M}}=T+\rho^{-1}\ln[(\overline{\mu}-\rho)/\overline{\mu}] \tag{10.48}$$

在瞬时满足折现下，当 $\overline{\mu}<z_{\mathrm{I}}(0)=\rho/\beta_{\mathrm{P}}(1-\mathrm{e}^{-\rho T})$ 时，决策者将会缩减投资。当 $\overline{\mu}>\rho/\beta_{\mathrm{P}}(1-\mathrm{e}^{-\rho T})$ 时，决策者将计划在 t 点（$0<t<t_{\mathrm{I}}$）增加财富，而在 t 点（$t_{\mathrm{I}}<t<T$）缩减投资，其中，t_{I} 满足

$$t_{\mathrm{I}}=T+\rho^{-1}\ln[(\beta_{\mathrm{P}}\overline{\mu}-\rho)/\beta_{\mathrm{P}}\overline{\mu}] \tag{10.49}$$

由式（10.48）和式（10.49）可知，$t_{\mathrm{M}}>t_{\mathrm{I}}$。这意味着在初始财富相同的情况下，采取指数折现的决策者作为净储蓄者的时间比采取瞬时满足折现的决策者作为净储蓄者的时间要长。另外，$\partial t_{\mathrm{I}}/\partial\beta_{\mathrm{P}}>0$ 说明决策者作为净储蓄者的时间长度随参数 β_{P} 的增大而增大，即决策者作为净储蓄者的时间长度随现期偏好的增大而减小。

投资消费的平均期望回报率和财富的瞬时平均消费倾向决定了期望财富增长率。由于现期偏好对投资消费策略没有影响，投资消费的平均期望回报率 $\overline{\mu}$ 在瞬时满足折现和指数折现两种情况下一致。另外，瞬时满足折现时的财富瞬时平均消费倾向大于指数折现对应的财富瞬时平均消费倾向，即 $z_{\mathrm{M}}(t)=\rho/(1-\mathrm{e}^{\rho(t-T)})<z_{\mathrm{I}}(t)=\rho/[\beta_{\mathrm{P}}(1-\mathrm{e}^{\rho(t-T)})]$，因此两种折现下财富 $w(t)$ 的动态行为不相同。

在两种折现下，决策者将会进行如下选择：当 $\overline{\mu}<z_{\mathrm{M}}(0)$ 时，决策者会一直缩减投资到 T 点；当 $\overline{\mu}<z_{\mathrm{I}}(0)$ 时，决策者会先增加财富后缩减投资；在瞬时满足折现下，当 $z_{\mathrm{M}}(0)<\overline{\mu}<z_{\mathrm{I}}(0)$ 时，决策者会一直缩减投资到 T 点，在指数折现下，决策者会先增加财富到 t_{M} 点，后缩减投资到 T 点。由上面的分析可知具有如下命题。

【命题 10.2】　当 $T<\infty$ 时，对零遗产且具有对数效用函数的成熟型决策者来说，

（1）当 $\overline{\mu}<z_{\mathrm{M}}(0)$ 时，指数折现和瞬时满足折现下的决策者都会选择缩减投资，但是瞬时满足折现下期望财富增长率的变化大于指数折现下期望财富增长率的变化；

（2）当 $\overline{\mu}>z_{\mathrm{I}}(0)$ 时，指数折现和瞬时满足折现下的决策者都会选择先增加财富后缩减投资，但是瞬时满足折现下增加财富的时间 t_{I} 小于指数折现下增加财富的时间 t_{M}；

（3）当 $z_{\mathrm{M}}(0)<\overline{\mu}<z_{\mathrm{I}}(0)$ 时，瞬时满足折现下的决策者选择在整个期限缩减投资，但是指数折现下的决策者选择先增加财富直到时间 t_{I}，后一直缩减投资。

接下来比较两种折现下期望消费的动态行为。在指数折现下，若在初始点 t 的财富为 $w(t)$，则最优投资消费策略下 s 点的期望财富和期望消费分别为

$$E[w(s)]|_{\mathrm{M}}=\mathrm{e}^{\gamma(s-t)}(1-\mathrm{e}^{\rho(s-T)})/(\mathrm{e}^{\rho(s-t)}-\mathrm{e}^{\rho(s-T)})w(t) \tag{10.50}$$

$$E[c(s)]|_{\mathrm{M}}=\rho\mathrm{e}^{\gamma(s-t)}(\mathrm{e}^{\rho(s-t)}-\mathrm{e}^{\rho(s-T)})w(t) \tag{10.51}$$

其中，$s \in [t, T]$ 且 $\gamma = r + (\mu - r)^2 / 2\sigma^2$。

在瞬时满足折现下，若在初始点 t 的财富为 $w(t)$，则时间一致策略下 s 点的期望财富和期望消费分别为

$$E[w(s)]|_{\mathrm{I}} = \mathrm{e}^{\gamma(s-t)}((1 - \mathrm{e}^{\rho(s-T)}) / (\mathrm{e}^{\rho(s-t)} - \mathrm{e}^{\rho(s-T)}))^{\beta_{\mathrm{P}}^{-1}} w(t) \qquad (10.52)$$

$$\begin{aligned} E[c(s)]|_{\mathrm{I}} = {} & \rho / [\beta_{\mathrm{P}}(1 - \mathrm{e}^{\rho(s-T)})] \mathrm{e}^{\gamma(s-t)} \\ & \times ((1 - \mathrm{e}^{\rho(s-T)}) / (\mathrm{e}^{\rho(s-t)} - \mathrm{e}^{\rho(s-T)}))^{\beta_{\mathrm{P}}^{-1}} w(t) \end{aligned} \qquad (10.53)$$

其中，$s \in [t, T]$。

给定相同的初始财富，瞬时满足折现下的期望财富小于指数折现下的期望财富，即

$$E[w(s)]|_{\mathrm{I}} / E[w(s)]|_{\mathrm{M}} = ((1 - \mathrm{e}^{\rho(s-T)}) / (\mathrm{e}^{\rho(s-t)} - \mathrm{e}^{\rho(s-T)}))^{\beta_{\mathrm{P}}^{-1}-1} < 1$$

然而，从式（10.51）和式（10.53）中可以看出，

$$E[c(s)]|_{\mathrm{I}} / E[c(s)]|_{\mathrm{M}} = \beta_{\mathrm{P}}^{-1}((1 - \mathrm{e}^{\rho(s-T)}) / (\mathrm{e}^{\rho(s-t)} - \mathrm{e}^{\rho(s-T)}))^{\beta_{\mathrm{P}}^{-1}-1} \qquad (10.54)$$

下面证明存在一点 t^* 使得

$$E[c(s)]|_{\mathrm{I}} / E[c(s)]|_{\mathrm{M}} > 1, \quad s \in [t, t^*) \qquad (10.55\mathrm{a})$$

且

$$E[c(s)]|_{\mathrm{I}} / E[c(s)]|_{\mathrm{M}} < 1, \quad s \in (t^*, T] \qquad (10.55\mathrm{b})$$

证明：

令 $g(s) = \beta_{\mathrm{P}}^{-1}((1 - \mathrm{e}^{\rho(s-T)}) / (\mathrm{e}^{\rho(s-t)} - \mathrm{e}^{\rho(s-T)}))^{\beta_{\mathrm{P}}^{-1}-1} - 1$，$s \geqslant t$，则

$$g(t) = \beta_{\mathrm{P}}^{-1} - 1, \ g(T) = -1 < 0$$

因此，存在点 t^* 使得

$$E[c(s)]|_{\mathrm{I}} / E[c(s)]|_{\mathrm{M}} > 1, \quad s \in [t, t^*)$$

且

$$E[c(s)]|_{\mathrm{I}} / E[c(s)]|_{\mathrm{M}} < 1, \quad s \in (t^*, T]$$

证明完毕。

因此，相对于指数折现，采取瞬时满足折现的决策者将会在生命早期多消费、生命晚期少消费。

当 $0 < \beta_{\mathrm{P}1} < \beta_{\mathrm{P}2} < 1$ 时，有

$$\begin{aligned} E[c(s)]|_{\mathrm{I}, \beta_{\mathrm{P}1}} / E[c(s)]|_{\mathrm{I}, \beta_{\mathrm{P}2}} = {} & (\beta_{\mathrm{P}2} / \beta_{\mathrm{P}1}) \\ & \times ((1 - \mathrm{e}^{\rho(s-T)}) / (\mathrm{e}^{\rho(s-t)} - \mathrm{e}^{\rho(s-T)}))^{(\beta_{\mathrm{P}2} - \beta_{\mathrm{P}1})/(\beta_{\mathrm{P}1}\beta_{\mathrm{P}2})} \end{aligned}$$

采用与上面同样的证明方法，存在一点 t^{**} 使得

$$E[c(s)]|_{\mathrm{I}, \beta_{\mathrm{P}1}} / E[c(s)]|_{\mathrm{I}, \beta_{\mathrm{P}2}} > 1, \quad s \in [t, t^{**}) \qquad (10.56\mathrm{a})$$

且

$$E[c(s)]|_{\mathrm{I}} / E[c(s)]|_{\mathrm{M}} < 1, \quad s \in (t^{**}, T] \qquad (10.56\mathrm{b})$$

因此，采取瞬时满足折现的决策者的现期偏好越大（β_P 越小），将会在生命早期消费越多、生命晚期消费越少。

由以上分析可得如下命题。

【命题 10.3】 当 $T < \infty$ 时，对零遗产且具有对数效用函数的成熟型决策者来说：

（1）相对于指数折现，采取瞬时满足折现的决策者将会在生命早期多消费、生命晚期少消费；

（2）采取瞬时满足折现的决策者的现期偏好越大（β_P 越小），将会在生命早期消费越多、生命晚期消费越少。

本章通过图 10.3 说明命题 10.3。图 10.3 反映了不同的现期偏好下（$\beta_P = 0.5$，$\beta_P = 0.8$ 和 $\beta_P = 1$）期望消费 $E[c(s)]|_I$（$\rho = 0.046$，$T = 4$，$\varepsilon = 0$，$w(0) = 1$）随时间 t 变化的图像。

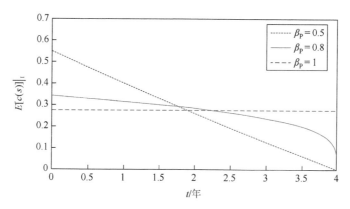

图 10.3　参数 β_P 对期望消费 $E[c(s)]|_I$ 的影响

10.5　数　值　计　算

虽然本章找到了对数效用函数下的时间一致投资消费解析解，但是很难得到其他效用函数下的时间一致投资消费解析解。本节借鉴 Ekeland 等（2012）的方法，先给出式（10.42）的数值解，进而给出幂效用函数下的时间一致投资消费的数值解。不失一般性，选择 $\zeta = 1$，当 ζ 取其他值时，该方法同样适用。

定义

$$a = \rho - (1-b)((\mu-r)^2 / 2b\sigma^2 + r)$$

式（10.42）可变为

$$h'(t) = ah(t) - b(h(t))^{1-1/b} + \lambda(1 - \beta_\text{P})$$
$$\times \int_t^T e^{-(\lambda+a)(s-t)} (h(s))^{1-1/b} H(s)/H(t) ds \tag{10.57}$$

其中，$H(s) = \exp\left[\int_s^T (1-b)(h(x))^{-1/b} dx\right]$ 且 $H'(s) = (1-b)(h(s))^{1-1/b} H(s)$。

引入 N 个点，$t_n = T + n\Delta$，其中，$\Delta = -T/N$，$n = 0,1,\cdots,N-1,N$。将区间 $[0,T]$ 离散化，正如 Ekeland 等（2012），分三个步骤得到时间一致消费率 $c^*(t)/w(t)$ 数值解。

（1）构造数列 h_n^1 和 H_n^1，$n = 0,1,\cdots,N-1,N$，$h_{n+1}^1 = h_n^1 + \Delta h'(t_n)$，$H_{n+1}^1 = H_n^1 + \Delta H'(t_n)$，$h_0^1 = 1$，$H_0^1 = 1$，且

$$\begin{cases} h_{n+1}^1 = (1+a\Delta)h_n^1 - b\Delta(h_n^1)^{1-1/b} + \lambda(1-\beta_\text{P})\int_t^T e^{-(\lambda+a)(s-t)}(h(s))^{1-1/b} H(s)/H(t) ds \\ H_{n+1}^1 = H_n^1 - (1-b)\Delta(h(t_n))^{-1/b} H_n^1 \end{cases}$$

则数列 h_n^1 和 H_n^1 满足如下引理。

【引理 10.1】　存在常数 C 使得

$$\left|h_n^1 - h(t_n)\right| \leqslant C|\Delta|, \quad \left|H_n^1 - H(t_n)\right| \leqslant C|\Delta|, \quad n = 0,1,\cdots,N-1,N$$

（2）离散化连续积分

$$\lambda(1-\beta_\text{P})\int_t^T e^{-(\lambda+\rho-d)(s-t)}(h(s))^{1-1/b} H(s)/H(t) ds$$

且构造数列 h_n^2 和 H_n^2，$n = 0,1,\cdots,N-1,N$，其中，$h_0^2 = 1$，$H_0^2 = 1$ 且

$$\begin{cases} h_{n+1}^2 = (1+a\Delta)h_n^2 - b\Delta(h_n^2)^{1-1/b} - \lambda(1-\beta_\text{P})\Delta^2\sum_{j=0}^{n-1} e^{-(\lambda+a)(t_j-t_n)}(h(t_j))^{1-1/b} H_j^2/H_n^2 \\ H_{n+1}^2 = H_n^2 - (1-b)\Delta(h_n^2)^{-1/b} H_n^2 \end{cases}$$

则数列 h_n^2 和 H_n^2 满足如下引理。

【引理 10.2】　存在常数 C 使得

$$\left|h_n^2 - h_n^1\right| \leqslant C|\Delta|, \quad \left|H_n^2 - H_n^1\right| \leqslant C|\Delta|, \quad n = 0,1,\cdots,N-1,N$$

（3）构造数列 h_n^3 和 H_n^3，$n = 0,1,\cdots,N-1,N$，其中，$h_0^3 = 1$，$H_0^3 = 1$ 且

$$\begin{cases} h_{n+1}^3 = (1+a\Delta)h_n^3 - b\Delta(h_n^3)^{1-1/b} - \left[\lambda(1-\beta_\text{P})\Delta^2\sum_{j=0}^{n-1} e^{-(\lambda+a)(t_j-t_n)}(h_j^3)^{1-1/b}(H_j^3)\right]/H_n^3 \\ H_{n+1}^3 = H_n^3 - (1-b)\Delta(h_j^3)^{-1/b} H_n^3 \end{cases}$$

则数列 h_n^3 和 H_n^3 满足如下引理。

【引理 10.3】　存在常数 C 使得

$$\left|h_n^3 - h_n^2\right| \leqslant C|\Delta|, \quad \left|H_n^3 - H_n^2\right| \leqslant C|\Delta|, \quad n = 0,1,\cdots,N-1,N$$

引理 10.1～引理 10.3 的证明与 Ekeland 等（2012）的证明类似，此处不再赘述。

令 $h_N(t)$ 代表线性插值，利用引理 10.1～引理 10.3 及连续函数 $h(t)$ 的利普希茨（Lipschitz）条件，可获得如下定理。

【定理 10.1】　　存在常数 C 使得

$$\left| h_N(t) - h(t) \right| \leqslant C |\Delta| , \quad t \in [0, T]$$

定理 10.1 说明，当分割 $\Delta \to 0$ 时，$h_N(t)$ 无限趋近 $h(t)$。通过对数列 h_n^3 和 H_n^3，$n = 0, 1, \cdots, N-1, N$ 的分析可知，$h_N(t)$ 具有如下性质。

【推论 10.2】　　$h_N(t)$ 随参数 λ 的增大而减小，随 β_P 的增大而增大。

证明：

首先证明 $\dfrac{\partial h_{n+1}^3}{\partial \beta_P} > 0$，$\dfrac{\partial h_{n+1}^3}{\partial \lambda} < 0$，$n = 0, 1, \cdots, N-1, N$。

由 h_n^3 和 H_n^3，$n = 0, 1, \cdots, N-1, N$ 的表达式可知，

$h_0^3 = 1$

$h_1^3 = 1 + (a-b)\Delta$

$h_2^3 = (1 + a\Delta)h_1^3 - b(h_1^3)^{1-1/b} - \lambda(1-\beta_P)\Delta^2 \mathrm{e}^{-(\lambda+\rho-d)(t_0-t_1)}(h_0^3)^{1-1/b} H_0^3 / H_1^3$

$H_0^3 = 1$

$H_2^3 = 1 + (1-b)\Delta > 0$

因此

$$\frac{\partial h_2^3}{\partial \beta_P} = \lambda \Delta^2 \mathrm{e}^{-(\lambda+\rho-d)(t_0-t_1)}(h_0^3)^{1-1/b} H_0^3 / H_1^3 > 0$$

由于 $h_{n+1}^3 = h_n^3 + o(\Delta)$，$\dfrac{\partial h_{n+1}^3}{\partial \beta_P}$ 的符号由 $\dfrac{\partial h_n^3}{\partial \beta_P}$ 的符号决定。这说明 $\dfrac{\partial h_{n+1}^3}{\partial \beta_P} > 0$，$n = 0, 1, \cdots, N-1, N$。

通过同样的方法，可得 $\dfrac{\partial h_{n+1}^3}{\partial \lambda} < 0$，$n = 0, 1, \cdots, N-1, N$。

然后证明 $\dfrac{\partial h_N(t)}{\partial \beta_P} > 0$ 且 $\dfrac{\partial h_N(t)}{\partial \lambda} < 0$。

$h_N(t) = N(t - t_{n+1})h_n^3 / T + [1 - N(t - t_{n+1}) / T]h_{n+1}^3, \quad t \in [t_{n+1}, t_n]$

因此，

$$\frac{\partial h_N(t)}{\partial \beta_P} = (N(t - t_{n+1}) / T)\frac{\partial h_n^3}{\partial \beta_P} + [1 - (N(t - t_{n+1}) / T)]\frac{\partial h_{n+1}^3}{\partial \beta_P} > 0$$

$$\frac{\partial h_N(t)}{\partial \lambda} = (N(t - t_{n+1}) / T)\frac{\partial h_n^3}{\partial \lambda} + [1 - (N(t - t_{n+1}) / T)]\frac{\partial h_{n+1}^3}{\partial \lambda} < 0$$

$$t \in [t_{n+1}, t_n], \quad t_n - t_{n+1} = T / N$$

由于 $h_N(t)$ 为 $h(t)$ 的数值解，推论 10.2 说明 $h(t)$ 随参数 λ 的增大而减小，随 β_P 增大而增大。由式（10.36）可知，时间一致消费率 $c^*(t)/w(t)|_S = (h(t))^{-1/b}$，因此

$$\frac{\partial c^*(t)/w(t)}{\partial \beta_P} = -b^{-1}(h(t))^{-1-1/b}\frac{\partial h(t)}{\partial \beta_P} < 0 \qquad (10.58)$$

和

$$\frac{\partial c^*(t)/w(t)}{\partial \lambda} = -b^{-1}(h(t))^{-1-1/b}\frac{\partial h(t)}{\partial \lambda} > 0 \qquad (10.59)$$

式（10.58）和式（10.59）说明，现期偏好越大（β_P 越小），或者现期区间的预期长度越短（λ 越大），则时间一致消费率 $c^*(t)/w(t)|_S$ 越大。因此具有如下命题。

【命题 10.4】　当 $\lambda > 0$，$0 < \beta_P < 1$，$T < \infty$ 且 $b \neq 1$ 时，有

$$c^*(t)/w(t)|_S > c^*(t)/w(t)|_M，\quad \alpha_S^*(t) = \alpha_M^*(t)$$

且现期偏好越大（β_P 越小），或者现期区间的预期长度越短（λ 越大），时间一致消费率 $c^*(t)/w(t)|_S$ 越大。

命题 10.1 和命题 10.4 说明，当 $T < \infty$ 时，指数效用函数和对数效用函数下的消费率满足：①随机准双曲折现下的消费率大于指数折现下的消费率；②时间一致消费率随 λ 的增大而减小，随 β_P 的增大而增大。

当决策者具有无限期限，即 $T \to \infty$ 时，决策者的时间一致消费率 $c^*(t)/w(t)|_S = v_{\lambda\to\infty}^*$，$c^*(t)/w(t)|_I = v_{\lambda\to\infty}^*$。对幂效用函数和对数效用函数，$v_{\lambda<\infty}^*$ 随 λ 的增大而增大，$v_{\lambda<\infty}^*$ 随 β_P 的增大而减小。

下面给出参数 β_P 和 λ 对时间一致消费率的数值分析。参数的选取满足：无风险利率 $r = 0.046$，风险溢价 $\mu - r = 0.06$，市场投资组合回报的年度波动率 $\sigma = 0.2$，$\rho = r$，$N = 1000$，$T = 4$。

图 10.4 表示参数 $\lambda = 1$，$b = 2$ 时，不同参数 β_P 下对应的时间一致消费率。从图 10.4 中可以看出，现期偏好越大（β_P 越小），时间一致消费率越大。

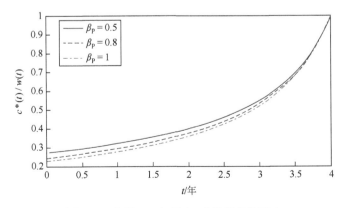

图 10.4　参数 β_P 对时间一致消费率的影响

图 10.5 表示参数 $\beta_{\mathrm{P}}=0.5$，$b=2$ 时，不同参数 λ 下对应的时间一致消费率。从图 10.5 中可以看出，现期区间的预期长度越短（λ 越大），时间一致消费率越大。

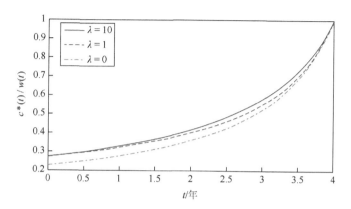

图 10.5　参数 λ 对时间一致消费率的影响

接下来分析双曲折现对有限期限和无限期限的期望折现效用的影响。从 10.1 节可以看出，$V(t,w(t))=h(t)(w(t))^{1-b}/(1-b)$，因此

$$\frac{\partial V}{\partial \beta_{\mathrm{P}}}=\frac{\partial h(t)}{\partial \beta_{\mathrm{P}}}(w(t))^{1-b}/(1-b)$$

因此由推论 10.2 可知，当 $b>1$ 时，$\dfrac{\partial V}{\partial \beta_{\mathrm{P}}}<0$；当 $b<1$ 时，$\dfrac{\partial V}{\partial \beta_{\mathrm{P}}}>0$，从而具有如下命题。

【命题 10.5】　若 $\lambda>0$，$T<\infty$，则

（1）当 $0<b<1$ 时，有

$$V(t,w(t))|_{\mathrm{S}}<V(t,w(t))|_{\mathrm{M}}$$

（2）当 $b>1$ 时，有

$$V(t,w(t))|_{\mathrm{S}}>V(t,w(t))|_{\mathrm{M}}$$

若 $T\to\infty$，则

$$V(w,\lambda,\beta_{\mathrm{P}})=(v^*)^{-b}w^{1-b}/(1-b)$$

其中，v^* 满足式（10.43），而

$$\frac{\partial V}{\partial \beta_{\mathrm{P}}}=-b(v^*)^{-1-b}\frac{\partial v^*}{\partial \beta_{\mathrm{P}}}\frac{w^{1-b}}{1-b}$$

前面的分析说明，v^* 随 λ 的增大而减小，随 β_{P} 的增大而减小。因此，由上式可知，当 $b>1$ 时，$\dfrac{\partial V}{\partial \beta_{\mathrm{P}}}<0$；当 $b<1$ 时，$\dfrac{\partial V}{\partial \beta_{\mathrm{P}}}>0$，从而有如下命题。

【命题 10.6】　　若 $\lambda > 0$，$T < \infty$，则

（1）当 $0 < b < 1$ 时，有

$$V(t, w(t))\big|_{\mathrm{S}} \leqslant V(t, w(t))\big|_{\mathrm{M}}$$

（2）当 $b > 1$ 时，有

$$V(t, w(t))\big|_{\mathrm{S}} \geqslant V(t, w(t))\big|_{\mathrm{M}}$$

由命题 10.5 和命题 10.6 可知，现期偏好对具有不同的相对风险厌恶系数的决策者的期望折现效用影响不同。当决策者的相对风险厌恶系数 $b < 1$ 时，决策者的期望折现效用随 β_{p} 的增大而增大。当决策者的相对风险厌恶系数 $b > 1$ 时，决策者的期望折现效用随 β_{p} 的增大而减小。

本 章 小 结

本章假设决策者具有时变时间偏好，研究 Merton（1969）提出的经典投资消费问题。为了获得时间一致投资消费策略，成熟型决策者必须将未来自我的实际偏好和实际决策纳入当前决策中，通过递归方法，本章得到了有限期限和无限期限两种情况下成熟型决策者的 HJB 方程，且得到了对数效用函数的时间一致投资消费解析解及幂效用函数的数值解，并分析了代表现期偏好的参数 β_{p} 和代表现期区间预期长度的参数 λ 对消费率和价值函数的影响。本章的研究表明，与 Merton（1969）的结论相比，随机准双曲折现增加了消费率但是对投资决策没有影响。

可以从三个方面来拓展本章模型。O'Donoghue 和 Rabin（2001）将个体分为成熟型个体、幼稚型个体和部分成熟型个体，同时指出现实中绝大部分个体属于部分成熟型个体，因此本章可拓展的第一个方面是研究部分成熟型决策者的投资消费策略。本章对时间一致投资消费策略的福利分析表明，反映个体现期偏好的参数 β_{p} 和反映个体跨期替代弹性的参数 $1/b$ 共同决定了时间一致策略对应的福利是否超过指数折现下的福利，因此本章可拓展的第二个方面是分析时间一致投资消费策略在何种条件下可优化其他策略，如幼稚型个体的实际投资消费策略。本章研究决策者具有确定性期限和无限期限两种情况下的时间一致投资消费策略，因此本章可拓展的第三个方面是研究不确定性期限下的时间一致投资消费策略。

第 11 章　不确定性期限下的投资消费策略

第 10 章假设个体具有现期偏好,获得确定性期限和无限期限下的时间一致投资消费策略,并进行了相应福利分析。本章分析不确定性期限下的投资消费策略问题,且期限不确定性来源于个体的不确定性生命。不同于第 10 章假设个体具有时变纯时间偏好,本章假设个体的纯时间偏好为常数,分析个体的不确定性生命和区别对待遗产与自身的消费对投资消费策略的影响并进行相应的经济分析。

在跨期投资消费行为分析的经济模型中,一个不能回避的问题便是个体的不确定性生命对决策的影响。事实上,Yaari (1965) 率先将个体生命的不确定性纳入消费行为分析,他假设个体的一生期望折现总效用只来源于个体一生在不同时点的消费。因此,Yaari (1965) 提出的具有不确定性生命决策者的投资消费问题可以转化为与 Merton (1969) 本质上无差异的无限期限问题。其细微差别在于:Yaari (1965) 的折现函数等于原有反映个体纯时间偏好的折现函数与生存函数的乘积。与 Yaari (1965) 一致,本章将个体决策者的生命建模为一个随机过程,在给定的时间段内具有死亡概率。与 Yaari (1965) 的不同之处在于,决策者的期望折现效用来源于个体在不同时点消费带来的效用,以及其后代可能继承的财富给决策者带来的效用。同时,假设决策者会区别对待遗产和消费。本章一方面分析决策者在决策过程中不断更新死亡风险和区别对待遗产与消费如何引起的时间不一致决策,另一方面采用递归方法获得时间一致投资消费策略并量化分析个体的死亡风险和区别对待遗产与消费的程度对消费的影响。

11.1　模　型　设　定

考虑一个具有不确定性生命个体的投资消费问题。他具有初始财富,但没有劳动收入。市场中有两种资产:一种是回报率为 r 的无风险资产;另一种是风险资产,其价格遵循漂移率为 $a+r$ 和波动率为 $\bar{\sigma}$ 的几何布朗运动。风险资产的价格 $P(\tau)$ 的动态过程为

$$\mathrm{d}P(\tau) = P(\tau)(a+r)\mathrm{d}\tau + P(\tau)\bar{\sigma}\mathrm{d}z(\tau) \tag{11.1}$$

其中, $z(\tau)$ 表示标准布朗运动; a 为风险溢价。

在任意 τ 点,假设决策者的瞬时消费率为 $c(\tau)$,风险资产比例为 $\alpha(\tau)$,则决策者在无穷小的时间 $\mathrm{d}\tau$ 的财富增加值 $\mathrm{d}w$ 等于该段时间的投资收益减去相应消

费，从而财富的动态过程为

$$dw(\tau) = [\alpha(\tau)a + r - c(\tau)]w(\tau)d\tau + \alpha(\tau)\bar{\sigma}w(\tau)dz(\tau) \qquad (11.2)$$

站在 t 点，决策者的问题变为选择瞬时消费率 $c_t(\tau)$ 和风险资产比例 $\alpha_t(\tau)$ 以最大化如下期望折现效用：

$$\max_{c_t(\tau),\alpha_t(\tau)} E\left[\int_s^\infty D(t,\tau)u(c_t(\tau)w(\tau))ds\right] \qquad (11.3)$$

其中，$u(\bullet)$ 为决策者的效用函数；$c_t(\tau)$ 为 t 点个体对 τ 点计划的瞬时消费率；$w(\tau)$ 为决策者在 τ 点的财富；$c_t(\tau)w(\tau)$ 为从 t 点的角度来看在 τ 点的计划消费量；$D(t,\tau)$ 为个体的折现函数，其中包含个体的纯时间偏好、死亡风险及对待后代继承财富的态度，11.2 节将推导 $D(t,\tau)$ 的具体表达式。

t 点是决策者制定未来投资消费策略的决策时间，s 点是开始执行投资消费策略的初始时间。一般来说，初始时间不早于决策时间，即 $t \leq s$。即使给定相同的初始时间和禀赋，当决策者有机会在初始时间之前重新优化计划的未来投资消费策略时，不同的决策时间可能导致不同的最优投资消费策略。

11.1.1 决策者的死亡风险

假设决策者的死亡时间为 T，决策者并不知道自己什么时候死亡，T 为一个随机变量，其死亡率记为 $\pi(x), x \in [0,\infty)$，则他在 t 点活着的概率为

$$\Omega(t) = \exp\left[-\int_0^t \pi(y)dy\right] \qquad (11.4)$$

定义 $\Omega_t(\tau)$ 为 t 点还存活的个体在 τ 点仍然存活的概率，$\Omega_t(\tau)$ 可表示为

$$\Omega_t(\tau) = \Omega(\tau) / \Omega(t) = \exp\left[-\int_t^\tau \pi(y)dy\right] \qquad (11.5)$$

11.1.2 不确定性期限下的投资消费优化问题

在不丧失一般性的情况下，微观个体会对未来任何确定的效用流进行折现。正如 Halevy（2008）所指出的，现在和未来之间的关键区别在于，现在的消费是确定的，而任何未来计划的消费都具有不确定性。这种不确定性可能来自外部，例如，投资风险导致不能实现计划的消费，也可能来自内部，例如，由于个体具有不确定性生命，他可能无法享受哪怕没有任何风险的计划消费。在此情况下，他的后代可能会继承一些现有财富衍生的未来效用。现有研究有两种方式来处理不确定性生命下的遗产：一种方式是认为个体一生的期望折现效用全部来源于决策者一生在不同时点的消费，后代继承的消费对决策者没有任何价值（Bommier，2010；Chen et al.，2014；Yaari，1965）；另外一种方式不区别对待后代和自己的

消费，认为当前财富衍生的未来可消费的效用被自己还是后代消费没有任何区别（Merton，1969）。这两种假设能降低优化问题的难度，但与现实情况不符。本章考虑更符合现实的一种情况，决策者对其在一生中的消费和他留给后代的遗产都会赋予效用，这两种效用因遗产税或自我优先的因素而受到区别对待。依据 Phelps 和 Pollak（1968）通过一个参数区别对待当代和后代效用的思路，本章引入利他程度 γ，$0 < \gamma < 1$，用于区分个体消费和后代遗产产生的效用[①]。γ 越高，个体越重视其后代所享有的预期效用，表明一种更利他的态度[②]。

不确定性生命可能使得个体不能消费未来的消费流，从而使得未来消费流被后代继承。接下来分析 τ 点的未来消费的预期效用 $u(c(\tau))$ 在 t 点的现值。

在 τ 点，微观个体要么活着，要么已经死亡。个体在 t 点存活条件下在 τ 点活着的概率为条件生存函数 $\Omega(\tau)$，未来效用 $u(c(\tau)w(\tau))$ 在 t 点的效用现值为

$$\Omega(\tau)\mathrm{e}^{-\rho(\tau-t)}u(c(\tau)w(\tau)) \tag{11.6}$$

其中，ρ 为个体的纯时间偏好。

如果个体在 τ_1 点，$\tau_1 \in (t, \tau)$ 死亡，则其死亡后的未来效用将由其后代继承。假设其后代的纯时间偏好与个体的纯时间偏好相同，则 τ_1 点的折现效用值为 $\mathrm{e}^{-\rho(\tau-\tau_1)}u(c(\tau)w(\tau))$，$u(c(\tau)w(\tau))$ 在 t 点的折现值为 $\gamma\mathrm{e}^{-\rho(\tau_1-t)}\mathrm{e}^{-\rho(\tau-\tau_1)}u(c(\tau)w(\tau))$。个体在 τ 点之前死亡的概率为 $1 - \Omega(\tau)$，在该种情况下，未来效用 $u(c(\tau)w(\tau))$ 在 t 点的效用现值为

$$\gamma(1 - \Omega(\tau))\mathrm{e}^{-\rho(\tau-t)}u(c(\tau)w(\tau)) \tag{11.7}$$

其中，γ 为利他程度，$0 < \gamma < 1$。考虑上述两种概率，效用 $u(c(\tau)w(\tau))$ 在 t 点的期望效用现值可表示为

$$[\Omega(\tau)\mathrm{e}^{-\rho(\tau-t)} + \gamma(1 - \Omega(\tau))\mathrm{e}^{-\rho(\tau-t)}]u(c(\tau)w(\tau)) \tag{11.8}$$

本章假设后代以消费流的形式来继承遗产不仅仅是为了简化数学计算，在现实生活中，确实存在消费流形式的遗产。例如，一些富有的大家族就通过信托基金给后代以消费流的形式留下遗产。个体（委托人）设立信托以产生稳定的现金流。大多数信托设计了委托人的后代在其去世后如何获得现金流的条款。根据信托文件中规定的条款，由委托人的意愿而非后代的意愿来决定现金流的分配形式。为了在模型中反映这一事实，本章假设委托人决定了他死后后代获得的现金流。

设 $D(t, \tau)$ 表示个体的折现函数，折现函数表示在 τ 点接收的 1 单位的效用在 t 点的现值，因此 t 点到 τ 点的折现函数为

---

① Kotlikoff 和 Summers（1981）指出家庭持有的约 80% 的资本是继承的。Kuehlwein（1993）的研究表明，家庭对遗产的重视程度与他们对自己消费的重视程度一样高。de Nardi（2004）的研究表明，遗赠动机对于解释瑞典最富有家庭财富积累行为具有重要意义。

② Ekeland 等（2015）、Ekeland 和 Pirvu（2008）采用一个更高的折现率来对遗产进行折现，该折现率高于对个体未来消费的折现率。

$$D(t,\tau) = [\mathit{\Omega}(\tau)e^{-\rho(\tau-t)} + \gamma(1-\mathit{\Omega}(\tau))e^{-\rho(\tau-t)}]$$
$$= (1-\gamma)\mathit{\Omega}(\tau)e^{-\rho(\tau-t)} + \gamma e^{-\rho(\tau-t)} \qquad (11.9)$$

或

$$D(t,\tau) = (1-\gamma)\exp\left[-\rho(\tau-t) + \int_t^\tau \pi(y)\mathrm{d}y\right] + \gamma e^{-\rho(\tau-t)} \qquad (11.10)$$

折现函数 $D(t,\tau)$ 的构建考虑了四个方面：个体的纯时间偏好 ρ、个体在 t 点存活的前提下在 τ 点仍然存活的概率（由 $\mathit{\Omega}(\tau)$ 表示），个体在 t 点存活的前提下在 τ 点之前死亡的概率（由 $1-\mathit{\Omega}(\tau)$ 表示），以及利他程度（通过参数 γ 测度）。由式（11.10）可以看出，折现函数 $D(t,\tau)$ 可以看作短期折现因子 $\exp\left[-\rho(\tau-t) + \int_t^\tau \pi(y)\mathrm{d}y\right]$ 与长期折现因子 $e^{-\rho(\tau-t)}$ 的加权和，权重分别为 $1-\gamma$ 和 γ。

当 $\gamma=1$ 时，个体同等看待后代继承的效用流与自己的消费。式（11.10）仅反映纯粹个体的纯时间偏好，不受死亡过程的影响。在此情况下，可以认为个体具有无限生存寿命，对应的投资消费问题与 Merton（1969）的问题一致。当 $\gamma=0$ 时，个体完全不关心后代的福利，作为遗产的消费流对个体没有任何价值。在这种情况下，折现函数被简化为由纯时间偏好和实现自己未来消费的生存概率组成，即式（11.10）中的第一项，对应的投资消费问题与 Yaari（1965）的问题一致。

$0 < \gamma < 1$，即个体从作为消费流的遗产中获得的期望折现效用小于自己消费该消费流获得的期望折现效用。如果死亡率是常数，则式（11.10）是具有时不变特征的双曲线函数，该折现函数为 Harris 和 Laibson（2013）提出的随机双曲折现函数的期望值。如果死亡率 $\pi(y)$ 不是常数，则式（11.10）将不仅取决于折现区间长度，而且取决于初始时点 t，因此是时变的。本章将解释由时变折现函数和个体更新其生存概率两方面因素导致的时间不一致决策行为，这种行为与 Halevy（2015）所阐明的时间不一致决策行为表现相同。

以往关于时间不一致投资消费选择问题的研究通常假设个体的折现函数具有时不变特征。个体的现期偏好和他对未来自我的现期偏好的认知偏差导致时间不一致投资消费策略。几乎所有研究都使用时不变双曲折现函数来描述现期偏好（Frederick et al.，2002），并解释时间不一致现象（Chen et al.，2014；Grenadier and Wang，2007，O'Donoghue and Rabin，1999a，1999b）[①]。然而，Halevy（2015）的实验结果表明，个体的偏好可能是时变的；现期偏好不是时间不一致决策行为的唯一原因，非平稳和时变偏好也可能是时间不一致决策行为的原因。

本章构造的折现函数包含个体死亡风险和纯时间偏好，具有非平稳和时变特征，虽然类似双曲折现函数，但不是双曲折现函数（证明见附录 A）。正如 11.2 节

---

① Gul 和 Pesendorfer（2001）提出诱惑偏好的存在可能是时间不一致决策行为的原因。Miao（2008）采用 Gul 和 Pesendorfer（2001）的分析框架来解决最优期权行使问题。

指出，以式（11.10）进行折现的幼稚型决策者将具有时间不一致消费和投资决策行为，具体表现为实际消费率大于最初计划消费率。由于得到的折现函数具有时变特征，本章分析的投资消费问题不仅取决于初始财富，而且取决于初始时间，这区别于现有双曲折现假设下的投资消费研究文献。

由于绝大部分人口统计学文献采用威布尔（Weibull）分布来描述个体死亡风险（Chang，2004；Weibull，1951），本章假设个体死亡率服从威布尔分布：

$$\pi(\tau) = \lambda\omega\tau^{\omega-1} \tag{11.11}$$

个体在 t 点存活的概率为

$$\Omega(t) = e^{-\lambda t^{\omega}} \tag{11.12}$$

且个体在 t 点存活条件下在 τ 点存活的概率为

$$\Omega_t(\tau) = e^{-\lambda(\tau^{\omega}-t^{\omega})} \tag{11.13}$$

个体的期望生命 $E[T] = (1/\lambda)^{1/\omega}\Gamma(1+1/\omega)$[①]。其中，参数 λ 反映决策者的预期生命，且 λ 越大，预期生命越短；参数 ω 反映个体死亡率不同阶段的单调性，$0<\omega<1$、$\omega=1$ 和 $\omega>1$ 分别对应个体的少年期、成年期和老年期。本章重点关注 $\omega>1$ 的情况，在这种情况下，随着年龄的增长，个体死亡的风险随时间单调递增。对个体少年期和成年期的情况，本章不再讨论。其原因是当个体处于少年期时，受父母亲友的扶助，不需要考虑最优投资消费问题；在成年期，由于死亡率是常数，相应的折现函数为具有时不变特征的双曲折现函数，式（11.10）为 Harris 和 Laibson（2013）提出的随机双曲折现函数的期望值，Palacios-Huerta 和 Pérez-Kakabadse（2013）、Zou 等（2014）已经获得该折现函数下的时间一致投资消费策略。

11.2 时间不一致性

本节分析当个体具有不确定性生命时，基于决策点制定的最优投资消费策略是否仍然时间一致。本节假设个体具有幼稚性且在实际决策过程中实时更新其不确定性生命信息[②]。个体具有幼稚性意味着其在做出决策时不考虑未来偏好和当前偏好的潜在偏差。个体实时更新信息意味着个体在这个过程中会根据贝叶斯规则修改自己的生存信息。进一步假设，在任何时候，个体所能得到的唯一信息就是其生存概率。

---

① $\Gamma(x)$ 为伽马函数，满足 $\Gamma(x) = \int_0^{\infty} y^{x-1}e^{-y}dy$ 。

② Strotz（1955）首次指出了成熟性和幼稚性的区别，随后 Akerlof（1991）、O'Donoghue 和 Rabin（1999b）等给出了其详细解释。

11.2.1　$\gamma = 0$ 时的时间不一致性

在投资消费问题中，如果个体不关心后代，则以消费流存在的遗产对个体没有任何价值，即 $\gamma = 0$ 且个体的死亡率为常数时，由式（11.10）给出的折现函数为折现率恒定的指数折现，折现率为死亡率与表示时间偏好的 ρ 之和。在这种情况下，具有决策点偏好制定的最优投资消费策略具有时间一致性。本节将证明在 $\gamma = 0$ 且死亡率不为常数时，个体的最优投资消费策略也具有时间一致性，即有以下命题。

【命题 11.1】　如果后代继承的遗产对个体不产生任何价值，则即使个体具有非恒定的死亡率，基于决策点制定的最优投资消费策略也具有时间一致性。

证明见附录 B。

命题 11.1 表明，如果个体不关心他的遗产，但在投资消费过程中即时更新了他的死亡风险信息，那么无论死亡率如何，死亡过程都不会影响投资消费策略的时间一致性。该结论与 Azfar（1999）和 Halevy（2005）的研究结论一致。

11.2.2　$0 < \gamma < 1$ 时的时间不一致性

在投资消费问题中，11.2.1 节已经证明，如果个体不关心他的遗产，个体不能从后代继承的财富中获得任何效用，则最优投资消费策略具有时间一致性。那么如果个体关心后代且能从遗产中获得效用，最优投资消费策略还具有时间一致性吗？命题 11.2 对此进行了分析，并指出如果个体区别对待自身消费的效用及后代继承的效用，即 $0 < \gamma < 1$，并更新其死亡风险信息，则非恒定死亡风险情况下的最优投资消费策略具有时间不一致性，命题如下。

【命题 11.2】　如果一个幼稚型贝叶斯个体关心他的遗产，并区分后代继承产生的效用和他自己消费产生的效用，那么

（1）最优投资消费策略具有时间不一致性；

（2）实际瞬时消费率大于计划的最佳瞬时消费率，即

$$c_\tau^*(\tau) > c_t^*(\tau),\ \tau > t \tag{11.14}$$

证明见附录 C。

命题 11.1 和命题 11.2 表明，如果在决策过程中考虑个体的不确定性生命，当且仅当后代继承的遗产不产生任何效用时，最优投资消费策略具有时间一致性。命题 11.2 表明，如果个体区别对待遗产和个体消费，最优投资消费策略将随决策点的变化而变化，导致个体的实际瞬时消费率将偏离并超过最初计划的最佳瞬时消费率。

式（11.10）可以解释命题 11.2 刻画的时间不一致投资消费决策行为产生的原因。随着个体生存时间增加，贝叶斯个体会更新其死亡风险信息，该更新过程对预期瞬时效用 $E_t[u(c(\tau)w(\tau))]$ 被自己消费与后代继承的可能性产生影响，进而影响该期望效用的折现值，具体体现在以下两个方面。

（1）个体消费该期望效用的可能性增加对折现值的影响（效应一）。随着 t 点的增大，$E_t[u(c(\tau)w(\tau))]$ 的折现值增大且个体能够活到 τ 点的概率变大，即条件生存概率 $\Omega(\tau)$ 随着 t 点的增加而增加，这增大了该期望瞬时效用被个体自身消费的可能性，即个体消费该期望效用可能性的增加使得折现值变大。

（2）后代继承该期望效用的可能性减少对折现值的影响（效应二）。随着 t 点的增大，后代消费该效用的可能性降低，即被后代继承的可能性 $1-\Omega(\tau)$ 随着 t 点的增加而减少，这减少了该期望瞬时效用被后代继承的可能性，即后代继承该期望效用可能性的减少使得折现值变小。

效应一对未来任意两点 τ_1 和 τ_2 期望消费效用 $E_t[u(c(\tau_1)w(\tau_1))]$ 和 $E_t[u(c(\tau_2)w(\tau_2))]$ 的折现值的影响成正比，$\tau_2>\tau_1$。然而，由于决策者从自身消费中获得的效用高于其后代继承财富产生的效用，效应二对未来任意两点 τ_1 和 τ_2 期望消费效用 $E_t[u(c(\tau_1)w(\tau_1))]$ 和 $E_t[u(c(\tau_2)w(\tau_2))]$ 的折现值的影响不成正比。综合效应表现为随着 t 点的增加，相对于较晚时点选项的折现值，较早时点选项的折现值的权重增大，引起偏好逆转。因此，τ_1 点效用对 τ_2 点效用的边际替代率随着决策点的推移而降低。这会导致当个体在未来时点被允许重新优化时，相对于计划的最佳消费，实际过度消费。相比之下，Azfar（1999）和 Halevy（2005）的结论表明，即使个体以贝叶斯的方式更新他的死亡风险，他的最优投资消费决策也具有时间一致性。因为他们都假设遗产效应为零，只有边际效应按比例存在，与决策点 t 无关，所以他们的结论显示决策具有时间一致性[①]。

11.3　均　衡　策　略

11.2 节分析了当纯时间偏好为常数时最优投资消费策略是否时间一致的条件。本节的目标是获得时间一致投资消费策略。首先分步骤概述获取优化问题（式（11.3））对应的均衡策略，然后分别给出对数效用函数的时间一致投资消费策略的解析解，以及幂效用函数的时间一致投资消费策略的数值解。为了尽可能避免复杂的数学符号和公式影响阅读，本章将所有的证明都放在附录中。

---

① Basak 和 Chabakauri（2010）指出，由于方差项随时间调整，因此均值方差模型中的最优解具有时间不一致性。

11.3.1　均衡策略的获取步骤

本章结合第 9 章介绍的递归方法获得投资消费策略，并采用第 9 章介绍的均衡策略的定义来证明获得的投资消费策略是均衡策略。具体步骤如下。

（1）定义依存于初始时间和初始财富的无限期限时间一致投资消费决策问题。

由于时间一致投资消费决策独立于决策时间，不失一般性，本节假设决策时间等于初始时间，即 $t = s$ ，初始财富为 w 。无限期限时间一致投资消费决策问题变为在投资消费策略选择集合中找到期望总折现效用最大的时间一致投资消费策略，即

$$\max_{\alpha(\tau),c(\tau)} E_t \left[\int_t^\infty D(t,\tau) u(c(\tau)w(\tau)) \mathrm{d}\tau \right] \qquad (11.15)$$

其中，τ 点的财富 $w(\tau)$ 的动态过程由式（11.2）决定；折现函数 $D(t,\tau)$ 由式（11.10）表示。令 $\varphi = (c(\tau),\alpha(\tau))$ ，$\tau \geq t$ 表示某一种投资消费策略且 $J(t,w(t),\varphi)$ 代表相应的期望折现效用，则

$$J(t,w(t),\varphi) = E_t \left[\int_0^\infty [(1-\gamma)\exp\left(-\int_t^{t+y} \pi(m)\mathrm{d}m\right) + \gamma] \mathrm{e}^{-\rho y} u(c(y+t)w(y+t)) \mathrm{d}y \right]$$

$$(11.16)$$

如果个体具有非恒定的死亡率 $\pi(m)$ ，则 t 点的 $J(t,w(t),\varphi)$ 有别于 0 点的 $J(0,w(t),\varphi) = E_0 \left[\int_0^\infty [(1-\gamma)\exp\left(-\int_0^y \pi(m)\mathrm{d}m\right) + \gamma] \mathrm{e}^{-\rho y} u(c(y)w(y)) \mathrm{d}y \right]$ 。在这种情况下，投资消费策略依赖于初始时间 t 。这与现有文献（Ekeland and Pirvu，2008；Ekeland and Lazrak，2010；Ekeland et al.，2012；Marín-Solano and Navas，2010；Zou et al.，2014；Björk and Murgoci，2014）中关于当期限为无穷大时投资消费决策问题与初始时间无关的表述不同。

（2）采用 He 和 Jiang（2021）的方法来定义连续时间框架下的投资消费均衡策略。

在任意 t 点，成熟型个体制定的投资消费策略只能在一个很小的区间被执行，记这个区间为 $[t,t+\varepsilon]$ 。对于具有时间不一致偏好的个体，要获得时间一致性解决方案的关键是在其当前决策中考虑其未来自我的偏好，即 t 点个体必须要考虑所有的 t' 点个体，$t' \in [t+\varepsilon,\infty)$ ，并且把整个问题看作一个非合作博弈，寻找子博弈的完美纳什均衡。

定义策略 $\varphi_{t,\varepsilon,\varsigma}(\tau,w(\tau)) = \varsigma(\tau,w(\tau)) = (c^\varepsilon(\tau),\alpha^\varepsilon(\tau))$ ，$t \leq \tau < t+\varepsilon$ ，且 $\varphi_{t,\varepsilon,\varsigma}(\tau,w(\tau)) = \hat{\varphi}(\tau,w(\tau)) = (\hat{c}(\tau),\hat{a}(\tau)), \tau \geq t+\varepsilon$ ，$\varphi_{t,\varepsilon,\varsigma}(\tau,w(\tau))$ 可表示为

$$\varphi_{t,\varepsilon,\varsigma}(\tau,w(\tau)) = \begin{cases} \varsigma(\tau,w(\tau)),\ t \leqslant \tau < t+\varepsilon \\ \hat{\varphi}(\tau,w(\tau)),\ \tau \geqslant t+\varepsilon \end{cases} \qquad (11.17)$$

其中，$\varepsilon > 0$。

在投资消费决策类文献中最广泛认可的均衡策略的定义如下：如果策略 $\hat{\varphi}(\tau,w(\tau))$ 满足

$$\lim_{\varepsilon \to 0}(J(t,w(t),\hat{\varphi}) - J(t,w(t),\varphi_{t,\varepsilon,\varsigma}))/\varepsilon \geqslant 0$$

则称 $\hat{\varphi}(\tau,w(\tau))$ 为均衡策略[①]。

He 和 Jiang（2021）、Huang 和 Zhou（2018）指出，上述定义只是一种弱均衡定义，从博弈论的角度来看，均衡策略的自然定义为

$$J(t,w(t),\hat{\varphi}) \geqslant J(t,w(t),\varphi_{t,\varepsilon,\varsigma}) \qquad (11.18)$$

利用式（11.18）作为均衡策略定义，并定义价值函数为

$$V(t,w(t)) = J(t,w(t),\hat{\varphi}) \qquad (11.19)$$

进一步分析获得的投资消费策略是不是均衡策略。

（3）得到连续时间框架下的扩展 HJB 方程，命题如下。

【命题 11.3】　连续时间的优化问题（式（11.3））的扩展 HJB 方程为

$$\rho V(t,w(t)) - V_t + K(t,w(t))$$
$$= \max_{\alpha(t),c(t)} [u(c(t),w(t)) + V_w\mu(t,c(t),\alpha(t)) + 0.5V_{ww}\alpha^2(t)\bar{\sigma}^2(t)w^2(t)]$$

$$(11.20)$$

其中，

$$K(t,w(t)) = (1-\beta)\pi(t)\int_t^\infty \exp\left(-\int_t^y \pi(m)\mathrm{d}m - \rho(y-t)\right)E_t[u(\hat{c}(y)\hat{w}(y))]\mathrm{d}y$$

$$(11.21)$$

且

$$\mu(t,w(t),\hat{\varphi}) = [\hat{\alpha}(t)a + r - \hat{c}(t)]w(t) \qquad (11.22)$$

同时 $\hat{\varphi} = (\hat{c}(\tau),\hat{a}(\tau))$ 满足式（11.20），$\hat{w}(y),y \geqslant t$ 为相应的马尔可夫（Markov）状态过程，并且满足截面条件：

$$\lim_{\tau \to \infty}E_t[\mathrm{e}^{-\rho(\tau-t)}V(\tau,\hat{w}(\tau))] = 0 \qquad (11.23)$$

证明见附录 D。

以上获得的连续时间一致 HJB 方程是分析具体效用函数下时间一致投资消费策略的基础。CRRA 效用函数在经济和金融类文献中被广泛使用，其绝对风险规

[①] Ekeland 和 Lazrak（2006，2010）、Björk 和 Murgoci（2010）、Basak 和 Chabakauri（2010）、Björk 等（2014）都采用该定义。

避随着财富及其相对风险规避保持不变而降低[①]。11.3.2 节将选择两个经典 CRRA 效用函数（对数效用函数和幂效用函数）来分析投资消费均衡。

11.3.2 对数效用函数的投资消费策略

对于对数效用函数 $u(cw) = \ln(cw)$，猜想价值函数 $V(t, w(t))$ 具有如下形式[②]：

$$V(t, w(t)) = A(t)\ln w(t) + B(t) \tag{11.24}$$

附录 E 给出了满足式（11.20）时的对数效用函数的投资消费策略：

$$\hat{\alpha}(t) = a / \bar{\sigma}^2 , \quad \hat{c}(t) = 1 / A(t) = 1 \Big/ \Big[(1-\gamma)\int_t^\infty \exp(-\lambda(y^\omega - t^\omega) - \rho(y - t))\mathrm{d}y + \gamma / \rho \Big] \tag{11.25}$$

通过分析由式（11.25）给出的时间一致投资消费策略，可以看出风险资产比例 $\hat{\alpha}(t)$ 为常数，消费率 $\hat{c}(t)$ 是一个依赖于 t 的确定函数。

对数效用函数下，时间一致的投资消费策略与幼稚型决策者的实际投资消费策略一致，即 $\hat{c}(t) = c_t^*(t)$，$\hat{\alpha}(t) = \alpha_t^*(t)$[③]。然而，该结论在幂效用函数下不成立。

11.3.3 幂效用函数的投资消费策略

对于幂效用函数 $u(cw) = (cw)^{1-b} / (1-b)$，$b > 0$ 且 $b \neq 1$，猜想价值函数 $V(t, w(t))$ 具有如下形式：

$$V(t, w(t)) = h(t)(w(t))^{1-b} / (1-b)$$

附录 F 给出了时间一致投资消费策略：

$$\hat{\alpha}(t) = a / b\bar{\sigma}^2 , \quad \hat{c}(t) = (h(t))^{-1/b} \tag{11.26}$$

其中，

$$
\begin{aligned}
h'(t) = {} & [\rho - (1-b)(a^2 / 2b\bar{\sigma}^2 + r)]h(t) - b(h(t))^{1-1/b} \\
& + (1-\gamma)\pi(t)\Bigg[\int_t^\infty \exp\Big(-\int_t^x \pi(m)\mathrm{d}m - \rho(x - t)\Big)(h(x))^{1-1/b} \\
& \times \exp\Big[(1-b)\int_t^x (a^2 / 2b\bar{\sigma}^2 + r - (h(y))^{-1/b})\mathrm{d}y \Big]\mathrm{d}x \Bigg]
\end{aligned}
\tag{11.27}
$$

且 $\lim\limits_{t\to\infty} h(t) = \gamma\xi^b$。

[①] 我们还可以基于更复杂的效用特征来论证时间一致性投资消费规则，例如，EZW 递归偏好效用函数（Epstein and Zin, 1991；Weil, 1990）将风险规避与消费跨期替代的弹性分开，有助于解释金融市场的行为，但无法获得封闭式的解析解。

[②] 关于 $A(t)$ 和 $B(t)$ 的实际函数形式，请参见附录 E。

[③] $c_t^*(\tau)$ 表示站在决策点 t 的角度来看 τ 点的最佳瞬时消费率，$c_\tau^*(\tau)$ 是具有幼稚性的个体在 τ 点的实际瞬时消费率。

当 $b \to 1$ 时，幂效用函数收敛为对数效用函数。式（11.27）中的积分在对数效用情况下消失。将 $\hat{c}(t) = (h(t))^{-1/b}$ 代入式（11.27）中，得

$$(\hat{c}(t))' / (\hat{c}(t))^2 + \rho / \hat{c}(t) - 1 + (1-\gamma)\pi(t)\int_t^\infty \exp\left(-\int_t^y \pi(m)\mathrm{d}m - \rho(y-t)\right)\mathrm{d}y = 0$$

$$(11.28)$$

式（11.28）中，体现未来自我的瞬时消费率的选项不在积分项中，这意味着在对数效用函数下，成熟型决策者在制定时间一致投资消费策略时不需要考虑未来自我的偏好。因此，成熟型决策者的时间一致性消费路径与幼稚型决策者的实际消费路径一致，即

$$\hat{c}(t) = c_t^*(t) = 1 / A(t) = 1 / \left[(1-\gamma)\int_t^\infty \mathrm{e}^{-\lambda(y^\omega - t^\omega) - \rho(y-t)}\mathrm{d}y + \gamma / \rho\right]$$

$$\hat{\alpha}(t) = \alpha_t^*(t) = a / \bar{\sigma}^2 \qquad (11.29)$$

因此，在对数效用函数下，虽然幼稚型决策者不会遵循自身制定的最优投资消费策略，表现时间不一致性，但是他依据实际消费路径获得的期望折现效用与成熟型决策者的时间一致期望折现效用相同。在幂效用函数下，由式（11.29）可以看出，未来个体的实际消费率体现在积分中。因此，在幂效用函数下，成熟型决策者会考虑个体未来实际偏好及对应的实际消费路径，其时间一致性消费路径与幼稚型决策者的实际消费路径不同。11.3.4 节将在相对风险厌恶系数大于 1 的情况下，比较分析幼稚型决策者和成熟型决策者两种投资消费策略对应的期望折现效用。分析表明，当相对风险厌恶系数大于 1 时，成熟型决策者的最优投资消费策略是所有可执行策略中最好的，其期望折现效用大于幼稚型决策者的实际消费路径对应的期望折现效用。

11.3.4　均衡策略的证明

本节分析由式（11.20）和式（11.21）给出的投资消费策略是不是均衡策略，即是否满足式（11.18）。对于这两种效用函数，附录 G 证明，对任意小的 ε，有[①]

$$J(t, w(t), \varphi_{t,\varepsilon,\varsigma}) - J(t, w(t), \hat{\varphi}) = \varepsilon(\Gamma^{\hat{\varphi}}(t, w(t), \varsigma) + o(1)) \qquad (11.30)$$

且

$$\Gamma^{\hat{\varphi}}(t, w(t), \varsigma) \leqslant 0 \qquad (11.31)$$

当且仅当 $\varsigma(t, w(t)) = \hat{\varphi}(t, w(t))$ 时，有 $\Gamma^{\hat{\varphi}}(t, w(t), \varsigma) = 0$，其中，$\Gamma^{\hat{\varphi}}(t, w(t), \varsigma)$ 由式（11.17）给出。根据均衡策略的定义，对数效用函数下的策略（式（11.25））

---

① $o(1)$ 极端小，满足 $\lim\limits_{\varepsilon \to 0} o(1) / \varepsilon = 0$。

及幂效用函数下的策略（式（11.26）和式（11.27））均为均衡策略 $\hat{\varphi}$，即对任意小的 ε，有[①]

$$J(t,w(t),\hat{\varphi}) \geqslant J(t,w(t),\varphi_{t,\varepsilon,\varsigma})$$

11.4 动态行为分析

11.3 节给出了不同效用函数下的时间一致投资消费策略，特别地，给出了对数效用函数的解析解[②]。本节将进一步对时间一致投资消费策略进行静态和动态分析。因假设个体的死亡率服从威布尔分布时，能够得到对数效用函数下的时间一致投资消费策略解析解，故本节只针对对数效用函数下的时间一致投资消费策略进行静态和动态分析。首先分析时间一致性瞬时消费率 $\hat{c}(t)$，然后通过分析预期财富和消费量的动态行为以预测消费模式，并进一步分析 $\hat{c}(t)$ 隐含的结论[③]。

11.4.1 时间一致瞬时消费率的比较静态分析

首先对各种模型参数设置下的时间一致性瞬时消费率 $\hat{c}(t)$ 进行比较静态分析。根据式（11.25），有[④]

$$\frac{\partial \hat{c}(t)}{\partial \gamma} = -\left[1/\rho - \int_t^\infty e^{-\lambda(y^\omega - t^\omega) - \rho(y-t)}dy\right]$$
$$\left[(1-\gamma)\int_t^\infty e^{-\lambda(y^\omega - t^\omega)-\rho(y-t)}dy + \gamma/\rho\right]^{-2} \tag{11.32}$$
$$< 0$$

且

$$\frac{\partial \hat{c}(t)}{\partial \lambda} = (1-\gamma)(y^\omega - t^\omega)\int_t^\infty e^{-\lambda(y^\omega - t^\omega)-\rho(y-t)}dy$$
$$\times\left[(1-\gamma)\int_t^\infty e^{-\lambda(y^\omega - t^\omega)-\rho(y-t)}dy + \gamma/\rho\right]^{-2} \tag{11.33}$$
$$< 0$$

---

① 具体来说，这种均衡策略也是一种弱的、规则的均衡策略。读者可参考 He 和 Jiang（2021）详细讨论弱均衡和强均衡策略。

② 虽然很有必要使用幂效用函数下时间一致投资消费策略的数值解来分析动态行为，但是为了简洁起见，省略该部分的讨论。读者可参考 Zou 等（2014）分析幂效用函数下的投资消费策略。

③ 消费量 $\hat{C}(t)=\hat{c}(t)w(t)$ 是瞬时消费率和财富的乘积。

④ 证明 $\rho^{-1} > \int_t^\infty \exp(-\lambda(y^\omega - t^\omega)-\rho(y-t))dy$。在 $\omega>1$，$m>0$ 且 $t>0$ 时，有 $(m+t)^\omega - t^\omega > \lambda\omega t^\omega m$，因此，有 $\int_t^\infty e^{-\lambda(y^\omega - t^\omega)-\rho(y-t)}dy = \int_0^\infty e^{-\lambda((m+t)^\omega - t^\omega)-\rho m}dm < \int_0^\infty e^{-\lambda\omega t^\omega m - \rho m}dm = (\lambda\omega t^\omega + \rho)^{-1} < \rho^{-1}$。

参数 γ 反映了个体的利他程度，且 γ 越大，个体对后代的效用就看得越重。因此，由式（11.32）可以看出，个体越利他，其消费率就越少，利他主义者比非利他主义者消费更少。参数 λ 反映了决策者的预期生命，且 λ 越大，预期生命越短。因此，由式（11.33）可以看出，预期生命越长，瞬时消费率越低[①]。该结论与 Laitner（2001）等现有经验证据一致。附录 H 显示瞬时消费率随着年龄的增长而增加，即

$$\frac{\partial \hat{c}(t)}{\partial t} > 0 , \quad \hat{c}(t) \to \rho / \gamma , \quad t \to \infty \tag{11.34}$$

上述分析得出以下命题。

【命题 11.4】　如果个体从后代继承的财富中获得效用，并区别对待遗产给后代产生的效用和他自己消费的效用，那么

（1）瞬时消费率随个体利他程度的增大而减少；

（2）瞬时消费率随个体预期生命的延长而减少；

（3）瞬时消费率随个体年龄的增长而增加。

在连续时间框架下的无限期限问题中，Ekeland 和 Lazrak（2010）、Zou 等（2014）、Palacios-Huerta 和 Pérez-Kakabadse（2013）、Phelps 和 Pollak（1968）、Barro（1999）采用具有时不变特征的双曲折现函数来刻画个体的时间偏好，获得的时间一致投资消费策略均为常数，等价于具有恒定折现率的标准指数折现模型中的最优解。相比之下，本章中瞬时消费率随时间的增加而增加，其时间一致投资消费策略不同于标准指数折现模型中的最优解。

接下来通过绘制图 11.1 说明参数 γ、λ 和 t 对瞬时消费率 $\hat{c}(t)$ 的影响。与 Wang 等（2012）一致，所有参数值均按年度计算，设置主观折现率等于无风险利率，即 $\rho = r = 0.046$，同时设置 $\omega = 2$ 以反映个体处于老年期。

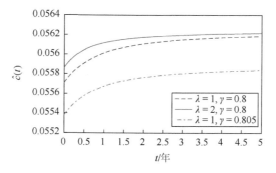

图 11.1　参数 γ、λ 和 t 对瞬时消费率 $\hat{c}(t)$ 的影响

[①] 由于预期生命 $E[T]$ 为 $(\lambda^{-1})^{\omega^{-1}} \Gamma(1 + \omega^{-1})$，$E[T]$ 随参数 λ 的增大而减小。式（11.33）表明，更短的预期生命与不断增加的瞬时消费率相关，因此更长的预期生命与不断减少的瞬时消费率相关。由于 $E[T]$ 与参数 ω 不是单调的，本章不探讨时间一致性瞬时消费率相对于时间一致性瞬时消费率 $\hat{c}(t)$ 上的参数 ω 的比较静态分析。

由图 11.1 可以看出，随着利他程度的增加（γ 增加），或预期生命的延长（λ 减少），瞬时消费率 $\hat{c}(t)$ 减少。

11.4.2　预期财富和消费量的动态行为分析

本节分析均衡策略对应的财富 $\hat{w}(t)$ 和瞬时消费量 $\hat{C}(t)$ 的动态行为。在任何时间，由于财富和瞬时消费量都是随机变量，讨论预期或平均行为才有意义。本章的模型中，收入只来源于风险资产和风险投资组合的投资回报。通过比较时间一致的瞬时消费率和预期收益，可以分析个体的财富过程，并得出以下命题。本章使用"降低投资"一词来描述个体通过消费储蓄使得他的消费量超过了他的预期收入这一情景。

【命题 11.5】　　如果个体从后代继承的财富中获得效用，并区别对待遗产给后代产生的效用和他自己消费的效用，那么

（1）当 $R < \hat{c}(0)$ 时，个体计划降低投资；

（2）当 $\hat{c}(0) < R < \rho / \gamma$ 时，个体计划在前期通过消费量低于其投资收入以增加财富，后期降低投资；

（3）当 $R > \rho / \gamma$ 时，个体计划通过消费量低于其投资收入以增加财富。

其中，R 是投资回报率的平均值，$R = a^2 / \bar{\sigma}^2 > 0$；$\hat{c}(0)$ 是 0 点的瞬时消费率。

证明见附录 I。

财富的预期增长速度是时间的函数。成熟型决策者依据预期投资回报率来决定自己的消费路径。当预期投资回报率较低时，会选择降低投资。也就是说，个体的预期消费超过预期收入，导致累积储蓄随时间递减。这是因为当预期投资回报率足够低时，即使对于成熟型决策者，由遥远的未来进行储蓄产生预期效用将会低于从近期消费水平获得的效用，所以其选择通过提取储蓄来进行收入以外的消费。当预期投资回报率在区间 $(\hat{c}(0), \rho / \gamma)$ 时，个体的预期消费将会少于投资收入，导致个体的储蓄变多。这是因为从长远来看，比较高的预期投资回报率将导致储蓄变得更有价值，牺牲当前的消费能够带来未来更高的消费。随着财富的增加，由于边际效用递减，再累积财富以提供未来更多的消费变得没那么有吸引力，因此个体会逐渐增加当前消费，直至超过预期收入。如果预期投资回报率非常高，储蓄会变得更有价值，其会通过减少消费来增加储蓄。这是因为投资回报带来财富的增加将显著提高后代继承财富带来的效用，并将超过其一生中享受的低消费水平带来的效用损失。

下面进一步开展中等投资回报率的情况（即 $\hat{c}(0) < R < \rho / \gamma$）下的比较静态分析。本节研究表明，在中等投资回报率情况下，决策者作为一个净储蓄者的持续时

间是确定的，并且随着预期投资回报率的增加和利他程度的增加而增加[①]。由以上分析可以得到如下推论。

【**推论 11.1**】　个体净储蓄的持续时间随着预期投资回报率和利他程度的增加而增加。

如果预期投资回报率更高，个体将选择更长的净储蓄期，以在未来获得更高的消费水平。同时，如果个体更利他，他从留给后代的遗产中获得的预期效用更多，他也会选择更长的净储蓄期，以便他的后代从未来的继承中实现更高的消费水平。最后，本节研究了预期消费量的动态行为。和命题 11.5 类似，本节提出以下命题。

【**命题 11.6**】　如果个体从后代继承的财富中获得效用，并区别对待遗产给后代产生的效用和他自己消费的效用，那么

（1）当 $R < \hat{c}(0)$ 时，个体计划随着时间的推移减少其预期消费量；

（2）当 $\hat{c}(0) < R < \rho / \gamma$ 时，个体首先计划在一段时间内增加其预期消费量，然后降低其预期消费量；

（3）当 $R > \rho / \gamma$ 时，个体计划随着时间的推移增加其预期消费量。

证明见附录 J。

命题 11.6 关注预期消费量，即瞬时消费率和财富水平的乘积；命题 11.5 只关注瞬时消费率。当预期投资回报率足够低时，个体会提取储蓄用于消费。因此，其财富水平将下降，导致预期消费量随着时间的推移而下降，这与命题 11.5 相似。当预期投资回报率在区间 $(\hat{c}(0), \rho / \gamma)$ 时，个体首先计划在一段时间内增加其预期消费量，然后降低其预期消费量，因此，在净储蓄期间，个体财富水平将稳步上升，预期消费量会增加，然后个体通过消费超过其投资收入来减少投资，因此，其财富水平将稳步下降，预期消费量下降。当预期投资回报率非常高时，个体的计划消费低于其投资收入。因此，其继续积累财富，预期消费量也将随着时间的推移而增加。研究表明，当预期投资回报率在中等范围时，个体的预期消费量会随着时间的推移而形成"驼峰形"模式，与现有经验证据一致（Gourinchas and Parker，2002）。

11.5　数　值　结　果

对数效用函数下，幼稚型决策者的实际投资消费策略与成熟型决策者的时间

---

① 即 $\dfrac{\partial \bar{t}}{\partial R} > 0$，$\dfrac{\partial \bar{t}}{\partial \gamma} > 0$，其中，$\bar{t}$ 被定义为个体作为净储蓄者的持续时间，$\bar{t}$ 是如下方程的解：$R = (1 - \gamma)$
$\displaystyle\int_{t}^{\infty} \exp(-\lambda(y^{\varpi} - t^{\varpi}) - \rho(y - t)) \mathrm{d}y + \gamma / \rho$。

一致投资消费策略一致。本节使用数值方法比较分析幂效用函数下幼稚型决策者的实际消费率和成熟型决策者的时间一致消费率。此外，本节通过比较依据幼稚型决策者实际消费路径和依据时间一致消费路径获得的期望折现效用，分析幼稚型决策者和成熟型决策者所带来的福利影响。11.2 节的分析表明，对于幼稚型决策者，最优投资消费策略不会实施，实际消费率大于最初计划的消费率，即 $c_t^*(\tau) < c_\tau^*(\tau)$，$t < \tau$。设 $(\tau, w(\tau))$ 表示初始时间和财富，定义采用实际消费路径 $c_x(x)|_{x \geq \tau}$ 获得的期望折现效用为 $\bar{Q}(t, \tau, w(\tau))$，定义采用最优消费路径 $c_t^*(x)|_{x \geq \tau}$ 获得的期望折现效用为 $Q(t, \tau, w(\tau))$。显然，$\bar{Q}(t, \tau, w(\tau))$ 不等于 $Q(t, \tau, w(\tau))$。同时，$\bar{Q}(t, \tau, w(\tau))$ 与采用时间一致投资消费策略 $\hat{c}(x)|_{x \geq \tau}$ 获得的期望折现效用 $V(\tau, w(\tau))$ 也不相同。接下来证明时间一致策略比幼稚型决策者的策略产生更多的期望折现效用。

附录 K 显示，幼稚型决策者的实际消费率 $c_\tau^*(\tau)$ 和在初始时间和财富为 $(\tau, w(\tau))$ 时的期望折现效用 $\bar{Q}(t, \tau, w(\tau))$ 可表示为

$$c_\tau^*(\tau) = 1 / \Psi(\tau, \tau), \quad \bar{Q}(t, \tau, w(\tau)) = \phi(\tau, \tau) w^{1-b} / (1-b) \quad (11.35)$$

其中，

$$\Psi(\tau, \tau) = \int_\tau^\infty (D(\tau, x))^{1/b} \exp(q(x - \tau)) \mathrm{d}x, \quad q = (1-b)(r + a^2 / 2b\bar{\sigma}^2) / b$$

$$(11.36)$$

$$\phi(\tau, \tau) = \int_\tau^\infty D(\tau, x)(\Psi(x, x))^{1/b} \exp\left(\int_t^x (qb - (1-b) / \Psi(s, s)) \mathrm{d}s\right) \mathrm{d}x \quad (11.37)$$

根据式（11.26），成熟型决策者的瞬时消费率 $\hat{c}(\tau)$ 和期望折现效用 $V(\tau, w(\tau))$ 如下：

$$\hat{c}(\tau) = (h(\tau))^{-1/b}, V(\tau, w(\tau)) = h(\tau) \frac{w^{1-b}}{1-b}$$

其中，$h(\tau)$ 满足式（11.27）。通常没有满足式（11.27）的解析解来获得相应的消费率和期望折现效用。因此，使用数值方法来获得式（11.27）的解。

式（11.27）可以表示为

$$
\begin{aligned}
h'(\tau) = {} & [\rho - (1-b)(a^2 / 2b\bar{\sigma}^2 + r)]h(\tau) - b(h(\tau))^{1-1/b} + (1-\gamma)\pi(\tau) \\
& \times \left\{ \int_\tau^S \exp\left(-\int_\tau^x \pi(m)\mathrm{d}m - \rho(s - \tau)\right)(h(x))^{1-1/b} \right. \\
& \times \exp\left[(1-b)\int_t^x (a^2 / 2b\bar{\sigma}^2 + r - (h(y))^{-1/b})\mathrm{d}y\right] \mathrm{d}x \\
& + \int_S^\infty \exp\left(-\int_t^x \pi(m)\mathrm{d}m - \rho(s - \tau)\right)(h(x))^{1-1/b} \\
& \left. \times \exp\left[(1-b)\int_t^x (a^2 / 2b\bar{\sigma}^2 + r - (h(y))^{-1/b})\mathrm{d}y\right] \mathrm{d}x \right\}
\end{aligned}
\quad (11.38)
$$

积分项

$$\int_\tau^S \exp\left(-\int_\tau^x \pi(m)\mathrm{d}m - \rho(s-\tau)\right)(h(x))^{1-1/b}\exp\left[(1-b)\int_t^x(a^2/2b\bar\sigma^2 + r - (h(y))^{-1/b})\mathrm{d}y\right]\mathrm{d}x$$

在 S 足够大时趋近零，因此对式（11.27）的数值解没有影响。可以使用式（11.38）的数值解来代替式（11.27）的数值解，对于足够大的 S，这两个解之间的误差项非常小。

$$
\begin{aligned}
h'(\tau) = {} & [\rho - (1-b)(a^2/2b\bar\sigma^2 + r)]h(\tau) - b(h(\tau))^{1-1/b} + (1-\gamma)\pi(\tau) \\
& \times \int_\tau^S \exp\left(-\int_\tau^x \pi(m)\mathrm{d}m - \rho(s-\tau)\right)(h(x))^{1-1/b} \qquad (11.39)\\
& \exp\left[(1-b)\int_t^x(a^2/2b\bar\sigma^2 + r - (h(y))^{-1/b})\mathrm{d}y\right]\mathrm{d}x
\end{aligned}
$$

且 $\lim\limits_{S\to\infty} h(S) = \gamma\xi^b$。

　　按照 Ekeland 等（2012）、Zou 等（2014）描述的数值方法，可以得到式（11.39）的数值解，并从数值上得到消费率 $\hat c(\tau)$ 和期望折现效用 $V(\tau, w(\tau))$。正如 Wang 等（2012）所述，所有参数值都是按年计算的。无风险利率 $r = 0.46$；总风险溢价 $a = 0.06$；市场投资组合回报的年度波动率 $\sigma = 0.2$。主观折现率设置为等于无风险利率，即 $\rho = r$。本章使用广泛使用的相对风险厌恶系数 $b = 2$。设置 $\omega = 2$ 和 $\lambda = 1$ 以反映老年期的情况[①]。选择 $\gamma = 0.8$，如果选择其他 γ 值，也能得到类似的结果。在不丧失普遍性的情况下，本章假设初始财富 $w(t)$ 为 1。图 11.2 显示了幼稚型决策者和成熟型决策者的消费率。从图 11.2 中可以看出，幼稚型决策者的消费率高于成熟型决策者的消费率。在本章的模型中，微观个体的偏好随着时间的推移而变化的原因如下：随着时间的推移，决策者实时更新了自己的死亡风险信息，并区别对待从遗产中获得的效用和从自己消费中获得的效用，导致偏好随时间发生变化。这种随时间变化的偏好对投资消费决策的影响与其他双曲折现函数的类似：个体将表现出偏向当前消费的倾向，而以牺牲未来消费为代价，即使他之前计划储蓄更多财富。成熟型决策者意识到自己未来的偏好和计划会发生变化。因此，与幼稚型决策者相比，当相对风险厌恶系数大于 1，即跨期替代弹性小于 1时，成熟型决策者比幼稚型决策者表现出更低的当前消费率，为未来的自我留下更多财富。

　　由于在相对风险厌恶系数大于 1 时，幼稚型决策者的消费率总是大于成熟型决策者的消费率，给定相同的初始时间和财富 $(\tau, w(\tau))$，随着时间的推移，在任何时候，成熟型决策者的期望财富都会大于幼稚型决策者的期望财富。因此，从初始时点开始，幼稚型决策者的消费量大于成熟型决策者的消费量。然而，随着时间的推移，财富增加对消费量的影响最终大于消费率增加对消费量的影响，从

[①] 预期生命为 $(1/\lambda)^{1/\omega}\Gamma(1+1/\omega) = \Gamma(1.5) = 0.8862$。

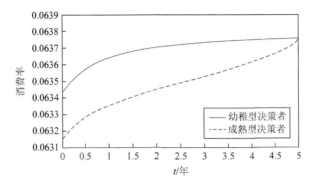

图 11.2　成熟型决策者和幼稚型决策者的消费率

而导致最终存在一个时点，当消费时点大于该时点时，幼稚型决策者的消费量最终会低于成熟型决策者。

图 11.3 展示了幼稚型决策者和成熟型决策者在相对风险厌恶系数大于 1 时的期望折现效用。由图 11.3 可以看出，依据成熟型决策者的时间一致投资消费策略获得的期望折现效用要大于依据幼稚型决策者的实际投资消费策略获得的期望折现效用。但是，当相对风险厌恶系数等于 1 时，成熟型决策者和幼稚型决策者的投资消费策略一致，因此对应的期望折现效用相等。同时，本节并没有分析相对风险厌恶系数小于 1 的情况，因此未来可继续研究的一个方向是分析不同跨期替代弹性下不同投资消费策略的福利。

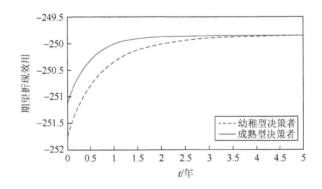

图 11.3　成熟型决策者和幼稚型决策者的期望折现效用

本 章 小 结

本章研究了具有不确定性生命的贝叶斯决策者的投资消费问题。本章通过假设决策者实时更新其死亡风险，并从他留给后代的遗产中获得部分效用，构造了一个时变、非平稳但非双曲的折现函数。该折现形式会导致基于决策点制定的最优投资消费策略不具有时间一致性。证明了：即使个体具有恒定的纯时间偏好，其投资消费策略也具有时间不一致性；实际瞬时消费率高于最初计划瞬时消费率，而实际投资策略与最初计划投资策略相同。接下来，采用由 Strotz（1955）首先提出，并由 Ekeland 和 Lazrak（2006）、Björk 等（2017）、He 和 Jiang（2021）拓展的博弈论方法，试图找到投资消费的均衡策略。首先推导出连续时间框架下扩展 HJB 方程，并将其应用于对数效用函数和幂效用函数，获得对数效用函数下的解析解及幂效用函数下的数值解。本章的结论与现有一系列关于个体消费的实证一致。具体体现在：①利他主义者消费较少；②生命越长，瞬时消费率越低；③瞬时消费率随年龄增长而增加。特别地，本章通过进一步研究消费和财富过程发现，在中等预期投资回报率范围内，个体表现出"驼峰形"消费模式，这与实证文献的结论相吻合。

参 考 文 献

北京大学政府和社会资本合作（PPP）研究中心.2020.北京大学中国 PPP 市场蓝皮书[M].北京：北京大学出版社.

郭峰，王靖一，王芳，等.2020.测度中国数字普惠金融发展：指数编制与空间特征[J].经济学（季刊），19（4）：1401-1418.

何婧，李庆海.2019.数字金融使用与农户创业行为[J].中国农村经济，（1）：112-126.

侯蕾，杨欣桐，李奇.2021.中国城镇家庭的遗产动机：基于微观家庭金融数据的估计[J].世界经济，44（5）：79-104.

姜维.2020.威廉·诺德豪斯与气候变化经济学[J].气候变化研究进展，16（3）：390-394.

凯莫勒 C F，罗文斯坦 G，拉宾 M.2010.行为经济学新进展[M].贺京同，等，译.北京：中国人民大学出版社.

李涛，徐翔，孙硕.2016.普惠金融与经济增长[J].金融研究，（4）：1-16.

李仲飞，陈树敏，曾燕.2015.基于时间不一致性偏好与扩散模型的最优分红策略[J].系统工程理论与实践，35（7）：1633-1645.

刘锦怡，刘纯阳.2020.数字普惠金融的农村减贫效应：效果与机制[J].财经论丛，（1）：43-53.

那艺，贺京同.2019.行为经济学的兴起及其与新古典经济学关系的演变[J].中国社会科学，（5）：60-77.

投资公司研究所.2021.Pension funds and ESG investment[R/OL].（2021-12-17）[2023-05-08].https：//www.cs.com.cn/hyzb/ylj2021/.

西蒙.1989.现代决策理论的基石：有限理性说[M].杨砾，徐立，译.北京：北京经济学院出版社.

叶德珠，王聪，李东辉.2010.行为经济学时间偏好理论研究进展[J].经济学动态，（4）：99-103.

易行健，周利.2018.数字普惠金融发展是否显著影响了居民消费：来自中国家庭的微观证据[J].金融研究，（11）：47-67.

尹志超，彭嫦燕，里昂安吉拉.2019.中国家庭普惠金融的发展及影响[J].管理世界，35（2）：74-87.

张勋，万广华，张佳佳，等.2019.数字经济、普惠金融与包容性增长[J].经济研究，54（8）：71-86.

赵文哲，杨其静，周业安.2010.不平等厌恶性、财政竞争和地方政府财政赤字膨胀关系研究[J].管理世界，（1）：44-53，187.

邹自然，陈收，杨艳，等.2013.时间偏好不一致委托代理问题的优化与决策[J].中国管理科学，21（4）：27-34.

Acharya S，Jimenez G D，Rachinskii D，et al.2021.Present-bias and the value of sophistication[J/OL].（2021-01-01）[2023-05-08].https：//www.efmaefm.org/0EFMAMEETINGS/EFMA%20ANNUAL%20MEETINGS/2021-Leeds/papers/EFMA%202021_stage-2049_question-Full%2

0Paper_id-22.pdf.

Ahlbrecht M, Weber M. 1996. The resolution of uncertainty: An experimental study[J]. Journal of Theoretical Economics, 152 (4): 593-607.

Ainslie G W. 1992. Picoeconomics[M]. Cambridge: Cambridge University Press.

Ainslie G. 1975. Specious reward: A behavioral theory of impulsiveness and impulse control[J]. Psychological Bulletin, 82 (4): 463-496.

Ainslie G. 1986. Choice and consequence: Perspectives of an errant economist[J]. American Journal of Sociology, 91 (6): 1467-1469.

Ainslie G, Haendel V. 1983. The Motives of the Will[M]. Springfield: Thomas.

Akerlof G A. 1991. Procrastination and obedience[J]. American Economic Review, 81 (2): 1-19.

Allais M. 1953. Le comportement de l'Homme rationnel devant le risque: Critique des postulats et axiomes de l'Ecole americaine[J]. Econometrica, 21 (4): 503.

Amador M, Werning I, Angeletos G M. 2006. Commitment vs. flexibility[J]. Econometrica, 74 (2): 365-396.

Ambec S, Treich N. 2007. Roscas as financial agreements to cope with self-control problems[J]. Journal of Development Economics, 82 (1): 120-137.

Andersen S, Harrison G W, Lau M I, et al. 2008. Eliciting risk and time preferences[J]. Econometrica, 76 (3): 583-618.

Andreoni J, Sprenger C. 2012. Estimating time preferences from convex budgets[J]. American Economic Review, 102 (7): 3333-3356.

Angeletos G M, Laibson D, Repetto A, et al. 2001. The hyperbolic consumption model: Calibration, simulation, and empirical evaluation[J]. Journal of Economic Perspectives, 15 (3): 47-68.

Ariely D, Wertenbroch K. 2002. Procrastination, deadlines, and performance: Self-control by precommitment[J]. Psychological Science, 13 (3): 219-224.

Arrow K J, Cropper M L, Gollier C, et al. 2014. Should governments use a declining discount rate in project analysis? [J]. Review of Environmental Economics and Policy, 8 (2): 145-163.

Arrow K J, Fisher A C. 1974. Environmental preservation, uncertainty, and irreversibility[J]. Quarterly Journal of Economics, 88 (2): 312-319.

Arrow K J, Lind R C. 1970. Uncertainty and the evaluation of public investment decisions uncertainty and the evaluation of public investment decisions[J]. American Economic Review, 60 (3): 364-378.

Arrow K, Cropper M, Gollier C, et al. 2013. Determining benefits and costs for future generations[J]. Science, 341 (6144): 349-350.

Ashraf N, Karlan D, Yin W. 2006. Tying Odysseus to the mast: Evidence from a commitment savings product in the Philippines[J]. Quarterly Journal of Economics, 121 (2): 635-672.

Attema A E, Bleichrodt H, Rohde K I M, et al. 2010. Time-tradeoff sequences for analyzing discounting and time inconsistency[J]. Management Science, 56 (11): 2015-2030.

Augenblick N, Niederle M, Sprenger C. 2015. Working over time: Dynamic inconsistency in real effort tasks[J]. Quarterly Journal of Economics, 30 (3): 1067-1115.

Azfar O. 1999. Rationalizing hyperbolic discounting[J]. Journal of Economic Behavior and

Organization，38（2）：245-252.

Backus D，Chernov M，Martin I. 2011. Disasters implied by equity index options[J]. Journal of Finance，66（6）：1969-2012.

Bagliano F C，Fugazza C，Nicodano G. 2014. Optimal life-cycle portfolios for heterogeneous workers[J]. Review of Finance，18（6）：2283-2323.

Banerjee A，Duflo E，Glennerster R，et al. 2015. The miracle of microfinance？Evidence from a randomized evaluation[J]. American Economic Journal：Applied Economics，7（1）：22-53.

Bansal R，Yaron A. 2000. Risks for the long Run：A potential resolution of asset pricing puzzles[J]. Journal of Finance，59：1481-1509.

Barro R J. 1999. Ramsey meets Laibson in the neoclassical growth model[J]. Quarterly Journal of Economics，114（4）：1125-1152.

Barro R J. 2006. Rare disasters and asset markets in the twentieth century[J]. Quarterly Journal of Economics，121（3）：823-866.

Barro R J，Sala-i-Martin X. 2003. Economic Growth[M]. Cambridge：MIT Press.

Basak S，Chabakauri G. 2010. Dynamic mean-variance asset allocation[J]. Review of Financial Studies，23（8）：2970-3016.

Bateman I，Munro A，Rhodes B，et al. 1997. A test of the theory of reference-dependent preferences[J]. Quarterly Journal of Economics，112（2）：479-505.

Bénabou R，Tirole J. 2002. Self-confidence and personal motivation[J]. Quarterly Journal of Economics，117（3）：871-915.

Benzion U，Rapoport A，Yagil J. 1989. Discount rates inferred from decisions：An experimental study[J]. Management Science，35（3）：270-284.

Bernheim B D，DellaVigna S，Laibson D. 2018. Handbook of Behavioral Economics：Applications and Foundations[M]. Amsterdam：Elsevier.

Bernheim B D，Taubinsky D. 2018. Behavioral public economics[R]. New York：National Bureau of Economic Research.

Bernoulli D. 1738. Specimen theoria novae de mensura sortis[J]. Commentarii Academiae Scientiarum Imperialis Petropolitanae，5：175-192.

Bernoulli D. 1954. Exposition of a new theory on the measurement of risk[J]. Econometrica，22（1）：23.

Beshears J，Choi J J，Harris C，et al. 2015. Self control and commitment：Can decreasing the liquidity of a savings account increase deposits？[R]. New York：National Bureau of Economic Research.

Billingsley P. 1995. Probability and Measure[M]. 3rd ed. New York：John Wiley and Sons.

Björk T，Khapko M，Murgoci A. 2017. On time-inconsistent stochastic control in continuous time[J]. Finance and Stochastics，21（2）：331-360.

Björk T，Murgoci A. 2010. A general theory of Markovian time inconsistent stochastic control problems[J]. SSRN Electronic Journal：1-50.

Björk T，Murgoci A. 2014. A theory of Markovian time-inconsistent stochastic control in discrete time[J]. Finance and Stochastics，18（3）：545-592.

Björk T，Murgoci A，Zhou X Y. 2014. Mean-variance portfolio optimization with state-dependent risk aversion[J]. Mathematical Finance, 24 (1): 1-24.

Bleichrodt H, Rohde K I M, Wakker P P. 2009. Non-hyperbolic time inconsistency[J]. Games and Economic Behavior, 66 (1): 27-38.

Bodie Z, Kane A, Marcus S J. 2013. Investments[M]. New York: McGraw-Hill Education.

Bolton G E, Ockenfels A. 2000. ERC: A theory of equity, reciprocity, and competition[J]. American Economic Review, 90 (1): 166-193.

Bommier A. 2010. Portfolio choice under uncertain lifetime[J]. Journal of Public Economic Theory, 12 (1): 57-73.

Bricker J, Dettling L J, Henriques A M, et al. 2014. Changes in U.S. family finances from 2010 to 2013: Evidence from the survey of consumer finances[J]. Federal Reserve Bulletin, 100 (4): 1-40.

Bricker J, Dettling L J, Henriques A M, et al. 2017. Changes in U.S. family finances from 2013 to 2016: Evidence from the survey of consumer finances[J]. Federal Reserve Bulletin, 103 (3): 1-41.

Brody D C, Hughston L P. 2018. Social discounting and the long rate of interest[J]. Mathematical Finance, 28 (1): 306-334.

Broome J. 1995. Discounting the future[J]. Philosophy and Public Affairs, 20: 128-156.

Browning M, Lusardi A. 1996. Household saving: Micro theories and micro facts[J]. Journal of Economic Literature, 34 (4): 1797-1855.

Bryan G, Karlan D, Nelson S. 2010. Commitment devices[J]. Annual Review of Economics, 2: 671-698.

Buchholz W, Schumacher J. 2008. Discounting the long distant future: A simple explanation for the Weitzman-Gollier puzzle[J/OL]. (2008-07-01) [2023-07-14]. https://www.researchgate.net/publication/4811240_Discounting_the_Long-Distant_Future_A_Simple_Explanation_for_the_Weitzman-Gollier-Puzzle.

Camerer C F, Loewenstein G, Rabin M. 2003. Advances in Behavioral Economics[M]. Princeton: Princeton University Press.

Carrillo J D. 1999. Self-control moderate consumption and saving[R]. London: Centre for Economic Policy Research.

Carrillo J D, Mariotti T. 2000. Strategic ignorance as a self-disciplining device[J]. Review of Economic Studies, 67 (3): 529-544.

Carroll C D. 1997. Buffer-stock saving and the life cycle/permanent income hypothesis[J]. Quarterly Journal of Economics, 112 (1): 1-55.

Carroll C D, Samwick A A. 1997. The nature of precautionary wealth[J]. Journal of Monetary Economics, 40 (1): 41-71.

Cecchetti S G, Lam P S, Mark N C. 1998. Asset pricing with distorted beliefs: Are equity returns too good to be true? [J]. American Economic Review, 90: 787-805.

Chan A, Yeung J F Y, Yu C, et al. 2011. Empirical study of risk assessment and allocation of public-private partnership projects in China[J]. Journal of Management in Engineering, 27 (3): 136-148.

Chang F R. 2004. Stochastic Optimization in Continuous Time[M]. Cambridge: Cambridge University Press.

Chapman G B. 1996. Temporal discounting and utility for health and money[J]. Journal of Experimental Psychology Learning, Memory, and Cognition, 22 (3): 771-791.

Chapman G B, Elstein A S. 1995. Valuing the future temporal discounting of health and money[J]. Medical Decision Making, 15 (4): 373-386.

Chapman G, Nelson R, Hier D B. 1999. Familiarity and time preferences: Decision making about treatments for migraine headaches and Crohn's disease[J]. Journal of Experimental Psychology: Applied, 5 (1): 17-34.

Chen S M, Li Z F, Zeng Y. 2014. Optimal dividend strategies with time-inconsistent preferences[J]. Journal of Economic Dynamics and Control, 46: 150-172.

Chen S, Fu R, Wedge L, et al. 2019a. Non-hyperbolic discounting and dynamic preference reversal[J]. Theory and Decision, 86 (2): 283-302.

Chen S, Fu R, Wedge L, et al. 2019b. Uncertainty of capital productivity and declining discount rates[J]. Applied Economics Letters, 26 (21): 1779-1784.

Chen S, Fu R, Wedge L, et al. 2020. Consumption and portfolio decisions with uncertain lifetimes[J]. Mathematics and Financial Economics, 14 (3): 507-545.

Cheng Z, Ke Y J, Lin J, et al. 2016. Spatio-temporal dynamics of public private partnership projects in China[J]. International Journal of Project Management, 34 (7): 1242-1251.

Cho S, Rust J. 2017. Precommitments for financial self-control? Micro evidence from the 2003 Korean credit crisis[J]. Journal of Political Economy, 125 (5): 1413-1464.

Chou J S, Pramudawardhani D. 2015. Cross-country comparisons of key drivers, critical success factors and risk allocation for public-private partnership projects[J]. International Journal of Project Management, 33 (5): 1136-1150.

Cocco J F, Gomes F J, Maenhout P J. 2005. Consumption and portfolio choice over the life cycle[J]. Review of Financial Studies, 18: 491-533.

Cochrane J H. 1988. How big is the random walk in GNP? [J]. Journal of Political Economy, 96(5): 893-920.

Cropper M L, Freeman M C, Groom B, et al. 2014. Declining discount rates[J]. American Economic Review, 104 (5): 538-543.

Cui X Y, Gao J J, Shi Y, et al. 2019. Time-consistent and self-coordination strategies for multi-period mean-conditional value-at-risk portfolio selection[J]. European Journal of Operational Research, 276 (2): 781-789.

Dasgupta P, Maskin E. 2005. Uncertainty and hyperbolic discounting[J]. American Economic Review, 95 (4): 1290-1299.

de Nardi M. 2004. Wealth inequality and intergenerational links[J]. Review of Economic Studies, 71 (3): 743-768.

DellaVigna S, Malmendier U. 2004. Contract design and self-control: Theory and evidence[J]. Quarterly Journal of Economics, 119 (2): 353-402.

DellaVigna S, Malmendier U. 2006. Paying not to go to the gym[J]. American Economic Review,

96（3）：694-719.

Dietz S，Gollier C，Kessler L. 2018. The climate beta[J]. Journal of Environmental Economics and Management，87：258-274.

Dietz S，Hope C，Patmore N. 2007. Some economics of "dangerous" climate change: Reflections on the Stern Review[J]. Global Environmental Change，17（3/4）：311-325.

Doyle J. 2012. Survey of time preference，delay discounting models[J]. Judgment and Decision Making，8（2）：116-135.

Drèze J H，Modigliani F. 1972. Consumption decisions under uncertainty[J]. Journal of Economic Theory，5（3）：308-335.

Drupp M A，Freeman M C，Groom B，et al. 2018. Discounting disentangled[J]. American Economic Review，10：109-134.

Ebert S，Wei W，Zhou X Y. 2018. Discounting，diversity，and investment[J/OL]. （2018-01-01）[2023-07-14]. https://4nations.org/papers/ebertweizhou18.pdf.

Eckstein O. 1961. "book-review" public finance in theory and practice[J]. Review of Economics and Statistics，43（4）：390-391.

Ekeland I，Karp L，Sumaila R. 2015. Equilibrium resource management with altruistic overlapping generations[J]. Journal of Environmental Economics and Management，70：1-16.

Ekeland I，Lazrak A. 2006. Being serious about non-commitment: Subgame perfect equilibrium in continuous time[J]. Mathematics，（4）：1-35

Ekeland I，Lazrak A. 2010. The golden rule when preferences are time inconsistent[J]. Mathematics and Financial Economics，4（1）：29-55.

Ekeland I，Mbodji O，Pirvu T A. 2012. Time-consistent portfolio management[J]. SIAM Journal on Financial Mathematics，3（1）：1-32.

Ekeland I，Pirvu T A. 2008. Investment and consumption without commitment[J]. Mathematics and Financial Economics，2（1）：57-86.

Elster J. 1979. Ulysses and the Sirens: Studies in Rationality and Irrationality[M]. Cambridge: Cambridge University Press.

Epstein L G，Zin S E. 1991. Substitution，risk aversion，and the temporal behavior of consumption and asset returns: An empirical analysis[J]. Journal of Political Economy，99（2）：263-286.

Fehr E，Schmidt K M. 1999. A theory of fairness，competition，and cooperation[J]. Quarterly Journal of Economics，114（3）：817-868.

Fischer C，1999. Read this paper even later: Procrastination with time-inconsistent preferences[R]. Washington: Resources for the Future.

Fisher A C. 1973. Environmental externalities and the arrow-lind public investment theorem[J]. American Economic Review，63（4）：722-725.

Fisher I. 1930. The Theory of Interest[M]. London: MacMillan.

Frederick S，Loewenstein G，O'Donoghue T. 2002. Time discounting and time preference: A critical review[J]. Journal of Economic Literature，40：351-401.

Frederick S，Loewenstein G. 2002. The psychology of sequence preferences[R]. Cambridge: MIT.

Frederick S. 1999. Discounting, time preference, and identity[D]. Pittsburgh: Carnegie Mellon University.

Freeman M C. 2010. Yes, we should discount the far-distant future at its lowest possible rate: A resolution of the weitzman-gollier puzzle[J]. Economics, 4 (1): 1-21.

Freeman M C, Groom B, Panopoulou E, et al. 2015. Declining discount rates and the Fisher effect: Inflated past, discounted future? [J]. Journal of Environmental Economics and Management, 73: 32-49.

Freeman M C, Groom B. 2015. Positively gamma discounting: Combining the opinions of experts on the social discount rate[J]. Economic Journal, 125 (585): 1015-1024.

Freeman M C, Groom B. 2016. How certain are we about the certainty-equivalent long term social discount rate? [J]. Journal of Environmental Economics and Management, 79: 152-168.

Friedman M, Savage L J. 1952. The expected-utility hypothesis and the measurability of utility[J]. Journal of Political Economy, 60 (6): 463-474.

Fuchs V. 1982. Time preferences and health: An exploratory study[M]//Fuchs V. Economic Aspects of Health. Chicago: University of Chicago Press.

Fudenberg D, Levine D K. 2006. A dual-self model of impulse control[J]. American Economic Review, 96 (5): 1449-1476.

Furusawa T, Lai E L C. 2011. A theory of government procrastination[R]. Munich: Center for Economic Studies and ifo Institute.

García A, Leal M, Lee S H. 2018. Time-inconsistent environmental policies with a consumer-friendly firm: Tradable permits versus emission tax[J]. International Review of Economics and Finance, 58: 523-537.

Gately D. 1980. Individual discount rates and the purchase and utilization of energy-using durables: Comment[J]. Bell Journal of Economics, 11 (1): 373.

Gilpatric S M. 2008. Present-biased preferences, self-awareness and shirking[J]. Journal of Economic Behavior and Organization, 67 (3-4): 735-754.

Girth A M. 2014. What drives the partnership decision? Examining structural factors influencing public-private partnerships for municipal wireless broadband[J]. International Public Management Journal, 17 (3): 344-364.

Gollier C. 2001. The Economics of Risk and Time[M]. Cambridge: MIT Press.

Gollier C. 2002a. Discounting an uncertain future[J]. Journal of Public Economics, 85 (2): 149-166.

Gollier C. 2002b. Time horizon and the discount rate[J]. Journal of Economic Theory, 107 (2): 463-473.

Gollier C. 2004. Maximizing the expected net future value as an alternative strategy to gamma discounting[J]. Finance Research Letters, 1 (2): 85-89.

Gollier C. 2007. The consumption-based determinants of the term structure of discount rates[J]. Mathematics and Financial Economics, 1 (2): 81-101.

Gollier C. 2008. Discounting with fat-tailed economic growth[J]. Journal of Risk and Uncertainty, 37 (2): 171-186.

Gollier C. 2010. Ecological discounting[J]. Journal of Economic Theory, 145 (2): 812-829.

Gollier C. 2011. Le calcul du risque dans les investissements publics[R]. Paris: Centre d'analyse strate´gique.

Gollier C. 2012. Pricing the Planet's Future[M]. Princeton: Princeton University Press.

Gollier C. 2014. Discounting and growth[J]. American Economic Review, 104 (5): 534-537.

Gollier C. 2015. Discounting, inequality and economic convergence[J]. Journal of Environmental Economics and Management, 69: 53-61.

Gollier C. 2016a. Gamma discounters are short-termist[J]. Journal of Public Economics, 142: 83-90.

Gollier C. 2016b. Evaluation of long-dated assets: The role of parameter uncertainty[J]. Journal of Monetary Economics, 84: 66-83.

Gollier C. 2019. Valuation of natural capital under uncertain substitutability[J]. Journal of Environmental Economics and Management, 94: 54-66.

Gollier C, Hammitt J K. 2014. The long-run discount rate controversy[J]. Annual Review of Resource Economics, 6: 273-295.

Gollier C, Koundouri P, Pantelidis T. 2008. Declining discount rates: Economic justifications and implications for long-run policy[J]. Economic Policy, 23 (56): 758-795.

Gollier C, Weitzman M L. 2010. How should the distant future be discounted when discount rates are uncertain? [J]. Economics Letters, 107 (3): 350-353.

Gong L T, Smith W, Zou H F. 2007. Consumption and risk with hyperbolic discounting[J]. Economics Letters, 96 (2): 153-160.

Gourinchas P O, Parker J A. 2001. The empirical importance of precautionary saving[J]. American Economic Review, 91 (2): 406-412.

Gourinchas P O, Parker J A. 2002. Consumption over the life cycle[J]. Econometrica, 70 (1): 47-89.

Green L, Fristoe N, Myerson J. 1994. Temporal discounting and preference reversals in choice between delayed outcomes[J]. Psychonomic Bulletin and Review, 1 (3): 383-389.

Green L, Myerson J. 1996. Exponential versus hyperbolic discounting of delayed outcomes: Risk and waiting time[J]. Integrative and Comparative Biology, 36 (4): 496-505.

Green L, Myerson J, McFadden E. 1997. Rate of temporal discounting decreases with amount of reward[J]. Memory and Cognition, 25 (5): 715-723.

Grenadier S R, Wang N. 2007. Investment under uncertainty and time-inconsistent preferences[J]. Journal of Financial Economics, 84 (1): 2-39.

Grijalva T C, Lusk J L, Shaw W D. 2014. Discounting the distant future: An experimental investigation[J]. Environmental and Resource Economics, 59 (1): 39-63.

Groom B, Hepburn C. 2017. Looking back at social discounting policy: The influence of papers, presentations, political preconditions, and personalities[J]. Review of Environmental Economics and Policy, 11 (2): 336-356.

Groom B, Hepburn C, Koundouri P, et al. 2005. Declining discount rates: The long and the short of it[J]. Environmental and Resource Economics, 32: 445-493.

Groom B, Koundouri P, Panopoulou E, et al. 2007. Discounting the distant future: How much does model selection affect the certainty equivalent rate? [J]. Journal of Applied Econometrics, 22 (3): 641-656.

Groom B, Maddison D. 2019. New estimates of the elasticity of marginal utility for the UK[J]. Environmental and Resource Economics, 72 (4): 1155-1182.

Grossman J, Tarazi M. 2014. Serving small holder farmer recent development in digital finance[J]. Focus Note, 94: 1-16.

Grout P A. 2003. Public and private sector discount rates in public-private partnerships[J]. Economic Journal, 113 (486): C62-C68.

Gruber J, Köszegi B. 2001. Is addiction "rational"? Theory and evidence[J]. Quarterly Journal of Economics, 116 (4): 1261-1303.

Gugerty M. 2007. You can't save alone: Commitment in rotating savings and credit associations in Kenya[J]. Economic Development and Cultural Change, 55 (2): 251-282.

Guiso L, Jappelli T, Terlizzese D. 2016. Income risk, borrowing constraints, and portfolio choice[J]. American Economic Review, 86 (1): 158-172.

Gul F, Pesendorfer W. 2001. Temptation and self-control[J]. Econometrica, 69: 1403-1435.

Halevy Y. 2005. Diminishing impatience: Disentangling time preference from uncertain lifetime[R]. Vancouver: University of British Columbia.

Halevy Y. 2008. Strotz meets Allais: Diminishing impatience and the certainty effect[J]. American Economic Review, 98 (3): 1145-1162.

Halevy Y. 2015. Time consistency: Stationarity and time invariance[J]. Econometrica, 83 (1): 335-352.

Hansen L P, Singleton K J. 1983. Stochastic consumption, risk aversion, and the temporal behavior of asset returns[J]. Journal of Political Economy, 91 (2): 249-265.

Harless D W, Camerer C F. 1994. The predictive utility of generalized expected utility theories[J]. Econometrica, 62 (6): 1251.

Harris C, Laibson D. 2013. Instantaneous gratification[J]. Quarterly Journal of Economics, 128 (1): 205-248.

Hausman J A. 1979. Individual discount rates and the purchase and utilization of energy-using durables[J]. Bell Journal of Economics, 10 (1): 33.

He X D, Jiang Z. 2021. On the equilibrium Strategies for time-inconsistent problems in continuous time[J]. SIAM Journal on Control and Optimization, 59 (5): 3860-3886.

Heidhues P, Köszegi B. 2010. Exploiting Naïvete about self-control in the credit market[J]. American Economic Review, 100 (5): 2279-2303.

Heidhues P, Köszegi B, Murooka T. 2016. Exploitative innovation[J]. American Economic Journal: Microeconomics, 8 (1): 1-23.

Hepburn C, Groom B. 2007. Gamma discounting and expected net future value[J]. Journal of Environmental Economics and Management, 53 (1): 99-109.

Hepburn C, Koundouri P, Panopoulou E, et al. 2009. Social discounting under uncertainty: A cross-country comparison[J]. Journal of Environmental Economics and Management, 57 (2): 140-150.

Herrnstein R. 1981. Self-control as response strength[M]//Bradshaw C M, Szabadi E, Lowe C F. Quantification of Steady-state Operant Behavior. North Holland: Elsevier.

Hirshleifer J. 1965. Investment decision under uncertainty: Choice—Theoretic approaches[J]. Quarterly Journal of Economics, 79 (4): 509-536.

Hirshleifer J. 1970. Investment, Interest, and Capital[M]. Englewood Cliffs: Prentice-Hall.

HM Treasury. 2003. The Green Book Appraisal and Evaluation in Central Government[M]. London: HM Treasury.

HM Treasury. 2008. Infrastructure Procurement: Delivering Long-term Value[M]. London: HM Treasury.

Hoel M, Sterner T. 2007. Discounting and relative prices[J]. Climatic Change, 84 (3-4): 265-280.

Hsee C K, Abelson R P, Salovey P. 1991. The relative weighting of position and velocity in satisfaction[J]. Psychological Science, 2 (4): 263-267.

Huang Y J, Zhou Z. 2018. Strong and weak equilibria for time-inconsistent stochastic control in continuous time[J]. Mathematics of Operations Research, 46 (2): 428-451.

IPCC. 2007. Contribution of Working Groups I, II and III to the fourth assessment report of the intergovernmental panel on climate change[R]. Cambridge: Cambridge University Press.

IWGSCC. 2010. Social cost of carbon for regulatory impact analysis under Executive Order 12866[J/OL]. (2010-02-01) [2023-05-08]. https://www.researchgate.net/publication/318910965_Technical_support_document_Social_cost_of_carbon_for_regulatory_impact_analysis_under_executive_order_12866.

Jevons W S. 1888. The Theory of Political Economy[M]. London: Macmillan.

Jevons W S. 1905. Essays on Economics[M]. London: Macmillan.

Johansson-Stenman O, Sterner T. 2015. Discounting and relative consumption[J]. Journal of Environmental Economics and Management, 71: 19-33.

Johnson L T, Hope C. 2012. The social cost of carbon in U.S. regulatory impact analyses: an introduction and critique[J]. Journal of Environmental Studies and Sciences, 2 (3): 205-221.

Kahneman D, Tversky A. 1979. Prospect theory: an analysis of decision under risk[J]. Econometrica, 47 (2): 263.

Kang S. 2017. The optimal stringency of accounting regulation to alleviate time inconsistency problems[J]. International Review of Economics and Finance, 49: 190-210.

Karmarkar U S. 1978. Subjectively weighted utility: A descriptive extension of the expected utility model[J]. Organizational Behavior and Human Performance, 21 (1): 61-72.

Karp L. 2007. Non-constant discounting in continuous time[J]. Journal of Economic Theory, 132(1): 557-568.

Ke Y J, Wang S Q, Chan A P C. 2013. Risk misallocation in public-private partnership projects in China[J]. International Public Management Journal, 16 (3): 438-460.

Keren G, Roelofsma P. 1995. Immediacy and certainty in intertemporal choice[J]. Organizational Behavior and Human Decision Processes, 63 (3): 287-297.

Khanom N. 2009. Conceptual issues in defining public private partnerships (PPPs) [J]. International Review of Business Research Papers, 6 (2): 150-163.

Kimball M S. 1990. Precautionary saving in the small and in the large[J]. Econometrica, 58 (1): 53-73.

Kinari Y，Ohtake F，Tsutsui Y. 2009. Time discounting：Declining impatience and interval effect[J]. Journal of Risk and Uncertainty，39：87-112.

Klijn E H，Teisman G R. 2003. Institutional and strategic barriers to public-private partnership：An analysis of Dutch cases[J]. Public Money and Management，23（3）：137-146.

Koopmans T C. 1960. Stationary ordinal utility and impatience[J]. Econometrica，28（2）：287.

Koopmans T C，Diamond P A，Williamson R E. 1964. Stationary utility and time perspective[J]. Econometrica，32（1-2）：82.

Kotlikoff L J，Summers L H. 1981. The role of intergenerational transfers in aggregate capital accumulation[J]. Journal of Political Economy，89（4）：706-732.

Kuchler T，Pagel M. 2021. Sticking to your plan：The role of present bias for credit card paydown[J]. Journal of Financial Economics，139（2）：359-388.

Kuehlwein M. 1993. Life-cycle and altruistic theories of saving with lifetime uncertainty[J]. Review of Economics and Statistics，75（1）：38-47.

Kydland F E，Prescott E C. 1977. Rules rather than discretion：The inconsistency of optimal plans[J]. Journal of Political Economy，85（3）：473-491.

Laibson D I，Repetto A，Tobacman J. 2007. Estimating discount functions with consumption choices over the lifecycle[R]. New York：National Bureau of Economic Research.

Laibson D I，Repetto A，Tobacman J，et al. 1998. Self-control and saving for retirement[J]. Brookings Papers on Economic Activity，（1）：91.

Laibson D. 1997. Golden eggs and hyperbolic discounting[J]. Quarterly Journal of Economics，112（2）：443-478.

Laibson D. 1998. Life-cycle consumption and hyperbolic discount functions[J]. European Economic Review，42（3-5）：861-871.

Laibson D. 2015. Why don't present-biased agents make commitments？[J]. American Economic Review，105（5）：267-272.

Laibson D. 2018. Private paternalism，the commitment puzzle，and model-free equilibrium[J]. AEA Papers and Proceedings，108：1-21.

Laibson D，Maxted P，Repetto A，et al. 2023. Estimating discount functions with consumption choices over the lifecycle[J/OL].（2023-03-01）[2023-07-14]. https://www.nber.org/system/files/working_papers/w13314/w13314.pdf.

Laitner J. 2001. Secular changes in wealth inequality and inheritance[J]. Economic Journal，111（474）：691-721.

Lawrence E C. 1991. Poverty and the rate of time preference：Evidence from panel data[J]. Journal of Political Economy，99（1）：54-77.

Lebègue D. 2005. Révision du taux d'actualisation des investissements publics[R]. Paris：Commissariat Généraldu Plan.

Leland H E. 1968. Saving and uncertainty：The precautionary demand for saving[J]. Quarterly Journal of Economics，82（3）：465-473.

Levy N，Pauzner A. 2014. Government's credit-rating concerns and the evaluation of public projects[J]. Journal of Public Economics，115：117-130.

Loewenstein G F. 1988. Frames of mind in intertemporal choice[J]. Management Science，34（2）：200-214.

Loewenstein G F，O'Donoghue T. 2005. Animal spirits：Affective and deliberative processes in economic behavior[J/OL].（2005-05-01）[2023-07-15]. https://bpb-us-e1.wpmucdn.com/blogs. cornell.edu/dist/b/5495/files/2015/10/will5_05-227fjlg.pdf.

Loewenstein G F，Prelec D. 1993. Preferences for sequences of outcomes[J]. Psychological Review，100（1）：91-108.

Loewenstein G F，Thompson L，Bazerman M H. 1989. Social utility and decision making in interpersonal contexts[J]. Journal of Personality and Social Psychology，57（3）：426-441.

Loewenstein G. 1987. Anticipation and the valuation of delayed consumption[J]. Economic Journal，97（387）：666.

Loewenstein G，O'Donoghue T，Rabin M. 2003. Projection bias in predicting future utility[J]. Quarterly Journal of Economics，118（4）：1209-1248.

Loewenstein G，Prelec D. 1992. Anomalies in intertemporal choice：Evidence and an interpretation[J]. Quarterly Journal of Economics，107（2）：573-597.

Loewenstein G，Roberto W，Janine F，et al. 2001. Dimensions of time discounting[C]. Ann Arbor：Conference on Survey Research on Household Expectations and Preferences.

Loewenstein G，Sicherman N. 1991. Do workers prefer increasing wage profiles？[J]. Journal of Labor Economics，9（1）：67-84.

Loomes G，Sugden R. 1982. Regret theory：An alternative theory of rational choice under uncertainty[J]. Economic Journal，92（368）：805.

Lucas R E. 1978. Asset prices in an exchange economy[J]. Econometrica，46（6）：1429-1445.

Luo L L，Chen S，Zou Z R. 2020. Determining the generalized discount rate for risky projects[J]. Environmental and Resource Economics，77（1）：143-158.

Luttmer E，Mariotti T. 2003. Subjective discounting in an exchange economy[J]. Journal of Political Economy，111（5）：959-989.

Machina M J. 1982. "Expected Utility" analysis without the independence axiom[J]. Econometrica，50（2）：277-323.

MacKeigan L D，Larson L N，Draugalis J R，et al. 1993. Time preference for health gains versus health losses[J]. Pharmaco Economics，3（5）：374-386.

Marín-Solano J，Navas J. 2009. Non-constant discounting in finite horizon：The free terminal time case[J]. Journal of Economic Dynamics and Control，33（3）：666-675.

Marín-Solano J，Navas J. 2010. Consumption and portfolio rules for time-inconsistent investors[J]. European Journal of Operational Research，201（3）：860-872.

Martin I. 2013. The Lucas orchard[J]. Econometrica，81（1）：55-111.

Mazur J E. 1987. An adjustment procedure for studying delayed reinforcement[M]//Commons M L，Mazur J E，Nevin J A，et al. The Effect of Delay and Intervening Events on Reinforcement Value. Hillsdale：Erlbaum.

McClure S M，Ericson K M，Laibson D I，et al. 2007. Time discounting for primary rewards[J]. Journal of Neuroscience，27（21）：5796-5804.

McClure S M, Laibson D I, Loewenstein G, et al. 2004. Separate neural systems value immediate and delayed monetary rewards[J]. Science, 306 (5695): 503-507.

Mehra R, Prescott E C. 1985. The equity premium: A puzzle[J]. Journal of Monetary Economics, 15 (2): 145-161.

Merton R C. 1969. Lifetime portfolio selection under uncertainty: The continuous-time case[J]. Review of Economics and Statistics, 51 (3): 247.

Merton R C. 1971. Optimum consumption and portfolio rules in a continuous-time model[J]. Journal of Economic Theory, 3 (4): 373-413.

Miao J J. 2008. Option exercise with temptation[J]. Economic Theory, 34 (3): 473-501.

Millner A, Heal G. 2018. Time consistency and time invariance in collective intertemporal choice[J]. Journal of Economic Theory, 176: 158-169.

Mischel W, Grusec J, Masters J C. 1969. Effects of expected delay time on the subjective value of rewards and punishments[J]. Journal of Personality and Social Psychology, 11 (4): 363-373.

Moore M J, Viscusi W K. 1990a. Discounting environmental health risks: New evidence and policy implications[J]. Journal of Environmental Economics and Management, 18 (2): S51-S62.

Moore M J, Viscusi W K. 1990b. Models for estimating discount rates for long-term health risks using labor market data[J]. Journal of Risk and Uncertainty, 3 (4): 381-401.

Murphy K M, Topel R H. 2013. Some basic economics of national security[J]. American Economic Review, 103 (3): 508-511.

Myerson J, Green L. 1995. Discounting of delayed rewards: Models of individual choice[J]. Journal of the Experimental Analysis of Behavior, 64 (3): 263-276.

Newell R G, Pizer W A. 2002. Discounting the benefits of climate change policies using uncertain rates[J]. Resource, 146: 15-20.

Newell R G, Pizer W A. 2003. Discounting the distant future: How much do uncertain rates increase valuations? [J]. Journal of Environmental Economics and Management, 46 (1): 52-71.

Nir A. 2000. An explanation of hyperbolic marginal utility from money[J/OL]. (2000-11-01) [2023-07-14]. https://paperzz.com/doc/7017712/an-explanation-of-hyperbolic-marginal-utility-from-money.

Noor J. 2009. Decreasing impatience and the magnitude effect jointly contradict exponential discounting[J]. Journal of Economic Theory, 144 (2): 869-875.

Nordhaus W. 2008. A Question of Balance: Economic Modeling of Global Warming[M]. New Haven: Yale University Press.

Nordhaus W. 2011. Estimates of the social cost of carbon: Background and results from the RICE-2011 model[R]. New York: National Bureau of Economic Research.

Nordhaus W. 2018. Projections and uncertainties about climate change in an era of minimal climate policies[J]. American Economic Journal: Economic Policy, 10 (3): 333-360.

O'Donoghue T, Rabin M. 1999a. Doing it now or later[J]. American Economic Review, 89 (1): 103-124.

O'Donoghue T, Rabin M. 1999b. Incentives for procrastinators[J]. Quarterly Journal of Economics, 114 (3): 769-816.

O'Donoghue T, Rabin M. 2001. Choice and procrastination[J]. Quarterly Journal of Economics,

116（1）：121-160.

O'Donoghue T，Rabin M. 2002. Addiction and present-biased preferences[R]. Ithaca：Cornell University.

O'Donoghue T，Rabin M. 2008. Procrastination on long-term projects[J]. Journal of Economic Behavior and Organization，66（2）：161-175.

O'Donoghue T，Rabin M. 2015. Present bias：Lessons learned and to be learned[J]. American Economic Review，105（5）：273-279.

Olson M，Bailey M J. 1981. Positive time preference[J]. Journal of Political Economy，89（1）：1-25.

OMB. 2003. Circular A-4. Subject：Regulatory analysis[EB/OL].（2003-09-17）[2023-05-08]. https://obamawhitehouse.archives.gov/sites/default/files/omb/assets/omb/circulars/a004/a-4.pdf.

Palacios-Huerta I，Pérez-Kakabadse A. 2013. Consumption and portfolio rules with stochastic hyperbolic discounting[R]. London：London School of Economics.

Parfit D. 1971. Personal identity[J]. Philosophical Review，80（1）：3-27.

Parfit D. 1976. Lewis，Perry，and what matters[M]//Rorty A O. The Identities of Persons. Berkeley：University of California Press.

Parfit D. 1982. Personal identity and rationality[J]. Synthese，53（2）：227-241.

Pender J L. 1996. Discount rates and credit markets：Theory and evidence from rural India[J]. Journal of Development Economics，50（2）：257-296.

Phelps E S，Pollak R A. 1968. On second-best national saving and game-equilibrium growth[J]. Review of Economic Studies，35（2）：185-199.

Pindyck R S，Wang N. 2013. The economic and policy consequences of catastrophes[J]. American Economic Journal：Economic Policy，5（4）：306-339.

Pollak R A. 1970. Habit formation and dynamic demand functions[J]. Journal of Political Economy，78（4）：745-763.

Prelec D. 1989. Decreasing impatience：Definition and consequences[J/OL].（1989-08-01）[2023-07-15]. https://iucat.iu.edu/iub/54886.

Prelec D. 2004. Decreasing impatience：A criterion for non-stationary time preference and "hyperbolic" discounting[J]. Scandinavian Journal of Economics，106（3）：511-532.

Quinet E. 2013. L'évaluation socio-économiqueen période de transition[R]. Paris：Commissariat Général à la Stratégie et à la Prospective.

Rabin M. 2000. Risk aversion and expected-utility theory：A calibration theorem[J]. Econometrica，68（5）：1281-1292.

Rabin M，Thaler R H. 2001. Anomalies：Risk aversion[J]. Journal of Economic Perspectives，15（1）：219-232.

Rae J. 1834. The Sociological Theory of Capital[M]. London：MacMillan.

Raineri A，Rachlin H. 1993. The effect of temporal constraints on the value of money and other commodities[J]. Journal of Behavioral Decision Making，6（2）：77-94.

Ramsey F P. 1928. A mathematical theory of saving[J]. Economic Journal，38（152）：543-559.

Ramsey F P. 1931. General propositions and causality[M]//Braithwaite R B. The Foundations of Mathematics and Other Logical Essays. London：Kegan Paul.

Read D. 2001. Is time-discounting hyperbolic or subadditive? [J]. Journal of Risk and Uncertainty，23（1）：5-32.

Read D，Loewenstein G，Rabin M，et al. 1999. Choice Bracketing. Introduction：Elicitation of Preferences[M]. Dordrecht：Springer.

Read D，Roelofsma P H M P. 2003. Subadditive versus hyperbolic discounting：A comparison of choice and matching[J]. Organizational Behavior and Human Decision Processes，91（2）：140-153.

Read D，van Leeuwen B. 1998. Predicting hunger：The effects of appetite and delay on choice[J]. Organizational Behavior and Human Decision Processes，76（2）：189-205.

Redelmeier D A，Heller D N. 1993. Time preference in medical decision making and cost-effectiveness analysis[J]. Medical Decision Making，13（3）：212-217.

Richards J B，Zhang L，Mitchell S H，et al. 1999. Delay or probability discounting in a model of impulsive behavior：Effect of alcohol[J]. Journal of the Experimental Analysis of Behavior，71（2）：121-143.

Ross T W，Yan J. 2015. Comparing public-private partnerships and traditional public procurement：Efficiency vs. flexibility[J]. Journal of Comparative Policy Analysis：Research and Practice，17（5）：448-466.

Roth A E，Murnighan J K. 1982. The role of information in bargaining：An experimental study[J]. Econometrica，50（5）：1123.

Ru H，Schoar A. 2017. Do credit card companies screen for behavioral biases? [J/OL].（2017-01-01）[2023-07-14]. https：//mitsloan.mit.edu/shared/ods/documents? PublicationDocumentID=3943.

Ruderman H，Levine M D，McMahon J E. 1987. The behavior of the market for energy efficiency in residential appliances including heating and cooling equipment[J]. Energy Journal，8（1）：101-124.

Samuelson P A. 1937. A note on measurement of utility[J]. Review of Economic Studies，4（2）：155-161.

Samuelson P A. 1952. Probability，utility，and the independence axiom[J]. Econometrica，20（4）：670.

Samuelson P A. 1964. Public goods and subscription TV：Correction of the record[J]. Journal of Law and Economics，7：81-83.

Sandsmark M，Vennemo H. 2007. A portfolio approach to climate investments：CAPM and endogenous risk[J]. Environmental and Resource Economics，37（4）：681-695.

Savage L J. 1954. The Foundations of Statistics[M]. New York：John Wiley and Sons.

Sayman S，Öncüler A. 2009. An investigation of time inconsistency[J]. Management Science，55（3）：470-482.

Scholten M，Read D. 2006. Discounting by intervals：A generalized model of intertemporal choice[J]. Management Science，52（9）：1424-1436.

Senior N W. 1836. An Outline of the Science of Political Economy[M]. London：Clowes and Sons.

Shelley M K. 1993. Outcome signs，question frames and discount rates[J]. Management Science，39（7）：806-815.

Soumaré I, Lai V S. 2016. An analysis of government loan guarantees and direct investment through public-private partnerships[J]. Economic Modelling, 59: 508-519.

Sozou P D. 1998. On hyperbolic discounting and uncertain hazard rates[J]. Proceedings of the Royal Society of London Series B: Biological Sciences, 265 (1409): 2015-2020.

Stern N H. 2007. The economics of climate change: The Stern review[M]. Cambridge: Cambridge University Press.

Strotz R H. 1955. Myopia and inconsistency in dynamic utility maximization[J]. Review of Economic Studies, 23 (3): 165-180.

Sunstein C R. 2014. On not revisiting official discount rates: Institutional inertia and the social cost of carbon[J]. American Economic Review, 104 (5): 547-551.

Thaler R H. 1999. Mental accounting matters[J]. Journal of Behavioral Decision Making, 12 (3): 183-206.

Thaler R H, Shefrin H M. 1981. An economic theory of self-control[J]. Journal of Political Economy, 89 (2): 392-406.

Thaler R H. 2018. From cashews to nudges: The evolution of behavioral economics[J]. American Economic Review, 108 (6): 1265-1287.

Tol R S J. 2004. On dual-rate discounting[J]. Economic Modelling, 21 (1): 95-98.

Tol R S J. 2010. International inequity aversion and the social cost of carbon[J]. Climate Change Economics, 1 (1): 21-32.

Traeger C P. 2011. Sustainability, limited substitutability, and non-constant social discount rates[J]. Journal of Environmental Economics and Management, 62 (2): 215-228.

Traeger C P. 2013. Discounting under uncertainty: Disentangling the Weitzman and the Gollier effect[J]. Journal of Environmental Economics and Management, 66 (3): 573-582.

Tversky A, Kahneman D. 1986. Rational choice and the framing of decisions[J]. Journal of Business, 59 (S4): S251.

Tversky A, Kahneman D. 1991. Loss aversion in riskless choice: A reference-dependent model[J]. Quarterly Journal of Economics, 106 (4): 1039-1061.

Viscusi W K, Moore M J. 1989. Rates of time preference and valuations of the duration of life[J]. Journal of Public Economics, 38 (3): 297-317.

von Böhm-Bawerk E. 1889. Capital and Interest[M]. South Holland: Libertarian Press.

von Neumann J, Morgenstern O. 1944. Theory of Games and Economic Behavior[M]. Princeton: Princeton University Press.

Wang C, Wang N, Yang J Q. 2012. A unified model of entrepreneurship dynamics[J]. Journal of Financial Economics, 106 (1): 1-23.

Wang H M, Liu Y H, Xiong W, et al. 2019. The moderating role of governance environment on the relationship between risk allocation and private investment in PPP markets: Evidence from developing countries[J]. International Journal of Project Management, 37 (1): 117-130.

Wang H M, Xiong W, Wu G D, et al. 2018. Public-private partnership in public administration discipline: A literature review[J]. Public Management Review, 20 (2): 293-316.

Warner J T, Pleeter S. 2001. The personal discount rate: Evidence from military downsizing programs[J]. American Economic Review, 91 (1): 33-53.

Wei J, Li D, Zeng Y. 2018. Robust optimal consumption-investment strategy with non-exponential discounting[J]. Journal of Industrial and Management Optimization, 16 (1): 207-230.

Weibull W. 1951. A statistical distribution function of wide applicability[J]. Journal of Applied Mechanics, 18 (3): 293-297.

Weikard H P, Zhu X Q. 2005. Discounting and environmental quality: When should dual rates be used? [J]. Economic Modelling, 22 (5): 868-878.

Weil P. 1989. The equity premium puzzle and the risk-free rate puzzle[J]. Journal of Monetary Economics, 24 (3): 401-421.

Weil P. 1990. Nonexpected utility in macroeconomics[J]. Quarterly Journal of Economics, 105 (1): 29-42.

Weitzman M L. 1998. Why the far-distant future should be discounted at its lowest possible rate[J]. Journal of Environmental Economics and Management, 36 (3): 201-208.

Weitzman M L. 2001. Gamma discounting[J]. American Economic Review, 91 (1): 260-271.

Weitzman M L. 2007. Subjective expectations and asset-return puzzles[J]. American Economic Review, 97 (4): 1102-1130.

Weitzman M L. 2009. On modeling and interpreting the economics of catastrophic climate change[J]. Review of Economics and Statistics, 91 (1): 1-19.

Weitzman M L. 2010a. Risk-adjusted gamma discounting[J]. Journal of Environmental Economics and Management, 60 (1): 1-13.

Weitzman M L. 2010b. GHG targets as insurance against catastrophic climate damages[J]. Journal of Public Economic Theory, 14 (16136): 221-244.

Weitzman M L. 2012. The Ramsey discounting formula for a hidden-state stochastic growth process[J]. Environmental and Resource Economics, 53 (3): 309-321.

Weitzman M L. 2013. Tail-hedge discounting and the social cost of carbon[J]. Journal of Economic Literature, 51 (3): 873-882.

William S J. 1988. The Theory of Political Economy[M]. London: MacMillan.

Wouter Botzen W J, van den Bergh J C J M, 2012. How sensitive is Nordhaus to Weitzman? Climate policy in DICE with an alternative damage function[J]. Economics Letters, 117 (1): 372-374.

Xu Y L, Yang Y F, Chan A P C, et al. 2011. Identification and allocation of risks associated with PPP water projects in China[J]. International Journal of Strategic Property Management, 15 (3): 275-294.

Yaari M E. 1965. Uncertain lifetime, life insurance, and the theory of the consumer[J]. Review of Economic Studies, 32 (2): 137-150.

Yang Z L. 2003. Dual-rate discounting in dynamic economic-environmental modeling[J]. Economic Modelling, 20 (5): 941-957.

Yates J F, Watts R A. 1975. Preferences for deferred losses[J]. Organizational Behavior and Human Performance, 13 (2): 294-306.

Yong J M. 2012. Time-inconsistentoptimal control problems and the equilibrium HJB equation[J]. Mathematical Control and Related Fields, 2 (3): 271-329.

Zhang S，Chan A P C，Feng Y. et al. 2016. Critical review on PPP research—A search from the Chinese and international journals[J]. International Journal of Project Management，34（4）：597-612.

Zhou X Y，Li D. 2000. Continuous-time mean-variance portfolio selection：A stochastic LQ framework[J]. Applied Mathematics and Optimization，42（1）：19-33.

Zou Z R，Chen S，Wedge L. 2014. Finite horizon consumption and portfolio decisions with stochastic hyperbolic discounting[J]. Journal of Mathematical Economics，52：70-80.

Zwalf S，Hodge G，Alam Q. 2017. Choose your own adventure：Finding a suitable discount rate for evaluating value for money in public-private partnership proposals[J]. Australian Journal of Public Administration，76（3）：301-315.

附　　录

附录 A

定义 $\mathrm{MRS}_t(s+\tau_1,s+\tau_2)$ 为基于 t 点偏好，未来 $s+\tau_1$ 与 $s+\tau_2$ 点的边际替代率，$\mathrm{MRS}_t(s+\tau_1,s+\tau_2)=D(t,s+\tau_2)/D(t,s+\tau_1)$。依据 Halevy（2005）对边际替代率的定义，边际替代率 $\mathrm{MRS}_t(s+\tau_1,s+\tau_2)$ 为 $s+\tau_2$ 点的 1 单位效用在 $s+\tau_1$ 点的价值。依据 Read（2001）、Read 和 Roelofsma（2003）、Scholten 和 Read（2006）、Kinari 等（2009）、Halevy（2005）对双曲折现的定义，如果边际替代率 $\mathrm{MRS}_0(s+\tau_1,s+\tau_2)$ 随 s 点的增加而增加，则称个体具有递增的耐心，对应的折现函数称为双曲折现函数。

如果个体具有恒定纯时间偏好且纯时间偏好对应的折现率为 ρ，死亡率服从威布尔分布，即死亡率表示为 $\pi(\tau)=\lambda\omega\tau^{\omega-1}$，则 $s+\tau_2$ 点的 1 单位效用在 0 点，即折现函数表示为

$$D(0,s+\tau_2)=(1-\gamma)e^{-\lambda(s+\tau_1)^{\omega}-\rho(t'+\tau_1)}+\gamma e^{-\rho(s+\tau_1)} \tag{A.1}$$

其中，$\omega>1$。

由边际替代率 $\mathrm{MRS}_0(s+\tau_1,s+\tau_2)$ 的定义以及式（A.1）可知，

$$\mathrm{MRS}_0(s+\tau_1,s+\tau_2)=D(0,s+\tau_2)/D(0,s+\tau_1)$$

$$=e^{-\rho(\tau_2-\tau_1)}[(1-\gamma)e^{-\lambda(s+\tau_2)^{\omega}}+\gamma]/[(1-\gamma)e^{-\lambda(s+\tau_1)^{\omega}}+\gamma]$$

因此，

$$\frac{\mathrm{d}\mathrm{MRS}_0(s+\tau_1,s+\tau_2)}{\mathrm{d}s}=e^{-\rho(\tau_2-\tau_1)}g(s)[(1-\gamma)e^{-\lambda(s+\tau_1)^{\omega}}+\gamma]^{-2} \tag{A.2}$$

其中，

$$g(s)=(1-\gamma)\lambda\omega\{(1-\gamma)e^{-\lambda(s+\tau_2)^{\omega}-\lambda(s+\tau_1)^{\omega}}[(s+\tau_1)^{\omega-1}-(s+\tau_2)^{\omega-1}]$$

$$+\gamma[e^{-\lambda(s+\tau_1)^{\omega}}(s+\tau_1)^{\omega-1}-e^{-\lambda(s+\tau_1)^{\omega}}(s+\tau_2)^{\omega-1}]\}$$

$$\tag{A.3}$$

由式（A.3）可知，$(1-\gamma)e^{-\lambda(s+\tau_2)^{\omega}-\lambda(s+\tau_1)^{\omega}}[(s+\tau_1)^{\omega-1}-(s+\tau_2)^{\omega-1}]$ 小于 0；当 s 足够大时，$\gamma[\exp(-\lambda(s+\tau_1)^{\omega})(s+\tau_1)^{\omega-1}-\exp(-\lambda(s+\tau_1)^{\omega})(s+\tau_2)^{\omega-1}]$ 最终也小于 0。因此，随着 s 的增加，$g(s)$ 首先小于 0，最终大于 0。根据式（A.2），随着 s 的增加，边际替代率 $\mathrm{MRS}_0(s+\tau_1,s+\tau_2)$ 首先增加，然后减少。根据双曲折现定义，

由式（11.10）表示的折现函数为非双曲折现函数。

Halevy（2015）第一次给出了折现函数的平稳性和时不变性的定义。第 11 章利用边际替代率来给出折现函数的平稳性和时不变性的量化定义，该定义与 Halevy（2015）的定义相同，即个体的时间偏好平稳，当且仅当固定决策时点，对未来任意两个时点的边际替代率只与两个时点的距离差异及收益差异相关，而与折现区间起点无关。第 11 章构建的折现函数对应的边际替代率 $\mathrm{MRS}_0(s+\varDelta_1, s+\varDelta_2)$ 随 t 的增加先增后减，即边际替代率与折现区间起点 s 有关，因此式（11.10）具有非平稳性。

同时，个体具有时间偏好时不变特征，当且仅当未来任意两个时点对应的收益差异及决策点与这两个时点的距离保持不变时边际替代率与决策时点无关，即 $\mathrm{MRS}_0(\varDelta_1, \varDelta_2) = \mathrm{MRS}_s(s+\varDelta_1, s+\varDelta_2)$。由于第 11 章假设死亡率不为常数，由式（11.10）表示的折现函数具有时不变性。

附录 B

如果个体不关心他的遗产，不能从后代继承的财富中获得任何效用，则 $\gamma=0$，式（A.3）的优化问题变为

$$\max_{c_t(\tau),\alpha_t(\tau)} E_t\left[\int_s^\infty \varOmega(\tau)\mathrm{e}^{-\rho(\tau-t)}u(c_t(\tau)w(\tau))\mathrm{d}\tau\right] \tag{B.1}$$

且财富受到式（11.2）和初始条件 $(s,w(s))$ 的约束。

定义 $\{c_t^*(\tau),\alpha_t^*(\tau)\}$，$0\leq t\leq s\leq\tau$ 为基于 t 点偏好的最优投资消费策略且对应的价值函数为 $Q(t,s,w(s))$，则

$$Q(t,s,w(s)) = E_t\left[\int_s^\infty \varOmega(\tau)\mathrm{e}^{-\rho(\tau-t)}u(c_t^*(\tau)w(\tau))\mathrm{d}\tau\right] \tag{B.2}$$

此外，价值函数 $Q(0,s,w(s))$ 和 $Q(t,s,w(s))$ 满足

$$\begin{aligned}Q(0,s,w(s)) &= \max_{c_0(\tau),\alpha_0(\tau)} E_0\left[\int_s^\infty \varOmega(\tau)\mathrm{e}^{-\rho\tau}u(c_0(\tau)w(\tau))\mathrm{d}\tau\right]\\ &= \varOmega(t)\mathrm{e}^{-\rho\tau}\max_{c_t(\tau),\alpha_t(\tau)} E_t\left[\int_s^\infty \varOmega(\tau)\mathrm{e}^{-\rho(\tau-t)}u(c_t(\tau)w(\tau))\mathrm{d}\tau\right]\\ &= \varOmega(t)\mathrm{e}^{-\rho\tau}Q(t,s,w(s))\end{aligned} \tag{B.3}$$

式（B.2）可以写为

$$Q(t,s,w(s)) = \varOmega_t(s)\mathrm{e}^{-\rho(s-t)}u(c_t^*(s)w(s))\mathrm{d}s + Q(t,s+\mathrm{d}s,w(s+\mathrm{d}s)) \tag{B.4}$$

对价值函数 $Q(t,s,\omega(s))$ 进行泰勒展开得到

$$\begin{aligned}&E_t[Q(t,s+\mathrm{d}s,w(s+\mathrm{d}s)) - Q(t,s+\mathrm{d}s,w(s))]\\ &= [r+\alpha_t^*(s)a - c_t^*(s)]w(s)Q_w\mathrm{d}s + Q_s\mathrm{d}s + 0.5(\alpha_t^*(s))^2\bar\sigma^2 w^2(s)Q_{ww}\mathrm{d}s\end{aligned} \tag{B.5}$$

利用式（B.4）和式（B.5），可以得到

$$Q_s+[r+\alpha_t^*(s)a-c_t^*(s)]w(s)Q_w+\frac{1}{2}(\alpha_t^*(s))^2\bar{\sigma}^2w^2Q_{ww}+\Omega_t(s)\mathrm{e}^{-\rho(s-t)}u(c_t^*(s)w(s))=0$$

$$(B.6)$$

由式（B.6）可以看出，最优瞬时消费率 $c_0^*(s)$ 和 $c_t^*(s)$ 满足

$$u'(c_t^*(s)w(s))=\mathrm{e}^{\rho(s-t)}Q_w(t,s,w(s))w(s)/\Omega_t(s) \qquad (B.7)$$

和

$$u'(c_0^*(s)w(s))=\mathrm{e}^{\rho s}Q_w(0,s,w(s))w(s)/\Omega(s) \qquad (B.8)$$

当且仅当 $c_0^*(s)=c_t^*(s)$，$0<t\leqslant s$，最优瞬时消费率时间一致，因此，由式（B.7）和式（B.8）可以看出，如果式（B.9）成立，则最优瞬时消费率具有时间一致性：

$$\frac{Q_\omega(t,s,w(s))}{\Omega_t(s)\mathrm{e}^{-\rho(s-t)}}=\frac{Q_\omega(0,s,w(s))}{\Omega(s)\mathrm{e}^{-\rho s}} \qquad (B.9)$$

显然，由式（B.3）可以看出，式（B.9）成立。

通过同样的分析，最优瞬时投资消费策略也具有时间一致性。

附录 C

首先证明边际替代率随决策时点的增加而减少：

$$\frac{\mathrm{dMRS}_t(\tau_1,\tau_2)}{\mathrm{d}t}<0,\tau_2>\tau_1\geqslant s\geqslant t \qquad (C.1)$$

然后利用式（C.1）证明计划的最优瞬时消费率具有时间不一致性。

根据边际替代率 $\mathrm{MRS}_t(\tau_1,\tau_2)$ 的定义，可以得到

$$\mathrm{MRS}_t(\tau_1,\tau_2)=D(t,\tau_2)/D(t,\tau_1)$$
$$=[\Omega_{\tau_1}(\tau_2)\mathrm{e}^{-\rho(\tau_2-\tau_1)}(1+\gamma\Omega(t)/\Omega(\tau_2)-\gamma)]/(1+\gamma\Omega(t)/\Omega(\tau_1)-\gamma)$$

$\Omega'(t)<0$，以及 $\Omega(\tau_2)<\Omega(\tau_1)$，因此，有

$$\frac{\mathrm{dMRS}_t(\tau_1,\tau_2)}{\mathrm{d}t}=\Omega_{\tau_1}(\tau_2)\mathrm{e}^{-\rho(\tau_2-\tau_1)}(1+\gamma\Omega(t)/\Omega(\tau_1)-\gamma)^{-2}\gamma(1-\gamma)\Omega'(t)$$
$$\times[\Omega(\tau_1)-\Omega(\tau_2)]/(\Omega(\tau_2)\Omega(\tau_1))<0$$

假设 $c_0^*(\tau)$ 是基于 0 点偏好制定的最优瞬时消费率，$w_0(\tau)$ 是对应策略下 τ 点的财富，则

$$D(0,\tau_1)E_0[u'(c_0^*(\tau_1)w_0(\tau_1))]=D(0,\tau_2)E_0[u'(c_0^*(\tau_2)w_0(\tau_2))] \qquad (C.2)$$

式（C.1）表明，

$$\mathrm{MRS}_t(\tau_1,\tau_2)<\mathrm{MRS}_0(\tau_1,\tau_2),\ t>0 \qquad (C.3)$$

式（C.1）～式（C.3）表明，

$$\text{MRS}_t(\tau_1, \tau_2) = D(t, \tau_2) / D(t, \tau_1)$$
$$< \text{MRS}_0(\tau_1, \tau_2)$$
$$= D(t, \tau_2) / D(t, \tau_1)$$
$$= E_0[u'(c_0^*(\tau_1)w_0(\tau_1))] / E_0[u'(c_0^*(\tau_2)w_0(\tau_2))]$$

因此，

$$D(t, \tau_1)E_0[u'(c_0^*(\tau_1)w_0(\tau_1))] > D(t, \tau_2)E_0[u'(c_0^*(\tau_2)w_0(\tau_2))] \qquad (\text{C.4})$$

式（C.4）表明，以 0 点的偏好制定的最优瞬时消费率 $c_0^*(\tau_1)$ 在 t 点看来并不是最优的，个体有动机来修改投资消费策略以增加自己的福利。

由于 $u'(\bullet) > 0$ 以及 $u''(\bullet) < 0$，个体可以通过提高 τ_1 点瞬时消费率和降低 τ_2 点瞬时消费率来增加其福利，该过程直到满足

$$D(t, \tau_1)E_t[u'(c_t^*(\tau_1)w_t(\tau_1))] = D(t, \tau_2)E_t[u'(c_t^*(\tau_2)w_t(\tau_2))] \qquad (\text{C.5})$$

才结束。因此，当个体能够重新优化其投资消费策略时，他就有动机偏离自己的预先计划，提高瞬时消费率，即当 $\tau \geqslant s \geqslant t > 0$ 时，$c_\tau^*(\tau_1) > c_t^*(\tau) > c_0^*(\tau)$。

附录 D

因为

$$D(t, \tau) = \mathrm{e}^{-\rho\varepsilon}D(t+\varepsilon, \tau) + (1-\gamma)\mathrm{e}^{-\rho(\tau-t-\varepsilon)}$$
$$\times \exp\left(-\int_{t+\varepsilon}^{\tau}\pi(y)\mathrm{d}y\right)\left[\exp\left(-\int_t^{t+\varepsilon}\pi(y)\mathrm{d}y\right)-1\right]\mathrm{e}^{-\rho\varepsilon} \qquad (\text{D.1})$$

所以

$$V(t, w(t)) = \max_{c(\tau),\alpha(\tau)} E_t\left[\int_t^\infty D(t, \tau)u(c(\tau)w(\tau))\mathrm{d}\tau\right]$$
$$= \max_{c(\tau),\alpha(\tau)} E_t[u(c(t)w(t))\varepsilon + \mathrm{e}^{-\rho\varepsilon}V(t+\varepsilon, w(t+\varepsilon)) \qquad (\text{D.2})$$
$$- K(t+\varepsilon, w(t+\varepsilon))\varepsilon + o(\varepsilon)]$$

其中，

$$K(t, w(t)) = (1-\gamma)\pi(t)\int_t^\infty \mathrm{e}^{-\rho(\tau-t)}\exp\left(-\int_t^\tau \pi(y)\mathrm{d}y\right)u(\hat{c}(\tau)\hat{w}(\tau))\mathrm{d}\tau \qquad (\text{D.3})$$

其中，$\hat{c}(\tau)$ 为式（D.2）的解；$\hat{w}(\tau)$ 为相应马尔可夫链状态变量。

由式（D.2）可以得到

$$V(t, w(t)) = \max_{c(t),\alpha(t)} E_t[u(c(t)w(t))\varepsilon + (1-\rho\varepsilon)V(t+\varepsilon, w(t+\varepsilon))$$
$$- K(t+\varepsilon, w(t+\varepsilon))\varepsilon + o(\varepsilon)] \qquad (\text{D.4})$$

由式（D.4）可以得到

$$0 = \max_{c(t),\alpha(t)} E_t[u(c(t)w(t)) + (V(t+\varepsilon, w(t+\varepsilon)) - V(t, w(t)))/\varepsilon$$
$$- \rho V(t+\varepsilon, w(t+\varepsilon)) - K(t+\varepsilon, w(t+\varepsilon))\varepsilon + o(\varepsilon)] \qquad (\text{D.5})$$

根据式（D.2），$w(t+\varepsilon)$ 满足

$$w(t+\varepsilon)=w(t)+\mu(t,c(t),\alpha(t))\varepsilon+\bar{\sigma}\alpha(t)w(t)(z(t+\varepsilon)-z(t)) \tag{D.6}$$

其中，$\mu(t,c(t),\alpha(t))=\alpha(t)aw(t)+rw(t)-c(t)w(t)$。

根据式（D.6）可以得到

$$\lim_{\varepsilon\to 0}E_t[V(t+\varepsilon,w(t+\varepsilon))-V(t,w(t))]/\varepsilon=V_t+V_w\mu(t,\hat{c}(t),\hat{\alpha}(t))$$
$$+0.5V_{ww}\hat{\alpha}^2(t)\bar{\sigma}^2w^2(t) \tag{D.7}$$

联立式（D.5）和式（D.7）且令 $\varepsilon\to 0$，得到如下 HJB 方程：

$$\rho V(t,w(t))-V_t+K(t,w(t))$$
$$=\max_{c(t),\alpha(t)}[u(c(t)w(t))+V_w\mu(t,c(t),\alpha(t))+0.5V_{ww}\alpha^2(t)\bar{\sigma}^2w^2(t)] \tag{D.8}$$

其中，

$$K(t,w(t))=(1-\gamma)\pi(t)\int_t^\infty \exp\left(-\int_t^y \pi(m)\mathrm{d}m\right)\mathrm{e}^{-\rho(y-t)}E_t[u(\hat{c}(y)\hat{w}(y))]\mathrm{d}y \tag{D.9}$$

其中，$\hat{c}(t)$ 满足式（D.8）；$\hat{w}(t)$ 为相应的马尔可夫链状态变量。

根据式（D.2），式（11.20）的 HJB 方程为式（D.8）和式（D.9），并满足如下边界条件：

$$\lim_{\tau\to\infty}E_t[\mathrm{e}^{-\rho(\tau-t)}V(\tau,\hat{w}(\tau))]=0 \tag{D.10}$$

附录 E

假设价值函数为 $V(t,w(t))=A(t)\ln w(t)+B(t)$，因此

$$V_t=A'(t)\ln w(t)+B'(t)，\quad V_w=A(t)/w(t)，\quad V_{ww}=-A(t)(w(t))^{-2}$$

由式（11.20）得到投资消费策略满足

$$\hat{c}(t)=1/A(t)，\quad \hat{\alpha}(t)=-V_w a/(V_{ww}w\bar{\sigma}^2)=a/\bar{\sigma}^2 \tag{E.1}$$

相应的马尔可夫状态轨迹为

$$\mathrm{d}\hat{w}(y)=[a^2\bar{\sigma}^{-2}+r-1/A(y)]\hat{w}(y)\mathrm{d}y+a\bar{\sigma}^{-1}\hat{w}(y)\mathrm{d}z(y) \tag{E.2}$$

将式（E.1）代入式（11.21），得到

$$K(t,w(t))=(1-\gamma)\pi(t)\int_t^\infty \exp\left(-\int_t^x \pi(m)\mathrm{d}m\right)\mathrm{e}^{-\rho(x-t)}E_t[u(\hat{c}(x)\hat{w}(x))]\mathrm{d}x$$
$$=(1-\gamma)\pi(t)\int_t^\infty \exp\left(-\int_t^x \pi(m)\mathrm{d}m\right)\mathrm{e}^{-\rho(x-t)}E_t[\ln\hat{w}(x)-\ln A(x)]\mathrm{d}x \tag{E.3}$$

由式（E.2），有

$$\mathrm{d}\ln\hat{w}(x)=[0.5a^2\bar{\sigma}^{-2}+r-1/A(x)]\mathrm{d}x+a/\bar{\sigma}\mathrm{d}z(x) \tag{E.4}$$

因此，

$$E_t[\ln \hat{w}(x)] = \ln w(t) + \int_t^x [0.5a^2\bar{\sigma}^{-2} + r - 1/A(y)]\mathrm{d}y \tag{E.5}$$

将式（E.5）代入式（E.3），得到

$$
\begin{aligned}
K(t,w(t)) = (1-\gamma)\pi(t)\bigg[& \ln w(t)\int_t^\infty \exp\left(-\int_t^x \pi(m)\mathrm{d}m\right)\mathrm{e}^{-\rho(x-t)}\mathrm{d}x \\
& + \int_t^\infty \exp\left(-\int_t^x \pi(m)\mathrm{d}m - \rho(x-t)\right)\!\int_t^x [0.5a^2\bar{\sigma}^{-2} + r - 1/A(y)]\mathrm{d}y\mathrm{d}x \\
& - \int_t^\infty \exp\left(-\int_t^x \pi(m)\mathrm{d}m - \rho(x-t)\right)\ln A(x)\mathrm{d}x \bigg]
\end{aligned}
$$

$$\tag{E.6}$$

将式（E.1）和（E.6）代入式（11.20），得到

$$
\begin{aligned}
& \rho(A(t)\ln w(t) + B(t)) + (1-\gamma)\pi(t)\bigg[\ln w(t)\int_t^\infty \exp\left(-\int_t^x \pi(m)\mathrm{d}m\right)\mathrm{e}^{-\rho(x-t)}\mathrm{d}x \\
& + \int_t^\infty \exp\left(-\int_t^x \pi(m)\mathrm{d}m - \rho(x-t)\right)\!\int_t^x [0.5a^2\bar{\sigma}^{-2} + r - 1/A(y)]\mathrm{d}y\mathrm{d}x \\
& - \int_t^\infty \exp\left(-\int_t^x \pi(m)\mathrm{d}m - \rho(x-t)\right)\ln A(x)\mathrm{d}x \bigg] - A'(t)\ln w(t) - B'(t) \\
& = \ln w(x) - \ln A(t) + (0.5a^2\bar{\sigma}^{-2} + r - 1/A(t))A(t)
\end{aligned}
$$

$$\tag{E.7}$$

由于式（E.7）必须对每个 t 和 $w(t)$ 成立，$A(t)$ 满足

$$A'(t) = \rho A(t) + (1-\gamma)\pi(t)\int_t^\infty \exp\left(-\int_t^x \pi(m)\mathrm{d}m\right)\mathrm{e}^{-\rho(x-t)}\mathrm{d}x - 1 \tag{E.8}$$

解式（E.8），得到

$$A(t) = (1-\gamma)\int_t^\infty \mathrm{e}^{-\lambda(x^\omega - t^\omega)}\mathrm{e}^{-\rho(x-t)}\mathrm{d}x + \gamma/\rho \tag{E.9}$$

由式（E.1）和式（E.9）得到由式（11.20）～式（11.24）确定的消费率：

$$\hat{c}(t) = 1\bigg/\left[(1-\gamma)\int_t^\infty \mathrm{e}^{-\lambda(x^\omega - t^\omega)}\mathrm{e}^{-\rho(x-t)}\mathrm{d}x + \gamma/\rho\right] \tag{E.10}$$

附录 F

假设价值函数满足 $V(t,w(t)) = h(t)(w(t))^{1-b}/(1-b)$，因此

$$V_t = h'(t)(w(t))^{1-b}/(1-b), \quad V_w = h(t)(w(t))^{-b}, \quad V_{ww} = -bh(t)(w(t))^{-1-b}$$

因此，由式（11.20），有

$$\hat{c}(t) = (h(t))^{-1/b}, \quad \hat{\alpha}(t) = -V_w a/(V_{ww}w\bar{\sigma}^2) = ab^{-1}\bar{\sigma}^{-2} \tag{F.1}$$

相应的状态轨迹变成

$$\mathrm{d}\hat{w}(x) = [a^2\bar{\sigma}^{-2}b^{-1} + r - (h(x))^{-1/b}]\hat{w}(x)\mathrm{d}x + ab^{-1}\bar{\sigma}^{-1}\hat{w}(x)\mathrm{d}z(x) \tag{F.2}$$

将式（F.1）代入式（11.21），得到

$$K(t,w(t)) = (1-\gamma)\pi(t)\int_t^\infty \exp\left(-\int_t^x \pi(m)\mathrm{d}m\right)e^{-\rho(x-t)}E_t[(h(x))^{-(1-b)/b}(\hat{w}(x))^{1-b}(1-b)^{-1}]\mathrm{d}x$$

（F.3）

由式（F.2）得到

$$E_t[(w(x))^{1-b}] = w(t)^{1-b}\exp[(1-b)\int_t^x (a^2/(2b\bar{\sigma}^2)+r-(h(y))^{-1/b})\mathrm{d}y]$$ （F.4）

把式（F.4）代入式（F.3），得到

$$K(t,w(t)) = (1-\gamma)\pi(t)(w(t))^{1-b}/(1-b)\left\{\int_t^\infty \exp\left(-\int_t^x \pi(m)\mathrm{d}m\right)e^{-\rho(x-t)}(h(x))^{-(1-b)/b}\right.$$

$$\left.\times\exp\left[(1-b)\int_t^x (a^2/(2b\bar{\sigma}^2)+r-(h(y))^{-1/b})\mathrm{d}y\right]\mathrm{d}x\right\}$$

（F.5）

把式（F.1）和式（F.5）代入式（11.20），得到

$$h'(t) = [\rho-(1-b)(a^2/(2b\bar{\sigma}^2)+r)]h(t)-b(h(t))^{1-1/b}$$

$$+(1-\gamma)\pi(t)\left\{\int_t^\infty \exp\left(-\int_t^x \pi(m)\mathrm{d}m\right)e^{-\rho(x-t)}(h(x))^{1-1/b}\right.$$

（F.6）

$$\left.\times\exp\left[(1-b)\int_t^x (a^2/(2b\bar{\sigma}^2)+r-(h(y))^{-1/b})\mathrm{d}y\right]\mathrm{d}x\right\}$$

由于个体的生命有限，其财富将在身亡后由他的后代继承，死亡时间用 S 表示。与 Merton（1969）一致，此处假设遗产函数的形式为 $H(S,w(S)) = \xi^b(w(S))^{1-b}/(1-b)$，这意味着 $V(S,w(S)) = \gamma H(S,w(S))$，以及 $H(S,w(S)) = \gamma\xi^b$，$\xi > 0$。因此，$\lim_{t\to\infty}h(t) = \gamma\xi^b$。

附录 G

对任何投资消费规则 $\varphi(\tau,w(\tau)) = (\alpha(\tau),c(\tau))$，有

$$\mu^\varphi(\tau,w(\tau)) = \mu(\tau,w(\tau),\varphi) = [a\alpha(\tau)+r-c(\tau)]w(\tau)$$ （G.1）

并且

$$\sigma^\varphi(\tau,w(\tau)) = \sigma(\tau,w(\tau),\varphi) = \bar{\sigma}\alpha(\tau)w(\tau)$$ （G.2）

当初始条件为 $(t,w(t))$ 并且个体采用策略 φ 时，令 $U^{t,w(t),\varphi}(\tau,w(\tau))$ 表示瞬时效用的折现值，其中，

$$U^{t,w(t),\varphi_{t,\varepsilon,\varsigma}}(\tau,w(\tau)) = D(t,\tau)u(c^\varepsilon(\tau)w^\varepsilon(\tau))$$

$$U^{t,w(t),\hat{\varphi}}(\tau,w(\tau)) = D(t,\tau)u(\hat{c}(\tau)\hat{w}(\tau))$$ （G.3）

将 $\bar{u}^{t,w(t),x}(\tau,w(\tau))$ 表示为当个体遵循策略 φ 且 τ 点的财富为 $w(\tau)$ 时的瞬时效用期望折现值，其中，

$$
\begin{aligned}
\overline{u}^{t,w(t),x}(\tau,w(\tau)) &= E_{\tau,w(\tau)}[U^{t,w(t),\hat{\varphi}}(x,w(x))] \\
&= D(t,x)E_{\tau,w(\tau)}[u(\hat{c}(x)\hat{w}(x))], \ \tau \in [t,x]
\end{aligned} \tag{G.4}
$$

考虑函数 $\xi^x(\tau,w(\tau))$，$\tau \in [t,x]$ 且 $w(\tau) \in (0,\infty)$，其中，$\xi^x(\tau,w(\tau))$ 有连续一阶偏导数和二阶偏导数，$\tau \in [t,x]$ 且 $w(\tau) \in (0,\infty)$，$x \in (0,\infty)$，偏导数为 $\dfrac{\partial \xi^x(\tau,w(\tau))}{\partial \tau}$、$\dfrac{\partial \xi^x(\tau,w(\tau))}{\partial w}$ 及 $\dfrac{\partial \xi^x(\tau,w(\tau))}{\partial w^2}$。对于任何 $\xi^x(\tau,w(\tau))$，有

$$
\begin{aligned}
\Lambda^\varphi \xi^x(\tau,w(\tau)) &= \frac{\partial \xi^x(\tau,w(\tau))}{\partial \tau} + \mu^\varphi(\tau,w(\tau))\frac{\partial \xi^x(\tau,w(\tau))}{\partial w} \\
&+ 0.5(\sigma^\varphi(\tau,w(\tau)))^2 \frac{\partial^2 \xi^x(\tau,w(\tau))}{\partial w^2}
\end{aligned} \tag{G.5}
$$

其中，$\tau \in (t,x)$，$w(\tau) \in (0,\infty)$。

遵循与 He 和 Jiang（2019）相同的论证，对于对数效用函数和幂效用函数，有

$$
J(t,w(t),\varphi_{t,\varepsilon,\varsigma}) - J(t,w(t),\hat{\varphi}) = \varepsilon[\Gamma^{\hat{\varphi}}(t,w(t),\varsigma) + o(1)] \tag{G.6}
$$

其中，

$$
\begin{aligned}
\Gamma^{\hat{\varphi}}(t,w(t),\varsigma) &= U^{t,w(t),\varsigma}(t,w(t)) - U^{t,w(t),\hat{\varphi}}(t,w(t)) \\
&+ \int_t^\infty \Lambda^\varsigma \overline{u}^{t,w(t),x}(t,w(t))\mathrm{d}x
\end{aligned} \tag{G.7}
$$

$o(1)$ 为无穷小量，$\lim\limits_{\varepsilon \to 0} o(1)/\varepsilon = 0$。

（1）对数效用函数。

对于对数效用函数，$\hat{\varphi} = (\hat{c}(t),\hat{\alpha}(t))$ 是式（11.20）～式（11.23）的解，其中，

$$
\hat{\alpha}(t) = a\overline{\sigma}^{-2}, \quad \hat{c}(t) = 1\Big/\Big((1-\gamma)\int_t^\infty e^{-\lambda(y^\varphi - t^\varphi)}e^{-\rho(y-t)}\mathrm{d}y + \gamma/\rho\Big) \tag{G.8}
$$

$\hat{w}(\tau)$ 表示个体依据上述投资消费策略下的马尔可夫财富状态。由式（11.2）和式（G.8）可得

$$
\mathrm{d}\hat{w}(\tau) = [a\hat{\alpha}(\tau) + r - \hat{c}(\tau)]\hat{w}(\tau)\mathrm{d}\tau + \overline{\sigma}\hat{\alpha}(\tau)\hat{w}(\tau)\mathrm{d}z(\tau) \tag{G.9}
$$

由式（G.9），有

$$
\begin{aligned}
\ln(\hat{w}(\tau)) &= (a^2\overline{\sigma}^{-2} + r)(\tau - t) - \int_t^\tau \hat{c}(y)\mathrm{d}y \\
&+ a\overline{\sigma}^{-1}(z(\tau) - z(t)) + \ln w(t)
\end{aligned} \tag{G.10}
$$

$w^\varepsilon(\tau)$ 表示个体依据投资消费策略 $\varphi_{t,\varepsilon,\varsigma}(\tau,w(\tau))$ 时的马尔可夫财富状态，$\tau \geqslant t$。如果个体遵循策略 $\varphi_{t,\varepsilon,\varsigma}$，则状态轨迹 $w^\varepsilon(\tau)$ 变为

$$
\mathrm{d}w^\varepsilon(\tau) = [a\alpha^\varepsilon(\tau) + r - c^\varepsilon(\tau)]w^\varepsilon(\tau)\mathrm{d}\tau + \overline{\sigma}\alpha^\varepsilon(\tau)w^\varepsilon(\tau)\mathrm{d}z(\tau) \tag{G.11}
$$

由式（G.4）和式（G.10），对于对数效用函数，有

$$\bar{u}^{t,w(t),x}(\tau,w(\tau))=D(t,x)\left[\ln\hat{c}(x)+(a^2\bar{\sigma}^{-2}+r)(x-\tau)-\int_\tau^x\hat{c}(y)\mathrm{d}y+\ln\hat{w}(\tau)\right]$$

$$(\text{G}.12)$$

由式（G.3），有

$$U^{t,w(t),\varsigma}(t,w(t))-U^{t,w(t),\hat\varphi}(t,w(t))=\ln(c^\varepsilon(t)/\hat{c}(t))\qquad(\text{G}.13)$$

根据式（G.1）、式（G.2）、式（G.5）和式（G.12），容易发现

$$\mathscr{A}^\varsigma\bar{u}^{t,w(t),x}(\tau,w(\tau))|_{t=\tau}=\left\{\frac{\partial\bar{u}}{\partial\tau}+u^\varsigma(\tau,w(\tau))\frac{\partial\bar{u}}{\partial w}+0.5(\sigma^\varsigma(\tau,w(\tau)))^2\frac{\partial^2\bar{u}}{\partial w^2}\right\}|_{t=\tau}$$

$$=D(t,x)\{a[\alpha^\varepsilon(t)-\hat\alpha(t)]-[c^\varepsilon(t)-\hat{c}(t)]-0.5\bar\sigma^2(\alpha^\varepsilon(t))^2\}$$

$$(\text{G}.14)$$

由式（G.14），有

$$\int_t^\infty\mathscr{A}^\varsigma\bar{u}\mathrm{d}x=\{a[\alpha^\varepsilon(t)-\hat\alpha(t)]-[c^\varepsilon(t)-\hat{c}(t)]-0.5\bar\sigma^2(\alpha^\varepsilon(t))^2\}\int_t^\infty D(t,x)\mathrm{d}x$$

$$=\{a[\alpha^\varepsilon(t)-\hat\alpha(t)]-[c^\varepsilon(t)-\hat{c}(t)]-0.5\bar\sigma^2(\alpha^\varepsilon(t))^2\}/\hat{c}(t)$$

$$(\text{G}.15)$$

由式（G.7）、式（G.13）和式（G.15），有

$$\Gamma^{\hat\varphi}(t,w(t),\varsigma)=[\ln c^\varepsilon(t)-\ln\hat{c}(t)]+\{a[\alpha^\varepsilon(t)-\hat\alpha(t)]$$

$$-[c^\varepsilon(t)-\hat{c}(t)]-0.5\bar\sigma^2(\alpha^\varepsilon(t))^2\}/\hat{c}(t)$$

$$(\text{G}.16)$$

易知最大值 $\Gamma^{\hat\varphi}(t,w(t),\varsigma)\leqslant0$。此外，$\Gamma^{\hat\varphi}(t,w(t),\varsigma)=0$ 当且仅当 $\hat\varphi(t,w(t))\equiv\varsigma(t,w(t))$。

从上述分析中可以看出，对于对数效用函数，由式（11.20）～式（11.23）确定的策略 $\hat\varphi(t,w(t))$ 对任意小的 ε，满足

$$J(t,w(t),\hat\varphi)\geqslant J(t,w(t),\varphi_{t,\varepsilon,\varsigma})$$

因此，这是一种均衡策略。

此外，采用与 He 和 Jiang（2021）相同的论证方法，可以得出该均衡策略是一种弱的均衡策略。

（2）幂效用函数。

对于幂效用函数，假设 $\hat\varphi=(\hat{c}(t),\hat\alpha(t))$ 是式（11.20）～式（11.23）的时间一致投资消费策略：

$$\hat{c}(t)=h(t)^{-1/b},\quad\hat\alpha(t)=ab^{-1}\bar\sigma^{-2}\qquad(\text{G}.17)$$

其中，$h(t)$ 满足下述非线性积分-微分方程：

$$h'(t)=[\rho-(1-b)(a^2/2b\bar\sigma^2+r)]h(t)-b(h(t))^{1-1/b}$$

$$+(1-\gamma)\pi(t)\left\{\int_t^\infty\exp\left\{-\int_t^x\pi(m)\mathrm{d}m-\rho(x-t)\right\}(h(x))^{1-1/b}\right.$$

$$\left.\times\exp\left[(1-b)\int_t^x(a^2/2b\bar\sigma^2+r-(h(y))^{-1/b}\mathrm{d}y\right]\mathrm{d}x\right\}$$

$$(\text{G}.18)$$

并且 $\lim_{t\to\infty} h(t) = \gamma\xi^b$。

定义 $\hat{w}(\tau)$ 表示上述策略的马尔可夫财富状态，由式（11.2）和式（11.17），有

$$d\hat{w}(\tau) = [a\hat{\alpha}(\tau) + r - \hat{c}(\tau)]\hat{w}(\tau)d\tau + \bar{\sigma}\hat{\alpha}(\tau)\hat{w}(\tau)dz(\tau) \qquad (G.19)$$

因此，

$$E_t[(\hat{w}(x))^{1-b}] = (w(t))^{1-b}\exp\left[(1-b)\int_t^x (0.5a^2b^{-1}\bar{\sigma}^{-2} + r - (h(y))^{-1/b})dy\right] \qquad (G.20)$$

定义 $w^\varepsilon(\tau)$ 表示投资消费策略 $\varphi_{t,\varepsilon,\varsigma}(\tau, w(\tau))$ 下的马尔可夫财富状态，$\tau \geq t$，则状态轨迹 $w^\varepsilon(\tau)$ 表示为

$$dw^\varepsilon(\tau) = [a\alpha^\varepsilon(\tau) + r - c^\varepsilon(\tau)]w^\varepsilon(\tau)d\tau + \bar{\sigma}\alpha^\varepsilon(\tau)w^\varepsilon(\tau)dz(\tau) \qquad (G.21)$$

由式（G.4）和式（G.20），对于幂效用函数，有

$$\begin{aligned}\bar{u}^{t,w(t),x}(\tau, w(\tau)) &= D(t,x)(\hat{c}(x))^{1-b}/(1-b)\hat{w}(\tau)^{1-b} \\ &\quad \times \exp\left[(1-b)\int_\tau^x (0.5a^2b^{-1}\bar{\sigma}^{-2} + r - (h(y))^{-1/b})dy\right]\end{aligned} \qquad (G.22)$$

由式（G.3）可得

$$U^{t,\omega(t),\varsigma}(t, w(t)) - U^{t,w(t),\hat{\varphi}}(t, w(t)) = (w(t))^{1-b}/(1-b)[(c^\varepsilon(t))^{1-b} - (\hat{c}(t))^{1-b}] \qquad (G.23)$$

由式（G.1）、式（G.2）、式（G.5）、式（G.17）和式（G.22），易于发现

$$\begin{aligned}\not{A}^\varsigma \bar{u}^{t,w(t),x}(\tau, w(\tau))|_{t=\tau} &= \left\{\frac{\partial \bar{u}}{\partial \tau} + \mu^\varsigma(\tau, w(\tau))\frac{\partial \bar{u}}{\partial w} + \frac{1}{2}(\sigma^\varsigma(\tau, w(\tau)))^2\frac{\partial^2 \bar{u}}{\partial w^2}\right\}\bigg|_{t=\tau} \\ &= (w(t))^{1-b}[-0.5a^2b^{-1}\bar{\sigma}^{-2} + (\hat{c}(t) - c^\varepsilon(t)) + (a\alpha^\varepsilon(t) \\ &\quad - 0.5b\bar{\sigma}^2(\alpha^\varepsilon(t))^2)] \times D(t,x)(h(x))^{1-1/b} \\ &\quad \times \exp\left\{(1-b)\int_t^x (0.5a^2b^{-1}\bar{\sigma}^{-2} + r - (h(y))^{-1/b})dy\right\}\end{aligned} \qquad (G.24)$$

对于式（G.24），有

$$\begin{aligned}\int_t^\infty \not{A}^\varsigma \bar{u}^{t,w(t),x}(t, w(t))dx &= (w(t))^{1-b}[-0.5a^2b^{-1}\bar{\sigma}^{-2} + (\hat{c}(t) - c^\varepsilon(t)) \\ &\quad + (a\alpha^\varepsilon(t) - 0.5b\bar{\sigma}^2(\alpha^\varepsilon(t))^2)] \\ &\quad \times \int_t^\infty D(t,x)(h(x))^{1-1/b} \\ &\quad \times \exp\left[(1-b)\int_t^x (0.5a^2b^{-1}\bar{\sigma}^{-2} + r - (h(y))^{-1/b})dydx\right]\end{aligned} \qquad (G.25)$$

其中，$f(t) = \int_t^\infty D(t,x)(h(x))^{1-1/b}\exp\left[(1-b)\int_t^x (0.5a^2b^{-1}\bar{\sigma}^{-2} + r - (h(y))^{-1/b}dy)\right]dx$。

很容易看出 $f(t)$ 满足式（11.27）且 $\lim_{t\to\infty} f(t) = \gamma\xi^b$，因此，$f(t) \equiv h(t)$，式（G.25）变成

$$\int_t^\infty \mathcal{A}\overline{u}^{t,w(t),x}(t,w(t))\mathrm{d}x = (w(t))^{1-b}[-0.5a^2b^{-1}\overline{\sigma}^{-2} + (\hat{c}(t) - c^\varepsilon(t))$$
$$+ (a\alpha^\varepsilon(t) - 0.5b\overline{\sigma}^2(\alpha^\varepsilon(t))^2)]h(t) \tag{G.26}$$
$$= (w(t))^{1-b}[-0.5a^2b^{-1}\overline{\sigma}^{-2} + (\hat{c}(t) - c^\varepsilon(t))$$
$$+ (a\alpha^\varepsilon(t) - 0.5b\overline{\sigma}^2(\alpha^\varepsilon(t))^2)](\hat{c}(t))^{-b}$$

由式（G.7）、式（G.23）和式（G.26），有

$$\Gamma^{\hat{\varphi}}(t,w(t),\varsigma) = (w(t))^{1-b} / (1-b)[(c^\varepsilon(t))^{1-b} - (\hat{c}(t))^{1-b}]$$
$$+ (w(t))^{1-b}[-0.5a^2b^{-1}\overline{\sigma}^{-2} + (\hat{c}(t) - c^\varepsilon(t)) \tag{G.27}$$
$$+ (a\alpha^\varepsilon(t) - 0.5b\overline{\sigma}^2(\alpha^\varepsilon(t))^2)](\hat{c}(t))^{-b}$$

由式（G.27）很容易看出最大值 $\Gamma^{\hat{\varphi}}(t,w(t),\varsigma) \leqslant 0$。此外，$\Gamma^{\hat{\varphi}}(t,w(t),\varsigma)=0$，当且仅当 $\hat{\varphi}(t,w(t)) \equiv \varsigma(t,w(t))$。

从上述分析中可以看出，对于幂效用函数，由式（11.20）～式（11.23）确定的策略 $\hat{\varphi}(t,w(t))$ 对任意小的 ε，满足

$$J(t,w(t),\hat{\varphi}) \geqslant J(t,w(t),\varphi_{t,\varepsilon,\varsigma})$$

因此，这是一种均衡策略。

附录 H

首先证明 $\dfrac{\partial \hat{c}(t)}{\partial t} > 0$，然后证明 $\hat{c}(t) = 1/\left[(1-\gamma)\int_t^\infty e^{-\lambda(x^\omega - t^\omega)}e^{-\rho(x-t)}\mathrm{d}x + \beta/\rho\right] \to \rho/\beta$，$t \to \infty$ 以及 $\gamma > 1$。

由式（11.25）可得到

$$\frac{\partial \hat{c}(t)}{\partial t} = (1-\gamma)\left[1 - (\lambda\omega t^{\omega-1} + \rho)\int_t^\infty (e^{-\lambda(x^\omega - t^\omega)}e^{-\rho(x-t)})\mathrm{d}x\right]$$
$$\times \left((1-\gamma)\int_t^\infty e^{-\lambda(x^\omega - t^\omega)}e^{-\rho(x-t)}\mathrm{d}x + \gamma/\rho\right)^{-2} \tag{H.1}$$

定义 $x = t + y$，由式（H.1），有

$$\frac{\partial \hat{c}(t)}{\partial t} = \left((1-\beta)\int_t^\infty e^{-\lambda(x^\omega - t^\omega)}e^{-\rho(x-t)}\mathrm{d}x + \beta/\rho\right)^{-2}$$
$$(1-\beta)\left[1 - (\lambda\omega t^{\omega-1} + \rho)\int_0^\infty (e^{-\lambda((t+y)^\omega - t^\omega)}e^{-\rho y})\mathrm{d}y\right]$$
$$> \left((1-\beta)\int_t^\infty e^{-\lambda(x^\omega - t^\omega)}e^{-\rho(x-t)}\mathrm{d}x + \beta/\rho\right)^{-2}$$
$$(1-\beta)\left[1 - (\lambda\omega t^{\omega-1} + \rho)\int_0^\infty e^{-\lambda\omega t^{\omega-1}}e^{-\rho y}\mathrm{d}y\right]$$
$$= 0$$

上述不等式成立的原因是 $(t+y)^{\omega} - t^{\omega} > \omega t^{\omega-1} y$，$\omega > 1, y > 0, t > 0$。

定义 $x = t + y$，有

$$(1-\gamma)\int_t^{\infty} e^{-\lambda(x^{\omega}-t^{\omega})} e^{-\rho(x-t)} dx + \gamma/\rho = (1-\gamma)\int_0^{\infty} e^{-\lambda((t+y)^{\omega}-t^{\omega})} e^{-\rho y} dy + \gamma/\rho$$

$$< (1-\gamma)\int_0^{\infty} e^{-\lambda\omega t^{\omega-1} y} e^{-\rho y} dy + \gamma/\rho$$

$$= \frac{1-\gamma}{\lambda\omega t^{\omega-1} + \rho} + \frac{\gamma}{\rho}$$

上述不等式成立的原因是 $(t+y)^{\omega} - t^{\omega} > \omega t^{\omega-1} y$，$\omega > 1, y > 0, t > 0$。同时由于 $(1-\gamma)/(\lambda\omega t^{\omega-1}+\rho)+\rho/\gamma \to \rho/\gamma$，有

$$\hat{c}(t) \to \rho/\gamma, \quad t \to \infty, \omega > 1$$

附录 I

由式（E.1）、式（E.2）和式（E.10）可知，平均预算约束方程为

$$\bar{w}(t)/w(t) = R - \hat{c}(t) = R - 1\Big/\Big[(1-\gamma)\int_t^{\infty} e^{-\lambda(x^{\omega}-t^{\omega})} e^{-\rho(x-t)} dx + \gamma/\rho\Big] \quad (\text{I.1})$$

其中，$\bar{w}(t) = \dfrac{E_t[dw]}{dt}$，$R = \dfrac{a^2}{\bar{\sigma}^2} + r$。

式（I.1）两边关于时间求导可得

$$\frac{\partial[\bar{w}(t)/w(t)]}{\partial t} = -\frac{\partial\hat{c}(t)}{\partial t} < 0 \quad (\text{I.2})$$

式（I.2）表明，财富的预期增长率是时间的递减函数。因此，如果 $R < \hat{c}(0)$，个体计划减少投资，也就是说，他的计划消费多于其预期收入。如果 $\hat{c}(0) < R < \rho/\gamma$，他计划在区间 $(0,\bar{t})$ 增加其财富，然后以预期速率 $R-\hat{c}(t)$ 在区间 $(\bar{t},\infty)$ 减少财富，其中，$\bar{t}$ 为下述方程的解：

$$R = 1\Big/\Big\{(1-\gamma)\int_t^{\infty} [e^{-\lambda(x^{\omega}-t^{\omega})} e^{-\rho(x-t)}] dx + \rho/\gamma\Big\}$$

如果 $R > \rho/\gamma$，他计划增加其财富。

附录 J

由式（E.2）可知

$$E_t[d\hat{C}(t)] = \hat{c}(t)E_t[dw(t)] = \hat{c}(t)w(t)[a^2\bar{\sigma}^{-2} + r - 1/A(t)]dt \quad (\text{J.1})$$

因此，由式（J.1）可知，$\hat{C}(t)$ 的平均预算方程为

$$\hat{C}(t)/\bar{\hat{C}}(t) = a^2\bar{\sigma}^{-2} + r - 1/A(t) = R - \hat{c}(t) \quad (\text{J.2})$$

其中，$\bar{C}(t) = \dfrac{E_t[\mathrm{d}\bar{C}(t)]}{\mathrm{d}t}$。

由附录 I 可知，如果 $R < \hat{c}(0)$，个体计划减少其预期消费量。如果 $\hat{c}(0) < R < \rho / \gamma$，他计划在 $0 < t < \bar{t}$ 时增加其预期消费量，然后在 $t > \bar{t}$ 时以期望速率 $R - \hat{c}(t)$ 减少其预期消费量，其中，$\bar{t}$ 为满足下述方程的解：

$$R = 1 \Big/ \left\{ (1-\gamma) \int_{\bar{t}}^{\infty} [\mathrm{e}^{-\lambda(x^{\varpi} - \bar{t}^{\varpi})} \mathrm{e}^{-\rho(x-t)}] \mathrm{d}x + \gamma / \rho \right\}$$

如果 $R > \rho / \gamma$，他计划增加其预期消费量。

附录 K

定义 $\{c_t^*(\tau), \alpha_t^*(\tau)\}$，$0 \leqslant t \leqslant \tau$ 为初始条件 $(\tau, w(\tau))$ 时，t 点幼稚型个体的最优投资消费策略，且假设依据该最优投资消费策略获得的期望折现效用为 $Q(t, \tau, w(\tau))$。通过与附录 B 一样的分析获得如下 HJB 方程：

$$Q_t + (r + \alpha_t^*(\tau)a - c_t^*(\tau))w(\tau)Q_w + 0.5(\alpha_t^*(\tau))^2 \bar{\sigma}^2 w^2 Q_{ww}$$
$$+ D(t, \tau)u(c_t^*(\tau)w(\tau)) = 0$$

$$(\text{K.1})$$

猜想 $Q(t, \tau, w(\tau)) = \psi(t, \tau)w^{1-b} / (1-b)$。由式（K.1）可以看出

$$c_t^*(\tau) = (D(t, \tau))^{1/b}(\psi(t, \tau))^{-1}, \alpha_t^*(\tau) = ab^{-1}\bar{\sigma}^{-2} \qquad (\text{K.2})$$

$$\psi(t, \tau) = \int_{\tau}^{\infty} (D(t, x))^{1/b} \mathrm{e}^{q(x-\tau)} \mathrm{d}x \qquad (\text{K.3})$$

其中，$q = (1-b)b^{-1}(r + 0.5a^2 b^{-1}\bar{\sigma}^{-2})$。由式（K.3）可以看出 $\lim_{\tau \to \infty} \psi(t, \tau) = 0$，这说明由于折现的影响，遥远未来的财富 $w(\tau)$ 产生的效用流的期望折现效用为零。另一个边界条件是 $\lim_{\tau \to \infty} \psi(\tau, \tau) = \gamma \xi^b$。基于 τ 点制定的最优投资消费策略 $(c_t^*(\tau), \alpha_t^*(\tau))$ 将不会被实现，实际的投资消费规则是

$$c_\tau^*(\tau) = 1 / \psi(\tau, \tau), \alpha_\tau^*(\tau) = ab^{-1}\bar{\sigma}^{-2} \qquad (\text{K.4})$$

$$\psi(\tau, \tau) = \int_{\tau}^{\infty} (D(t, x))^{1/b} \mathrm{e}^{q(x-\tau)} \mathrm{d}x \qquad (\text{K.5})$$

按照 Yong（2012）、Wei 等（2018）的方法，可以依据式（K.4）和式（K.5）给出的投资消费策略推导出实际期望折现效用 $\bar{Q}(t, \tau, w(\tau))$：

$$\bar{Q}(t, \tau, w(\tau)) = E_t \left[\int_{\tau}^{\infty} D(t, x)u(c_x^*(x)w(x)) \mathrm{d}x \right] \qquad (\text{K.6})$$

式（K.6）可被写成

$$\bar{Q}(t, \tau, w(\tau)) = D(t, \tau)u(c_\tau^*(\tau)w(\tau))\mathrm{d}\tau + \bar{Q}(t, \tau + \mathrm{d}\tau, w(\tau + \mathrm{d}\tau)) \qquad (\text{K.7})$$

对 $\bar{Q}(t, \tau, w(\tau))$ 进行泰勒展开，有

$$\bar{Q}(t,\tau+\mathrm{d}\tau,w(\tau+\mathrm{d}\tau))=\bar{Q}(t,\tau,w(\tau))+\bar{Q}_\tau \mathrm{d}\tau+\bar{Q}_w E_t[\mathrm{d}w]+0.5\bar{Q}_{ww}E_t[(\mathrm{d}w)^2]$$

$$=\bar{Q}(t,\tau,w(\tau))+\bar{Q}_\tau \mathrm{d}\tau+[r+\alpha_\tau^*(\tau)a-c_\tau^*(\tau)]w(\tau)\bar{Q}_w \mathrm{d}\tau$$

$$+0.5(\alpha_\tau^*(\tau))^2\sigma^2 w^2 \bar{Q}_{ww}\mathrm{d}t$$

$$(\text{K.8})$$

由式（K.7）和式（K.8），有

$$\bar{Q}_\tau+[r+\alpha_\tau^*(\tau)a-c_\tau^*(\tau)]w(\tau)\bar{Q}_w+0.5(\alpha_\tau^*(\tau))^2\bar{\sigma}^2 w^2(\tau)\bar{Q}_{ww}$$

$$+D(t,\tau)u(c_\tau^*(\tau)w(\tau))=0 \qquad (\text{K.9})$$

推测期望折现效用为 $\bar{Q}(t,\tau,w(\tau))=\phi(t,\tau)w^{1-b}/(1-b)$，因此

$$\bar{Q}_\tau=\frac{\partial\phi(t,\tau)}{\partial\tau}\frac{w^{1-b}}{1-b},\bar{Q}_w=\phi(t,\tau)w^b,\bar{Q}_{ww}=(-b)\phi(t,\tau)w^{-1-b} \qquad (\text{K.10})$$

根据式（K.4）、式（K.9）和式（K.10），有

$$\frac{\partial\phi(t,\tau)}{\partial\tau}+(qb-(1-b)/\psi(\tau,\tau))\phi(t,\tau)+D(t,\tau)(\psi(\tau,\tau))^{b-1}=0 \qquad (\text{K.11})$$

因此，

$$\phi(t,\tau)=\exp\left(-\int_t^\tau(qb-(1-b)/\psi(s,s))\mathrm{d}s\right)$$

$$\times\int_\tau^\infty D(t,x)(\psi(x,x))^{b-1}\exp\left(\int_t^x(qb-(1-b)/\psi(s,s))\mathrm{d}s\right)\mathrm{d}x$$

$$(\text{K.12})$$

和

$$\phi(\tau,\tau)=\int_\tau^\infty D(t,x)(\psi(x,x))^{b-1}\exp\left(\int_t^x(qb-(1-b)/\psi(s,s))\mathrm{d}s\right)\mathrm{d}x \qquad (\text{K.13})$$

其中，$\lim\limits_{\tau\to\infty}\phi(t,\tau)=0$。